高职高专经管类专业核心课程教材

代海涛 主 编

陈旭 戚光远 王明刚
尤强 韩菊 钟绍军 副主编

经济学原理
Principles of Economics

清华大学出版社
北京

内 容 简 介

本书采用"任务驱动,项目引领"的编写思路,体现"十二五"规划纲要提出的加快教育改革发展,全面实施素质教育,提高学生就业的技能和本领的要求。作者本着"必需与够用"的原则对经济学的基础理论知识进行了重组,介绍了大量的最新经济学案例、经济学故事。并对我国现实中的诸多经济现象和问题进行了深入浅出的分析和梳理,目的在于启发和引导学生将理论应用于现实,提高分析问题、解决问题的能力。

全书共分为 13 个工作任务:走进经济学;熟悉市场运行;分析消费者行为;透视生产者行为;探析市场结构;收入分配;市场缺陷与政府干预;了解国民收入核算;熟知国民收入决定;失业与通货膨胀——国家经济的"难隐之痛";经济周期与经济增长;宏观经济政策——宏观经济调控的左右手。

本书可作为高职高专经济管理类各专业的经济学教材,也可作为政府、企业、新闻机构的工作人员以及经济学爱好者了解经济学基本知识的参考书。

图书在版编目(CIP)数据

经济学原理/代海涛主编. —北京:清华大学出版社,2011.8(2023.9重印)
(高职高专经管类专业核心课程教材)
ISBN 978-7-302-26095-0

Ⅰ. ①经… Ⅱ. ①代… Ⅲ. ①经济学—高等职业教育—教材 Ⅳ. ①F0

中国版本图书馆 CIP 数据核字(2011)第 132518 号

责任编辑:刘士平
责任校对:刘 静
责任印制:杨 艳

出版发行:清华大学出版社
　　　　网　　址:http://www.tup.com.cn,http://www.wqbook.com
　　　　地　　址:北京清华大学学研大厦 A 座　　　　邮　　编:100084
　　　　社 总 机:010-83470000　　　　　　　　　　邮　　购:010-62786544
　　　　投稿与读者服务:010-62776969,c-service@tup.tsinghua.edu.cn
　　　　质 量 反 馈:010-62772015,zhiliang@tup.tsinghua.edu.cn
印 装 者:大厂回族自治县彩虹印刷有限公司
经　　销:全国新华书店
开　　本:185mm×260mm　　　　印　　张:20　　　　字　　数:481 千字
版　　次:2011 年 8 月第 1 版　　　　　　　　印　　次:2023 年 9 月第 14 次印刷
定　　价:59.00 元

产品编号:040697-02

前言
Foreword

尊敬的读者,当您大致浏览本书的时候,您会觉得这是一本与众不同的教科书。本书是一部实现"任务驱动、项目引领"的高职高专《经济学原理》示范性教材,编写宗旨是"为学生出版,为教师使用"。它的与众不同主要体现在以下几个方面:

第一,特色鲜明。一本好的教材首先应该有自己的特色。本书从适应高职高专教材改革需要出发,以全面反映当代经济理论最新内容,用实际案例解决抽象的理论问题为主要特色,努力打造"任务驱动、项目引领"的编写模式。在内容上,本书较多地介绍了当前经济活动的一些新理论、新发展和新变化,尽量使西方经济理论思想与中国实践相结合,以使学生形成正确的思维模式,提高理解和认识问题的能力。

第二,易读好看。考虑到我国高职高专学生的文化背景和基础教育养成吸纳知识的习惯,本书在编写中特别增强了教材的趣味性。尤其是精选的实例,富有哲理,耐人寻味,让学生在笑声中得到思想启迪与经济学的智慧。在做到学习情境与职业情境紧密结合的同时,注意行文的活泼与优美,使其具有可读性。尽量运用表格、图形分析复杂多变的经济现象,结论尽量简洁、具体,使学生可以直观、形象地获取经验,可以轻松获取认知世界、指导自我的实际职业行动能力。

第三,体系新颖。本书彻底摒弃了传统教材的编写模式,按照"任务驱动、项目引领"的编写思想,精心设计了任务解析、分项任务、任务导入、先行案例、任务拓展、自我测试、案例分析和技能实训等板块。以任务驱动统领教学过程的实施,便于教师梳理教材,把握主干,同时可极大地诱发学生学习的自主性、积极性,由过去教师讲学生听的被动行为变为学生的主动探索行为,使学生通过课程学习逐步养成经济学的思维习惯。这种教学模式编者已在实际教学中运用了多年,并且取得了不错的教学效果。

第四,案例丰富。本书大概收入各类案例80余个,其中不乏经典的经济学教学案例,更有最新的经济现象与经济数据。如1978—2010年我国的国内生产总值、人均国内生产总值、城镇居民人均可支配收入、农村居民人均纯收入、净出口状况、居民消费支出、政府消费支出、资本形成总额等数据。同时,编者为了方便教师教学,学生自学,对于一些比较重要、晦涩难懂的经济学名词,而又没有现成经济案例可供使用的,结合相关材料,开展了大量的测算与编写工作。如边际消费倾向、平均消费倾向不但是经济学中的重要名词,而且在今后的实际工作中也非常实用。但教学中如果仅就理论讲理论,大多数学生肯定不知所云,更不知实际工作中如何运用。为此,编者利用1990—2009年国家统计年鉴公布的数据,对我国城乡居民的平均消费倾向和边际消费倾向进行了测算,实现了从理论向实践的完美跨越。可以说,本书为各位教师和学生,以及经济学爱好者准备了一道饕餮大餐。

第五，方便操作。经济学理论产生、发展于西方资本主义社会，为了能够更好地与我国的经济实践相结合，实现借鉴他人、服务自我的目的，增强学生运用经济学理论知识的能力，本书特别强调将西方的经济理论与中国的经济实践比较密切地联系起来加以论述，打造中国本土化的《经济学原理》教材。如在任务11和任务12中分别阐述了我国失业与就业问题、经济周期与经济增长问题。同时，为了提高学生的社会实践能力，每个任务完成后都设计了技能实训项目，供教师选用。

本书由吉林农业科技学院代海涛主编，并负责拟定编写提纲、统稿和定稿，黑龙江粮食职业学院陈旭、吉林省经济职业技术学院戚光远、广州科技贸易职业学院王明刚、辽宁省经济职业技术学院尤强、吉林农业科技学院韩菊和钟绍军任副主编。具体编写分工如下：任务1、任务9、任务10、任务12由代海涛编写，任务3、任务4由陈旭编写，任务5和任务8由王明刚编写，任务6由戚光远编写，任务11和任务13由尤强编写，任务2由吉林农业科技学院韩菊编写、任务7由吉林农业科技学院钟绍军编写。

本书的出版得益于清华大学出版社的大力支持，在此表示感谢！在编写过程中本书参考了大量相关领域的文献，已列示于书后的参考文献部分，但仍可能有遗漏，在此谨向已标注和未标注的参考文献的作者们表示诚挚的谢意和由衷的歉意！

限于编写者的学识水平，书中疏漏和不足之处在所难免，敬请广大读者和专家学者批评指正，不吝赐教，以期不断改进、充实完善。

最后，还想告诉大家，本书编者的邮箱为dai5966@126.com，愿各位同仁提出建议，交换信息，分享经验。希望您把《经济学原理》的"优点告诉大家，缺点告诉作者"，谢谢！

编　者

2011 年春

目 录
Contents

目录

走进经济学

■ 能力目标

通过完成本项任务,应该能够:

◆ 运用机会成本原理分析现实经济问题

◆ 掌握经济学的八大基本概念

◆ 运用经济学基本研究方法分析现实经济现象

■ 任务解析

1.1 经济学的基本概念

1.2 经济学的组成

1.3 经济学研究的基本方法

■ 任务导入

你接触过经济学吗?你是不是觉得经济学离我们很遥远呢?"经济学"这个词对我们每个人来说其实并不陌生,实际上我们几乎每天都在和经济学打交道。当你打开电视、收看新闻时,你在和经济学打交道;当你大学毕业,选择职业时,你在和经济学打交道;当你和朋友高谈阔论政府面对拥挤的道路、贫乏的休闲场所、居高不下的房价时应该怎样、不应该怎样时,你在和经济学打交道;当你留连于大型超市或踯躅于街头早市时,你在和经济学打交道;当你娶妻生子、选购住宅时,你在和经济学打交道。正如经济学的"最后一个通才"——保罗·A.萨缪尔森所说:"经济学讨论的是我们身边真实的生活,为什么要学习经济学的一条最重要的理由是,在你的一生中——从摇篮到坟墓——你到处会碰到无情的经济学真理。"因此,英国经济学家A.马歇尔把经济学定义为"关于人类一般生活事务的学问"。也就是说经济学的研究范畴是人类社会生存与发展的基本问题,涉及的主题与人们的日常生活密切相关。正因为如此,人们把经济学誉为"社会科学的皇后"。

至此,你也许会觉得经济学是一门非常实用的学科,也许你会急于知道:到底什么是经济学?经济学具体研究哪些内容?经济学的研究方法又是什么?我们又能从经济学家那里学到什么本领呢?下面,我们将引领各位读者走进经济学的殿堂,揭开"皇后"神秘的面纱。

为了大家能够更好地把握经济学的基本原理,同时也为完成以后各项任务打下坚实基础,首先请尝试完成本任务:走进经济学。这里我们主要交代给大家一些经济学的基本概念,这些基本概念是打开经济学殿堂的钥匙。你可以对照能力目标,结合自我测试反复演练,有的放矢地依次完成各分项任务,直至完成本任务,为早日进入经济学殿堂做好准备。

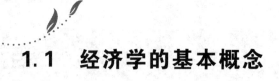

1.1 经济学的基本概念

先行案例 十不足

> 逐日奔忙只为饥,才得有食思为衣。置下绫罗身上穿,抬头又嫌房屋低。盖下高楼并大厦,床前缺少美貌妻。娇妻美妾都娶下,又虑出门没马骑。将钱买下高头马,马前马后少跟随。家人招下十数个,有钱没势被人欺。一铨铨到知县位,又说官小势位卑。一攀攀到阁老位,每日思想要登基。一日南面坐天下,又想神仙下象棋。洞宾与他把棋下,又问哪是上天梯。上天梯子未做下,阎王发牌鬼来催。若非此人大限到,上到天上还嫌低。
>
> 资料来源:杜景丽. 乐圣朱载堉. 郑州:中州古籍出版社,2006
>
> **想一想**:这首打油诗说明了什么问题?

迄今为止,到底什么是经济学? 经济学界并没有一个被所有的经济学家都一致接受的说法。但不同的定义都包括以下三方面的内容:无限的欲望、稀缺性以及由此而产生的选择。

1.1.1 欲望

大千世界,芸芸众生,每个人来到这个世界上都会面临着两大基本问题:生存与发展,并且人们都希望自己能更好地生存和发展,这就是我们人类的欲望,也称需要。欲望是一种心理现象,是一种缺乏与不满足的感觉以及求得满足的愿望。例如,当我们解决了温饱问题时,我们就会对小康生活想入非非;而当我们实现了小康生活水平时,我们又会奢望富裕文明的生活水平。1943 年,美国心理学家亚伯拉罕·H. 马斯洛(Abraham H. Maslow)在《动机与人格》一书中提出了著名的需求层次论,认为人类的欲望可以分为五个层次。

第一层次是生理需要。这是人类维持自身生存的最基本需要,包括对衣食住行等方面的要求。如果这一层次的需要没有得到满足,人们不会产生其他层次的需要。

第二层次是安全需要。这是人类要求保障自身安全、摆脱事业和丧失财产威胁、避免职业病的侵袭、接触严酷的监督等方面的需要。马斯洛认为,整个有机体是一个追求安全的机制,人的感受器官、效应器官、智能和其他能量主要是寻求安全的工具,甚至可以把科学和人生观都看成是满足安全需要的一部分。对许多员工而言,安全需要主要表现为安全而稳定以及有医疗保险、失业保险和退休福利等。这种欲望实际上是生理需要的延伸。

经济学原理

第三层次是感情需要。这一层次的需要包括两个方面的内容。一是友爱的需要,即人人都需要伙伴之间、同事之间的关系融洽或保持友谊和忠诚;人人都希望得到爱情,希望爱别人,也渴望接受别人的爱。二是归属的需要,即人人都有一种归属于一个群体的感情,希望成为群体中的一员,并相互关系和照顾。感情上的需要比生理上的需要来的细致,它和一个人的生理特性、经历、教育、宗教信仰都有关系。

第四层次是尊重需要。人人都希望自己有稳定的社会地位,要求个人的能力和成就得到社会的承认。尊重的需要又可分为内部尊重和外部尊重。内部尊重是指一个人希望在各种不同情境中有实力、能胜任、充满信心、能独立自主。总之,内部尊重就是人的自尊。外部尊重是指一个人希望有地位、有威信,受到别人的尊重、信赖和高度评价。马斯洛认为,尊重需要得到满足,能使人对自己充满信心,对社会满腔热情,体验到自己活着的用处和价值。

第五层次是自我实现需要。这是最高层次的需要,它是指实现个人理想、抱负,发挥个人的能力到最大程度,完成与自己的能力相称的一切事情的需要。也就是说,人必须干称职的工作,这样才会使他们感到最大的快乐。马斯洛提出,为满足自我实现需要所采取的途径是因人而异的。自我实现的需要是在努力实现自己的潜力,使自己越来越成为自己所期望的人物。

由于人类需要层次的多样性,因而人的欲望是无穷无尽的。在一种欲望得到满足(甚至还没有完全得到满足时),新的欲望就会产生,正如打油诗中所描述,人生欲望太多,永无满足。所以叔本华说,生命是一团欲望,欲望不满足便痛苦。这种现象既是人性贪婪的表现,也是人类不断发展的动力所在。中国传统道德观是"存天理,灭人欲",试想人欲灭了,人心足了,社会还会发展吗?

 【案例小品 1-1】 点石成金的手指

中国民间流传过这样一个故事,天上的一个神仙下界来想超度一个凡人成仙,但世人个个贪婪成性,颇令神仙失望。一天神仙又碰到了一个凡人,神仙想试试他,就将一块石头点成了金子,凡人居然不要,神仙又点了一块更大的金子给他,这个凡人还是不要。这人难道不贪?神仙想超度他了,最后问他:"那你想要什么呢?"这人说:"我就想要你那个点石成金的手指!"神仙大失所望。用这个故事来说明人类需要的无限性,那是再恰当不过了。

资料来源:代海涛. 微观经济学原理与实务. 北京:北京交通大学出版社,2009

1.1.2 经济物品

人类的欲望需要各种物品来满足,这形形色色的物品既包括广袤的土地、充裕的阳光以及作为生命之源的水;也包括人类不断生产制造出的各式各样的物品,如汽车、房子、家具等。需要注意的是,人类在制造有用物品的同时也不可避免地在制造着给人类带来各种麻烦的物品,如垃圾、汽车尾气、工业"三废"等。从经济学的角度来看,我们可以把这些物品分为三类,即自由物品、经济物品和有害物品。经济学家们把经济学研究的着眼点放在经济物品和有害物品上,而把自由物品排除在外,这是由经济学的研究对象和这三种物品的各自特征所决定的。

1.1.3　稀缺性

由前文可知,一方面,人类的欲望是无限的;另一方面,用来满足人类欲望的经济物品却是有限的,有限的经济物品总是难以满足无限产生和膨胀的人类欲望,这一矛盾就是经济学中通常所说的稀缺性(scarcity)。经济学中的稀缺性需要注意以下两个方面。

一方面,经济学中的稀缺性是指相对的稀缺性,即从相对的意义上来谈论资源的多寡,它产生于人类欲望的无限性与资源的有限性这一矛盾。这种稀缺性强调的不是资源的绝对数量的多少,而是相对于人类欲望无限性的有限性。但是,这种稀缺性的存在又是绝对的,它存在于人类历史的各个时期和一切社会。从历史上看,无论是早期的原始社会,还是当今的发达社会,稀缺性存在于人类社会的所有时期。从现实来看,无论是贫穷的非洲,还是富裕的欧美,稀缺性存在于世界各地。社会上的每个人,无论是位高权重的达官贵人,还是一贫如洗的乞丐,都要面对稀缺性,只是稀缺的内容不同而已。对于街边行乞之人,他们往往稀缺的是粮食与衣物;而对于达官贵人,他们最为稀缺的往往是时间。韩磊的一首《向天再借五百年》道出了康熙皇帝的慨叹——人生短暂,岁月无情呀! 所以稀缺性是人类社会永恒的问题,只要有人类社会,就会有稀缺性。

另一方面,经济学中的稀缺性总是指经济物品的稀缺性,自由物品不存在稀缺性,有害物品也无需谈什么稀缺性。经济物品的稀缺性主要源于生产和制造这些经济物品所需要的资源总是有限的。一般而言,人类在物质产品的生产活动中,需要投入各种经济资源(或称生产要素),如土地、资本、人的劳动、企业家才能、知识技术和公共产品等。需要注意的是经济学中所说的土地是一个广泛意义上的概念,它是指大自然赋予人类的一切有助于进行生产活动的自然条件,包括矿藏、森林、陆地、海洋、河流等。对于渔民,他们的土地是海洋;对于山民,他们的土地是高山;对于牧民,他们的土地是草原;而对于企业,他们的土地则可能是企业的占地。可见,土地包括了一切对生产有益的自然资源,但必须指出,被改造过的沙漠和荒山不属于经济学中所说的土地的范畴,因为投入的劳动和资本已经改变了它的自然条件。经济学中的资本是指能够带来剩余价值的价值(马克思)。主要包括物质资本和金融资本,前者如机器、厂房等,后者如有价证券、货币等。也可以划分为有形资本和无形资本,前者如机器、厂房、有价证券和货币等,后者如专利、商标和人力资源等;劳动是指在生产过程中,人类自身所做出的贡献,是脑力劳动和体力劳动的总称。劳动者的技能、受教育程度、事业心等因素影响劳动的质量,劳动者的劳动时间和劳动效率决定劳动的数量,所以劳动是指劳动者付出的数量和质量的有机结合;企业家才能是企业家特有的个人素质。需要注意的是经济学上所说的企业家不是一种职务,更不是一种称谓,而是代表着企业家经营管理方面的素质。在现代市场经济中,企业家是企业的灵魂,是社会生产的组织者和领导者。企业家通过经营管理企业为社会创造财富,以此增进社会财富和人类福利,从而推动社会的进步;知识是人类心智中积累下来的非物质财富,是人类对客观世界及其规律认识能力的总和。可以说,没有知识,人类社会就无法组织生产,知识越多,人类社会在一定时期内生产的物质产品和劳务就越多;公共产品(public goods)是在消费上不具有排他性和竞争性的产品,如路灯、灯塔、法律制度等。经济学家认为,最重要的公共产品是制度,制度也包括法律在内。例如,上课不能随意讲话,考试不许作弊就是两条制度,任何学生都可以不必排他、不必竞争地消费这样的公共产品,即一个人或一些人消费,不影响其他人消费;消费者之间不必通过竞争获得公共产品。公共产品一般由政府来提供。这是因为公共产品的特点决定了企业无法专门生产路灯和灯塔等公共产品,否则企业的收益无法得到保障,企业就不能长久存在。其他如国防、军队、警察、监狱等也是一种公共产品。政府提供它使得每个人可以不做亡国奴,能在良好的社会治安条件下生存,因此提高人们的生活质量。由此看来,任何社会在组织生产时,都要投入政府生产的公共产品这种生产要素,作为报酬,使用公共产品的经济主体就应该向政府纳税。这样就很容易理解为什么偷税、漏税是犯法行为,实质上这是一种非法占有别人(政府)的劳动产品的行为,本质上和偷窃无异。

以上六种资源是人类社会组织生产的物质基础,也是现代市场经济运行的基本保证。六种资源相互配合,共同发挥作用,生产出各种产品满足社会的需求。上述经济资源有一个共同特点,那就是稀缺性。首先,一个企业不可能像得到自由品那样无偿得到无限的资本、劳动、土地、企业家才能、知识和公共产品,因为这些资源的取得都必须付出相应代价。而整个社会中的资本存量、劳动存量、土地存量、企业家才能存量、知识存量和公共产品的规模都是有限的;其次,人类对物质产品、精神产品等经济物品需要的无限性也决定了对生产这些经济物品的经济资源的需要的无限性,有限的经济资源相对无限的人类需要而言总是稀缺的;再次,时间资源也是有限的,时间具有不可逆转性,它是永远向前的,一刻也不停留。所以很多事做坏了,就再也不能重来。很多事情就算能重来,也不复当初。因此,人们不可能无限制地生产经济物品。

因此,任何社会都一样,必须做出选择,把有限的经济资源应用到最能发挥作用的方面去。

 【案例小品1-2】 钻石和木碗

一个穷人家徒四壁,只得头顶着一只旧木碗四处流浪。

一天,穷人到一只渔船上去帮工。不幸的是渔船在航行中遇到了特大风浪,船上的人几乎都淹死了,穷人抱着一根大木头才得幸免于难。

穷人被海水冲到一个小岛上,岛上的酋长看见穷人头顶的木碗感到非常新奇,便用一大口袋最好的珍珠宝石换走了木碗,派人把穷人送回了家。

一个富翁听到了穷人的奇遇,心中暗想,一只木碗都能换回这么多宝贝,如果我送去很多可口的食物,该换回多少宝贝!于是,富翁装了满满一船山珍海味和美酒,找到了穷人去过的小岛。

酋长接受了富人送来的礼物,品尝之后赞不绝口,声称要送给他最珍贵的东西。富人心中暗自得意。一抬头,富人猛然看见酋长双手捧着的"珍贵礼物",不由得愣住了!

酋长会把什么最珍贵的礼物送给富人呢?

资料来源:代海涛. 微观经济学原理与实务. 北京:北京交通大学出版社,2009

1.1.4 选择

经济资源的稀缺性衍生出一个重要的经济学概念:选择。选择就是如何利用既定的资源去生产经济物品,以便更好地满足人类的需求。

人类面对稀缺资源并不是无能为力的,因为人类社会的无穷欲望有轻重缓急之分,人类可以作出选择,即选择首先满足哪些欲望,然后再满足哪些欲望。其实选择与稀缺性是一对孪生概念,反映了一个问题的两个方面。土地是稀缺的,那就必须做出选择:有限的土地应该如何使用,用来生产农产品呢,还是用来建工厂? 资本是稀缺的,那就必须做出选择:有限的资本是用来生产飞机大炮以屠杀敌人呢,还是用来生产衣食用品以满足人类的基本生存需要? 劳动是稀缺的,那就必须做出选择。有限的劳动者是被武装起来派往好战者发动的战争中,还是派往企业、农村、科研院所去从事和平劳动? 这些都是经济活动中的选择问题。

选择广泛存在于社会生活的方方面面。从宏观方面来看,一个社会每时每刻都在做出选择,只是选择的方式不同而已。在传统计划经济体制下,计划者以行政命令的方式把社会经济资源调节到他们认为应该调节到的部门和地区去,这就是行政命令式的选择。而在市场经济条件下,经济资源的流向主要依靠市场调节。例如,2003 年 SARS 爆发,医疗消毒用品需求增加,价格上升,结果刺激企业投入、扩大生产,这就是市场选择。从微观方面来看,社会中的每个企业和个人每时每刻都在做出选择。对企业而言,要不要开发一个新产品,要不要开发一个新市场等,都是必须做出的选择。对个人而言,选择更加广泛,我们的一生都离不开选择。在成长过程中,我们选择幼儿园、小学、中学、大学;大学毕业后还要选择:是读研究生呢,还是先就业? 将来是从政呢,还是到企业工作或从事科学研究? 在货币资源有限的情况下,我们是选择购买住房还是购买汽车……这些都是比较重要的选择,其他选择如"今晚是去看电影呢,还是学习经济学?"等,虽然是次要的选择,但也每时每刻发生在我们身边。

可见,选择具有广泛存在性,选择是稀缺性的必然结果,稀缺性是选择的直接原因。可以说,没有经济资源和经济物品的稀缺性,就根本不会存在选择;反过来,没有选择余地的稀缺性同样没有任何意义。

【案例小品 1-3】 布里丹之驴

法国巴黎大学校长让·布里丹(1300—1358)讲述一头驴子的故事。有一头驴子,它非常饿,到处找吃的,终于看到了前面有两堆草。它迅速跑过去,却为难了,因为它不知道应该先吃哪一堆。它犹豫不决,在两堆草之间徘徊不定,最终因没办法选择而被活活饿死。这头陷入两难困境的驴被后人称之为"布里丹之驴"。

资料来源:崔卫国,刘学虎. 小故事,大经济. 北京:经济日报出版社,2008

【案例小品 1-4】 说舍得

世界是阴与阳的构成,人在世上活着也就是一舍一得的过程。我们不否认我们有着强烈的欲望,比如面对了金钱、权势、声名和感情,欲望是人的本性,也是社会前进的动力。但是,欲望这头猛兽常常使我们难以把握,不是不及,便是过之,于是产生了太多的悲剧:有人愈是要获得愈是获得不了;有人终于获得了

1.1.5 机会成本

稀缺性迫使我们做出选择,而一旦做出了选择,就必然有一部分欲望要被放弃。所谓有所得必有所失。为了得到某种东西而放弃另一种东西所带来的最大收益就是做出决策的机会成本,也可以说是做出一种选择而放弃另一种选择所付出的实际代价。

【案例小品1-5】 辍学的比尔·盖茨

比尔·盖茨于1973年进入哈佛大学法律系学习。他不喜欢法律,但对计算机十分感兴趣。19岁时他面临两种选择:是继续学习直至毕业,还是辍学创办软件公司?继续学习会失去创业的最佳时机,而辍学办公司又拿不到多少人向往的哈佛大学毕业文凭。盖茨义无反顾地放弃了学业,创办了自己的软件公司。他终于成功了,1999年《福布斯》杂志评选,比尔·盖茨以净资产850亿美元荣登世界亿万富翁的榜首。1999年3月27日,盖茨应邀回母校哈佛大学参加募捐会,当记者问他是否愿意继续学习以拿到哈佛大学的毕业证时,他向那位记者笑了笑,没有回答。

资料来源:崔卫国,刘学虎. 小故事,大经济. 北京:经济日报出版社,2008

看来比尔·盖茨是不愿意回到哈佛大学继续学习了,因为那样的话机会成本太大——失去世界首富的地位。中国也有一个不愿上大学的例子,那就是姚明,因为他有到美国NBA打球的机会。姚明同休斯敦火箭队签了5年7 000万美元的工作合同,加上广告收入,2008年姚明以3.878亿元人民币位居福布斯中国名人榜首位。如果他上了大学,这些收入都将失去。

理解机会成本需要注意以下几点。

第一,机会成本不同于实际成本,它不是在做出某项选择时所支付的实际费用,而是一种观念上的费用或损失。如投资的机会成本是把资本金存入银行所取得的利息。有选择就必须有放弃,因为资源是有限的,"鱼与熊掌不可兼得",你选择了一个就必须放弃另一个,因而机会成本是一种观念上的成本。

第二,机会成本并不完全是由个人选择所引起的,其他人的选择也会给你带来机会成本。同样你的选择也会给其他人带来机会成本。如你在寝室里欣赏音乐的机会成本是放弃了安静,但同时,其他人也因此不能享受安静。这就是你给其他人所带来的机会成本。外部性其实就是一个经济主体给其他经济主体带来的机会成本。

第三,机会成本是被放弃的选择可能带来的最大收益,换句话说,综合考虑所有可能选择,机会成本是次优选择可能带来的收益。

让我们举一个例子来说明机会成本:假定你有 100 万元人民币用于投资,可供投资的方向和年收益如表 1-1 所示,假定投资的其他成本都相同。

表 1-1　不同投资方向可能带来的收益

投资方向	股票	基金	房地产	开超市	储蓄
投资收益/万元	20	10	12	10	7

如果你是理性投资者,你必然选择股票投资而放弃其他投资方向。在放弃的投资方向中,房地产可能给你带来最大的收益(12 万元),则你投资股票的机会成本就是 12 万元。

机会成本是衡量决策正确与否的重要因素,一旦做出决策,决策者一般会取得相应的现实收益,同时付出机会成本。当现实收益大于机会成本时,决策是正确的,否则属于决策失误。我们通常所说的"后悔"就是由于机会成本大于现实收益所造成的,因此,可以说。选择不一定导致后悔,但后悔必然是选择的结果。

选择是重要的,许多灾难性的后果无一不是机会成本远远大于现实收益的产物。第二次世界大战以后,苏美"冷战"不断升级,苏联为了赢得胜利,不顾自身国力不济,把有限的经济资源大量投入到重工业和军工领域,结果导致经济畸变,人民生活水平低下,最终酿成解体的后果。许多企业由于决策失误,导致现实收益过小或机会成本过大,最后不得不破产倒闭。

1.1.6　生产可能性边界

资源的稀缺性所产生的一系列经济问题可以通过下面的例子表示出来。

假设一个社会把其全部资源用于生产大炮与黄油两种产品。在资源既定且生产技术水平不发生重大变化的条件下,如果只生产大炮可以生产 15 万门,只生产黄油可以生产 5 万吨,在这两种极端的可能性之间,还存在着大炮与黄油不同数量的组合,如表 1-2 和图 1-1所示。

在图 1-1 中,连接 A、B、C、D、E、F 点的 AF 线是在资源既定和技术水平不发生重大变化的条件下所能达到的大炮与黄油的最大产量组合,被称为生产可能性边界或生产可能线。生产可能性边界说明了三个概念:稀缺性、选择性和机会成本。

首先,生产可能性边界揭示了稀缺性。任何经济都不可能无限量地生产,图 1-1 中曲线上方的 M 点就代表着在现有条件(资源和技术)下不可能实现的产量组合。

其次,任何一个经济生产必须做出选择。是选择 A 点进行生产,还是选择 D 点进行生产,还是选择其他点? 但同时不可能选择两个点。决定在生产可能性边界上的某一点进行生产,也就放弃了其他生产组合的可能性,也就决定了资源的配置。

最后,选择要付出代价,选择就有机会成本。从图 1-1 来看,当生产组合由 C 点转移到 D 点时,黄油的产量增加了,但大炮的产量减少了,减少的大炮产量就是增加的黄油产量的机会成本。

生产可能性边界表示了社会生产在现有条件下的最佳状况。生产位于生产可能性边界之内的 N 点时,意味着现有的资源没有得到充分利用,存在着资源的闲置或浪费,即生产是缺乏效率的。每个社会为了最大限度地发挥生产潜力,都应该研究如何使生产位于生产可能性边界上。当然,生产可能性边界并不是一成不变的,资源的增加和技术的改进都会使生产可能性边界向外平移。

表 1-2　两种产品的不同生产组合

可能性	黄油/万吨	大炮/万门
A	0	15
B	1	14
C	2	12
D	3	9
E	4	5
F	5	0

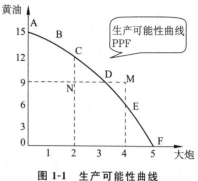

图 1-1　生产可能性曲线

1.1.7　资源配置和资源利用

1. 资源配置

资源配置是指把资源分配到各种可供选择的用途中,以生产出能够满足人们不同需要的不同物品。使产出达到最大,使人们的需要获得最大程度的满足,使社会经济福利达到最大。资源配置一般包括以下三个基本问题。

(1) 生产什么和生产多少。由于经济资源的稀缺性,企业和个人往往会面临这样的问题:生产了这种产品,就不能再生产那种产品,或者这种产品生产多了,那种产品就必须少生产。因此,人们必须对生产什么产品或劳务及生产多少做出必要的选择。例如,在国内手机行业,厂家林立、品牌众多、竞争十分激烈,国内外各大手机厂商不断推出各种款式、功能、价格的手机来满足不同消费群体的需要,如拍照手机、智能手机、音乐手机、商务手机和 3G 手机等,手机市场的竞争日益白热化。此时,选择加入到手机制造业无疑是一个"疯狂"举动,但深圳市朵唯志远科技有限公司董事长何明寿却认为,细分市场是国产手机突围的一条出路。2009 年在通信行业做了十年的何明寿决定做一个手机品牌。经过调研,何明寿发现市场上没有一个专门针对女性的手机品牌。国内有 2 亿多女性用户,在调研中有 6 成以上的女性表示有购买专业女性手机的需求,何明寿觉得是个机会。2009 年 6 月,他创立的朵唯手机品牌正式上市。

(2) 如何生产。生产什么、生产多少确定了以后,另一个重要问题随之产生,那就是如何生产。如何生产就是要解决生产方式、生产效率的问题。据测算,美国的农业人口不足 2%,一个美国农民能养活 98 个本国人和 34 个其他国家的人,而我国则由 70% 的农业人口去解决全国人民的吃饭问题,这是为什么呢? 其中一个重要原因在于生产方式不同,美国的农业生产是典型的机械化大规模生产,而我国的农业生产主要还是依靠人力和畜力进行分散的小规模生产,因而生产效率低下。再如双汇集团,同样是杀猪,双汇会在生猪屠宰前,让它们静养 12～24 小时,以利于排空体内垃圾。屠宰时,也不是一刀砍下去的做法,而是采用世界最先进的三点低压麻电、蒸气烫毛和自动温控烫毛系统,使猪在无痛苦中被屠宰,肉质鲜嫩。同样是猪肉,双汇把一头猪精细分割成 258 种生鲜产品,或者制成 600 多种高温或低温食品。在猪的槽头肉里,他们还挖出了一块 0.2 千克重的"肉青"精品,一年增值 1600 多万元。双汇集团用 21 世纪的信息技术、自动化控制技术、检验检测技术、现代生物技术和科学管理手段,改造了传统的肉类加工企业。

【案例小品1-6】 湖北"粮王"侯安杰

侯安杰租种的田地总共1.96万亩,除少数林地、菜地外,1.67万亩用于种粮,超过了农业部相关网站公布的2007年全国最大的种粮大户。侯安杰租种的土地都是农民的承包地,其范围包括本市和毗邻阳新县8个乡镇35个村,涉及1.8万多农户。其中,签有书面租种合同的1.57万亩,其余为口头协商。

侯安杰把租来的土地再以两种方式转包转租给他人种,自己则成了一个土地的经营者和粮食生产的组织者,并从中获取自己的利益。

第一种方式,与转包者三七分成,转包占总面积的70%。侯安杰承担租金、农资、农机等所有投入,并对土地进行统一规划、统一耕整、统一播种、统一管理、统一收割、统一销售和统一结算,转包者负责集体生产和技术。

第二种方式,再转租给他人种,所有种田投入也由转租者负担。这种形式占总面积的30%。侯安杰每亩收管理费30元,提供相关服务,主要服务内容包括:病虫害预报、相关信息提供、肥料代购、协调矛盾纠纷等。

无论是转包的,还是转租的,都要向侯安杰交纳风险抵押金,保证土地的用途和不得弃耕,每亩转包者交50元,转租者交10至15元不等,这笔资金收起来后,也减轻了侯安杰的资金压力。

在经营管理方面,侯安杰以1500元的月薪,聘请了6名管理人员,负责管理并为下设的生产队服务。他还从山东、湖南、江西和本省引进种田种地能手,组成10支生产队。

侯安杰购有大型拖拉机4台、联合收割机6台、大小旋耕机7台,加上机动喷雾器、柴油机等,有80多台农机具。收割时.还要租联合收割机20多台,以供种田者使用。

侯安杰还聘请了一批农业科技人员,帮他选择优良品种和提高种植技术,加上机械化操作,种粮效益远高于一般农户。但他始终不愿透露种田的收入到底有多少,但他承认肯定比开矿强。

资料来源:周晓农.湖北"粮王"现象调查.载半月谈,2008(16),50～51

(3)为谁生产。社会实现产出以后,这些产品如何在社会成员之间进行分配?这实际上涉及产品的公平分配问题。小轿车基本上不会是给低收入家庭生产的;自行车也不会是给富豪们生产的。上面已经谈到,产品的生产一般需要投入相应的资本、土地、劳动、企业家才能、知识和公共产品,各种要素的相应所有者——资本家、自然资源占有者、劳动者、企业家、知识所有者和政府都应该根据各自在生产中的贡献取得相应的产品或报酬。谁得到报酬,就意味着为谁生产。问题在于,各自的贡献份额如何确定?通常这是很难解决的问题,但又是一个非常普遍而基本的问题。不同的经济学家对此有不同的回答,形成了形形色色的分配理论。

资源配置的优劣直接影响着一个社会的经济效率。资源配置优劣的衡量标准是把有限的经济资源配置到社会最需要的方面去,同时,既要考虑近期利益,又要有效协调近期利益和远期利益的关系。一个社会存在失业,说明劳动力和人力资源配置不当;一个社会投资不足,经济萧条,说明资本资源配置不当。这些都严重影响经济效率,因为资源配置存在浪费现象。

　　资源配置的目标是最大限度取得经济效益。要达到这样的目标就必须建立一套资源配置制度以力求达到"人尽其才、物尽其用,地尽其利、货畅其流"。人尽其才说的是人力资源达到最优配置状态;物尽其用说的是物资资源(资本等)达到最优配置状态;地尽其利说的是土地等自然资源达到最优配置状态;货畅其流说的是市场的交易成本降到最低,市场的效率得到最佳发挥。资源配置目标的实现依赖于资源配置效率的不断提高,理想的资源配置效果是:在市场机制或其他手段的作用下,社会经济资源能够自发流动到应该快速发展的部门去,自发流动到应该快速发展的行业和企业去,自发流动到对社会贡献大的个人和家庭去。

【案例小品 1-7】　长兴教育券试验:"异国种子"的新生存

　　2000 年 11 月,正值美国加州大选前夕,长兴县教育局长熊金龙带队到美国加州考察,在洛杉矶市附近的罗斯密学区,了解到这里正在发起一项在全州实行"教育券"制度的全民公决提议。教育券,来自经济学家弗里德曼的理论,就是政府改变过去将教育经费直接拨给公立学校的方式,将经费直接分发到学生家长手中,由家长自由选择学校。2001 年,长兴县教育局在县委县政府和省教育厅的支持下正式实行教育券制度,到目前为止已发放三种教育券:一是扶持民办学校的教育券;二是促进职业技术教育的教育券;三是资助贫困生的教育券。具体办法是:教育局直接将面额为 200～800 元不等的教育券发放给愿意上民办学校、职业技术学校的学生家长以及贫困学生家长,学生家长自主选择学校并把教育券交给学校,由学校持教育券到教育局领取相应的款项。

　　长兴县教育局之所以不直接把经费拨付给学校而是先给学生家长,就是为了把接受教育的选择权交给学生家长。过去,教育经费的选择权在教育局手上,它给学校多少钱就是多少钱,这就使得各个学校都是眼睛向上,只盯着教育局要钱;现在,选择权放到学生及其家长手里了,学校要想得到钱,就只有眼睛向下,盯着学生和家长以及人才市场,就只有好好教学生,根据人才市场需求培养学生的知识和技能。教育券就好比选票,发放教育券就好比在教育领域实行民主制度,制度好,效率才能高。当然,教育局也是有导向的,三种不同的教育券就体现了对民办学校、职业技术学校和贫困学生的倾斜。这样一来,学校、学生及家长、人才市场和教育行政主管部门的关系就理顺了,资源才能得到有效配置。

　　资料来源:李梁. 长兴教育券试验:"异国种子"的新生存. http://finance.sina.com.cn/g/20040129/1759611972.shtml

2. 资源利用

　　前面说明了经济学是研究相对稀缺经济资源的合理配置问题。但实际上,在现实的经济社会中,还有另一方面的问题,那就是劳动者失业、生产设备闲置、自然资源浪费是经常存在的状态。这就是说,一方面资源是稀缺的;另一方面稀缺的资源还得不到充分的利用。英国经济学家琼·罗宾逊(Joan Robinson)针对 20 世纪 30 年代的大萧条不无讽刺地说:"当经济学家们把经济学定义为研究稀缺资源在各种可供选择的用途之间进行分配的科学时,英国有三百万人失业,而美国的国民生产总值的统计数字也下降到原来水平的一半。"所以,经济学有必要进一步研究,研究造成这种状况的原因是什么;如何才能充分有效地利用资源,生产出更多的产品。也就是研究稀缺经济资源的充分利用问题。

资源利用主要包括这样三个相关的问题。

(1) 为什么资源得不到充分利用,如何使稀缺资源得到充分利用,如何使产量达到最大。这就是一般所说的"充分就业"问题。

(2) 在资源既定的情况下为什么产量有时高有时低,不能始终处于生产可能线上,也就是说现实中经济为什么会经常发生波动。与此相关的是,如何用既定的资源生产出更多的产品,即实现经济增长。这就是一般所说的"经济波动与经济增长"问题。

(3) 现代社会是一个以货币为交换媒介的商品社会,货币购买力的变动对由稀缺性问题所引起的各种问题的解决都影响甚大。这样,解决经济问题就必然涉及货币购买力的问题。这也就是一般所说的"通货膨胀(或通货紧缩)"问题。

可见,稀缺性不仅引起了资源配置问题,而且还引起了资源利用问题。正因为如此,许多经济学家认为把经济学的研究对象定义为"研究稀缺资源配置和利用的科学"也许更恰当一些。

1.1.8 经济制度

尽管所有社会都存在稀缺性问题,但在解决稀缺性时所采用的方法并不相同。换句话说,在不同的经济制度下,解决资源配置与资源利用问题的方法是不同的。当前世界上解决资源配置和利用的经济制度基本有以下三种。

1. 自由放任的市场经济制度

在不同经济制度中,一个极端的情形是自由放任的市场经济。1776 年亚当·斯密在其经典著作《国富论》中,提出了通过市场这一"看不见的手"的调节来决定生产什么,如何生产和为谁生产。亚当·斯密深信价格信号和市场反映在配置资源方面比任何政府都做得更好。在这种经济制度中,每个人或者经济单位的基本经济活动不受政府的控制,为追逐自身的利益而做出选择并在市场上相互作用。各种经济当事人市场行为的最终结果决定资源配置及其有关问题,从而经济社会解决其面临的基本经济问题。自由放任的市场经济制度在保证充分竞争的同时,存在着一定的道德缺陷。那就是过于鼓励自利行为,从而导致自私、贪婪和物质至上主义。19 世纪的英国接近于该模式。

2. 中央集权的计划经济制度

另一个极端的情形是中央集权的计划经济。马克思在其经典著作《资本论》(1867 年)和《共产党宣言》(1848 年)中认为,政府必须拥有所有生产资料并由计划来决定资源的充分利用,即通过政府的计划而不是市场来决定生产什么,生产多少和为谁生产。最终目的是建立"各取所需的共产主义社会"。计划经济也叫做指令性经济,如苏联和改革开放前的中国就比较接近于该模式。在现实当中,由于这种制度很难解决信息的传递问题和经济主体的激励问题,效率不高,因而大多数实行计划经济的国家自 20 世纪 80 年代后期开始了经济制度改革,以实现从计划经济向市场经济的转轨。

3. 混合经济制度

现实世界中,纯粹的市场经济或纯粹的计划经济并不存在。许多国家的经济制度都是通过市场与计划不同程度的结合来解决资源配置和利用。把市场和计划的优缺点互补,更有利于经济的发展。正如邓小平同志的精辟论述："计划多一点还是市场多一点，不是社会主义与资本主义的本质区别。计划经济不等于社会主义，资本主义也有计划；市场经济不等于资本主义，社会主义也有市场。计划和市场都是经济手段。"

需要注意的是，混合经济制度并不是计划经济与市场经济的简单混合，而是对市场经济的改进。现在越来越多的人认识到，市场经济从总体上看比计划经济效率高，更有利于经济发展。目前，世界上绝大多数国家采取的是有国家宏观调控的市场经济制度。如美国、日本和欧盟国家等都采用了这种经济制度，我国经济制度改革的目标也是朝着这个方向进行的。

除了上述三种基本经济制度以外，社会风俗习惯有时也对资源配置和利用产生重要影响。在摩尔根描述的原始社会中，既不存在市场，也不存在计划，而是依靠风俗习惯维持社会的正常运行，产品被平均分配，以防有人饿死；部落之间常常互相妥协以便各自占有自己领域内的经济资源。这样的风俗习惯一直维持着原始社会的运行，直到其解体。在现代社会中风俗习惯也对资源配置产生重要的影响。大规模战争爆发后，计划和市场均被破坏，但人们依然遵守着传统的习惯，彼此尊重对方的财产权利，甚至互相救济，共渡难关，以维持社会的正常运行。此外在日常生活中，先来后到原则，尊老爱幼原则等也在调节着社会资源的配置。例如，公共汽车和火车上座位有限时，人们总是遵守先来后到原则，年轻人总是把座位让给老、弱、病、残、孕，这就是社会风俗习惯对稀缺的经济资源(座位)发挥的配置和调节作用。

当然，我们只能这么讲，风俗习惯对经济资源配置的调节远不如计划和市场那样有力，但它在资源配置中所发挥的基础作用是非常广泛的，可以说，社会风俗习惯是覆盖全社会的一种资源配置手段，是计划和市场的必要补充，是资源配置中的又一只"看不见的手"。

1.2　经济学的组成

先行案例　抓大象

　　一个数学家、一个统计学家和一个经济学家商量准备到非洲去抓大象，大家分头去做准备。数学家认为，去抓大象之前必须首先证明非洲大陆至少有一头大象，这样才有可能抓到大象。所以数学家的准备工作就是证明非洲有大象。统计学家所做的工作是到动物园去观察大象，把大象的形象特征牢牢地记在大脑里，然后去非洲大陆观察，把看到的各种动物中最接近记忆的动物定义为大象，再进行抓捕。当数学家证明了非洲大陆有大象、统计学家把大象的形象牢牢记在脑子里后，两人去找经济学家同行。经济学家却说："你们去吧，我不去了。"两人问为什么，经济学家说："我们非要自己去抓大象吗？只要我们愿意支付足够的价格，大象会自己跑到我们面前的。"

　　资料来源：代海涛. 微观经济学原理与实务. 北京：北京交通大学出版社，2009

　　想一想：结合案例谈谈微观经济学的中心理论是什么？

经济学研究的对象是稀缺资源的配置与利用,在这个内容广泛的学科下,必然会产生许多分支学科。根据其研究的对象、范围以及所采取的研究方法与出发点的不同,可以划分为微观经济学和宏观经济学两大部分。其中微观经济学最为核心的问题是讲清楚市场如何运行,政府又怎样弥补市场的不足;而宏观经济学主要是讲清楚国民收入如何核算、影响国民收入的因素有哪些,以及失业、通货膨胀、经济周期、经济增长等宏观问题。本书任务1至任务8是微观经济学部分,任务9至任务13为宏观经济学部分。

1.2.1 微观经济学概述

1. 微观经济学的概念

微观经济学的"微观"(micro)一词是"小"的意思。微观经济学以单个经济单位为研究对象,重点研究市场经济条件下微观经济主体(厂商、居民、政府等)的决策行为及其对经济资源配置的影响。

微观经济学的定义包含了以下几个方面的内容。

(1) 微观经济学的研究对象是单个经济单位。单个经济单位指组成经济的最基本的单位:用户与企业。用户是经济活动中的消费者,企业是经济活动中的生产者。微观经济学研究用户与企业的经济行为,就是研究用户如何把有限的收入分配于各种物品的消费,以实现满足程度(即效用)最大化,以及企业如何把有限的资源用于各种物品的生产,以实现利润最大化。

(2) 微观经济学解决的问题是资源配置。资源配置就是生产什么,如何生产和为谁生产的问题。解决资源配置问题就是要使资源配置达到最优化,即在这种资源配置下能给社会带来最大的经济福利。微观经济学从研究单个经济单位的最大化行为入手,来解决社会资源的最优配置问题。因为如果每个经济单位都实现了最大化,那么,整个社会的资源配置也就实现了最优化。

(3) 微观经济学的中心理论是价格理论。用户和企业在追求最大化行为和优化资源配置的过程中,贯穿始终的是"无形的手"——价格。价格调节需求、调节供给,调节的最后结果是使市场达到了均衡。因此微观经济学的中心理论是价格理论。微观经济学也被称为价格理论。

(4) 微观经济学的研究方法是个量分析。同以研究单个经济单位为对象相适应,微观经济学的研究方法是个量分析,即研究经济变量的单项数值如何决定。例如,某种商品的价格,就是价格这种经济变量的单项数值。美国经济学家萨缪尔森指出,微观经济学是"关于经济中单个因素——诸如一种产品价格的决定或单个消费者或企业的行为——的分析。"

2. 微观经济学的基本假设

微观经济学的基本假设是市场出清、完全理性和完全信息。

(1) 市场出清。市场出清假设就是坚信在价格可以自由而迅速升降的情况下,市场上一定会实现充分就业的均衡状态。在这种状态下,资源可以得到充分利用,不存在资源闲置或浪费问题。因此,微观经济学就是在假设资源充分利用为常态的情况下,集中研究资源配置问题。

(2) 完全理性。完全理性假设是指消费者和企业都是以利己为目的的理性人,他们自觉地按利益最大化的原则行事,既能把最大化作为目标,又知道如何实现最大化。

（3）完全信息。完全信息假设是指市场上每一个从事经济活动的个体（居民户和厂商）都对有关的经济情况具有完全的信息。例如，每一个消费者都有能充分地了解每一种商品的性能和特点，准确地判断消费一定商品量给自己带来的满足程度，掌握商品价格在不同时期的变化等，从而能够确定最优的商品购买量。再如，每一个生产者都能准确地掌握投入和产出之间的技术数量关系，了解商品价格和生产要素价格的变化，以及在每一个商品价格水平上消费者对产品的需求量等，从而能够做出最优的生产决策。

3. 微观经济学的基本内容

（1）价格理论。这是微观经济学的核心。本理论从研究商品的需求和供给入手，进一步研究价格的形成机制以及价格如何调节整个经济的运行。

（2）消费者行为理论。本理论从欲望和效用入手，研究消费者效用最大化的实现，即消费者均衡。

（3）生产者行为理论。本理论从生产要素与生产函数入手，研究生产者如何合理地投入生产要素，即生产要素的最佳组合以及规模经济等一系列问题。

（4）成本理论。本理论从短期成本和长期成本分析入手，研究生产要素投入量与产量之间的关系、成本与收益的关系以及利润最大化的原则等。

（5）市场理论。本理论也称为厂商均衡理论，它从完全竞争市场、完全垄断市场、垄断竞争市场以及寡头垄断市场这四种市场类型入手，研究上述市场类型的基本特征、均衡条件以及对这四种市场类型的评价。

（6）分配理论。本理论从生产要素的需求与供给入手，研究工资、利息、地租、利润的一般性质、形成机制及其在经济中的作用。这部分理论说明为谁生产的问题。

（7）市场失灵与微观经济政策。任何经济理论都是为经济政策和决策提供理论依据的，微观经济学也不例外。按照微观经济学的理论，市场机制能使社会资源得到有效配置，但事实上市场机制的作用并不是万能的。例如，个体经济单位对社会经济造成的负面效应、公共物品的提供、信息不对称、外部性、垄断等一系列问题。正因为如此，就需要相应的微观经济政策。

1.2.2 宏观经济学

1. 宏观经济学的概念

宏观（macro）一词源于希腊文makros，是"大"的意思，它从总体上观察经济。宏观经济学是"大"的经济学，研究的是"大"的经济单位，即宏观经济学研究整个社会的国民经济，考察社会的经济总量。它研究的变量包括国内生产总值、总需求、总供给、总储蓄、总投资、总就业量、货币供给量及物价水平等。

宏观经济学通过研究国民经济中各有关总量的决定及其变化，来说明资源如何才能得到充分利用。

在理解宏观经济学的定义时，我们要注意以下几点。

（1）宏观经济学研究的对象是整个国民经济。它所研究的不是经济中的个体，而是由这些个体所组成的整体——整个经济的运行方式和规律。

（2）宏观经济学解决的问题是资源利用。宏观经济学把资源配置作为既定的，研究现有资源未能得到充分利用的原因、达到充分利用的途径以及如何实现增长等问题。

（3）宏观经济学的中心理论是国民收入决定理论。宏观经济学把国民收入作为最基本的总量，以国民收入的决定为中心来研究资源利用问题，分析整个国民经济的运行。

（4）宏观经济学的研究方法是总量分析。

2. 宏观经济学的基本假设

宏观经济学基于以下两个基本假设。

（1）市场机制是不完善的。自从市场经济产生以来，市场经济国家一直在繁荣与萧条的交替中发展，一个国家、一个地区乃至整个世界爆发的经济危机已经成为市场经济的必然产物。1929—1933年的经济危机使经济学家认识到，如果只靠市场机制自发调节经济就无法克服经济危机、失业、滞胀等一系列问题。这是建立宏观经济学理论的必要性。

（2）政府有能力对经济实施宏观调控，纠正市场经济运作中出现的偏差。政府可以通过行政、经济、法律等手段进行宏观调控，还可以通过财政、货币、产业等政策进行经济干预。1929—1933年的经济危机后，美国实施的"罗斯福新政"，强调了政府在经济中的作用。凯恩斯的《就业、利息和货币通论》(1936年)标志着宏观经济学的诞生。

3. 宏观经济学的基本内容

宏观经济学的内容相当广泛，其中主要有以下几个方面。

（1）国民收入决定理论。国民收入是衡量一国经济资源利用情况和整个国民经济状况的基本指标。国民收入决定理论就是要从总需求和总供给的角度出发，分析国民收入决定及其变动的规律。这是宏观经济学的核心理论。

（2）失业与通货膨胀理论。失业和通货膨胀是当今世界各国经济中最为突出的问题，没有一个国家不为此感到头痛。宏观经济学把失业与通货膨胀这两个棘手的问题同国民收入联系起来，分析其产生的原因以及两者之间的关系，以便找出解决这两个问题的有效途径。

（3）经济周期与经济增长理论。经济周期是指国民收入的短期波动，经济增长是指国民收入的长期增长趋势。这一理论主要分析国民收入短期波动的原因以及长期增长的源泉问题，以期实现经济的可持续发展。

（4）宏观经济政策。宏观经济政策以宏观经济为依据，主要为国家干预经济服务。宏观经济政策包括：政策目标、政策工具和政策效应。

1.2.3 微观经济学与宏观经济学的关系

1. 微观经济学与宏观经济学的联系

（1）微观经济学与宏观经济学互相补充。经济学的目的是实现社会经济福利的最大化。为了达到这一目的，既要实现资源的最优配置，又要实现资源的充分利用。微观经济学在假定资源已充分利用的前提下分析如何达到最优配置的问题；宏观经济学在假定资源已实现最优配置的前提下分析如何达到充分利用的问题。它们从不同的角度分析社会经济问题，因此它们不是互相排斥的，而是互相补充的，共同构成经济学的基本原理。

（2）微观经济学与宏观经济学都是实证分析。微观经济学与宏观经济学都把社会经济制度作为既定的，不分析社会经济制度变动对经济的影响。也就是说，它们都把社会经济制度作为一个既定的存在，分析这一制度下的资源配置与利用问题。这种不涉及制度问题，只分析具体问题的方法就是实证分析。从这种意义上看，微观经济学与宏观经济学都属于实证经济学的范畴。

（3）微观经济学是宏观经济学的基础。微观经济学先于宏观经济学产生,其发展也较成熟,是宏观经济学产生和发展的基础。宏观经济行为的分析总是要以一定的微观分析为其理论基础。例如,就业或失业理论以及通货膨胀理论等宏观经济理论,必然涉及劳动的供求与工资的决定即工资理论,商品价格如何决定即价格理论。再如,凯恩斯主义用微观经济学中的均衡概念来解释宏观经济问题。

2. 微观经济学与宏观经济学的区别

通过前面的分析,我们把微观经济学与宏观经济学的区别列于表 1-3 中。

表 1-3　微观经济学与宏观经济学的区别

项　目	微观经济学	宏观经济学
别名	小经济学,个体经济学	大经济学,总体经济学
中心理论	价格理论	收入理论
基本假设	市场出清,完全理性,完全信息	市场机制是不完善的,政府有能力对经济实施宏观调控
分析方法	个量分析方法	总量分析方法
分析对象	以家庭、厂商等经济个体为主	以整个国民经济总体为主
分析重点	市场价格	国民收入
主要目标	个体利益最大	全社会福利最大

1.3　经济学研究的基本方法

 先行案例　窃贼的哲学

一个窃贼将一私家车的车窗砸碎,进行行窃,被巡逻警察当场抓获,将其带入审讯室,要求小偷交代接受处罚。小偷不服,据理力争,他说:"从个人角度来说,我打碎了那辆车的车窗,给车主造成了一定损失,对他来说是不幸的。但是从社会角度来看,结果完全相反。为什么呢？因为被我打碎的门窗需要修理,维修工和卖玻璃的厂商因此有了收入。维修工有了收入就可以到市场购买商品,商品销售商因此得到收益。商品销售商和玻璃商因为有了收益才有钱给工人发工资,而工人有了工资就可以消费,消费量的增加能够带动整个商品市场交易的繁荣。而市场繁荣了,厂商赚钱了,才能给工人发更多工资,工人生活水平得到改善。工人生活改善了就可以消费更多商品,从而厂商也更赚钱了。看看我不经意的行为给社会带来的福利改善吧。所以从社会角度来说,你们不仅不应该惩罚我,还应该奖励我。"

这个窃贼描述了社会各经济主体相互影响的一个事实,消费者的一个简单购买行为的确可以引起经济一系列的连锁反应。这个事实我们将在宏观经济学中的乘数理论中进行详细分析。这里窃贼为自己辩解的策略是讲明一个事实，让事实为自己说话。他在讲述事实时并不涉及价值观和道德的问题，只是讲述了一个经济运行的规律，这就是实证的分析方法。

巡逻民警是这样反驳窃贼的："你刚才所描述的事实没有错，但问题在于，你的行为违背了社会公德和社会法规。一方面你故意损坏别人的东西，应该给予赔偿；另一方面，你心怀不轨未经允许就私拿别人的东西，这种行为本身就是错误的，情节严重就是犯法。依照法律或社会公德，你的行为应该受到惩罚。"

民警在对窃贼的反击中指出一个判断行为对错的标准：法律或社会公德。对照行为标准，显然窃贼的做法是错误的。民警使用的就是规范经济学的分析方法。

资料来源：代海涛. 微观经济学原理与实务. 北京：北京交通大学出版社，2009

想一想：什么是规范分析？什么是实证分析？

1.3.1　均衡分析法

均衡是经济学中的一个关键性概念，是由瓦尔拉斯在 1874 年提出来的。所谓均衡，指的是经济体系中各种相互对立或相互关联的力量在变动中处于相对平衡稳定的状态。对经济均衡的形成与变动条件的分析方法叫做均衡分析法。经济中的均衡是指这样一种状态：经济主体在权衡选择其资源的方式或方法时，通过调整选择已经不可能获得更多的好处，从而不再改变其经济行为，达到某种相对稳定状态。需要注意的是，均衡分析只是分析达到均衡状态时出现的情况以及实现均衡应具备的条件，并不论及均衡的过程。

均衡分析法通常可以分为局部均衡与一般均衡。局部均衡分析只涉及整个经济系统某一部分，研究范围仅局限在某一时期的某一市场、某一经济单位或个人，并假定所考察的这一部分在与其他所有市场、经济单位或个人彼此互不影响的条件下达到的均衡。例如，均衡价格，即表示某一商品的价格在其他条件（其他商品的价格，消费者偏好、收入，生产者的成本等）不变的条件下，只取决于该商品本身的供求状况，并在供求力量的作用下最终达到均衡。因为局部均衡分析是假定"其他条件不变"为前提的，必然会使研究结论的准确性受到影响。一般均衡分析是把整个经济体系视为一个整体，以市场上所有商品的价格、供求均是相互影响、相互依存为前提，考察各种商品的价格、供求同时达到均衡状态下的价格决定问题。根据这种理论，各个部门商品的均衡价格和均衡产量，都将是相互被决定的，只有所有商品的价格和供求量同时达到均衡时，才能实现。例如，农产品价格上涨，影响着其他市场，而后者又对农产品市场有所作用。这种分析方法是十分复杂的，本书在进行分析时，采用局部均衡分析的方法。

1.3.2　静态分析、比较静态分析与动态分析

与均衡分析密切相关的是静态分析、比较静态分析和动态分析方法。经济学所采用的分析方法，从一个角度看是均衡分析，从另一角度看就是静态、比较静态和动态分析。实际上它们是密不可分的。

1. 静态分析

静态分析就是完全抽象掉时间的因素和经济变动的过程，是一种静止地、孤立地考察某些经济事物的方法。例如，考察市场价格时，它研究的是价格随供求关系上下波动的趋向点或者是供求决定的均衡价格。最早明确区分静态分析和动态分析的美国经济学家克拉克就将静态定义为经济体系中资本、人口、技术、生产组织和产品需求都固定不变的那种境况。

2. 比较静态分析

比较静态分析就是分析已知条件发生变化以后，经济现象均衡状态的相应变化，以及有关的经济变量在达到新的均衡状态时的相应变化，即对经济现象有关变量一次变动（而不是连续变动）的前后进行比较。或者说，比较一个经济变动过程的起点和落点，而不涉及转变期间和具体变动过程本身的情况，实际上只是对两种既定的自变量和它们各自相应的因变量的均衡值加以比较。例如，由于生产要素价格上涨直接影响到企业的生产成本，导致商品的供给状况或供给曲线发生变化，从而打破原有均衡，达到新的均衡。那么分析考察新均衡产量和均衡价格，并与原有均衡进行比较分析，这是比较静态分析。

3. 动态分析

动态分析则对经济变动的实际过程进行分析，其中包括分析有关变量在一定时间过程中的变动，这些经济变量在变动过程中的相互影响和彼此制约的关系，以及它们在每一时点上变动的速率等。这种分析，考察时间因素的影响，并把经济现象的变化当作一个连续的过程来看待。

在微观经济学中，无论是个别市场的供求均衡分析，还是个别厂商的价格、产量均衡分析，都是采用静态和比较静态分析方法。

1.3.3　实证分析与规范分析

1. 实证分析

实证经济学是描述经济中的事实、情况和关系，指在进行经济活动分析时，只用实证分析方法，研究经济本身的内在规律，并根据这些规律，对社会经济活动的成因、效果及其发展趋势进行解释、分析、证实或预测，用以回答现实的经济现象"是什么"，或社会面临的经济问题"是如何解决的"，为何会如此，其发展趋势如何，而基本不涉及价值判断问题，即对某种经济现象好不好，该不该如此，不作评价。这里说的价值判断，不是指对商品价值的判断，而是判断经济事物的社会价值、一种社会经济制度是好还是坏、对社会是否有积极意义等。例如，假定中国提高知识分子的待遇，为知识分子发放高额补贴，则经济学的实证分析重点研究的问题是：中国政府为什么这么做？其后果是什么？中国目前的财政收入能允许这么做吗？如果这么做，大规模的补贴可能来自哪几个主要途径？这些都是实证分析的范畴。

2. 规范分析

规范分析是以一定的价值判断为基础，提出分析和处理问题的标准，作为决策的前提和制定政策的依据。规范分析有三个特点。它回答的是"应该是什么"的问题，而不回答"是什么"的问题；它分析问题只是依据一定的价值标准进行判断；它得出的结论无法依据经验事实进行检验。例如，在上例中，经济学的规范分析重点研究的问题是：大量的财政支出用于改善知识分子的生活境况，值得吗？把钱用于其他方面是否会更好？如果这么做，大规模的补贴应该来自那几个途径？增加税收是否最好的办法？等等。这些都是规范分析的范畴。

显然,由于人们的立场、观点、伦理和道德观念不同,对同一经济现象、同一经济结果、同一经济政策会有截然不同的意见和价值判断。对于应该做什么、应该怎样去做的问题,不同经济学家可能会得出完全相反的结论。

一般说来,对实证性命题,人们比较容易达成共识,但对于规范性命题,经常会有不同、甚至相反的意见。虽然如此,规范分析和实证分析其实是也是无法分割的。一方面,规范分析并不能独立于实证分析。人们不管是赞同还是反对某一经济政策,其论据都来自对该政策的实证分析。尽管不同的人可以强调不同的侧面,因而对同一政策有不同的主张,但他们的结论,一般都是运用普遍接受的实证经济理论,通过对政策的社会经济效益的分析比较而得出的。另一方面,人们进行经济分析时,不可避免地受到其个人的经济地位、价值观念等的影响。他们的价值判断会不自觉地在实证分析中产生影响。

任务拓展

经济学始祖——亚当·斯密

亚当·斯密(1723—1790)被公认为现代经济学的创始人。1723年他出生在苏格兰法夫郡(County Fife)的寇克卡迪(Kirkcaldy)。亚当·斯密的父亲也叫亚当·斯密,是律师,也是苏格兰的军法官和寇克卡迪的海关监督,在他出生前几个月去世。母亲玛格丽特(Margaret)是法夫郡斯特拉森德利(Strathendry)大地主约翰·道格拉斯(John Douglas)的女儿,亚当·斯密一生与母亲相依为命,终身未娶。

1723—1740年间,亚当·斯密在家乡苏格兰求学。在格拉斯哥大学(University of Glasgow)时期,完成拉丁语、希腊语、数学和伦理学等课程;1740—1746年间,赴牛津大学(University of Oxford)求学,但在牛津并未获得良好的教育,唯一收获是大量阅读许多格拉斯哥大学缺乏的书籍。1750年后,亚当·斯密在格拉斯哥大学不仅担任过逻辑学和道德哲学教授,还兼负责学校行政事务,一直到1764年离开为止;这时期中,亚当·斯密于1759年出版的《道德情操论》获得学术界极高评价。而后于1768年开始着手著述《国家财富的性质和原因的研究》(简称《国富论》)。1773年《国富论》已基本完成,但亚当·斯密多花三年时间润邑此书,1776年3月此书出版后引起大众广泛的讨论,影响所及除了英国本地,连欧洲大陆和美洲也为之疯狂,因此世人尊称亚当·斯密为"现代经济学之父"和"自由企业的守护神"。

1778—1790年间亚当·斯密与母亲和阿姨在爱丁堡定居,1787年被选为格拉斯哥大学荣誉校长,也被任命为苏格兰的海关和盐税专员。1784年斯密出席格拉斯哥大学校长任命仪式,因亚当·斯密母亲于1784年5月去世所以迟迟未上任;直到1787年才担任校长职位至1789年。亚当·斯密在去世前将自己的手稿全数销毁,于1790年7月17日与世长辞,享年67岁。

亚当·斯密并不是经济学说的最早开拓者,他最著名的思想中有许多也并非新颖独特,但是他首次提出了全面系统的经济学说,为该领域的发展打下了良好的基础。因此完全可以说《国富论》是现代政治经济学研究的起点。

该书的伟大成就之一是摒弃了许多过去的错误概念。亚当·斯密驳斥了旧的重商主义学说。这种学说片面强调国家贮备大量金币的重要性。他否决了重农主义者的土地是价值的主要来源的观点，提出了劳动的基本重要性。亚当·斯密（分工理论）重点强调劳动分工会引起生产的大量增长，抨击了阻碍工业发展的一整套腐朽的、武断的政治限制。

《国富论》的中心思想是看起来似乎杂乱无章的自由市场实际上是个自行调整机制，自动倾向于生产社会最迫切需要的货品种类的数量。例如，如果某种需要的产品供应短缺，其价格自然上升，价格上升会使生产商获得较高的利润，由于利润高，其他生产商也想要生产这种产品。生产增加的结果会缓和原来的供应短缺，而且随着各个生产商之间的竞争，供应增长会使商品的价格降到"自然价格"即其生产成本。谁都不是有目的地通过消除短缺来帮助社会，但是问题却解决了。用亚当·斯密的话来说，每个人"只想得到自己的利益"，但是又好像"被一只无形的手牵着去实现一种他根本无意要实现的目的……他们促进社会的利益，其效果往往比他们真正想要实现的还要好。"（《国富论》，第四卷第二章）

但是如果自由竞争受到阻碍，那只"无形的手"就不会把工作做得恰到好处。因而亚当·斯密相信自由贸易，为坚决反对高关税而申辩。事实上他坚决反对政府对商业和自由市场的干涉。他声言这样的干涉几乎总要降低经济效率，最终使公众付出较高的代价。亚当·斯密虽然没有发明"放任政策"这个术语，但是他为建立这个概念所做的工作比任何其他人都多。

有些人认为亚当·斯密只不过是一位商业利益的辩护士，但是这种看法是不正确的。他经常反复用最强烈的言辞痛斥垄断商的活动，坚决要求将其消灭。亚当·斯密对现实的商业活动的认识也并非天真幼稚。《国富论》中记有这样一个典型观察："同行人很少聚会，但是他们会谈不是策划出一个对付公众的阴谋就是炮制出一个掩人耳目提高物价的计划。"

在《国富论》中，亚当·斯密在一定程度上预见到了马尔萨斯人口过剩的观点。虽然李嘉图和卡尔·马克思都坚持认为人口负担会阻碍工资高出维持生计的水平（所谓的"工资钢铁定律"），但是亚当·斯密指出在增加生产的情况下工资就会增长。

除了亚当·斯密观点的正确性及对后来理论家的影响之外就是他对立法和政府政策的影响。《国富论》一书技巧高超，文笔清晰，拥有广泛的读者。亚当·斯密反对政府干涉商业和商业事务、赞成低关税和自由贸易的观点在整个19世纪对政府政策都有决定性的影响。事实上他对这些政策的影响今天人们仍能感觉出来。

自从亚当·斯密以来经济学有了突飞猛进的发展以致他的一些思想已被搁置一边，因而人们容易低估他的重要性。但实际上他是使经济学说成为一门系统科学的主要创立人，因而是人类思想史上的主要人物，是后人难以逾越的一座高山——他将永远屹立在人类经济学的发展史上，成为人们仰望的一座伟岸丰碑。

自 我 测 试

一、名词解释

欲望　稀缺性　机会成本　生产可能性曲线　微观经济学　实证分析　规范分析

均衡分析　静态分析　比较静态分析　动态分析　边际分析

二、选择题

1. 经济学中的"稀缺性"是指(　　)。

 A. 世界上大多数人生活在贫困中

 B. 相对于资源的需求而言,资源总是不足的

 C. 利用资源必须考虑下一代

 D. 世界上的资源终将被人类消耗光

2. 经济物品是指(　　)。

 A. 有用的物品   B. 数量有限,要花费代价才能得到的物品

 C. 稀缺的物品   D. 数量无限,不用付出代价就能得到的物品

3. 一国的生产可能性曲线以内的点表示(　　)。

 A. 生产品最适度水平

 B. 该国可利用的资源减少和技术水平降低

 C. 失业或资源未被充分利用

 D. 通货膨胀

4. 生产可能曲线的基本原理是(　　)。

 A. 假定所有资源得到了充分利用

 B. 一国资源总能被充分利用

 C. 改进技术引起生产可能曲线向内移动

 D. 生产可能曲线上的每一点的产品组合,对该国来说,都是最佳的

5. 下列各项中最可能导致生产可能性曲线向外移动的是(　　)。

 A. 消费品生产增加,资本品生产减少 B. 有用性资源增加或技术进步

 C. 通货膨胀   D. 失业

6. 经济学中的基本选择包括(　　)。

 A. 生产什么,生产多少   B. 怎样生产,何时生产

 C. 为谁生产   D. 以上都包括

7. 下列各项中属于规范分析的一项是(　　)。

 A. 2000 年货币当局连续降息,以拉动经济增长

 B. 从去年开始,持续下降的物价开始回升

 C. 个人所得税征收起点太低,不利于公平原则

 D. 在短短的五年内,政府的财政支出扩大了一倍

8. 市场经济中,解决生产什么、怎样生产和为谁生产等这类问题的是(　　)。

 A. 计划委员会   B. 政府法规

 C. 价格机制   D. 以上都不是

三、简答题

1. 什么是资源的稀缺性?为什么说资源的稀缺性既是相对的,又是绝对的?

2. 什么是经济学所谓的"选择"?它要解决哪些基本问题?

3. 微观经济学的主要内容有哪些?

经济学原理

4. 经济学的研究方法主要有哪些？

5. 经济学十大原理的内容是什么？

6. 经济学经历了怎样的发展历程？

四、讨论题

某人拥有一块土地，如何利用这块土地，他面临着多种选择。假定他只有三种选择：种粮食、种经济作物或出租。如果用于种植粮食，预期年收入 8 000 元；用于种经济作物，预期年收入 10 000 元；用于出租，年收入 6 000 元。假如他选择了种粮食，机会成本是多少？这块土地是否得到了最有效的利用？

案 例 分 析

河北省北部山区的平泉县是个"七山二水一分田"的农业县，经济发展缓慢，曾经是国家扶贫开发重点县。如何使广大农户尽快走出贫困？平泉县按照农业立县的发展思路，选准食用菌这一特色产业。小小的蘑菇，成了扶贫工作最重要的依托和抓手。小蘑菇不仅使贫困户受益，而且发展成全县的一大支柱产业。据平泉县县长刘文勤介绍，全县食用菌生产已经达到了 1 000 万平方米，产量突破了 10 万吨，食用菌产业的产值突破了 8 亿元，成为"食用菌之乡"。

小小蘑菇越长越大，如果一家一户搞项目，带来的麻烦是技术指导难、销售难。平泉县因势利导，大力发展现代农业园区，把一家一户组成"联合舰队"。政府的大力扶持和服务让菌农进驻园区后心里有了底，致富有了奔头。七家岱乡雹神庙村农民赵连国 2006 年进驻园区，对园区的优势深有体会："原来在家里搞，地方小，技术低，每年菌袋就得坏掉 15％左右。现如今入驻了园区，政府支持几万元贴息贷款，水电配了套，头 3 年还免了租地钱，特别是在接菌、装袋等关键期，都有技术员指导，1 年坏掉的菌袋还不到 2％。"目前这个县园区总数已经达到 200 多个，园区生产总量占全县生产总量 70％以上。

另外，为实现可持续发展，平泉县着力在科技上下工夫，专门成立了食用菌科研机构，进一步激发广大科技人员工作的积极性，香菇 2 号、滑子菇早丰 112 等新品种不断涌现，香菇免割保水膜、夏季地栽香菇、周年生产等新技术得到应用。

食用菌基地规模逐年扩大，如何保证农民的蘑菇销得出，卖上好价钱？平泉县一方面扶持壮大龙头企业，发挥水库"蓄水作用"；一方面不断增强市场预测和调控能力。仅就深加工而言，普通的新鲜食用菌必须炒了、炖了才能吃。现在，平泉县已经把蘑菇加工成一种休闲食品，开袋即食，而且口感非常甜，吃起来筋道可口，成了企业的一大"卖点"。

资料来源：半月谈，2008 年 1 期上半月刊

问题：请根据案例资料谈谈平泉县是如何发展食用菌产业的；并结合家乡实际谈谈如何发展特色产业。

技 能 实 训

实训项目：对学校周边的服务场所进行调研，了解其如何选择经营品种、经营模式。

实训目标：通过深入实地认知与体验资源的稀缺性、选择、机会成本等经济学基本概念，加深对本任务内容的理解，同时提升学生学习的积极性。

实训组织：学生每 6 人分为一组，选择不同的场所、不同的区域进行调查。

实训提示：教师提出活动前准备及注意事项，同时随队指导。

实训成果：各组汇报，教师讲评。

经济学原理

熟悉市场运行

■ 能力目标

通过完成本项任务,应该能够:

◆ 掌握需求与供给的一般原理,重点掌握需求、供给的概念、影响因素、需求与供给的函数和图像,以及需求变动和供给变动的含义

◆ 运用需求和供给等市场经济运行的最基本原理分析市场上的产品价格是如何形成的

◆ 熟练掌握需求弹性、供给弹性的含义及相关计算,并据此分析解决问题

■ 任务解析

2.1 市场

2.2 市场运行之需求理论

2.3 市场运行之供给理论

2.4 市场均衡及其变动

2.5 弹性理论

2.6 均衡价格和弹性理论的应用

■ 任务导入

西方经济学认为,在市场经济和以市场经济为主的混合经济中,人类社会存在的基本经济问题主要是依靠市场,特别是价格机制的调节作用来解决的,而价格的决定和变化则是由需求和供给相互作用的结果。英国一位学者曾说过:"只要教鹦鹉学会说供给与需求,就能把它培养成为一个经济学家。"这句话虽然夸张,但同时也说明了需求和供给在经济学中的地位。本任务主要从需求和供给两方面入手,讨论价格机制是如何发挥作用的,并进一步探讨政府和企业如何遵循价格机制制定相应的政策和策略。

请对照能力目标,结合自我测试反复演练,有的放矢地依次完成各分项任务,直至完成本任务,实现对市场的整体性认识。

2.1 市　场

先行案例　一个故事的两个版本

版本一

假设在一个地方发现了一个金矿，一个人投资建立一个矿场，雇用100个工人为他淘金。矿主把其中50%作为工人工资，每个工人年收入5万元。他们拿1万元来租房子，剩下4万元可以成家立业。矿主手里还有500万元，可以做投资。因为工人手里有钱可以安家落户，所以就出现了房屋的需求。于是矿主用手里的钱盖房，租给工人或者卖给工人。工人要吃喝，所以要开饭店，开饭店又要雇用人手，于是工人的妻子有了就业机会。一个家庭的消费需求增加。这样几年后，这个地方出现了100个家庭，孩子要读书，于是出现了教育需求，于是又有人来开办学校。工人要约会，要消费，于是又有了电影院，有了商店。这样，50年后这个地方的矿被挖光时，这里已经成了有几万人口的繁华城市。

版本二

假设同样发现一个金矿，同样有人来开采，同样雇用100个工人，同样每年获利1 000万元。但是矿主把其中10%作为工资。每个工人一年1万元，这些钱只够他们勉强填饱肚子，没有钱租房。没有钱娶老婆。矿主一年赚900万元，但是看一看满眼都是穷人，在本地投资不会有需求，于是他把钱转移到国外，他盖豪华的别墅，雇工人当保镖……而矿上工人没有前途，除了拼命工作糊口，根本没有别的需求。唯一的需求可能就是想办法骗一个老婆来，生一个漂亮的女儿，或许还有可能嫁给矿主做老婆。50年后这个地方依然没有别的产业。等矿挖完了，矿主带着巨款走了，工人要么流亡，要么男为盗，女为娼。

资料来源：陈彬．一个故事的两个版本．http://www.qlwb.com.cn/display.asp?id=345158

想一想：经济发展的内在动力是什么？

所谓市场，简单地说就是商品或劳务交换的场所或接触点。市场可以是有形的场所，如商店、贸易市场、证券交易所、展销会；可以是无形的场所，一个电话或某个场合签订的合同便可完成商品或劳务的交换，无需固定的场所。市场除了有形和无形的划分外，还有其他的划分方法，如按范围可划分为国际市场、国内市场用地区市场；按商品的自然性质可划分为消费品市场、生产资料市或生产要素市场；按流通方式可划分为批发市场和零售市场；按交易时间可划分为现货交易和期货交易市场等。

经济学家对市场有着自己的分类，他们根据行业的市场集中程度、行业的进入限制和产品差别，把市场结构分为完全竞争市场、完全垄断市场、垄断竞争市场和寡头垄断市场四种类型。

在完全竞争市场上,为数众多的买者与卖者买卖无差异的产品,但没有谁能够单独影响产品的市场价格,每个买者或卖者都是价格接受者。商品的价格完全由市场需求与市场供给共同决定。虽然这只是一种理论上的抽象,但现实中的农产品市场、矿产品市场等就接近于这种情况。

市场上只有一家产品提供者的情形被称为完全垄断或垄断,此时,垄断厂商就能单独为产品定价。寡头(或寡头垄断)与垄断竞争则是介于完全竞争与垄断之间的情形。寡头垄断是指产品只有少数几家提供者,并且寡头厂商之间将根据对方的行动而调整自己的策略。例如,AMD公司对其个人电脑芯片的降价就很可能会引发竞争对手Intel也宣布下调自己的芯片价格,家乐福一旦率先进驻某大型社区,那么其他的连锁巨头就往往会另寻他处开张新店。垄断竞争是指市场上有多家厂商提供有所差异的同类产品,与寡头市场的一个重要区别是,由于厂商数目众多,此时我们可以近似认为厂商之间不存在直接的策略互动,每个厂商都以各自的市场需求变化来调整产量或价格。通过产品差异化策略来争夺客户将是这类市场上竞争的一个重要表现。例如,在补钙产品市场上,"含钙量高"、"天然钙源"、"易吸收"等产品差异化策略都被厂家采用过,并且在这类市场上没有进入壁垒,只要有利可图,就总会有新的厂家不断进入来分一杯羹。

我们将在本书的任务6中详细介绍四大类型市场的均衡状况。目前,我们先把考察的重点放在最为简单的完全竞争市场上。需要注意的是,本书的任务2至任务5都是在完全竞争市场条件下展开论述的。

2.2　市场运行之需求理论

 先行案例　鸦片战争后,英国洋布为什么不能进入中国市场

　　鸦片战争以后,英国商人为了打开中国这个广阔的市场而欣喜若狂。当时英国棉纺织业中心曼彻斯特的商人估计,中国有4亿人,假如有1亿人晚上戴睡帽,每人每年用两顶,整个曼彻斯特的棉纺厂日夜加班也不够。于是他们把大量的洋布运到中国。结果与他们的梦想相反,中国人没有戴睡帽的习惯,衣服也用自产的丝绸或土布,洋布根本卖不出去。按当时中国人的收入,并不是没有购买洋布的能力,起码许多上层社会人士的购买力还是相当强的。英国人的洋布为什么完全卖不出去呢?关键在于中国人没有购买洋布的欲望。购买意愿或欲望在很大程度上是由当时的消费时尚所决定的。鸦片战争以后,中国仍然处于一种自给自足的封建经济,并在此基础上形成保守、封闭、甚至排外的社会习俗。鸦片战争打开了中国的大门,但并没有从根本上动摇中国自给自足的经济基础和保守封闭的意识形态,也没有改变在此基础上形成的消费时尚。当时,上层人士以穿丝绸为荣,一般群众以穿家织的土布为主。如果什么人标新立异要穿洋布,反而会受到众人指责。

洋布和其他洋货受到冷落主要不在于价格高,也不在于人们收入太低,而在于没有购买欲望。这种购买欲望又是当时消费时尚以及抵制洋货心理的结果。可见购买意愿对需求的决定是极为重要的。

英国人以为用武力打开中国的国门,自己的商品就可以进入中国。其实武力可以在短时间内入侵一个国家,但摧毁不了一个国家的传统,也改变不了一个社会的消费时尚和国民的购买意愿。英国人可以借助船坚炮利把洋布运到中国,但不能强迫中国人购买。

资料来源:刘新华.西方经济学概论.上海:上海财经大学出版社,2008

想一想:需求的构成需要满足什么条件?

2.2.1 需求及影响需求的因素

1. 需求的定义

需求是在一定的时期,在既定的价格水平下,消费者愿意并且能够购买的商品数量。需求要具备两个条件:一是有购买欲望;二是有购买能力。消费者如果只有愿望而没有能力购买,那么这种需求在经济学上是没有意义的。消费者对商品不仅有购买的欲望,而且愿意按照现行价格购买,也有能力购买,这种需求在经济学上才是有效的。

需求这个概念总是同时涉及两个变量:一是商品的销售价格;二是与该价格对应的人们愿意并且有能力购买的数量。在其他条件不变时,人们在一定时期内购买的某种商品的数量,同该商品的价格水平相关,如果这种商品的价格发生了变化,消费者购买的这种商品的数量,即人们对该商品的需求量也会发生变化。

2. 影响需求变动的因素

影响需求的因素很多,有经济因素,也有非经济因素,概括起来主要有以下几种。

(1) 商品本身的价格。一般而言,商品的价格与需求量成反方向变动,即价格越高,需求越少,反之则反是。例如,2011年初,《广州日报》记者采访时发现,北方旱情拉动小麦价格上涨,而粮食价格上涨已经传导到了终端饭馆、市民餐桌上。饭店老板邓老板告诉记者,2006年"突然间物价就起来了,饭馆只好跟着涨价,但下馆子的人明显少了"。到了2010年,物价飞涨,小食街开始没落,邓老板告诉记者,调价是不得已的行为,"这个菜谱是半年前调整的,饺子类的全部涨了2元。如果照目前的涨价幅度,很快又要调价才行。但来吃饭的人已经这么少了,还哪敢调价?"邓老板的亲身经历充分了说明商品价格和需求量成反向变动,也就是我们下面将要讲述的需求定理。

(2) 相关商品的价格。当一种商品本身价格不变,而其他相关商品价格发生变化时,这种商品的需求量也会发生变化。需求不仅取决于商品自身价格,也在相当程度上受其他商品价格的影响。例如:汽油价格上涨,汽车的需求量就会下降,这两者就是互补品的关系。当肉制品的价格上涨时,人们就会相应增加对鸡蛋的购买量,这两者就是替代品的关系。

(3) 消费者的收入水平和社会收入分配的平等程度。当消费者的收入提高时,会增加商品的需求量,反之则会下降。富裕的国家或家庭几乎对一切物品的需求,都高于不发达的国家或家庭对汽车、电器、水果、住宅、电力等需求。改革开放以来,我国经济高速增长,城乡居民的收入水平逐年提高。2010年城镇居民人均可支配收入19 109元,是1978年343.4元的56倍,2010年农村居民人均纯收入为5 919元,是1978年133.6元的44倍。随着收入的逐年提高,城乡居民消费支出也在逐年增加。2010年城镇居民人均消费性支出13 471元,是1978年311元的43倍,2010年农村居民人均生活消费支出4 382元,是1978年116元的38倍。2010年,国内市场持续旺盛,消费马车稳步快跑。据国家统计局公布显示,2010年全国餐饮收入17 636亿元,比上年增长18.0%,金银珠宝类增长46.0%,家具类增长37.2%,汽车类增长34.8%,家用电器和音像器材类增长27.7%。

但是,应当注意的是,不是所有商品的需求都与收入同方向变动,低档商品就是例外,如黑白电视机等。还有食盐等生活必需品,当消费者收入增加以后,需求基本没有变化。

(4) 消费者的偏好。偏好是消费者对商品的喜好程度。每个人喜欢的物品都不尽相同。喜欢的物品就会需求的多一些,这就是个人的消费偏好。个人的偏好汇集成市场上的集体偏好,就叫"流行"。偏好与历史、文化、宗教、个人心理和时尚广告宣传等都有关系。例如,广告的一大功能就是改变人们的观念,从而改变人们的偏好,这就是为什么许多厂商不惜血本大做广告的原因。

(5) 消费者对未来商品的价格预期。当消费者预期某种商品的价格即将上升时,就会增加对该商品的现期需求量,因为理性的人会在价格上升以前购买产品。反之,就会减少对该商品的预期需求量。

(6) 人口数量规模与结构的变动。人口结构的变动主要影响需求的结构,进而影响某些商品的需求。例如,人口的老龄化会减少对碳酸饮料、时髦服装等的需求,但会增加对保健用品、药品的需求。

(7) 政府的经济政策与新闻报道。政府通过颁布、实施微观或宏观的经济政策,影响市场和消费者的行为。例如,政府提高利息率的政策会减少消费,而实行消费信贷制度则会鼓励增加消费。另外,在信息高度发达的今天,新闻媒体、网络、甚至一条手机短信,都能影响人们的购买行为,进而影响消费者的需求。例如,2008年10月中旬,可能很多人都收到了这样一条短信:"请告诉家人朋友,今年暂时别吃橘子,四川广元的橘子在剥皮后的白须上发现小蛆状病虫。四川埋了一大批,还洒了石灰,看后请转发给你的朋友。"就是这条不足百字的坊间消息为正待收获的橘农和水果商们蒙上了一层阴影,而它所引发的大规模舆论效应也让不少人一时谈橘色变,橘子销售量急剧萎缩,果农损失巨大。仅湖北省就有七成柑橘滞销,损失达15亿元。2011年3月,由于日本大地震引发的核电站泄漏,据说碘可以减轻核辐射,于是,一眨眼间,食盐立刻洛阳纸贵。广东、江苏、河南、浙江、吉林等地出现了一波又一波食盐抢购潮,多数超市货架上的食盐已被抢购一空。

2.2.2 需求表、需求曲线与需求函数

影响需求的因素很多,其中最主要的因素是商品本身的价格。为了把商品的需求量与价格之间的关系描述出来,通常采用需求函数、需求表和需求曲线三种方法表示。

市场实践证明,不同的价格 P 对应着不同的需求量 Q_d,即居民在特定的时间内,对某一商品的需求量同这种商品的价格之间存在着一一对应的关系。下面借助需求表和需求曲线来说明 Q_d 与 P 之间的关系。例如,当某一商品的价格为1元时,需求量为700个单位;价格为2元时,需求量为600个单位;价格为3、4、5元时,需求量顺次为500、400、300个单位;价

格为 6 元时,需求量为 200。如表 2-1 所示。

表 2-1 某一商品的需求表

价格—需求数量组合	A	B	C	D	E	F	G
价格 P	1	2	3	4	5	6	7
需求量 Q_d	700	600	500	400	300	200	100

需求函数关系既可以列表,又可以绘成曲线。通过需求表,很容易找出对应于每一价格的每一需求量,通过需求曲线,不仅容易找出对应于每一价格的需求量,而且可以明显地看出价格变化时需求量变化的趋势。

现在根据表 2-1 中的价格—需求数量组合绘出图 2-1 中的需求曲线。从图上可以看出,需求曲线是表示其他条件不变时,商品价格和需求量之间的函数关系的几何图形,当价格为 1 时,需求量为 700,这时价格—需求数量组合为横轴上的 A 点;价格为 7 时,需求量为 100,价格—需求数量组合为纵轴上的 G 点。其他组合都位于连接这两点的直线上。需求曲线是一条光滑的曲线,它是建立在价格和需求量的变化都是连续的这一假设上的。西方学者认为这一假设有简便的优点,尽管它很难完全符合实际。

需求曲线向右下方倾斜,斜率为负。价格和需求量之间的关系可以是线性关系,也可以是非线性关系。当二者之间存在线性关系时,需求曲线是一条向下方倾斜的直线,直线上任一点的斜率都相等。图 2-1 中的需求曲线便是如此。与此不同,当二者之间存在非线性关系时,需求曲线是一条向右下方倾斜的曲线,曲线上不同的点的斜率是不同的,如图 2-2 所示。

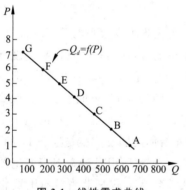

图 2-1　线性需求曲线

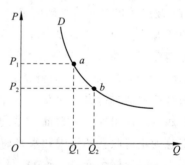

图 2-2　非线性需求曲线

图 2-2 的纵轴表示每单位商品的价格,横轴表示市场对该商品的需求量。D 代表需求曲线,线上的任意一点都有相对应的价格和在该价格水平上的商品需求量(a 或 b)。需要注意的是,经济学与数学在表示方式上有所不同。因变量在数学中一般用纵轴来表示,但在经济学中要用横轴来表示;而自变量本应在横轴,但经济学中把它放在纵轴。这样做的主要原因是一种传统的沿袭,英国经济学家马歇尔最早把数学分析方法引入经济学时,作了这样一种安排,后来人们沿袭了这一安排;次要的原因是这种安排会带来行文上的方便,比如在表述"在相同价格上,需求量增加或减少"就是要观察同一价格水平上需求量的变化,把价格放在纵轴更形象。

假定商品的价格与需求量的变化具有无限的分割性,把商品价格视为自变量,把需求量作为因变量,则需求函数为:

$$Q_d = f(P, I, E, T, \cdots, n) \qquad\qquad\qquad (\text{式 2-1})$$

如果只考虑需求量与价格之间的关系,则需求函数的线性形式为:

$$Q_d = a - bp \qquad\qquad\qquad (\text{式 2-2})$$

非线性函数形式为:

$$Q_d = ap^{-\alpha} \qquad\qquad\qquad (\text{式 2-3})$$

式中,Q_d 为需求量;p 为价格;a,b,α 为正的任一常数。

2.2.3 需求定理

1. 需求定理的内容

所谓需求定理,指的是在其他条件不变的情况下,某商品的需求量与价格成反方向变动,即商品的需求量随价格的上涨而减少,随价格的下降而增加。对于需求定律的理解,要注意两个方面:①其他条件不变,主要是指收入、相关商品的性质等其他因素。②需求定律表明的商品价格与需求量成反方向变动的关系,是替代效应和收入效应共同作用的结果。

替代效应是指在实际收入不变的情况下,某种商品价格变化对其需求量的影响。即 X 商品价格上升而引起对其他具有同类用途商品的需求量增加,从而减少对 X 商品需求量所产生的替代现象。它强调的是一种商品价格变动对其他商品相对价格水平的影响。

【案例小品 2-1】 "气荒"催热各地电磁炉销售

2009 年末,国内多个城市出现"气荒",传导作用日渐显现,天然气和液化气的价格"涨"声不断,加上国家气改方案呼之欲出,一些消费者开始改变厨房作业习惯,不用天然气或者液化气炒菜,改用电磁炉了,因此,市场上的电磁炉销量大增,出现新一轮的销售热潮。国美电器美的电磁炉销售人员表示,电磁炉功能已发展较为齐全,兼具蒸、煮、煎、炒、炸等功能,价格还比较便宜,200~500 元的产品较多,与煤气灶相比,电磁炉具有无明火、无污染、安全等优势,同时省电节能,在不少城市"气荒"传导下,北京这样的城市液化气供应也倍感压力,价格出现上涨态势,电磁炉销售出现热潮。另外,在上海、广州、福州、苏州等城市,同样出现电磁炉新一轮销售热潮。数据显示,自从苏州市瓶装液化气价连续上涨后的 4 个月内,苏州市电磁炉的销量增长了 4 成以上。在福州,由于液化气涨价,与 2008 年同期相比,2009 年电磁炉销量增加了一倍多,很多市民做饭改用电磁炉了。

资料来源:中山日报,2009 - 12 - 17(B5)

收入效应是指在货币收入不变的情况下,某种商品价格变化对其需求量的影响。即由于 X 商品价格上升,消费者的名义货币收入不变,而实际货币收入减少,从而导致消费者对 X 商品的需求量减少。这种由于商品价格上升而引起的实际收入减少与需求量减少的现象就是收入效应。它强调的是一种商品价格变动对实际收入水平的影响。

替代效应使价格上升的商品需求量减少,使价格下降的商品需求量增加,即较高的价格挤走一些购买者,较低的价格带来新的购买者;收入效应使消费者价高时少买,价低时多买,即价格的高低变化影响每一个消费者对该商品的购买量。所以,替代效应和收入效应说明了需求定理成立的原因。

2. 需求定理的例外

一般而言,大多数商品的需求都遵循需求定理,但是需求定理有它的例外,譬如说吉芬商品和炫耀性商品就不遵循价格越高,需求数量越少这一规律。

(1)吉芬商品。19世纪的英国经济学家罗伯特·吉芬(Giffen)发现,当1845年爱尔兰发生灾荒之时,随着土豆的价格上升,其需求量没有减少却反而增加;相反,随着土豆价格的下降,其需求量竟然也会减少。这一悖论引起人们的关注,后来人们把这一发现叫做"吉芬之谜",把具有这一反常特征的物品称为"吉芬商品"(Giffen goods)。为什么会发生这种奇怪的现象呢?主要是由于当时的人们对未来粮食状况的恐慌造成的,即对未来马铃薯价格的不良预期造成的。

(2)炫耀性商品。1899年经济学家托斯丹·邦德·凡勃伦(Thorstein B Veblen)提出炫耀性商品的概念,他认为炫耀性商品不仅能给消费者带来物质效用,同时还能给消费者带来虚荣效用。所谓虚荣效用是指通过消费某种特殊的商品而受到其他人尊敬所带来的满足感。富裕的人常常消费一些炫耀性商品来显示其拥有较多的财富或者较高社会地位。一般来说,珠宝、首饰、高档服装等都属于炫耀性商品。由于这些东西都是社会地位的象征,为了持续得到别人的尊敬,富人将不会在乎太高的价格。而且,随着价格的上升,这一商品将更加具备彰显财富的功能。因而,就炫耀性物品而言,消费者完全用价格来衡量需求程度,在价格低时买得少,价格高时买得多,就出现与需求定理相悖的结论。

(3)需求量和价格呈现不规则变化。这种变化多表现在一些投机品上,像邮票、股票等,由于这些物品的价格涨跌情况不规则,因而它们的需求量也会根据市场行情而呈现出不规则的状况。中国有句俗话:"买涨不买跌",意思是消费者受外部环境的影响,在某种商品的价格逐步上涨的时候反而增加了对这种商品的需要量。例如:当中国一些发达城市的房价一直处于上扬状态时,消费者因为担心价格继续上涨而不断地买入;而在房价下跌后消费者却止步不前,不停地观望,希望能够以更低的价格购入。

【案例小品2-2】 一个珠宝定价的有趣故事

位于深圳的异彩珠宝店,专门经营由少数民族手工制成的珠宝首饰。位于游客众多,风景秀丽的华侨城(周围有著名的旅游景点——世界之窗、民族文化村、欢乐谷等),生意一直比较稳定。客户主要来自两部分:游客和华侨城社区居民(华侨城社区在深圳属于高档社区,生活水平较高)。

几个月前,珠宝店店主易麦克特(维吾尔族)进了一批由珍珠质宝石和银制成的手镯、耳环和项链的精选品。与典型的绿松石造型中的青绿色调不同的是,珍珠质宝石是粉红色略带大理石花纹的颜色。就大小和样式而言,这一系列珠宝中包括了很多种类。有的珠宝小而圆,式样很简单,而别的珠宝则要大一些,式样别致、大胆。不仅如此,该系列还包括了各种传统样式的由珠宝点缀的丝制领带。

与以前的进货相比,易麦克特认为这批珍珠质宝石制成的首饰的进价还是比较合理的。他对这批货十分满意,因为它比较独特,可能会比较好销。在进价的基础上,加上其他相关的费用和平均水平的利润,他定了一个价格,觉得这个价格应该十分合理,肯定能让顾客觉得物超所值。

这些珠宝在店中摆了一个月之后,销售统计报表显示其销售状况很不好,易麦克特十分失望,不过他认为问题原因并不是在首饰本身,而是在营销的某个环节没有做好。于是,他决定试试在中国营销传播网上学到的几种销售策略。比如,令店中某种商品的位置有形化往往可使顾客产生更浓厚的兴趣。因此,他把这些珍珠质宝石装入玻璃展示箱,并将其摆放在该店入口的右手侧。可是,当他发现位置改变之后,这些珠宝的销售情况仍然没有什么起色。

他认为应该在一周一次的见面会上与员工好好谈谈了。他建议销售小姐花更多的精力来推销这一独特的产品系列,并安排了一个销售小姐专门促销这批首饰。他不仅给员工们详尽描述了珍珠质宝石,还给他们发了一篇简短的介绍性文章以便他们能记住并讲给顾客。不幸的是,这个方法也失败了。

就在此时,易麦克特准备外出选购产品。因对珍珠质宝石首饰销售下降感到十分失望,他急于减少库存以便给更新的首饰腾出地方来存放。他决心采取一项重大行动,选择将这一系列珠宝半价出售。临走时,他给副经理匆忙地留下了一张字条。告诉她:"调整一下那些珍珠质宝石首饰的价格,所有都×1/2。"

当他回来的时候,易麦克特惊喜地发现该系列所有的珠宝已销售一空。"我真不明白,这是为什么,"他对副经理说,"看来这批首饰并不合顾客的胃口。下次我在新添宝石品种的时候一定要慎之又慎。"而副经理对易麦克特说,她虽然不懂为什么要对滞销商品进行提价,但她惊诧于提价后商品出售速度惊人。易麦克特不解地问:"什么提价?我留的字条上是说价格减半啊。""减半?"副经理吃惊地问,"我认为你的字条上写的是这一系列的所有商品的价格一律按双倍计。"结果,副经理将价格增加了一倍而不是减半。

资料来源:一个关于珠宝定价的趣事. http://info.txooo.com/Sell/2-949/1344026.htm

想一想:这是为什么呢?

2.2.4   需求量的变动与需求的变动

前已述及,若干因素的存在都会导致消费者需求的变化,这种变化从严格意义上讲可以进一步划分为需求量的变动与需求的变动两种。需求量的变动是指在其他条件不变时,由某商品的价格变动所引起的该商品的需求数量的变动。在几何图形中,需求量的变动表现为商品的价格—需求数量组合点沿着同一条既定的需求曲线的运动。需求的变动是指在商品价格不变的条件下,由于其他因素变动所引起的该商品的需求数量的变动。这里的其他因素变动是指消费者收入水平变动、相关商品的价格变动、消费者偏好变化等。在几何图形中,需求的变动表现为需求曲线的位置发生平行移动。

如图 2-3 所示,商品的价格从 P_1 下降到 P_2,需求量从 Q_1 增加到 Q_2,表现在图形上就是在同一条需求曲线 D 上从 a 点移动到 b 点。需求变动表现为整条需求曲线的平行移动。需求曲线向左方移动是需求减少,需求曲线向右方移动是需求增加。如图 2-4 所示,在商品的价格不变（为 P_1）时，其他因素变动引起的需求从 Q_1 增加到 Q_2，表现在图形上就是需求曲线从 D_1 向右移动到 D_2。当需求曲线向右上方平行移动时，表明需求增加，当需求曲线向左下方平行移动时，表明需求下降。

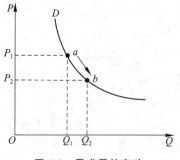

图 2-3　需求量的变动

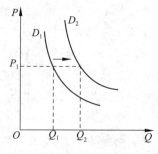

图 2-4　需求的变动

2.3　市场运行之供给理论

先行案例　农民工争夺战悄然打响

武广高铁上，一个广州企业直接为打工者订购 300 多张团体票；上海，近 400 辆长途大巴奔赴安徽、江苏、河南、湖北等地，到"家门口"接回农民工；成都锦江区人力资源市场摆出了近 10 个富士康科技集团招工摊位，招工人员每人每天必须完成 3 个报名指标；浙江、广东、福建的企业每天不断给省就业局来电要求输送务工人员。

在重庆，富士康、英业达、广达等知名企业纷纷到龙头寺、菜园坝、陈家坪、朝天门等车站搭台招人，目光主要盯住返乡农民工。不仅仅是外省企业开始主动到处招人，作为农民工输出大省的四川自身也出现了"用工荒"、"招工难"的现象。

劳动力无限供给时代结束

对此，中国社会科学院人口与劳动经济研究所社会保障研究室主任张展新指出，随着我国劳动力人口增幅下降还有中西部地区接受劳动密集型产业转移、经济发展，劳动力的供求关系发生了变化。"我国的劳动力无限供给的时代已经结束了。"

专家分析，现在的农民工后备力量每年比此前高峰时减少了 600 多万人，3 年差不多少了 2 000 万人。

张展新从经济和人口结构两个角度进行了进一步的解释。

首先，我国推行计划生育政策已有 30 余年，人口结构的变化从城市、农村小学招生人数的下降,新增劳动力人口数量的减少等社会现象中已经有所体现。劳动人口增幅的下降和占总人口比例的下降导致劳动力市场的供给状况发生变化。从劳动力供给的源头上,已经不像从前能够"无限供给"了。

其次,必须看到,像我国这样一个农业人口占很大比重、社会经济处于上升阶段的国家,在通向现代化的道路上,必然面临着国民经济产业结构根本性调整的问题。比如,去年国务院发布了《关于中西部地区承接产业转移的指导意见》,要求依托中西部地区产业基础和劳动力、资源等优势,推动重点产业承接发展。在2010年,以电子信息产业为代表的产业西进开始加速。在这样的形势下,中西部农民工去东部的人数自然会下降。

此外,工资也是引起用工荒的主要原因之一。据国家统计局2009年的调研显示,东部地区外出打工者的月收入为1 455元,中部地区为1 389元,西部地区为1 382元。东部地区比西部地区仅高5%。东部地区对农民工的吸引力正在减弱。

资料来源:杨弘,杨牛甦.农民工争夺战悄然打响 劳动力无限供给时代结束. http://www.cfi.net.cn/p20110212000497.html

想一想:引起"用工荒"的原因是什么?

2.3.1 供给及影响供给的因素

1. 供给的定义

供给是指在一定的时期,在既定的价格水平下,生产者愿意并且能够生产的商品数量。供给是供给欲望和供给能力的统一。

2. 影响供给变动的因素

(1)商品本身的价格。一般而言,一种商品的价格越高,生产者提供的产量就越大,相反,商品的价格越低,生产者提供的产量就越小。例如,2005年以前,多晶硅的市场价格仅仅在30美元/公斤左右;而2008年,其价格最高已接近500美元/公斤。3年时间里价格飞涨,涨幅最高达16倍左右。随着价格的飞涨,我国多晶硅产量也呈现亢奋状态,2005年仅有60吨,2006年也只有287吨,2007年为1156吨,但2008年狂飙到4 000吨以上。

(2)厂商能生产的相关商品价格。当一种商品的价格不变,而其能生产的其他商品的价格发生变化时,该商品的供给量会发生变化,如在玉米价格不变小麦价格上升时,农户就可能多生产小麦而减少玉米的供给量。

(3)生产的成本。在商品价格不变的条件下,生产成本的提高会减少利润,从而使得商品生产者不愿意生产,进而减少供给量。

(4)技术水平。一般而言,技术水平的提高可以降低生产成本,增加生产者的利润,生产者愿意提供更多的产量。

(5)生产者对未来商品的价格预期。如果生产者对未来的预期看好,如价格上升,则制订生产计划时就会增加产量供给。反之,如果生产者对未来的预期是悲观的,在制订生产计划时,就会减少产量供给。

(6)政府的政策以及其他因素的影响。政府采用鼓励投资或生产的政策,可以刺激生产者增加供给,反之,则会减少生产者的供给。例如,当政府为了刺激经济发展而降低或减免某个行业的税率,生产者的生产积极性会因此而被调动起来,从而增加对这类商品的供给。

2.3.2 供给表、供给曲线与供给函数

影响供给的因素很多,其中最主要的因素是商品本身的价格。为了把商品的供给量与价格之间的关系描述出来,通常采用供给函数、供给表和供给曲线三种方法表示。

市场实践证明,不同的价格对应着不同的供应量,即厂商在特定时期内,愿意并且能够提供的商品数量与该商品的价格之间存在着一一对应的关系。表 2-2 是某商品的供给表,该表提供了价格—供给数量的各种组合。当价格为 2 时,厂商愿意供给的数量为 0,说明厂商不愿意生产;当价格上升为 3 时,厂商的供给量随之上升到 200……随着商品价格的不断提高,厂商愿意供给的数量是不断增加的。

表 2-2　某商品的供给表

价格—供给数量组合	A	B	C	D	E
价格 P	2	3	4	5	6
供给量 Q_s	0	200	400	600	800

把供给表中的价格—供给数量组合关系绘成图 2-5 就是供给曲线。通过供给曲线,不仅可以很容易地找出与价格对应的供给量,而且可以明显地看出价格变化时供给量变化的趋势。

图 2-5 表明价格与供给量同方向变动,即价格上升,供给量增加,反之下降。图 2-5 是一条直线,即线性曲线。价格与供给量之间关系也可以是非线性关系,如图 2-6 所示。非线性供给曲线上的斜率在每一点上是不同的,而线性关系则是相同的,但它们的区别不影响供给曲线的性质。

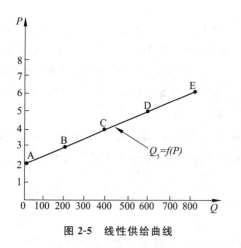

图 2-5　线性供给曲线

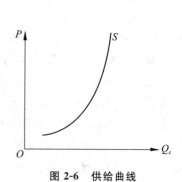

图 2-6　供给曲线

假定商品的供给量与商品的价格具有无限的分割性,并把商品的价格视为自变量,把供给量作为因变量,则供给函数为:

$$Q_s = f(P, C, T, E, \cdots, n) \qquad (式 2\text{-}4)$$

如果只考虑供给量与价格之间的关系,则供给函数的线性形式为:

$$Q_s = -c + dP \qquad (式 2\text{-}5)$$

非线性函数形式为：

$$Q_s = cP^\beta \qquad\qquad (式\ 2\text{-}6)$$

式中，Q_s 为供给量；P 为价格；c,d,β 为正的任一常数。

2.3.3　供给定理

【案例小品 2-3】　房地产利润 4 年暴增近 3 倍　"门外汉"扎堆抢食

据 2009 年 12 月国家统计局公布的全国经济普查数据显示，房地产行业 4 年内利润暴涨近 3 倍，这再次把房地产行业放在了镁光灯下，来自多个行业的企业纷纷抢滩房地产。

2009 年 11 月 16 日，南方航空集团旗下的海航地产击败了复地、鼎铉投资等对手，以 14.75 亿元夺得位于上海陆家嘴的浦发银行大厦办公楼。

2009 年 11 月 25 日，深华发 A 发布公告称拟募资不超过 9 亿元，募集资金将投向房地产项目。

2009 年 12 月 9 日，华菱钢铁召开董事会，同意公司出资 2 000 万元成立全资房地产公司。

2009 年 12 月 10 日，申达股份公告称，公司拟与控股股东上海申达集团进行总金额约 2.66 亿元的资产置换。此次交易完成后，公司将彻底退出传统纺织制造业务，向房地产行业进军。

2009 年 12 月 24 日，以航空和运输为主的中国海航集团更是以 20 亿元的价格受让复地集团天津项目公司 75% 的股权，而早在 9 月份，海航集团还曾以 18.24 亿元的价格拍下了上海陆家嘴滨江地块。

除此之外，中国平安、中国电信、中国人寿等电信、保险企业也有涉足房地产行业。

资料来源：朱玲．房地产利润 4 年暴增近 3 倍"门外汉"扎堆抢食．http://www.nbd.com.cn/newshtml/20091231/20091231044430937.html

1. 供给定理

当影响商品供给的其他因素不变时，商品的供给量与商品价格成同方向变动，即供给量随商品价格的上升而增加，随商品价格的下降而减少。

供给定理存在的原因有两个。第一，企业对最大利润的追求。较高的价格意味着较多的利润，较多的利润驱使企业扩大生产，增加供给。当价格下降时，利润也下降了，这又促使企业缩减生产，从而减少了供应量。第二，商品价格必须同增加的成本相适应，才能使商品供给量相应增加。

2. 供给定理的例外

对于有些特殊商品供给定理不适用，劳动力的供给就是一例。当工资（劳动的价格）增加后，劳动的供给会随着工资的增加而增加，但当工资增加到一定程度时，如果工资继续增加，劳动的供给不仅不会增加，反而会减少。如图 2-7 所示。

劳动供给之所以呈以上形状，是因为随着工资率的进一步提高，劳动者仅用较少的工作时间就可以获得原先较多的工作时间才能获得的维持基本开支所需的工资收入，这时，他在闲暇与收入之间更倾向于前者。

除了劳动的供给特例之外，土地、古董、证券、黄金等物品的供给曲线也很可能呈不规则变化。

2.3.4 供给量的变动与供给的变动

供给量是指某时期内在某一价格水平时，厂商提供的商品数量。商品价格变动引起生产能力的扩大或缩小，表现为供给量在供给曲线上点的变动。

供给是在一系列价格水平时的一组产量，在商品价格不变的条件下，非价格因素的变动所引起的产量变动（如技术进步、生产要素价格变动等），表现为供给曲线的平行位移。当供给曲线向右下方平行移动时，则表明供给增加。

供给量的变动表现为同一条供给曲线上的点的移动。在同一条供给曲线上，向上方移动是供给量增加，向下方移动是供给量减少。如图2-8中，商品的价格从 P_2 上升到 P_1，需求量从 Q_2 增加到 Q_3，表现在图形上就是在同一条供给曲线 S_1 上从 a 点移动到 b 点。供给变动表现为整条供给曲线的平行移动。供给曲线向左方移动是供给减少，供给曲线向右方移动是供给增加。如图2-8所示，在商品的价格不变（为 P_1）时，其他因素变动引起的供给从 Q_3 减少到 Q_1，表现在图形上就是供给曲线从 S_1 向左移动到 S_2。

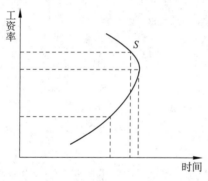

图 2-7 个人劳动供给曲线

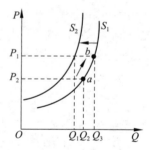

图 2-8 供给量与供给的变动

2.4 市场均衡及其变动

先行案例 讨价还价与均衡价格

  买衣服的经历每个人都有。当你看中一件衣服，询问老板价格时，老板开出500元，你连连摇头又故作迟疑："太贵太贵，200元吧！"老板说："如果你有诚意，450元成交。"你仍然摇头："我很有诚意，这样吧，250元。"老板又摇头……最后，你们终于以 350 元的价格成交。这样一段讨价还价的过程值得分析——500 元是老板开出的价格，这个价格是卖者即供给者满意的价格，但是买者不满意；200 元是"你"开出的价格，这个价格是买者即需求者满意的价格，但是卖者不满意。所以，这些都是只顾一方的价格。只有最后的成交价格 350 元，才是双方都可以接受的价格，是顾及到买卖双方的利益而达成的价格。那么，这 350 元就是经济学中的"均衡价格"。超过 350 元，例如，400 元的时候，老板愿意卖给你，而你却不愿意买；低于 350 元，例如，300 元的时候，你愿意买两件而老板却一件也不愿意卖给你；只有在 350 元的时候，你愿意买一件而老板也愿意卖给你一件。

资料来源：代海涛．微观经济学原理与实务．北京：北京交通大学出版社，2009

想一想：什么是均衡价格？

我们已经知道，需求曲线说明了消费者对某种商品在每一价格下的需求量是多少，供给曲线说明了生产者对某种商品在每一价格下的供给量是多少。但是，它们都没说明这种商品本身的价格究竟是如何决定的。那么，商品的价格是如何决定的呢？微观经济学中的商品价格是指商品的均衡价格。商品的均衡价格是在商品的市场需求和市场供给这两种相反力量的相互作用下形成的。下面，将需求曲线和供给曲线结合在一起，运用经济模型与均衡分析说明均衡价格的形成。

2.4.1 均衡价格的决定

通过开篇案例，我们知道均衡价格就是买者愿意支付的需求价格与卖者愿意接受的供给价格相统一时的价格，所以，它其实就是市场的成交价格或者说是市场的出清价格。在现实生活中均衡价格随处可见：例如，你在超市中见到的商品价格都是卖者的出价，如果你决定拣到你的篮子里，那么，篮子中的商品价格就都是均衡价格，因为你接受了卖者的出价，这个出价就成为买卖双方都愿意接受的价格，从而成了均衡价格。

在完全竞争的市场环境下，均衡价格是在市场的供求力量的自发调节下形成的。当供过于求时，市场价格会下降，从而导致供给量减少而需求量增加；当供不应求时，市场价格会上升，从而导致供给量增加而需求量减少。供给与需求相互作用最终会使商品的需求量和供给量在某一价格上正好相等，这时既没有过剩（供过于求），也没有短缺（供不应求），市场正好出清。这种需求量与供给量在某一价格水平上正好相等的情况，经济学上称之为均衡状态，此时的价格为均衡价格，对应的需求量与供给量称为均衡数量。需求曲线和供给曲线的相交点被称为均衡点。如图 2-9 所示，纵轴表示价格，横轴表示商品数量（需求或供给），需求曲线 D 与供给曲线 S 相交于 E 点，由 E 点决定的价格 P_0 是均衡价格，数量 Q_0 是均衡数量。

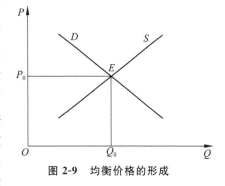

图 2-9 均衡价格的形成

【案例小品2-4】 "蒜"你狠 "豆"你玩

2010年,一些农副产品价格节节上涨,继大蒜、绿豆之后,玉米、中药、蔬菜紧跟其后,引发社会强烈反响。涨幅之大令人咋舌,不少居民发出了"吃得起肉吃不起菜"的感慨。究其原因,专家们提出了许多仁者见仁、智者见智的观点:一是供求矛盾。由于2010年春季北方遭遇到了少有的冰冻灾害,后期的持续低温天气,造成农作物生长较慢,产量减少,市场供应不足,而南方大范围的"先旱后涝"灾害性天气进一步加剧了这种供求矛盾。二是游资恶意炒作。2010年以来,国家出台一系列遏制房价过快上涨政策,楼市降温,股市低迷,大量资金开始选择新的目标。三是某些媒体的不当引导。2010年2月1日,湖南卫视《百科全说》播出一期"张悟本谈养生"之后,绿豆被"神化"了,成为包医百病的灵丹妙药,他所著的《把吃出来的病吃回去》一书迅速成为各大书店的畅销书。张悟本也被人们指为"豆你玩"的推手。因为农产品属于人们生活的必需品,其价格的上涨会有很大的放大效应,极易引发通货膨胀和人们心理的恐惧。鉴于此种情况,国家发改委、商务部、国家工商总局于2010年5月下旬联合下发出通知,要求地方各级人民政府切实加强农产品市场监管,严厉打击囤积居奇,哄抬农产品价格等炒作行为,坚决维护正常市场秩序,促进价格总水平基本稳定。

资料来源:刘铮,江国成. 五问农产品涨价 大蒜、绿豆接连"疯狂"为哪般. http://www.sxmarket.com/forum/view.asp? id=16

2.4.2 均衡价格的变动

一种商品的均衡价格是由该商品市场的需求曲线和供给曲线的交点所决定的。因此,需求曲线或供给曲线的位置移动都会使均衡价格发生变动。下面说明这两种移动对均衡价格以及均衡数量的影响。

1. 需求变动对均衡价格的影响

在供给不变的情况下,需求变动对均衡价格的影响是:需求的变动引起均衡价格与均衡产量同方向变动。如图2-10所示,需求增加引起均衡价格上升,需求减少引起均衡价格下降。需求增加引起均衡产量增加,需求减产引起均衡产量减少。

2. 供给变动对市场均衡的影响

在需求不变的情况下,供给变动对均衡价格的影响是:供给的变动引起均衡价格反方向变动,供给的变动引起均衡产量同方向变动。如图2-11所示,供给增加引起均衡价格下降,供给减少引起均衡价格上升。供给增加引起均衡产量的增加,供给减少引起均衡产量的减少。

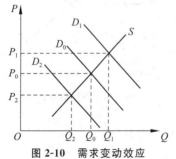

图 2-10　需求变动效应

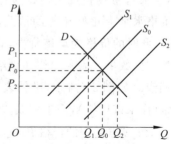

图 2-11　供给变动效应

经济学原理

3. 供求定理

上述两个方面的影响总和就是供求定理,即需求的变动引起均衡价格与均衡产量同方向变动;供给的变动引起均衡价格反方向变动,供给的变动引起均衡产量同方向变动。

(1)需求增加引起均衡价格上升,需求减少引起均衡价格下降。

(2)需求增加引起均衡产量增加,需求减少引起均衡产量减少。

(3)供给增加引起均衡价格下降,供给减少引起均衡价格上升。

(4)供给增加引起均衡产量增加,供给减少引起均衡产量减少。

【案例小品 2-5】 逆潮流的白圭

战国时代,有位商人名叫白圭。白圭的经营方法与众不同,总是逆潮流而行。有一次,别的商人都在一窝蜂地抛售棉花,拼命地大减价。白圭却拼命地买进棉花,甚至花钱租地方存放棉花。卖完棉花,别的商人都抢着购进皮毛,白圭却打开仓库,把库存的皮毛一下子卖得精光。没有几天,有消息说今年棉花严重歉收,商人们心急火燎地到处寻找棉花。白圭高价卖出全部库存棉花,发了一笔大财。又过了一段时间,由于某种原因,满街的皮毛突然卖不出去了,价格降得越来越低,其他商人后悔不迭、血本无归。司马迁在《史记》中记载了白圭的事迹,赞扬了白圭"人弃我取,人取我予"的经营手段。

资料来源:敢逆潮流. http://www.shangsheng.com.cn/yscs.asp(商圣网)

【案例小品 2-6】 洛阳纸贵

"洛阳纸贵"这则成语故事出自唐代房玄龄等《晋书·文苑·左思传》:"于是豪贵之家,竞相传写,洛阳为之纸贵。"

左思是西晋时期一位十分出色的作家。他写作时十分严谨,注重质量而不追求数量,曾用一年的时间写出了《齐都赋》这篇文章。他的妹妹被选入皇宫后,全家迁到京城洛阳居住,他也被授予著书郎一职。从此,左思开始构思创作《三都赋》。"三都"是指魏、蜀、吴三国的都城。他整天冥思苦想,考虑文章的结构和词句。书房外的走廊里、庭院里,甚至厕所里都被他挂上纸和笔。一旦想出一个妙句,他便欣喜若狂,立即用笔记录下来,并在以后反复地推敲、斟酌,直到他认为满意为止。就这样,他每天努力写作,一共花了十年的时间,才完成了《三都赋》这篇佳作。《三都赋》在内容和形式上都达到了空前的艺术高度。作品的艺术价值极高,受到当时名士的广泛赞誉,所以作品一问世,当时京城洛阳有身份、地位的人都争相买纸抄阅。一时间,洛阳的纸张顿时供不应求,价格上涨得十分厉害。从经济学的角度来看,这个故事是典型的由于需求增大引起均衡价格上涨的例子。

资料来源:洛阳纸贵的故事. http://www.aoshu.com/e/20090720/4b8bccd966465.shtml

2.5 弹性理论

 先行案例　艺术馆是否应提高门票价格

　　某大型艺术馆是很早以前的建筑,早年曾投资10万元进行过一次修理,但时隔多年,艺术馆又处于风雨飘摇之中。为此,市政府又投资50万元开始对其进行一期修复,并邀请省文物专家设计修复方案。但要完全修复,还需资金2 000万元。由于资金一时不能全部到位,该艺术馆的维修工程一拖再拖,存在很大的事故隐患。该艺术馆馆长考虑降低门票价格来吸引更多的顾客,从而增加总收益。但也有一些人反对此方案,认为该方案未必能给艺术馆增加总收益。有的人则认为可以通过提高门票价格,来增加总收益。

　　资料来源: http://netcourse.open.edu.cn/CmsFile/2005/08/05/ef76e5f1-a450-41c8-8cfc-99a7806ba4b6/001.html#

　　想一想:从经济学的角度来看,上面哪一种方案是合理的?

2.5.1 弹性的一般理论

　　弹性原是物理学中的一个概念,是指某一物体受外力作用而做出的反应程度。经济学中的弹性是指经济变量之间存在函数关系时,因变量对自变量变动的反应程度,其大小可用弹性系数来表示。弹性理论最早由法国经济学家古诺提出,后经英国经济学家马歇尔科学完善,并形成一个完整的理论体系,对考察经济运动具有重要意义。

　　在经济学中,弹性的一般公式为:

$$弹性系数 = \frac{因变量的变动比例}{自变量的变动比例} \qquad (式 2\text{-}7)$$

　　从弹性公式可以看出,弹性是相对数之间的相互关系,即百分数变动的比率,或者说它是一个量变动1%,引起另一个量变动百分之多少(程度)的概念。任何存在函数关系的经济变量之间,都可以建立二者之间的弹性关系或进行弹性分析。例如,能源消耗与GDP增长存在依存关系、人口增长与人均财富增长存在依存关系、价格变化与居民需求量变化存在依存关系等。弹性分析是数量分析,对于难以数量化的因素便无法进行计算和精确考察。

　　在这里,我们要学习需求价格弹性、需求收入弹性、需求交叉价格弹性、供给价格弹性,并着重分析需求价格弹性。

2.5.2 需求弹性

1. 需求价格弹性

（1）一般性定义

需求的价格弹性通常被简称为需求弹性。它表示在一定时期内一种商品的需求量变动对于该商品的价格变动的反应程度。其公式为：

$$需求的价格弹性系数 = -\frac{需求量变动率}{价格变动率} \qquad （式 2-8）$$

需求价格弹性可以分为弧弹性和点弹性。

（2）需求价格弧弹性

需求价格弧弹性指某商品需求曲线上两点之间的需求量的变动对于价格变动的反应程度。简单地说，它表示需求曲线上两点之间的弹性。假定需求函数为 $Q = f(P)$，以 e_d 表示需求的价格弹性系，ΔQ 和 ΔP 分别表示需求量和价格的变动量，P 和 Q 分别表示价格和需求量的基量，则需求的价格弧弹性的公式为：

$$e_d = -\frac{\dfrac{\Delta Q}{Q}}{\dfrac{\Delta P}{P}} = -\frac{\Delta Q}{\Delta P} \times \frac{P}{Q} \qquad （式 2-9）$$

这里需要指出的是，在通常情况下，由于商品的需求量和价格是成反方向变动的，$\dfrac{\Delta Q}{\Delta P}$ 为负值，所以，为了使需求的价格弹性系数 e_d 取正值以便于比较，便在（式 2-9）中加了一个负号。

设某种商品的需求函数为 $Q_d = 2\,400 - 400P$，几何图形如图 2-12 所示。

图中需求曲线上 a、b 两点的价格分别为 5 和 4，相应的需求量分别为 400 和 800。当商品的价格由 5 下降为 4 时，或者当商品的价格由 4 上升为 5 时，应该如何计算相应的弧弹性值？根据式 2-10，相应的弧弹性分别计算如下。

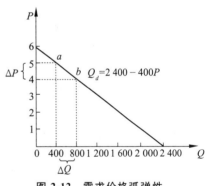

图 2-12 需求价格弧弹性

由 a 点到 b 点（即降价时）：

$$e_d = -\frac{\Delta Q}{\Delta P} \times \frac{P}{Q} = -\frac{Q_b - Q_a}{P_b - P_a} \times \frac{P_a}{Q_a}$$

$$= -\frac{800 - 400}{4 - 5} \times \frac{5}{400}$$

$$= 5$$

由 b 点到 a 点（即涨价时）：

$$e_d = -\frac{\Delta Q}{\Delta P} \times \frac{P}{Q} = -\frac{Q_a - Q_b}{P_a - P_b} \times \frac{P_b}{Q_b}$$

$$= - \frac{400 - 800}{5 - 4} \times \frac{4}{800}$$

$$= 2$$

显然,由 a 点到 b 点和由 b 点到 a 点的弧弹性数值是不相同的。其原因在于:尽管在上面两个计算中,ΔQ 和 ΔP 的绝对值都相等,但由于 P 和 Q 所取的基数值不相同,因此两种计算结果便不相同。这样一来,在需求曲线的同一条弧上,涨价和降价产生的需求的价格弹性系数便不相等。如果仅仅是计算需求曲线上某一段的需求的价格弧弹性,而不是具体地强调这种需求的价格弧弹性是作为涨价还是降价的结果,则为了避免不同的计算结果,一般通常取两点价格的平均值 $\frac{P_1 + P_2}{2}$ 和两点需求量的平均值 $\frac{Q_1 + Q_2}{2}$ 来分别代替(式 2-10)中的 P 值和 Q 值,因此,需求的价格弧弹性计算公式(式 2-9)又可以写为:

$$e_d = - \frac{\Delta Q}{\Delta P} \times \frac{\dfrac{P_1 + P_2}{2}}{\dfrac{Q_1 + Q_2}{2}} \tag{式 2-10}$$

该公式也被称为需求的价格弧弹性的中点公式。

根据式 2-10,上例中 a、b 两点间的需求的价格弧弹性为:

$$e_d = - \frac{400}{1} \times \frac{\dfrac{5 + 4}{2}}{\dfrac{400 + 800}{2}} = 3$$

(3)需求的价格弧弹性的五种类型

第一,需求价格弹性等于 0($e_d = 0$)。表明需求量对价格的任何变动都无反应,或者说,无论价格怎样变动(比率如何),需求量均不发生变化,称全无弹性。在图形上,需求曲线表现为垂直于横轴的一条直线。在现实中,一般说不存在这种情况,但一些生存必需品,消费量达到一定量后,接近这种特性。见图 2-13(e)。

第二,需求价格弹性无穷大($e_d = \infty$)。表明相对于无穷小的价格变化率,需求量的变化率是无穷大的,即价格趋近于 0 的上升,就会使无穷大的需求量一下子减少为零,价格趋近于 0 的下降,需求量从 0 增至无穷大。称为完全弹性。在图形上为一条平行于横轴的直线。见图 2-13(d)。

第三,需求价格弹性等于 1($e_d = 1$)。需求量的变化率=价格的变化率,或者说,价格变动后引起需求量相同幅度变动。$\Delta Q/Q = \Delta P/P$,称为单位弹性或恒常弹性。在图形上,反映为正双曲线。见图 2-13(c)。

第四,$0 < e_d < 1$。需求量的变化率小于价格的变化率,或者说,价格发生一定程度的变化,引起需求量较小幅度的变动,称为缺乏弹性。$\Delta Q/Q < \Delta P/P$,在图形上可用一条较为陡直的需求曲线来反映。见图 2-13(b)。

第五,$\infty > e_d > 1$。需求量的变化率大于价格的变化率,或者说,价格发生一定程度的变化,引起需求量较大幅度的变动,称为富有弹性,或充足弹性。从公式看,$\Delta Q/Q > \Delta P/P$,在图形上可用一条较为平缓的需求曲线来反映。见图 2-13(a)。

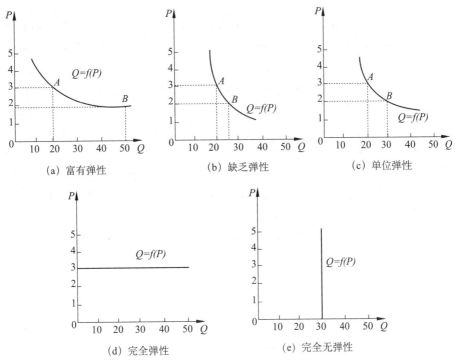

(a) 富有弹性　　　　　　(b) 缺乏弹性　　　　　　(c) 单位弹性

(d) 完全弹性　　　　　　(e) 完全无弹性

图 2-13　需求价格弧弹性的五种类型

【案例小品 2-7】　万斤橘子抵学费与果贱伤农

　　据新浪网新闻中心 2009 年 2 月 2 日报道,浙江传媒学院大二学生巫小宾,新学期从家乡浙江衢州带了 1 万斤橘子到杭州,打算以橘子的销售所得用来缴纳学费。巫小宾家在柑橘主产区浙江衢州,这里家家户户都种植橘子,这是村里唯一的经济来源,今年数万斤橘子没能销出一斤,橘农们望着堆积如山的黄澄澄的橘子,忧心忡忡,有苦难言。巫小宾家今年橘子也大丰收,收了近 3 万斤,本以为可以卖个好价钱,然而去年 11 月摘下的橘子,到过年了居然一斤都没卖出去!由于去年橘子销路整体受阻,价格也一路下跌,最后一斤跌到一毛五还没人要。这样的情况令巫小宾慌了手脚:"每斤橘子卖四毛五才能保本,不然卖得越多亏得就越多。"本以为年后橘子价格会上涨一点,结果反而行情更差了。眼看着就快开学了,巫小宾父亲实没办法,只好分给他 1 万斤橘子,当作他的学费和生活费!

　　这"1 万斤橘子"是"果贱伤农"的又一个标本,再次佐证了农产品需求是缺乏弹性的。橘子丰收了,市场供给增加了,而消费者却不会因为橘子丰收而大量购买,也就是说消费者对橘子的需求基本不变。按照供求定理,供给增加,需求基本不变,橘子的价格只能一路下跌,最终导致橘农丰产却不丰收,果贱伤农。

另据报道,衢州市委书记曾亲自去杭州替橘农吆喝,衢州市农业局长也曾在媒体上替橘农呼吁。政府"吆喝"、"呼吁"是必要的,但关键还是要帮助农民培育市场生存能力。每一次丰收伤农的辛酸故事,都在述说农民的组织化程度太低,导致在激烈的市场博弈中的手足无措和应对无力。扶持发展农产品产销合作社不失为一条很好的途径。合作社可以让分散农户抱团闯市场,由合作社和协会去面对市场,通过控制供给获得市场发言权。当供大于求时,可以通过调控供给和价格、组织产品的出口、进行柑橘储藏和加工来减少农民损失。而在平时,为农民提供信息、技术等培训和服务。而政府对农民的直接支持也可以间接通过支持合作社创业来实现,从而扩大政府支持的乘数效应,或许可以避免丰收伤农的悲剧一再重演。

资料来源:大二学生卖橘求学 开学带万斤橘子到校筹学费,http://news.sina.com.cn/s/2009-02-18/223617241739.shtml

（4）需求价格点弹性

需求价格点弹性指需求曲线上某一点上的需求量无穷小的变动率对于价格无穷小的变动率的反应程度。点弹性所要计算的是令 ΔP 趋近于 0 的微量变化时,曲线上一点及邻近范围的弹性。如果用弧弹性计算,则弧线越长,两点距离越远,计算值的精确性越差,而在同一条需求曲线上,各个点的弹性值通常是不同的。需求价格点弹性的公式为:

$$e_d = \lim_{\Delta P \to 0} -\frac{\dfrac{\Delta Q}{Q}}{\dfrac{\Delta P}{P}} = -\frac{\mathrm{d}Q}{\mathrm{d}P} \times \frac{P}{Q} \qquad \text{(式 2-11)}$$

式中,$\dfrac{\mathrm{d}Q}{\mathrm{d}P}$就是需求曲线上任一点切线斜率的倒数。

（5）影响需求价格弹性的因素

影响需求的价格弹性的因素是很多的,其中主要的有以下几个。

第一,商品的可替代性。一般来说,一种商品的可替代品越多,相近程度越高,则该商品的需求的价格弹性往往越大;相反,该商品的需求的价格弹性往往越小。例如,在水果市场,相近的替代品较多,这样,某水果的需求弹性就比较大。又如,对于食盐来说,没有很好的替代品,所以,食盐价格的变化所引起的需求量的变化几乎为零,它的需求的价格弹性是极其小的。对一种商品所下的定义越明确、越狭窄,这种商品的相近的替代品往往就越多,需求的价格弹性也就越大。譬如,某种特定商标的豆沙甜馅面包的需求要比一般的甜馅面包的需求更有弹性,甜馅面包的需求又比一般的面包的需求更有弹性,而面包的需求的价格弹性比一般的面粉制品的需求的价格弹性又要大得多。

第二,商品用途的广泛性。一般来说,一种商品的用途越广泛,它的需求的价格弹性就可能越大;相反,用途越狭窄,它的需求的价格弹性就可能越小。这是因为,如果一种商品具有多种用途,当它的价格较高时,消费者只购买较少的数量用于最重要的用途上。当它的价格逐步下降时,消费者的购买量就会逐渐增加,将商品越来越多地用于其他的各种用途上。

第三,商品对消费者生活的重要程度。一般来说,生活必需品的需求的价格弹性较小,非必需品的需求的价格弹性较大。例如,馒头的需求的价格弹性是较小的,电影票的需求的

经济学原理

价格弹性是较大的。

第四,商品的消费支出在消费者预算总支出中所占的比重。消费者在某种商品上的消费支出在预算总支出中所占的比重越大,该商品的需求的价格弹性可能越大;反之,则越小。例如,火柴、盐、铅笔、肥皂等商品的需求的价格弹性就是比较小的。因为,消费者每月在这些商品上的支出是很小的,消费者往往不太重视这类商品价格的变化。

第五,所考察的消费者调节需求量的时间。一般来说,所考察的调节时间越长,则需求的价格弹性就可能越大。因为,当消费者决定减少或停止对价格上升的某种商品的购买之前,他一般需要花费时间去寻找和了解该商品的可替代品。例如,当石油价格上升时,消费者在短期内不会较大幅度地减少需求量。但设想在长期内,消费者可能找到替代品,于是,石油价格上升会导致石油的需求量较大幅度地下降。

2. 需求的交叉价格弹性

需求的交叉价格弹性也简称需求的交叉弹性。它表示在一定时期内一种商品的需求量的相对变动对于它的相关商品价格的相对变动的反应程度。它是该商品的需求量的变动率和它的相关商品价格的变动率的比值。

假定商品 X 的需求量 Q_X 是它的相关商品 Y 的价格 P_Y 的函数,即 $Q_X = f(P_Y)$,则商品 X 的需求的交叉价格弹性公式一般表达式为:

$$e_{XY} = \frac{\frac{\Delta Q_X}{Q_X}}{\frac{\Delta P_Y}{P_Y}} = \frac{\Delta Q_X}{\Delta P_Y} \times \frac{P_Y}{Q_X}$$ （式 2-12)

或

$$e_{XY} = \lim_{\Delta P_Y \to 0} \frac{\frac{\Delta Q_X}{Q_X}}{\frac{\Delta P_Y}{P_Y}} = \frac{\frac{dQ_X}{Q_X}}{\frac{dP_Y}{P_Y}} = \frac{dQ_X}{dP_Y} \times \frac{P_Y}{Q_X}$$ （式 2-13)

需求的交叉价格弹性系数的符号取决于所考察的两种商品的相关关系。若两种商品之间存在着替代关系,则一种商品的价格与它的替代品的需求量之间成同方向变动,相应的需求的交叉价格弹性系数为正值。若两种商品之间存在着互补关系,则一种商品的价格与它的互补品的需求量之间成反方向的变动,相应的需求的交叉价格弹性系数为负值。若两种商品之间不存在相关关系,则意味着其中任何一种商品的需求量都不会对另一种商品的价格变动作出反应,相应的需求的交叉价格弹性系数为零。

同样的道理,反过来,可以根据两种商品之间需求的交叉价格弹性系数的符号,来判断两种商品之间的相关关系。若两种商品的需求的交叉价格弹性系数为正值,则这两种商品之间为替代关系。若为负值,则这两种商品之间为互补关系。若为零,则这两种商品之间无相关关系。

理解需求交叉弹性对企业决策和个人投资有很大的帮助。比如你看人家经营一种商品十分赚钱,你也做起同样的生意来,这就是经营别人产品的替代品,这样势必加剧市场竞争。恐怕竞争中被淘汰的就是你。其实,经营畅销产品的互补产品不失为一种很好的思路。有的中小企业以生产汽车配套产品为思路,生产车用地毯、车灯、反光镜等配件,结果取得了良好的经营业绩。珠海中富集团一开始是十几个农民建立的一家小企业,最初为可口可乐提供饮料吸管,后来生产塑料瓶和瓶盖。可口可乐在哪里建厂,中富集团就在哪里建配套厂。

靠这种积极合作的策略,中富集团如今已发展成为年销量超过十亿元人民币的上市公司。

理解需求交叉弹性对企业制定合理的价格也有很大帮助。如果两家厂商生产的产品互为替代品,像罗蒙西服和杉杉西服都是国内的知名品牌,对消费者来说,罗蒙西服与杉杉西服提供的商品效用是相同的,它们是互相替代的产品。众所周知,为了提高市场占有率,它们都不惜投入大量的金钱做广告,进行非价格的竞争。但如果只注意非价格竞争而忽视价格竞争也会失去市场。比如罗蒙坚持高价格策略,杉杉采取"薄利多销"的低价格策略。由于西装属于富有弹性的商品,因此消费者就会由于杉杉西装价格下降,增加杉杉西装的购买,罗蒙就会失去一部分市场份额。因此,罗蒙应根据交叉弹性的特点正确判断自己的市场定位,制定合适的市场价格,预防不利于自己生存和发展的情况发生。

如果互补产品由同一家厂商生产,比如生产彩色喷墨打印机和墨盒。彩色喷墨打印机是基本品,墨盒是配套品。基本品应定价低,配套品应定价高。事实也是这样。彩色喷墨打印机一台售价仅为 300~500 元人民币,低价很诱人,但买下后才发现更换一个墨盒的价格是 200 元人民币。一种色彩的油墨用完,不换墨盒就不能保证画面质量,而换四个墨盒的价格比一台彩色喷墨打印机还贵。根据交叉弹性的定价原理,面对基本品(打印机),定价过高消费者处于主动位置,需求弹性较大。只有定低价,才能吸引消费者购买。一旦基本品买下,配套品的选择余地就小了,消费者往往处于缺乏替代的被动地位。此时定高价能够获取较高利润,如果反过来基本品定价高,结果导致需求者寥寥无几,那么配套品定价再低也失去意义。

总之,企业在制定产品价格时,应考虑到替代品与互补品之间的相互影响。否则,价格变动可能会对销路和利润产生不良影响。

3. 需求的收入弹性

需求的收入弹性表示在一定时期内消费者对某种商品的需求量的相对变动对于消费者收入量相对变动的反应程度。它是商品的需求量的变动率和消费者的收入量的变动率的比值。

假定某商品的需求量 Q 是消费者收入水平 I 的函数,即 $Q=f(I)$,则该商品的需求的收入弹性公式为:

$$e_I = \frac{\frac{\Delta Q}{Q}}{\frac{\Delta I}{I}} = \frac{\Delta Q}{\Delta I} \times \frac{I}{Q} \qquad \text{(式 2-14)}$$

或

$$e_I = \lim_{\Delta I \to 0} \frac{\Delta Q}{\Delta I} \times \frac{I}{Q} = \frac{\mathrm{d}Q}{\mathrm{d}I} \times \frac{I}{Q} \qquad \text{(式 2-15)}$$

根据商品的需求的收入弹性系数值,可以将所有商品分为两类:$e_I > 0$ 的商品为正常品,正常品的需求量随收入的增加而增加。$e_I < 0$ 的商品为劣等品,劣等品的需求量随收入的增加而减少。在正常品中,$e_I < 1$ 的商品为必需品,$e_I > 1$ 的商品为奢侈品。当消费者的收入水平上升时,尽管消费者对必需品和奢侈品的需求量都会有所增加,但对必需品的需求量的增加是有限的,或者说,是缺乏弹性的,而对奢侈品的需求量的增加量是较多的,或者说,是富有弹性的。

在需求的收入弹性的基础上,如果具体地研究消费者用于购买食物的支出量对于消费者收入量变动的反应程度,就可以得到食物支出的收入弹性。

恩格尔定律指出：在价格和其他条件不变的情况下，一个人或一个家庭随着收入水平的不断提高，用于生活必需品（粮食）的支出额在总收入中所占的比重呈下降趋势。

$$恩格尔系数(E_{ng}) = \frac{一个人生活必需品（粮食类）的支出额}{一个人的可支配收入} \qquad （式 2-16）$$

恩格尔系数越大，表明生活水平越低；反之，恩格尔系数越小，表明生活水平越高。国际上常用恩格尔系数来衡量一个国家和地区人民生活水平的状况。根据联合国粮农组织提出的标准，恩格尔系数在59%以上为贫困，50%～59%为温饱，40%～50%为小康，30%～40%为富裕，低于30%为最富裕。

1978年中国农村家庭的恩格尔系数约67.7%，城镇居民家庭约为57.5%，平均计算超过60%，中国是贫困国家，温饱还没有解决。当时中国没有解决温饱的人口两亿四千八百万人。改革开放以后，随着国民经济的发展和人们整体收入水平的提高，中国农村家庭、城镇家庭的恩格尔系数都不断下降。截至2009年年底，中国农村居民家庭恩格尔系数已经下降到41%，城镇居民家庭下降到36.5%，总体上已经达到小康状态。可以预测，中国农村、城镇居民的恩格尔系数还将不断下降。

2.5.3 供给弹性

1. 供给价格弹性的定义及公式

供给量随着价格的变化而变化，但不同的商品在不同的价格水平上，供给量对价格变化的反应程度是不一样的。价格下跌10%，供给量可能上升20%，也可能仅上升5%。经济学用不同商品的不同供给价格弹性来表示这种区别。

供给价格弹性是指在一定时期内某一商品的供给量的相对变动对该商品价格相对变动的反应程度，即商品供给量变动率与价格变动率之比。

与需求的价格弹性一样，供给的价格弹性也分为弧弹性和点弹性。

供给的弧弹性表示某商品供给曲线上两点之间的弹性。供给的价格点弹性表示某商品供给曲线上某一点的弹性。假定供给函数为 $Q = f(P)$，以 e_s 表示供给的价格弹性系数，则供给的价格弧弹性的公式为：

$$e_s = \frac{\frac{\Delta Q}{Q}}{\frac{\Delta P}{P}} = \frac{\Delta Q}{\Delta P} \times \frac{P}{Q} \qquad （式 2-17）$$

供给的价格点弹性计算公式为：

$$e_s = \frac{\frac{dQ}{Q}}{\frac{dP}{P}} = \frac{dQ}{dP} \times \frac{P}{Q} \qquad （式 2-18）$$

在通常情况下，商品的供给量和商品的价格是成同方向变动的，供给的变动量和价格的变动量的符号是相同的。

2. 供给价格弹性的分类

供给的价格弹性根据 e_s 值的大小也分为五个类型。$e_s > 1$ 表示富有弹性；$e_s < 1$ 表示缺乏弹性；$e_s = 1$ 表示单一弹性或单位弹性；$e_s \to \infty$ 表示完全弹性；$e_s = 0$ 表示完全无弹性。如图2-14所示。

图 2-14(a)中的线性供给曲线上的所有点弹性均大于 1。例如在 A 点,因为 BC>OB,所以 e_s>1。图 2-14(b)中的线性供给曲线上的所有点弹性均小于 1。例如在 A 点,因为 BC<OB,所以 e_s>1。图 2-14(c)中的线性供给曲线上的所有点弹性均为 1。例如在 A 点,因为 BC=OB,所以 e_s=1。

由此可以得到这样的规律:若线性供给曲线的延长线与坐标横轴的交点位于坐标原点的左边,则供给曲线上所有的点弹性都是大于 1 的。若交点位于坐标原点的右边,则供给曲线上所有的点弹性都是小于 1 的。若交点恰好就是坐标原点,则供给曲线上所有的点弹性都为 1。

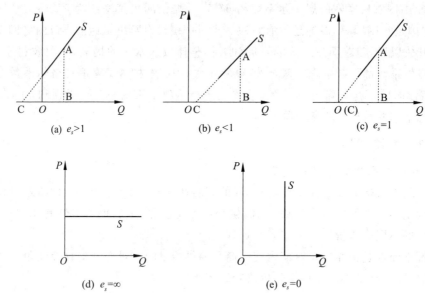

(a) e_s>1　　　　　　(b) e_s<1　　　　　　(c) e_s=1

(d) $e_s=\infty$　　　　　　(e) $e_s=0$

图 2-14　线性供给曲线的点弹性

3. 影响供给的价格弹性的因素

(1) 时间因素是一个很重要的因素。当商品的价格发生变化时,厂商对产量的调整需要一定的时间。在很短的时间内,厂商若要根据商品的涨价及时地增加产量,或者根据商品的降价及时地缩减产量,都存在程度不同的困难,供给弹性是比较小的。但是,在长期内,生产规模的扩大与缩小,甚至转产,都是可以实现的,供给量可以对价格变动作出较充分的反应,供给的价格弹性也就比较大了。

(2) 生产成本随产量变化而变化的情况和产品的生产周期的长短,也是影响供给的价格弹性的另外两个重要因素。就生产成本来说,如果产量增加只引起边际成本的轻微的提高,则意味着厂商的供给曲线比较平坦,供给的价格弹性可能是比较大的。相反,如果产量增加只引起边际成本的较大的提高,则意味着厂商的供给曲线比较陡峭,供给的价格弹性可能是比较小的。

(3) 就产品的生产周期来说,在一定的时期内,对于生产周期较短的产品,厂商可以根据市场价格的变化较及时地调整产量,供给的价格弹性相应就比较大。相反,生产周期较长的产品的供给的价格弹性就往往较小。

2.6 均衡价格和弹性理论的应用

先行案例　杭州出台中药方"限价"政策

　　2011年1月30日下午,杭州市卫生局召集杭州市40多家医疗机构(包括30多家民营中医医疗机构)负责人,对市卫生局新近出台的"关于加强中药饮片处方管理的通知"进行解读。

　　这个"通知"被业内人士和患者称为中药方"限价"新政策。卫生局相关人员在昨日的解读时强调,目的是为了遏制中药的大处方现象,但并不是对所有患者"一刀切",比如对各类恶性肿瘤、系统性红斑狼疮、血友病、再生障碍性贫血、精神分裂症、肾功能衰竭等医保规定病种的治疗方剂,价格可适当提高;如果病人患有多个病症,治疗时处方价格也可适当突破"限价"。

　　据悉,此次中药方限价规定:"治疗常见病、多发病的方剂,每贴的用药一般控制在18味以内,价格控制在40元以内"。但昨日解读时,专家解释,只要病情治疗需要,因病施治、合理用药的,就不需要限制在这个价格以内。

　　昨日,不少中医医疗机构的代表提出,要执行这个"限价"有一定难度,因为现在中药贵,主要是以下三个原因,第一个原因是2010年中药材涨价涨得厉害,如太子参一年涨价500%,有些长期吃中药的患者明显感觉药价贵了。第二个原因是铁皮石斛、穿山甲等名贵药材进入医保报销范畴,不少医保患者专门要求开这些贵的药,导致单张处方价格猛增。第三个原因,是有少数医疗机构有开方提成的现象,加剧了中药"大处方"的出现。

　　如何遏制中药的大处方,显然已成为一个难题。杭州市卫生局相关负责人表示,虽然不可能通过这一"限价"政策解决问题,但至少可以加强中医中药行业的规范,让大部分患者看得起中医。

　　资料来源:王蕊.杭州出台中药方"限价"政策.http://news.cntv.cn/20110131/102302.shtml

　　想一想:限价能够有效解决中药"大处方"现象吗?

任务 2 熟悉市场运行

2.6.1　政策分析

　　市场均衡分析提供了对自发市场调节的一个预测,即在其他条件不变的情况下,市场倾向于处于供求相等的均衡状态。然而,这种均衡状态未必是令人满意的。有时,政府处某种考虑也可能对市场进行调节。如案例中杭州市政府就出台了中药方限价政策。政府对价格的调节可以分为支持价格和限制价格两种形式,利用供求分析可以对这种政策的后果给出说明。

1. 支持价格

支持价格也称为最低限价。它是政府所规定的某种产品的最低价格。最低价格总是高于市场的均衡价格的。

图 2-15 表示政府对某种产品实行最低限价的情形。政府实行最低限价所规定的市场价格为 P_0。由图可见,最低限价 P_0 大于均衡价格 P_e,在最低限价 P_0 的水平,市场供给量 Q_s 大于市场需求量 Q_d,市场上出现产品过剩的情况。

政府实行最低限价的目的通常是为了扶植某些行业的发展。农产品的支持价格就是西方国家所普遍采取的政策,在实行这一政策时,政府通常收购市场上过剩的农产品。

【案例小品 2-8】 2011 年我国将进一步提高小麦稻谷的最低收购价

记者从国家粮食局获悉,"十一五"期间,我国多次提高粮食最低收购价水平,适度扩大实施范围,不断完善执行预案,全国各类企业共收购粮食 26 286 亿斤,其中收购最低收购价粮 3 886 亿斤。为防止农民卖粮难,国家有关部门及时在部分地区对稻谷、小麦、玉米、大豆、油菜籽采取临时收储政策。共收购临时存储粮油 1 460 亿斤。在粮食收购中,国有粮食企业收购占 54%,发挥了主渠道作用;其他多元主体收购占 46%,为搞活流通发挥了重要作用。

"十一五"期间,我国政策性粮食销售工作逐步规范化、制度化,粮油市场调控效果显著。根据宏观调控需要,"十一五"期间全国国有粮食企业共销售粮食 16 461亿斤,其中投放政策性粮食 4 898.4 亿斤、食用植物油 70.2 万吨,有效防止了粮油价格大幅上涨。各省(区、市)积极落实《国家粮食应急预案》,出台省级粮食应急预案,并确定省级粮食应急指定加工企业 970 家、供应企业 4 382 家。粮食部门健全粮油监测预警系统,确定全国粮食市场信息直报点 300 余家,开展社会粮油供需平衡调查,为国家和地方政府宏观调控和中长期规划提供了决策依据和数据支持。

据悉,2011 年我国将进一步完善最低收购价执行预案和临时收储政策。小麦、稻谷的最低收购价将进一步提高。记者从全国人大获悉,2011 年小麦最低收购价格将在 2010 年水平上提高 6% 左右,稻谷最低收购价格也要继续提高。

资料来源:2011 年我国将进一步提高小麦稻谷的最低收购价. 网易财经

2. 限制价格

限制价格也称为最高限价。它是政府所规定的某种产品的最高价格。最高价格总是低于市场的均衡价格的。

图 2-16 表示政府对某种产品实行最高限价的情形。政府实行最高限价政策,规定该产品的市场最高价格为 P_0。由图可见,最高限价 P_0 小于均衡价格 P_e,且在最高价格 P_0 的水平,市场需求量 Q_d 大于市场供给量 Q_s,市场上出现供不应求的情况。

政府实行最高限价的目的往往是为了抑制某些产品的价格上涨,特别是为了对付通货膨胀。当然为了限制某些行业,如一些垄断性很强的公用事业的价格,政府也采取最高限价的做法。但是政府实行最高限价的做法也会带来一些不良的影响。最高限价下的供不应求会导致市场上消费者排队抢购和黑市交易盛行。在这种情况下，政府往往又不得不采取配给的方法来分配产品。此外，生产者也可能粗制滥造，降低产品质量，形成变相涨价。

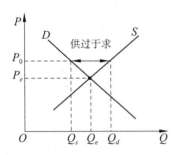

图 2-15　最低限价对经济活动的影响

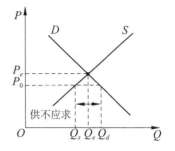

图 2-16　最高限价对经济活动的影响

【案例小品 2-9】　冻雨推升各地蔬菜价格　地方政府再出限价令

2011 年伊始，贵州、湖南等地出现大范围的低温冻雨、降雪或雨夹雪天气，气温跌至 0℃ 以下。恶劣天气严重影响贵州、江西、湖南、重庆、四川等五省市的正常生活，运输受阻导致部分地区的菜价上扬。

据重庆媒体报道，该市最大的蔬菜批发市场"盘溪蔬菜批发市场"上的本地冬季蔬菜只占总量的四分之一，其余都靠从云南、海南等地调运，作为必经之地，贵州的冰灾直接阻碍了蔬菜入渝，部分来自云南和海南的蔬菜菜品已出现断货，主城区部分菜价涨幅达 85%。

湖南方面，该省物价系统监测数据显示，全省菜价与 2010 年 12 月 27 日～31 日相比，涨幅为 1.2%～14%。湖南省物价局有关负责人分析指出，湖南冬季蔬菜生产品种单一，反季节蔬菜均靠从外地调运，天气因素和节日因素叠加，导致蔬菜价格自 1 月 2 日开始大面积上涨。

北方城市的菜价也并非高枕无忧。《每日经济新闻》记者从北京最大的蔬菜批发市场新发地市场了解到，目前北京市场的蔬菜价格平均上涨幅度约为 10%。

据悉，受冻雨灾害最为严重的贵州，已经出台蔬菜"限价令"，贵阳市两城区 47 家农贸市场及 8 家主要大型超市已接到通知，要求保持大众蔬菜的价格基本稳定，特别是白菜、萝卜、莲花白价格。经营户则不得串通、合谋涨价，不得操纵价格或人为抬高价格。

资料来源：胡健. 冻雨推升各地蔬菜价格　地方政府再出限价令. http://news.jinti.com/caijingupiao/605653.htm

2.6.2　需求价格弹性与公司市场策略

在实际生活中，如果仔细观察，人们会发现诸如汽车、电脑、手机这一类的商品总是在降价销售，而有些商品譬如说粮食、药品等却总是涨价。相比消费者，厂商真正关注可能不是商品本身价格的高低,他们更在意的是涨价或者降价行为是否能给他们带来更多的销售收入。那为什么有些商品要靠降价促销来增加销售收入,而另一些恰好相反?这其中的原因是什么?

厂商的销售收入(这里用 TR 表示)取决于销售价格(P)和销售数量(Q)的乘积,即 $TR = P \times Q$。如果 P、Q 同向变动的话,TR 的变动方向容易判断,现在的问题是,P、Q 是反向变动的,所以 TR 的变动方向不确定。显然,销售收入 TR 的变动取决于 P、Q 中变化幅度较大的那个变量。在经济学中,需求价格弹性恰好就是用来衡量 P、Q 变化幅度的一个变量。所以,以上问题的答案涉及商品的需求价格弹性。商品的需求价格弹性和销售收入之间有着密切的关系,这种关系可以归纳为以下三种情况。

1. 需求富有弹性的商品

需求富有弹性的商品,即 $E_d > 1$,降价会增加厂商的销售收入,提价会减少厂商的销售收入。因为降价造成的销售收入 $P \times Q$ 值的减少量小于需求量增加带来的销售收入 $P \times Q$ 值的增加量。

例如,项链的需求富有弹性,$E_d = 3$,当价格 $P_1 = 1\ 000$ 元时,销售量 $Q_1 = 10$ 条,总收益 $TR_1 = P_1 \times Q_1 = 1\ 000 \times 10 = 10\ 000$(元)。当价格下降 10% 时,即 $P_2 = 900$ 元时,由于 $E_d = 3$,销售量增加 30%,即 $Q_2 = 13$ 条,总收益 $TR_2 = P_2 \times Q_2 = 900 \times 13 = 11\ 700$(元)。降价后总收益增加了 1 700 元,如果提价,则总收益减少。对需求富有弹性的商品,厂商可采取降价,这就是通常所说的"薄利多销"。

2. 需求缺乏弹性的商品

需求缺乏弹性的商品,即 $E_d < 1$,降价会使厂商的销售收入减少,提价会使厂商的销售收入增加。因为降价导致的需求量增加带来的销售收入 $P \times Q$ 值的增加量小于降价造成的销售收入 $P \times Q$ 值的减少量。

例如,小麦的需求缺乏弹性 $E_d = 0.5$,当价格 $P_1 = 1$ 元时,销售量 $Q_1 = 1\ 000$ 千克,总收益 $TR_1 = P_1 \times Q_1 = 10 \times 1\ 000 = 10\ 000$(元)。当价格下降 10% 时,即 $P_2 = 0.9$ 元时,由于 $E_d = 0.5$,销售量增加 5%,即 $Q_2 = 1\ 050$ 千克,总收益 $TR_2 = P_2 \times Q_2 = 0.9 \times 1\ 050 = 945$(元)。降价后总收益减少了 55 元,如果提价,则总收益增加。对需求缺乏弹性的商品,降价会减少总收益,这就是通常所说的"谷贱伤农"。

3. 单位需求弹性的商品

单位需求弹性的商品,即 $E_d = 1$,降价或提价对厂商的销售收入都没有影响。因为价格变动造成的销售收入 $P \times Q$ 值的增加量或减少量等于需求量变动带来的销售收入 $P \times Q$ 值的减少量或增加量。

为便于比较,把价格变化、弹性大小与销售收入变化的关系归纳如表 2-3 所示。

表 2-3　价格变化、弹性大小与销售收入变化的关系

需求弹性	种　类	价格变化对销售收入的影响
$E_d > 1$	富有弹性	价格上升,销售收入减少 价格下降,销售收入增加
$E_d = 1$	单位弹性	价格上升,销售收入不变 价格下降,销售收入不变
$E_d < 1$	缺乏弹性	价格上升,销售收入增加 价格下降,销售收入减少

任务拓展

阿尔弗雷德·马歇尔——剑桥学派的创建人

阿尔弗雷德·马歇尔(1842—1924)是 19 世纪末 20 世纪初的英国及至世界最著名的经济学家。1842 年,马歇尔出生于英国伦敦区一个朴实的中产阶级家庭,从小接受他那极为严厉的、期望他儿子能成为一个牧师的父亲的教育。但他背叛了他父亲的意愿,去剑桥大学圣约翰学院学习数学并获得学士学位,并被选为圣约翰学院教学研究员。1877 年由于他和玛丽.佩利——一个他过去的学生结婚,被迫辞职,因为当时牛津大学和剑桥大学的研究员们要像牧师那样独身。随后,他先后担任布里斯托尔大学校长,牛津大学、剑桥大学讲师和教授(那时,独身要求已取消)。他参加过英政府组织的政策咨询活动,还曾是 1890－1894 年皇家劳工委员会颇有影响的成员。1880 年,他担任英国协会第六小组的主席,正式领导了创建英国(后改为皇家)经济学会的运动。

阿尔弗雷德·马歇尔是剑桥大学教授,也是英国正统经济学界无可争辩的领袖。他于 1890 年发表的《经济学原理》,被看作是与斯密《国富论》、李嘉图《赋税原理》齐名的划时代的著作,在盎格鲁—撒克逊世界(英语国家)替代了古典经济学体系。其供给与需求的概念,以及对个人效用观念的强调,构成了现代经济学的基础。这本书在马歇尔在世时就出版了 8 次之多,成为当时最有影响的专著,多年来一直被奉为英国经济学的圣经。而他本人也被认为是英国古典经济学的继承和发展者,他的理论及其追随者被称为新古典理论和新古典学派。同时由于他及其学生,如 J. M. 凯恩斯,J. S. 尼科尔森,A. C. 庇古,D. H. 麦格雷戈等先后长期在剑桥大学任教,因此也被称为剑桥学派。阿尔弗雷德·马歇尔受到当时英国著名的哲学家、经济学家亨利西奇威克的影响,正因为这个人对他在经济学及道德哲学方面的影响很大,马歇尔的学术兴趣逐渐由物理学转向了哲学和社会科学。于是,马歇尔的思想开始了一生中最重要的转变。曾经他把西奇威克称为自己"精神上的父母"。后来,他看到了 19 世纪中期在资本主义制度下英国出现的严重的社会不公平,他感觉到,神学、数学、物理学和伦理学都不能够给人类带来"福音",于是,他把自己的注意力转移到政治经济学上面来,把理解社会现状的希望寄托在经济学的研究上,打算从经济上来分析社会不公平的原因,他把经济学看成是增进社会福利、消灭人类贫困的科学。但他的核心仍然是在证明资本主义是一种合理的制度,它可以自动地保持均衡。

自 我 测 试

一、名词解释

需求　供给　需求变动　需求量变动　供给变动　供给量变动　均衡价格　均衡产量
需求价格弹性　需求收入弹性　支持价格　限制价格　恩格尔定律

二、选择题

1. 在得出某人的需求曲线时,下列因素中除(　　)外均保持常数。
　　A. 个人收入　　　　B. 其余商品价格　　C. 个人偏好　　　　D. 该商品的价格

2. 需求量同价格反向变化的原因是(　　)。
　　A. 收入效应　　　　　　　　　　B. 替代效应
　　C. 收入效应同替代效应同时发挥作用　D. 以上均不正确

3. 在得出某种商品的供给曲线时,下列因素除(　　)外均保持常量。
　　A. 技术水平　　　　B. 投入品价格　　　C. 气候　　　　　　D. 该商品价格

4. 建筑工人工资提高将(　　)。
　　A. 使新房子的供给曲线右移并使价格上升
　　B. 使新房子的供给曲线左移并使价格上升
　　C. 使新房子的供给曲线右移并使价格下降
　　D. 使新房子的供给曲线左移并使价格下降

5. 如果 X 与 Y 商品是替代品,X 价格下降,将使 Y(　　)。
　　A. 需求量增加　　B. 需求增加　　　C. 需求量减少　　D. 需求减少

6. 如果 X 与 Y 商品是互补品,X 价格下降,将使 Y(　　)。
　　A. 需求量增加　　B. 需求增加　　　C. 需求量减少　　D. 需求减少

7. 如果供给曲线与需求曲线同时右移,则该商品(　　)。
　　A. 均衡产量增加,价格上升
　　B. 均衡产量增加,价格下降
　　C. 均衡产量减少,价格向哪个方向变化不一定
　　D. 均衡产量增加,价格上升价格向哪个方向变化不一定

8. 如果人们对茶叶的偏好增强,则可预期(　　)。
　　A. 茶叶的需求增加　　　　　　　B. 茶叶的供给增加
　　C. 茶叶的供给与需求均增加　　　D. 茶叶的供给量和需求量都增加

9. 如果气候变得更适宜生产某种商品,但人们对该商品的需求没有以前强烈了,则可
预期该商品(　　)。
　　A. 供给增加,需求减少,价格下降,均衡产量变化方向不定
　　B. 供给增加,需求减少,均衡产量下降,价格变化方向不定
　　C. 供给减少,需求增加,均衡产量下降,价格变化方向不定

经济学原理

D. 供给减少,需求增加,价格下降,均衡产量变化方向不定

10. 对西红柿需求的变化,可能是由于( )。

    A. 消费者认为西红柿价格太高了   B. 西红柿的收成增加

    C. 消费者预期西红柿将降价   D. 种植西红柿的技术有了改进

三、简答题

1. 需求和供给的变动对均衡价格、均衡数量产生怎样的影响?

2. 影响需求价格弹性的因素有哪些?

3. 需求量的变动与需求的变动有什么区别与联系?

4. 需求价格弹性与总收益之间的关系如何?

5. 替代品和互补品之间有什么区别?下面哪对商品是替代品,哪对商品是互补品,哪对两者之间没关系?

    (1)可口可乐和百事可乐;

    (2)计算机硬件和软件;

    (3)盐和糖;

    (4)粉笔和黑板;

    (5)图书与书架。

四、计算题

1. 已知某一时期内某商品的需求函数为:$Q_d = 50 - 5P$,供给函数为:$Q_s = -10 + 5P$。求均衡价格 P 和均衡数量 Q。

2. 某种商品原先的价格为1元,销售量为1 000公斤,该商品的需求弹性系数为2.4,如果降价至0.8元一公斤,此时的销售量是多少?降价后总收益是增加了还是减少了?增加或减少了多少?

3. 某城市乘客对公共汽车票价的需求价格弹性为0.6,票价为1元,日乘客量为55万人。市政当局计划将提价后净减少的日乘客量控制为10万人,新的票价应为多少?

五、讨论题

治病药和保健品能不能薄利多销?为什么?

案例分析

和田玉价格飙升,20年涨了1 000倍

    世界玉产地较多,若以软玉而言,中国新疆和田县产的软玉历史最久,质量最佳,一直被公认为玉中佳品,被国外称作"中国玉"。软玉是在地质作用过程中形成的、达到玉级的透闪石和阳起石矿物集合体,具有很高的收藏价值和升值潜力。

    由于亿万年的物理作用,玉石软质部分磨去,留下坚韧部分,成圆滑卵石状,分布在河漫滩及古河床阶地中,业界称这种玉石为"籽料"。区别于籽料的是"山料",山料是采矿挖掘的玉石。因开采极为困难,价格自然就高,正所谓"物以稀为贵"。有资料显示:20世纪五六十

年代一块 200 克左右的田籽玉只相当于当时一两个鸡蛋的价钱;1980 年一级和田玉山料每公斤 80 元;10 年后的 1990 年上升到每公斤 300～350 元;籽料为 1 500～2 000 元/公斤。2005 年一级和田白玉籽料价格已达 10 万元/公斤以上;2006 年涨到 50 万～100 万元/公斤。仅仅 20 多年的时间,一级和田白玉籽料竟上涨了 1 100 多倍,令人惊叹不已。由于和田玉为不可再生的稀缺资源,只会越来越少,越来越贵,有人甚至提出"炒股置地,不如买玉"。现在新疆和田玉的年产量仅一吨,而 20 世纪 90 年代中期和田玉的年产量一度达到 150 吨。

目前,在海内外艺术市场上,有关玉器尤其是和田玉的作品由于受到众多藏家青睐,价格扶摇直上,迭创佳绩。如 2000 年中国香港佳士得秋拍会上的"白脂翠玉 300 年专场"成交了 4 540 万港元,成交率高达 99%。从此玉器市场便稳步增长,单品价格节节升高。2003 年 7 月,佳士得的一件清乾隆寿山石嵌人物图雕空龙寿纹 12 扇屏以 2 499 多万元成交,掀起了一大高潮,同时拍卖的另一件清康熙御用田黄玉石印章一套 12 方则拍出了 2 262 万元。这两件拍品至今仍然高居中国玉器在海内外拍卖市场上的前列。另有一件清乾隆和田白玉活环双龙耳万寿纹碗拍了 2 048 万元。

2007 年中国香港苏富比拍卖会上,一套盒装清乾隆御制翡翠和田玉扳指(共计 7 枚)以 4 736 万港元成交价,创下了玉扳指的拍卖市场最高价。这些佳绩在 20 世纪 90 年代是不可想象的。

专家预测未来玉器价格有望持续走强。原因如下:一是宏观经济的持续向好,使得更多人有条件参与和田玉的收藏,不少人都喜欢在身上挂一件玉饰,讨口彩,图吉利。近期有媒体报道,有的地方举办玉器展销会,居然吸引了各地众多爱好者光临。二是在我国有悠久的玉文化中,和田玉有着独特的地位。历代很多皇帝都用和田玉制玺印,因而玉便也成了权力的象征。中国举行的 2008 奥运会会徽徽宝"中国印"也是以和田玉为材质雕成。三是和田玉经过多年的开采已成为稀少品种,加上民间玉器收藏升温,这种稀缺品种更加紧俏,一年一个价。据说,和田玉三年前就"按克计价"。2006 年 1 克和田白玉的价格是黄金的 4～10 倍。目前 1 公斤和田羊脂玉的最新市场价格已达 200 余万元,若是带有红、黄色皮的籽料,价格还可上涨数倍。

资料来源:http://blog.china.alibaba.com/blog/lintejia/article/b0-i2387841.html

问题:和田玉价格疯涨的原因是什么?

技 能 实 训

实训项目:对学校所在地的市场中各类商品的促销策略进行调研,了解企业商品的不同属性及企业相应的促销对策。

实训目标:通过深入实地调研,感受并学会弹性理论在企业实际运营中的应用。

实训组织:学生每 6 人分为一组,选择不同的区域、不同的企业进行调查。

实训提示:教师提出活动前准备及注意事项,同时随队指导。

实训成果:各组形成一份调研报告,教师点评。

分析消费者行为

■ 能力目标

通过完成本项任务,应该能够:

◆ 理解效用的概念,以及基数效用与序数效用的区别

◆ 掌握基数效用论对消费者行为的分析方法

◆ 掌握序数效用论对消费者行为的分析方法

◆ 掌握消费者行为理论的运用

■ 任务解析

3.1 效用论概述

3.2 基数效用论

3.3 序数效用论

3.4 消费者行为理论的应用

■ 任务导入

对消费者需求的研究是经济学的重要内容之一,它是解释市场运行规律的一个重要方面。在上一任务的学习中,需求定理告诉我们需求曲线向右下方倾斜的形状特征,但并未详细说明形成这一特征的原因是什么。在微观经济学中,分析需求曲线要从它背后的消费者行为入手。接下来,我们将学习消费者行为理论,也称为效用论,因为消费者的购买决策主要取决于特定商品给他带来的效用大小,那么,效用到底是什么、能否度量等问题就成为需求理论的核心。在本任务的学习中,你会看到尽管学术界对效用能否用数量标度存在分歧,并由此产生了基数效用与序数效用两种分析方法,但二者的结论却是相同的。另外,我们还将接触到边际效用递减规律、消费者剩余、边际替代率等在日常生活中有着重要应用价值的新鲜名词,我们还将在基数效用论和序数效用论基础上推导出需求曲线。

你可以对照能力目标,结合自我测试反复演练,有的放矢地依次完成各分项任务,直至完成本任务。

3.1 效用论概述

先行案例 某公司对非处方药市场(OTC)消费者行为的分析

某制药公司要进入非处方药市场,所以该公司委托一咨询公司对该市场的消费者行为进行分析,以确定该公司是否应进入该市场,同时明确若进入该市场,如何在满足消费者的需求的同时实现最大利润。咨询公司针对非处方药市场进行了详细的消费者行为分析,着重分析了影响消费者购买的因素。

非处方药品主要面对成年人,他们有一定的疾病判断能力,能较为准确地判断疾病的类别和病情严重程度,有一定的药品使用经验;在经济上有一定的基础,可以自主支配药品费用;文化程度较高,具有较高的医疗保健意识;工作节奏较快。因此,在非处方药市场中,影响消费者购买的因素主要有文化、社会、个人、心理四个方面。

(1)文化因素

随着消费者文化水平的提高、保健意识的增强,对于预防疾病和身体保健逐渐重视起来,特别是高收入阶层和中老年人对补充维生素、增强免疫功能、防病强身、改善生活质量的非处方药的消费支出增加。同时,现在的中青年女性更加青睐减肥和养颜的非处方药类。

(2)社会因素

消费者的相关群体、家庭和社会角色与地位都对非处方消费者产生影响。因此,这些因素影响消费者购买该类药品的档次。儿童和老人的购买受到的父母、子女的影响,白领阶层的购买更倾向于品牌和公司的声誉。

(3)个人因素

消费者购买非处方药类的决策也受到个人特征的影响,例如,消费者对自己的病情变化的感知、对品牌特征的感知、对其他备选品牌的态度。同时,还受到年龄、职业、经济环境、生活方式、个性和自我概念的影响。一般情况下成年人对病情判断力强,购买非处方药的可能性较大;自我保健意识强的人、工作节奏快的人、不享受医疗费用报销的人购买的次数较多。许多慢性疾病患者,如高血压、慢性胃炎、糖尿病患者会长期购买非处方药品。

(4)心理因素

中国消费者的认识中,受传统中医药文化的影响较深。普遍认为中药的毒副作用小,比西药安全;中药对于一些慢性病更有疗效;中药作用全面,可以治本。因此,一般家庭都会备有红花油、健胃消食片、三七伤药片。但是,在起效方

资料来源:张发强．非处方药市场消费者行为分析．中国营销传播网

想一想:消费者的购买行为要受到多种因素的复杂影响,经济学家如何才能得出消费者的决策方法?

的确,对于任何一种商品,每一个消费者的购买决策都要受到诸多因素的影响,但这些因素有一个共同的特点,那就是他们都在一定程度上决定了消费者对于特定商品的评价,而恰恰是这种评价能够决定消费者愿意购买的数量。前已述及,经济学的研究是以价格的形成机制为核心的,而其中关于消费者的研究,关注的重点是购买量同价格之间的关系,因此,经济学家主要是借助消费者的满意度同商品购买量的关系来研究其价格—数量决策,因而假定各种内外部因素与消费者对某种商品的满意度之间的关系是既定的。这样,在微观经济学中,消费者购买行为的决定因素就可以简化为他们对商品的心理感受,当然,还要考虑消费者收入约束。

【案例小品3-1】 信子裙和大岛茂风衣

20世纪80年代中期,日本电视连续剧《血疑》曾风靡神州大地,女主人公信子和她父亲大岛茂的故事颇使不少人感动得流泪。精明的商家从中看出了市场机遇,上海一家服装厂推出了信子裙,北京一家服装厂推出了大岛茂风衣,但结果很不一样,上海的厂家大获其利,北京的厂家却亏本了,其原因在于不同消费者的不同行为,效用理论正是解释消费者行为的。

资料来源:梁小民．微观经济学纵横谈．北京:生活·读书·新知三联书店,2000

3.1.1 欲望和效用

欲望和效用(utility)都能够用来描述消费者的心理感受,分析消费者行为理论的出发点是欲望、效用及效用的度量方法。作为理智的消费者,消费的目标是在收入有限的条件下,通过合理安排自己在各类商品中的消费,实现欲望的最大满足,即获得最大的幸福感。1970年诺贝尔经济学奖获得者、美国人保罗·萨缪尔森曾提出"幸福公式",如下所示。

$$幸福 = \frac{效用}{欲望}$$ (式3-1)

在这个方程式中,人类想要幸福,其实很简单,因为幸福的大小就取决于两个因素:效用和欲望。当物品效用既定的时候,人的欲望越小就越容易感到幸福;而当欲望既定的时候,物品效用越大,幸福的值就越大。

【案例小品3-2】 幸福指数

2006年9月12日,国家统计局表示,今后我国将把"幸福指数"、"社会和谐指数"纳为新的统计内容。幸福指数(Gross National Happiness,GNH)全称是国民幸福总值,是国际社会刚刚出现的标准,也可以称作国民幸福指数。幸福指数就是指把主观幸福感作为一项指标,是反映民众主观生活质量的核心,是衡量人们幸福感的一种指数,也是制订发展规划和社会政策的一种重要参考指数。国民幸福总值最早由不丹国王旺楚克在1970年提出,他是第一个在世界稳步推进用"国民幸福总值"(GNH),而不是GDP(国内生产总值)来治理社会的国家元首。他认为政府施政应该关注幸福,并应以实现幸福为目标。他提出,人生基本的问题是如何在物质生活和精神生活之间保持平衡。在这种执政理念的指导下,不丹创立了一个错综复杂的幸福模型,由4个柱子、9个区域及72个幸福指示器组成。不丹政府表示,幸福社会的4个柱子是:经济、文化、环境及良好的管理状态。9个区域是:心理幸福、生态、卫生、教育、文化、生活标准、时间使用、社区活力及良好的管理状态,每个方面都有各自相应的指数标准。所有这些都将用72个指示器进行衡量。实践的结果是在人均GDP仅为1 881多美元(2009年统计数据)的不丹,人民生活得很幸福。"不丹模式"引起了世界的关注,近年来,美国、英国、荷兰、日本等发达国家都开始了幸福指数的研究,并创设了不同模式的幸福指数。

资料来源:罗宇.生活离不开经济学.北京:人民邮电出版社,2008

【案例小品3-3】 2010中国最具幸福感城市 杭州获最高荣誉奖

2010年12月26日晚,由新华社《瞭望东方周刊》等主办的"2010中国最具幸福感城市颁奖典礼"在长沙举行,20座城市获得了"幸福"殊荣。

2010中国最具幸福感城市(地级及以上)为:杭州、成都、长沙、昆明、南京、长春、重庆、广州、通化、无锡;最具幸福感城市(县级)为:江阴、宜兴、长沙县、余姚、滕州、铜梁、海城、太仓、莱州、胶州。

此外,杭州、成都市获得最高荣誉奖——民生贡献特别大奖;昆明、长沙、长春市获得金奖;宜兴、余姚市获得民生贡献大奖;长沙市获得民生满意大奖。

据了解,今年的调查推选活动,以"创造幸福、享受尊严"为主题,继续使用《瞭望东方周刊》城市幸福感测评中心的中国城市幸福感评价体系。组织者通过对评选指标的优化,不仅强调市民的主观感受,还特意增加了民生建设与保障内容,从20类指标全方位观察和分析中国城市的幸福感建设现状,涉及人情味、交通状况、医疗条件、教育质量、自然环境、房屋价格、物价水平等。

资料来源:谢樱.2010中国最具幸福感城市 杭州获最高荣誉奖.腾讯新闻,2010-12-17

欲望的有关知识在任务 1 中已经有所论述,这里不再赘述。效用概念最早出现于心理学著作中,所谓商品的效用是指人们从占有、使用或消费商品(包括服务)时得到快乐和满足的程度。人们消费某种物品获得的满足程度越高则称该物品的效用越大;反之,满足程度越低效用越小。当然,如果消费某种物品感到痛苦,则是负效用。

效用是人们对商品和服务的主观评价,是一种心理感觉。效用不同于物品本身的使用价值。使用价值产生于物品的属性,是客观的;效用是消费者消费某种物品时的感受,是主观的。庄子说:"子非鱼,安知鱼之乐乎?"形象地说明了效用的主观性。

效用论在企业实际应用中具有重要的意义,例如在日本彩色胶卷市场上原来有两个品牌比较出名,一个是富士,一个是樱花。但在 20 世纪 50 年代初,樱花胶卷江河日下,而富士胶卷却蒸蒸日上。这是为什么呢?经有关人士调查发现,尽管富士山和樱花都是日本的象征,日本人都很喜欢它们,但它们对于不同的消费群体的效用却是不同的。樱花给消费者的感觉是色彩柔和,轮廓模糊,带有粉红色的联想,印出的照片也带有一抹淡淡的红色,女性色彩比较浓厚。而摆弄相机的大多是男士,何况在日本大男子主义又十分严重,于是渐渐地,樱花胶卷便失去了消费者的青睐。而富士胶卷——从名称中马上令人联想起富士山,明朗的蓝天和白雪,清透、凛冽、俊朗、挺拔,在豁达中显示一种从容、自若与豪迈,充满了男子汉的气概,自然成为男性消费者的首选。搞清楚这个原因后,生产樱花胶卷的小西六写真工业股份公司将公司更名为"柯尼卡",将樱花牌胶卷也改名为"柯尼卡"胶卷,并将包装盒改成更艳丽的蓝色。经过一系列运作,柯尼卡公司在五彩缤纷的彩色胶卷市场中找到了自己的领地。可见,商品是否具有效用与该商品本身的属性没有丝毫关系。效用是否存在以及大小取决于两个因素:一是取决于消费者是否有消费该商品的能力,狐狸之所以认为挂在藤上的葡萄是酸的,那只是因为它吃不到而已;二是消费者是否有消费该商品的欲望,对正常人来说,口渴的时候水的效用就比钻石的效用大。另外,效用本身没有好坏之分,不具备伦理学上的意义,如吸毒是一种不好的欲望,但对瘾君子而言,海洛因就具有极高的效用。总之,效用会因人、因时、因地而异。

3.1.2　基数效用论和序数效用论

如上所述,效用在经济学中用来表示从消费物品中得到的主观享受或满足。那么"享受程度"应当如何度量呢?在这一问题上,西方经济学家先后提出了基数效用和序数效用的概念,并在此基础上形成了分析消费者行为的两种方法:基数效用论的边际效用分析方法和序数效用论的无差异曲线分析方法。

【案例小品 3-4】　度量快乐

200 多年前,英国功利主义哲学家边沁总结了人类快乐的源泉,他提出了将快乐和痛苦进行量化的想法,单单就是这个简单的想法,就大大推动了经济学的发展!边沁认为,快乐与个人受到的刺激以及个人的感觉成正比,影响人们的感觉因素很多,包括生理、心理、风俗习惯和天文地理等,所以同一刺激引起的苦乐量往往因人而异。今天通过现代化的仪器也证明了边沁的猜想,人们发现快乐的程度与人体内一种叫做多巴胺的化学物质有关,快乐的感觉能够通过如同血压计一样的"快乐计"来测量。

资料来源:常青.应该读点经济学:以经济学的观点看生活.北京:中信出版社,2009

1. 基数效用论

基数效用论的基本观点是:效用是可以计量并加总求和的,因此,效用的大小可以用基数(1、2、3…)来表示。例如,消费者欣赏了一幕精彩的话剧又观看了一场激烈的球赛,他认为前者给自己带来 9 单位的效用,后者给自己带来 10 单位的效用,则二者一共给他带来 19单位的效用。基数效用论采用的是边际效用分析法。

2. 序数效用论

序数效用论的基本观点,效用作为一种心理现象无法计量,也不能加总求和,只能表示出满足程度的高低与顺序,因此,效用只能用序数(第一、第二、第三……)来表示。例如,消费者消费了巧克力与唱片,他从中得到的效用是无法衡量,也无法加总求和的,更不能用基数来表示,但他可以比较从消费这两种物品中所得到的效用。如果他认为消费一块巧克力所带来的效用大于消费唱片所带来的效用,那么一块巧克力的效用是第一;唱片的效用是第二。序数效用论采用无差异曲线分析法。

3.2 基数效用论

先行案例　从春晚看边际效用递减规律

大约从 20 世纪 80 年代初期开始,我国老百姓在过春节的年夜饭中增添了一项诱人的内容,那就是春节联欢晚会。记得 1982 年第一届春节联欢晚会的出台,在当时娱乐事业尚不发达的我国引起了极大的轰动。晚会的节目成为全国老百姓在街头巷尾和茶余饭后津津乐道的题材。

晚会年复一年地办下来了,投入的人力物力越来越大,技术效果越来越先进,场面设计越来越宏大,节目种类也越来越丰富。但不知从哪一年起,人们对春节联欢晚会的评价却越来越差了,原先在街头巷尾和茶余饭后的赞美之词变成了一片骂声,春节联欢晚会成了一道众口难调的大菜,晚会也陷入了"年年办,年年骂;年年骂,年年办"的怪圈。

资料来源:李仁君.吃苹果与看晚会.海南日报,2002 年 9 月 25 日

想一想:为什么老百姓对春晚的评价越来越差? 难道真的是春晚越办质量越差吗?

春晚本不该代人受过,问题其实与边际效用递减规律有关。在系统介绍边际效用递减规律之前,我们先了解几个基本的概念。

3.2.1 总效用与边际效用

1. 总效用

总效用(total utility)是指消费者从消费一定量某物品中所得到的总满足程度。总效用是消费量的函数,其函数表达式为:

$$\text{TU} = f(Q) \tag{式 3-2}$$

式中,TU 为总效用;Q 为物品的消费量。

2. 边际效用

边际效用(marginal utility)是指消费者在一定时间内每增加一单位某商品或劳务的消费所增加的满足程度。边际的含义是增量,指自变量增加所引起的因变量的增加量。在边际效用中,自变量是某物品的消费量,而因变量则是满足程度或效用。消费量变动所引起的效用的变动即为边际效用。边际效用计算公式为:

$$\text{MU} = \text{TU}_{n+1} - \text{TU}_n \quad \text{或} \quad \text{MU} = \frac{\Delta\text{TU}}{\Delta Q} \tag{式 3-3}$$

当商品的增加量趋于无穷小,即 $\Delta Q \rightarrow 0$ 时,有:

$$\text{MU} = \lim_{\Delta Q \to 0} \frac{\Delta\text{TU}(Q)}{\Delta Q} = \frac{d\text{TU}(Q)}{dQ} \tag{式 3-4}$$

下面,我们以某消费者看 NBA 比赛时吃的爆米花为例来分析总效用与边际效用之间的关系,见表 3-1。

表 3-1　某消费者的效用表

爆米花的消费量/份	总效用(TU)	边际效用(MU)	爆米花的消费量/份	总效用(TU)	边际效用(MU)
0	0	—	4	14	2
1	5	5	5	15	1
2	9	4	6	15	0
3	12	3	7	14	−1

该消费者在没有吃爆米花时,当然也就没有获得效用。当他吃第一份爆米花时,对它的评价是 5 个效用单位,根据边际效用的概念,消费者得到的总效用和边际效用都为 5。当他吃第 2 份爆米花时,两份爆米花一共给他带来 9 单位的效用。从第 1 份爆米花到第 2 份爆米花,效用增加了 4 个单位,故第 2 份爆米花带给消费者的边际效用为 4 个效用单位。以此类推,该消费者吃 3 份、4 份、5 份、6 份爆米花的总效用分别为 12、14、15、15 效用单位,第 3 份、第 4 份、第 5 份、第 6 份爆米花的边际效用分别为 3、2、1、0 效用单位。当他再吃第 7 份爆米花时,给他带来了不适感,边际效用为负值,总效用也下降为 14 个单位。

根据表 3-1,我们可以做出总效用曲线(TU)和边际效用曲线(MU),如图 3-1 所示。横轴表示爆米花的消费量,纵轴表示效用量,TU 曲线和 MU 曲线分别为总效用曲线和边际效用曲线。

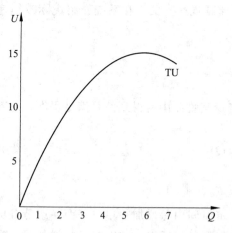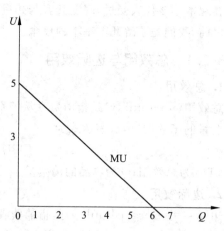

图 3-1　总效用曲线和边际效用曲线

通过图 3-1 中可以看出：边际效用是递减的；总效用曲线 TU 以递减的速度先上升后下降；当边际效用为正值时，总效用呈上升趋势；当边际效用递减为零时，总效用曲线到达最高点；当边际效用继续递减为负值时，总效用呈下降趋势。

3.2.2　边际效用递减规律

1. 边际效用递减规律的含义

边际效用递减规律（law of diminishing marginal utility）是指在一定时间内，在其他商品的消费数量保持不变的条件下，随着消费者对某种商品消费数量的增加消费者从该商品连续增加的每一消费单位中所得到的效用增量即边际效用是递减的。德国的戈森在 1854 年出版的《人类消费行为及其遵循的交换规则》一书中，对这种现象进行了描述，因而它又被称为"戈森第一定律"。

正如前面消费者连续吃下几份爆米花的例子一样。当该消费者感到非常饥饿时，第 1 份爆米花的边际效用很大，他的评价为 5 个效用单位。第 2 份爆米花的边际效用，较之第 1 份有所下降，为 4 个效用单位。第 3 份、第 4 份、第 5 份、第 6 份爆米花的边际效用依次下降，为 4、3、2、1 个效用单位。第 6 份爆米花对该消费者没有任何帮助，其边际效用为零。第 7 份爆米花给消费者带来了不适感，其边际效用为负值。可见，随着爆米花的消费数量不断增加，边际效用是递减的。

在西方经济学中，基数效用论者这样解释边际效用递减规律的特点。

（1）边际效用的大小同人们的欲望强度成正比。

（2）边际效用的大小同人们消费的商品数量成反比。人们不能准确说出每单位的边际效用，但可以从人们愿意支付的需求价格来近似地表示。

（3）边际效用离不开时间因素，是在特定时间内的效用。人们的欲望具有反复性或再生性，边际效用也具有时间性。

（4）边际效用实际上永远是正值，虽然在理论分析时有负效用。这是因为作为有理性的消费者，在一种商品的边际效用趋近于零时，由于人们的欲望有多样性，他会改变消费内容与消费方式，去满足其他欲望，以增加总效用。

（5）边际效用是决定商品价值的主观标准。主观效用论者认为，商品价值由边际效用决定，消费数量少，边际效用就高，价值或需求价格也就高；反之，则相反。

2. 货币的边际效用

马歇尔指出，既然商品的边际效用是递减的，货币作为一种商品，也必须服从边际效用递减规律。按照这个说法，由于富人持有的货币量大于穷人，所以对富人来说，货币的边际效用小于穷人。这样就不难解释为什么同样增加 1 000 块钱收入，你会比比尔·盖茨增加 1 000 块钱更加高兴了。所以，如果把一元钱从富人那里转移到穷人那里，整个社会的效用就会增加，边际效用递减规律是收入平均化的理论依据。

尽管货币边际效用递减，但是在研究消费者行为的时候，基数效用论又假定货币的边际效用不变。他们的观点是，在多数情况下，单位商品的货币支出只占消费者总货币收入中极小的一个比例，所以，为购买商品支出的货币的边际效用的变化也非常小，近似于零。想象一下资产上千万，而每次购买商品只需花 1 块钱时货币的边际效用变化的情形，概念或许会清晰许多。于是，货币的边际效用便被当成了一个常数，通常用 λ 来表示。

3. 边际效用递减规律的运用

边际效用递减规律时时在支配着我们的生活，尽管有时我们没有明确地意识到。例如，在大多数情况下，边际效用递减规律决定了第一次最重要。所以人们最难忘的是自己的初恋，最难忘恋爱中第一次约会的地点。再如，老师教育学生，家长教育子女如果每天都是差不多的几句话，学生和子女不烦才怪，这就是"话说千遍淡如水"的道理。为什么看过的电影你不再想看？为什么你每天换不同的服装去上学或工作？为什么你要到没有去过的地方去旅游？……统统都与边际效用递减规律有关。

边际效用递减规律在企业生产经营中也同样重要。消费者购买物品要达到效用最大化，物品的效用越大，消费者愿意支付的价格越高。根据效用理论，企业在决定生产什么时，首先要考虑商品能给消费者带来多大效用。企业要使自己生产的产品能卖出去，而且能卖高价，就要分析消费者的心理，能满足消费者的偏好。一个企业要成功，不仅要了解当前的消费时尚，还要善于发现未来的消费时尚。这样才能从消费时尚中了解到消费者的偏好及变动，并及时开发出能满足这种偏好的产品。同时，消费时尚也受广告的影响。一种成功的广告会引导着一种新的消费时尚，左右消费者的偏好。所以说，企业行为从广告开始。

另外，消费者连续消费一种产品，其边际效用是递减的。如果企业只连续生产一种产品，它带给消费者的边际效用就在递减，消费者愿意支付的价格就低了。因此，企业要不断创造出多样化的产品，即使是同类产品，只要有差别，就不会引起边际效用递减。例如，同类服装做成不同式样，就成为不同产品，就不会引起边际效用递减。如果是完全相同，则会引起边际效用递减，消费者不会多购买。边际效用递减规律告诉我们，企业要进行创新，要生产不同的产品满足消费者需求，减少和阻碍边际效用递减。

3.2.3 消费者均衡

宁波市2010年居民消费支出结构见表3-2。随着居民家庭收入的增长,市区居民的消费水平也稳步增长。调查资料显示,2010年宁波市区居民家庭人均消费支出19 420元,比上年同期增长6.7%,扣除物价指数实际增长2.9%。居民消费支出增幅落后人均可支配收入增幅3.5个百分点,消费倾向为64.4%,处于较低水平,我市居民消费还处于相对保守状态。

表3-2 2010年宁波市居民消费支出结构

项 目	2010年支出额/元	增幅/%	比重/%
消费支出	19 420.13	6.7	100
1. 食品	6 898.71	7.0	35.5
2. 衣着	2 067.24	12.4	10.6
3. 居住	1 629.11	0.5	8.4
4. 设备用品及服务	1 153.23	17.3	5.9
5. 医疗保健	712.36	−16.9	3.7
6. 交通和通信	3 091.11	−0.1	15.9
7. 娱乐文教服务	3 089.24	12.4	15.9
8. 其他商品和服务	779.13	27.3	4.0

据统计分析,构成消费的八大类支出呈六升二降的态势。其中,家庭设备用品及服务、其他商品和服务等消费支出增长较快,医疗保健开支下降明显,交通和通信支出在连续几年高增长后首次出现稳中略降态势。

吃:食品价格上涨 恩格尔系数略升

2010年人均食品支出6 899元,比上年增长7.0%,而同期我市居民消费的食品价格上升7.9%,食品价格上涨是导致2010年食品支出增加的主要原因,年度恩格尔系数35.5%,比去年略增。

穿:衣着消费更注重品质 衣着支出快速增长

随着温饱的解决,居民衣着消费更注重品质的提高,品牌化、精品化日趋盛行。资料显示,2010年,市区居民人均衣着支出2 067.24元,比上年增长12.4%。其中人均购买服装支出1 606.27元,增长13.8%。

用:家电升级换代 家庭设备用品及服务支出高速增长

2009年,由于我市房地产市场的火爆,市区居民购房支出大幅上升,购房家庭增多。2010年,随着那些购房家庭迁入新居,家用电器更新速度加快。此外,家电"以旧换新"政策的实施,商场促销力度较大等因素,促成我市市区居民家庭设备服务及支出呈高速增长态势。调查资料显示,2010年市区居民人均家庭设备用品及服务支出1 153元,比上年增长17.3%。其中人均耐用消费品支出558元,较上年增长40.2%。

住：生活成本增加 水电燃料支出上升

受房地产调控影响，2010年度住房装修家庭有所减少。资料显示，市区居民人均居住支出1 629元，比上年同期略增0.5个百分点，相对平稳。但从居住支出细项看，居民家庭水电燃料较去年同期有较大幅度增长。2010年，人均水电燃料及其他支出801元，同比增长11.0%。其中人均水费支出129元，同比增长24.8%。

行：汽车拥有量增加 交通支出上升

随着居民家庭收入水平和消费水平的日益提升，汽车逐步进入居民家庭。尤其是2009年，在国家小排量汽车购置优惠政策鼓励下，汽车进入居民家庭加速。资料显示，2010年市区居民家庭每百户购买汽车2.3辆。

医：医疗保险覆盖面扩大 医疗保健支出明显下降

2010年以来，我市市区城镇职工医疗保险制度和市区城镇居民医疗保险制度的有关政策进行了调整，参保人员的医疗保障水平得到进一步提高。资料显示，2010年市区居民人均医疗保健支出712元，同比下降16.9%。市区居民个人支出的人均药品费用、医疗费用分别为272元和130元，同比分别下降36.7%和35.3%。

娱：生活水平提高 娱乐健身两不误

2010年，在上海世博会的影响下，居民旅游支出特别是以世博游为主题的团体旅游增加，旅游支出较快增长。2010年，市区居民家庭户均出游3.35人次，同比增长10.2%，人均旅游花费974元，同比增长16.6%。资料显示，2010年市区居民人均健身活动支出32元，同比增长34.7%。

教：家长舍得花钱 教育支出快速增长

2010年市区居民家庭人均教育支出1 524元，增长10.8%。随着义务教育阶段学生免除学杂费等政策的实施，义务教育阶段的学杂费支出大幅减少。但由于现实社会竞争激烈，"不能让孩子输在起跑线上"已经成为多数居民的共识，为了孩子，智力投资有增无减。资料显示，2010年市区居民家庭人均家教费支出132元，同比增长32.2%，人均培训班支出469元，同比增长44.0%。

美：注重个人形象 饰品美容大幅增长

随着生活水平的提高，越来越多的人更加注重个人的外在形象，从做美容到泡SPA，不少人不惜花大量时间和金钱来改善个人形象，购买化妆品及美容费支出增加。

资料来源：陈锦源．宁波2010年居民消费支出稳步增长 呈六升二降态势．中国宁波网

消费者的收入是有限的，而人的欲望是无限的。怎么用有限的收入最大限度地满足欲望呢？这就是消费者均衡所研究的问题，即单个消费者在既定收入下实现效用最大化的均衡条件。由于每个消费者都生活在具体的经济环境中，其消费行为总会受到各种因素的制约，所以为了解决消费者的均衡问题，我们提出如下假设前提。

第一，消费者的偏好是既定的，也就是说，假设消费者对各种商品的效用和边际效用是

已知的和既定的；

第二，各种商品的价格是已知和既定的；

第三，消费者的收入既定而且全部用来消费。

基于以上假设，我们研究消费者如何购买商品才能达到效用最大化。消费者要获得最大效用，必须满足这样的条件：消费者购买各种商品，应使花费的最后一元钱所带来的效用相等。或者消费者应使所购买的各种商品的边际效用与价格之比相等，且等于货币的边际效用。上述均衡条件也叫边际效用均等法则，或戈森第二法则，又叫效用最大化法则。

假设消费者收入为 I，且只消费两种商品 X、Y，P_X、P_Y 分别表示两种商品的价格，X、Y 表示两种商品的消费数量，λ 表示货币的边际效用，则该消费者效用最大化的均衡条件可用公式表示为：

$$P_X \times X + P_Y \times Y = I \qquad\qquad (式 3\text{-}5)$$

$$\frac{MU_X}{P_X} = \frac{MU_Y}{P_Y} = \lambda \qquad\qquad (式 3\text{-}6)$$

式 3-5 是限制条件，说明收入是既定的，购买 X 与 Y 物品的支出不能超过收入，也不能小于收入。超过收入的购买是无法实现的，而小于收入的购买也达不到既定收入时的效用最大化。式 3-6 是消费者均衡条件，即所购买物品带来的边际效用与其价格之比相等，也就是说，每一单位货币不论用于购买 X 商品，还是购买 Y 商品，所得到的边际效用都相等。

式 3-6 中消费者均衡的条件之所以要满足 $\frac{MU_X}{P_X} = \frac{MU_Y}{P_Y} = \lambda$，是因为，如果 $\frac{MU_X}{P_X} > \frac{MU_Y}{P_Y}$，则说明用同样的一元钱购买 X 商品所得到的边际效用大于购买 Y 商品所得到的边际效用。这样，理性的消费者就要增加 X 商品的购买而减少 Y 商品的购买，随着 X 商品消费数量的增加、Y 商品消费数量的减少，X 商品的边际效用会减少，而 Y 商品的边际效用会增加，必然会达到 $\frac{MU_X}{P_X} = \frac{MU_Y}{P_Y}$，这时，消费者不再增加 X 商品的购买，也不减少 Y 商品的购买；相反，如果 $\frac{MU_X}{P_X} < \frac{MU_Y}{P_Y}$，消费者就会增加 Y 物品的购买而减少 X 商品的购买，最终使得购买到的最后一单位商品的边际效用与其价格的比值相等，即 $\frac{MU_X}{P_X} = \frac{MU_Y}{P_Y}$，从而获得最大的效用。

另外，我们还要讨论 MU_X 与 λ 的关系。当 $\frac{MU_X}{P_X} > \lambda$ 时，表示消费者花一元钱于 X 商品所获得的边际效用大于其拥有一元钱的效用，或者说此时消费者对 X 商品的消费量是不足的，这样，消费者会增加对 X 商品的支出，以获得更多的效用，直到 $\frac{MU_X}{P_X} = \lambda$。相反，如果 $\frac{MU_X}{P_X} < \lambda$，说明消费者花一元钱于 X 商品所获得边际效用小于其拥有一元钱的效用，或者说此时消费者对 X 商品的消费量太多了，这样，消费者会减少对 X 商品的购买，直到 $\frac{MU_X}{P_X} = \lambda$ 为止。

综上所述，只有当消费者在两种商品 X 和 Y 的消费上实现 $\frac{MU_X}{P_X} = \frac{MU_Y}{P_Y} = \lambda$ 时，才能获得最大的满足，实现效用最大化，达到消费者均衡。

【例题 3-1】 假定某消费者购买 X 和 Y 两种商品，X 商品的边际效用函数是：$MU_X = 40 - 5X$，Y 商品的边际效用函数是：$MU_Y = 30 - Y$，消费者的收入 $I = 40$；如果 $P_X = 5$，$P_Y =$

1,则最大效用的商品组合是多少单位 X 商品和多少单位 Y 商品？

解：根据已知条件可得消费者均衡方程

$$5X + Y = 40 \qquad (式 3-7)$$

$$\frac{40 - 5X}{5} = \frac{30 - Y}{1} \qquad (式 3-8)$$

联立式 3-7 和式 3-8 解得：$X=3$，$Y=25$。

于是，当消费者消费 3 单位 X 商品和 25 单位 Y 商品时，可以获得最大效用。

3.2.4 边际效用递减规律与需求定理

基数效用论者以边际效用递减规律和建立在该规律上的消费者效用最大化的均衡条件为基础推导消费者需求曲线。

基数效用论者认为，商品的需求价格，即消费者在一定时期内对一定量的某种商品所愿意支付的最高价格，取决于该商品的边际效用。具体而言，某一单位商品的边际效用越大，则消费者为购买这一单位商品所愿意支付的最高价格就越高；反之，某一单位商品的边际效用越小，则消费者为购买这一单位商品所愿意支付的最高价格就越低。由于边际效用递减规律的作用，随着消费者对某种商品消费数量的连续增加，该商品的边际效用是递减的，相应的，消费者为购买这种商品所愿意支付的最高价格也就越来越低。这表明，建立在边际效用递减规律上的需求曲线是向右下方倾斜的。

联系消费者效用最大化的均衡条件进行分析，考虑消费者购买一种商品的情况，则上述消费者均衡条件可写为：

$$\frac{MU}{P} = \lambda \qquad (式 3-9)$$

它表示，消费者对任何一种商品的最优购买量应该是使最后一元钱购买该商品带来的边际效用和所付出的这一元钱的边际效用相等。随着消费者需求量的不断增加，边际效用 MU 是递减的，为确保该均衡条件的实现，在货币的边际效用不变的前提下，商品的需求价格 P 必然同比例于 MU 的递减而递减，从而商品的需求量与价格之间成反方向变动的关系。

就这样，基数效用论在对消费者行为的分析中，运用边际效用递减规律的假定和消费者效用最大化的均衡条件，推导出了单个消费者的需求曲线，并解释了需求曲线向右下方倾斜的原因，同时，说明了需求曲线上的每一点都是满足消费者效用最大化均衡条件的价格—需求量组合点。

3.3 序数效用论

先行案例　我是卖水果的

某国城防司令来检阅军队，他问中尉："前排的士兵为什么都那么高大、漂

    序数效用论认为,效用是一种主观上的心理感受,因人而异、因时而变,无法用统一的客观标准去衡量,现实生活中,人们很难说出两种商品的效用究竟相差多少,这与基数效用论的观点相悖。20世纪初,以帕累托、希克斯为代表的经济学家提出了序数效用论。序数效用论认为,消费者只能根据各种物品及其组合给予自己的满足程度的大小排列次序或等级,而无法精确度量各种物品及其组合的效用到底有多大。序数效用论采用无差异曲线和预算线两个工具来分析消费者的行为。

3.3.1 关于消费者偏好的假设

    序数效用论者认为,商品给消费者带来的效用大小只能用次序或等级来表示,为此,序数效用论者提出了偏好的概念。所谓偏好,即消费者的喜好或爱好。对于各种不同的商品及其组合,消费者的偏好程度是有差别的。正是这种差别,反映出消费者对不同商品及其组合的效用水平的评价,导致了消费者在购买商品时的不同决策。

    序数效用论关于消费者偏好有以下三个基本的假设前提(消费者偏好公理)。

1. 偏好的完全性

    消费者总是可以比较和排列所给出的不同商品的组合。假设A、B分别表示两种商品组合,消费者可以,而且也只能作出以下三种判断中的一种:对A的偏好大于对B的偏好,对A的偏好小于对B的偏好,对A和B偏好相同(无差异)。

2. 偏好的可传递性

    对于任何三种组合A、B、C,若消费者已经作出判断:对A的偏好大于(或小于、或等于)对B的偏好,对B的偏好大于(小于或等于)对C的偏好,那么消费者必须作出对A的偏好大于(或小于或等于)C的偏好的判断。

3. 偏好的非饱和性

    就某种商品组合而言,消费者对数量较大的偏好必大于数量较少的偏好(消费量越多,满足感越大)。

    序数效用论者在分析问题时采用无差异曲线分析法。

3.3.2 无差异曲线

    人们消费各种商品,实际是消费各种商品的组合。在理论简化的分析中,我们可以看成是两种商品的组合。

1. 无差异曲线的定义

    无差异曲线(indifference curve)是用来表示两种商品的不同数量的组合给消费者所带来的效用完全相同的一条曲线。无差异曲线可以用表3-3和图3-2加以说明。

经济学原理

表 3-3   无差异的商品组合

商 品 组 合	X 商品的数量	Y 商品的数量
A	1	7
B	2	4
C	3	3
D	4	2.5

　　将表 3-3 中代表效用相等的每个商品组合的点画在图 3-2(a)上。横轴表示 X 商品的数量,纵轴表示 Y 商品的数量。用平滑的曲线连接起来就得到无差异曲线。消费者在曲线 A、B、C、D 四点上得到的总效用是相同的、无差异的。

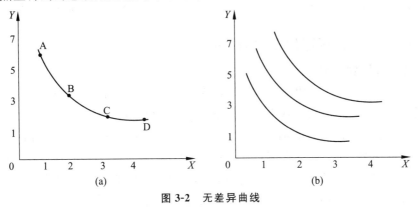

图 3-2   无差异曲线

　　在任一坐标平面上,可以画出无数条无差异曲线,如图 3-2(b)。西方经济学家把这种由无数条无差异曲线组成的坐标图称为无差异曲线图。

2. 无差异曲线的特征

　　从无差异曲线的走势、形状以及关系来看,它具有以下四大特征。

　　(1)无差异曲线是一条向右下方倾斜的曲线,其斜率为负。这是因为,在消费者收入和商品价格水平既定的条件下,在增加一种商品的消费量的时候,消费者为了维持相同的效用,必须以减少另一种商品的消费数量为代价。也就是说,两种商品的消费数量不能同增同减。

　　(2)如果效用函数连续,当消费者的偏好既定的时候,在一个坐标平面上可以画出该消费者的无数条无差异曲线,离坐标原点越远的无差异曲线所代表的效用水平越高。如图 3-3 所示,$U_3 > U_2 > U_1$。证明如下:在无差异曲线 U_1、U_2、U_3 上分别取点 A、B、C,显然,A、B、C 三点的效用水平分别代表了 U_1、U_2、U_3 的效用水平。由于在 A、B、C 三点消费者消费的 X 商品数量都为 x_0,消费的 Y 商品的数量分别为 Y_A、Y_B、Y_C,而 $Y_C > Y_B > Y_A$,由偏好的非饱和性可知,必有 $U_C > U_B > U_A$,从而有 $U_3 > U_2 > U_1$。

　　(3)在同一平面上,任意两条无差异曲线两两不能相交。如图 3-4 所示,U_1、U_2 是两条效用不同的无差异曲线,假定 $U_2 > U_1$,它们相交于 A 点。B、C 两点分别是无差异曲线 U_1、U_2 上的点,由无差异曲线 U_1 可知 A、B 两点的效用水平是相等的,由无差异曲线 U_2 可知 A、C 两点的效用水平是相等的,由偏好的传递性,必然有 B、C 两点的效用水平相等;但是,观察图中的 B、C 两点商品组合,可以发现 C 点商品组合的数量明显大于 B 点,由偏好的非饱和性可知,必然有 C 点的效用水平大于 B 点的效用水平。于是,可知最先有关两条无差异曲线相交的假定是错误的。

　　(4)无差异曲线是一条凸向原点的曲线,这是由边际替代率递减规律决定的。关于这一点,我们将在下面作详细说明。

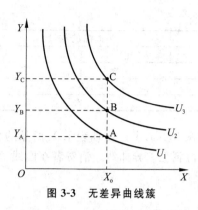

图 3-3　无差异曲线簇

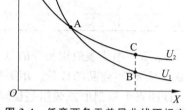

图 3-4　任意两条无差异曲线不相交

3.3.3　商品的边际替代率递减规律

1. 商品的边际替代率

可以想象,当一个消费者沿着一条既定的无差异曲线上下滑动的时候,两种商品的数量组合会不断地发生变化,而效用水平却保持不变。这就说明,在维持效用水平不变的前提条件下,消费者在增加一种商品的消费数量的同时,必然会放弃一部分另一种商品的消费数量,即两商品的消费数量之间存在着替代关系。由此,经济学家建立了商品的边际替代率的概念。在维持效用水平或满足程度不变的前提下,消费者增加一单位的某种商品的消费时所需放弃的另一种商品的消费量,被称为商品的边际替代率。如果以 MRS 代表商品的边际替代率,ΔX_1、ΔX_2 分别为商品 1 和商品 2 的变化量,则商品 1 对商品 2 的边际替代率为:

$$MRS_{1,2} = -\frac{\Delta X_2}{\Delta X_1} \qquad (式 3-10)$$

在通常情况下,由于商品 1 和商品 2 的变化量成反方向变动,为使商品的边际替代率是正值以便于比较,在公式中加了一个负号。

假定商品 1 的变化量趋于无穷小,则:

$$MRS_{1,2} = -\frac{dX_2}{dX_1} \qquad (式 3-11)$$

显然,无差异曲线上某一点的边际替代率就是无差异曲线在该点的斜率的绝对值。

2. 边际替代率递减规律

序数效用论在分析消费者行为时提出了商品的边际替代率递减规律的假定。

商品的边际替代率递减规律即在维持效用水平不变的前提下,随着一种商品消费量的连续增加,消费者为得到每一单位的这种商品所需放弃的另一种商品的消费量是递减的。

例如:在上例中,随着 X_1 消费者对商品的消费量的连续等量的增加,消费者为得到每一单位的 X_1 商品所需放弃的 X_2 商品消费量是递减的。如图 3-5 所示。

商品的边际替代率递减的原因可以解释为:当消费者处于商品 1 的数量较少和商品 2 的数量较多的情形时,会由于拥有较少商品 1 而对每一单位的商品 1 更偏好,由于拥有较多商品 2 而对每一单位的商品 2 偏好程度较低,即商品 1 对商品 2 的边际替代率较大。随着消费者拥有的商品 1 的数量越来越多,相应对每

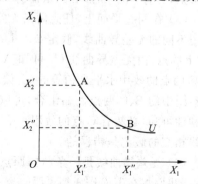

图 3-5　商品的边际替代效率递减规律

一单位商品 1 的偏爱程度会越来越低;同时,消费者拥有的商品 2 的数量会越来越少,相应对每一单位商品 2 的偏爱程度会越来越高。则每一单位的商品 1 所能替代的商品 2 的数量越来越少,即商品的边际替代率是递减的。由于商品的边际替代率等于无差异曲线的斜率的绝对值,商品的边际替代率递减规律决定了无差异曲线凸向原点。

另外,还可以把边际替代率表示为两种商品的边际效用之比。根据无差异曲线的定义,在同一条无差异曲线上的不同商品组合,将给消费者带来相等的效用。如果用 X 商品替代 Y 商品,Y 商品的减少必然导致 X 商品的增加。在边际效用递减规律作用下,由于 Y 商品的减少所发生的边际效用($\Delta Y \times MU_Y$)必定等于由于 X 商品增加所发生的边际效用($\Delta X \times MU_X$),并且二者所构成的总效用不变,于是就有

$$\Delta X \times MU_X + \Delta Y \times MU_Y = 0$$

或

$$-\frac{\Delta Y}{\Delta X} = \frac{MU_X}{MU_Y}$$

则边际替代率亦可写成

$$MRS_{XY} = -\frac{\Delta Y}{\Delta X} = \frac{MU_X}{MU_Y} \tag{式 3-12}$$

虽然在一般情况下,无差异曲线是凸向原点的,但也存在着以下特殊情况。

第一,完全互补品。相应的无差异曲线呈直角形,与横轴平行的无差异曲线部分的 $MRS_{1,2} = 0$,与纵轴平行的无差异曲线部分的 $MRS_{1,2} = \infty$。例如,总是要按一副眼镜架和两个眼镜片的比例配合在一起,眼镜才能够被使用。只有在直角形的顶点,眼镜架和眼镜片的比例固定不变,为 1:2,对消费者才能产生效用。

第二,完全替代品。相应的无差异曲线为一条斜率不变的直线,$MRS_{1,2}$ 为一常数。例如,某消费者认为一瓶菠萝汁与一瓶芒果汁是无差异的,则菠萝汁与芒果汁的相互替代比例固定不变,为 1:1。

3.3.4 预算线

无差异曲线分析只反映了人们在不考虑消费预算和商品价格时的偏好和满足,但实际上人们必须对此有所考虑。因此,研究消费者抉择还必须研究消费的约束条件。

1. 预算线

人们的现实消费抉择总要受消费预算和商品价格的约束,消费者只能在消费预算和商品价格允许的范围内选择商品组合——因为消费者的货币资源是稀缺的,而商品又不能免费享用。如果消费者要选购两种商品,在消费预算和商品价格既定的条件下,他充分使用其购买预算所能够购买的两种商品的最大组合点的轨迹,就是预算线,又称预算约束线、消费可能性线、价格线。

预算线是一条表明在消费者收入与商品价格既定的条件下,消费者所能购买到的两种商品数量最大组合的线,表明了消费者消费行为的限制条件。这种限制就是购买物品所花的钱不能大于收入,也不能小于收入。大于收入是在收入既定的条件下无法实现的,小于收入则无法实现效用最大化。这种限制条件可以写为:

$$M = P_X Q_X + P_Y Q_Y \tag{式 3-13}$$

上式也可写为:

$$Q_Y = \frac{M}{P_Y} - \frac{P_X}{P_Y}Q_X \qquad\qquad \text{(式 3-14)}$$

这是一条直线方程式,其斜率为 $-\dfrac{P_X}{P_Y}$,如图 3-6 所示。

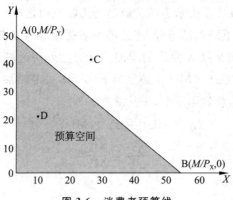

图 3-6　消费者预算线

预算线具有重要经济意义:第一,预算线以外的点,是在现在的商品价格和消费预算条件下不能购买到的商品组合,它们反映了消费者货币资源的稀缺性。第二,预算线以内的点,是在现有条件下能够购买的商品组合,但存在货币剩余,因此它们反映了消费者货币资源的闲置。第三,预算线上的点,都是消费者刚好用完消费预算能够购买的商品组合,它们反映了消费者货币资源的充分利用。

2. 预算线的运动

消费者预算线是在假定消费者收入和商品价格不变的情况下推导出来的,但在长期内,消费者的收入和商品的价格都是会发生变化的。此时,消费者的购买力也必然随其收入或商品价格的变化而发生变化。这种变化将引起消费者预算线的变动。下面分四种情况具体讨论。

(1) 两种商品的价格不变,收入变动引起的移动。如图 3-7 所示,当消费者收入减少时,预算线斜率不变,截距减少,AB 将向左下方平移至 A_1B_1;反过来,当消费者收入增加时,预算线将由 AB 向右上方平移至 A_2B_2。

(2) 收入不变,两种商品价格同方向同比例变动引起的移动。当两种商品的价格同比例减少时,预算线将向右上方平移;当两种商品的价格同比例增加时,预算线朝左下方平移。

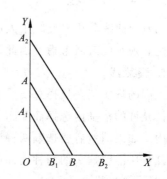

图 3-7　收入变动引起的预算线的变动

(3) 收入不变,X 商品价格不变,Y 商品的价格变动引起的变动。如图 3-8 所示,若 Y 商品的价格上升,将使预算线以 B 为原点逆时针旋转至 A_1B;若 Y 商品的价格下降,将使预算线以 B 为原点顺时针旋转至 A_2B。

(4) 收入不变,Y 商品价格不变,X 商品的价格变动引起的变动。如图 3-9 所示,若 X 商品的价格上升,将使预算线以 A 为原点顺时针旋转至 AB_1;若 X 商品的价格下降,将使预算线以 A 为原点逆时针旋转至 AB_2。

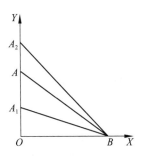

图 3-8　Y 商品价格变化引起的预算线的变动

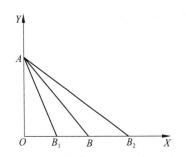

图 3-9　X 商品价格变化引起的预算线的变动

3.3.5　消费者均衡

消费者均衡就是消费者在一定的预算收入和商品价格条件下的效用最大化状态。很明显,消费者均衡既包含消费偏好或消费意愿,即效用最大化;又包含消费约束,即预算收入和商品价格。在序数效用论中,消费者的主观偏好是用无差异曲线表示的,而消费者的客观限制又是用预算线表示的。因此,研究消费者均衡的实现,就应该而且可以把无差异曲线和预算线结合起来运用。

按照序数效用论的说法,在预算线既定时,它可能同多条无差异曲线相交,但只能而且一定能与一条无差异曲线相切,切点即被称为消费者的均衡点。

图 3-10 中,AB 线段表示在消费者收入和商品价格既定条件下的预算线,I_1、I_2 和 I_3 表示在该消费者无数条无差异曲线中具有代表性的三条。

面对图中的一条预算线和三条无差异曲线,只有在预算线 AB 和无差异曲线 I_2 的相切点 E 点处,才是消费者在给定的预算约束下能够获得最大效用的均衡点。在均衡点 E,相应的最优购买组合为 $(X_1{}^*, X_2{}^*)$。

为什么只有 E 点才是消费者效用最大化的均衡点呢? 这是因为,在图 3-10 中就无差异曲线 I_3 来

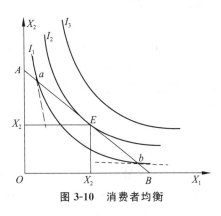

图 3-10　消费者均衡

说,虽然它代表的效用水平高于无差异曲线 I_2,但它与既定的预算线 AB 既无交点又无切点。这说明消费者在既定的收入水平下无法实现无差异曲线 I_3 上的任何一点的商品组合的购买。就无差异曲线 I_1 来说,虽然它与既定的预算线 AB 相交于 a、b 两点,这表明消费者利用现有收入可以购买 a、b 两点的商品组合,但是这两点的效用水平低于无差异曲线 I_2,因此理性的消费者不会用全部收入去购买无差异曲线 I_1 上 a、b 两点的商品组合。事实上,就 a 点和 b 点来说,若消费者能改变购买组合,选择 AB 线段上位于 a 点右侧或 b 点左侧的任何一点商品组合,则都可以达到比 I_1 更高的无差异曲线,以获得比 a 点和 b 点更大的效用水平。这种沿着 AB 线段由 a 点向右和由 b 点向左的运动,最后必定在 E 点达到均衡。显然,只有当既定的预算线 AB 和无差异曲线 I_2 相切于 E 点时,消费者才在既定的预算约束条件下获得最大的满足。故 E 点就是消费者实现效用最大化的均衡点。

在切点 E 上,无差异曲线和预算线两者的斜率是相等的。我们已经知道,无差异曲线上某点斜率的绝对值就是该商品的边际替代率 MRS_{XY},预算线的斜率的绝对值可以用两种商

品的价格之比 $\dfrac{P_X}{P_Y}$ 来表示,在均衡点 E 有:

$$\text{MRS}_{XY} = \frac{P_X}{P_Y} \qquad\qquad (\text{式 3-15})$$

由于

$$\text{MRS}_{XY} = -\frac{\Delta Y}{\Delta X} = \frac{\text{MU}_X}{\text{MU}_Y}$$

所以

$$\text{MRS}_{XY} = -\frac{\Delta Y}{\Delta X} = \frac{\text{MU}_X}{\text{MU}_Y} = \frac{P_X}{P_Y}$$

上式表明达到消费者均衡的条件是:边际替代率等于两种商品的价格之比,或者说消费者在购买每一种商品时所花费的最后一单位货币的边际效用均相等。显然,基数效用与序数效用论关于消费者均衡的条件是相同的。

3.3.6 边际替代率递减规律与需求定理

序数效用论运用边际替代率递减规律和消费者均衡的条件,推导单个消费者的需求曲线,同样得到了向右下方倾斜的需求曲线,在其推导过程中引入了价格—消费曲线的概念。

1. 价格—消费曲线

在其他条件不变的情况下,一种商品价格的变化会引起消费者购买行为的变化,消费者效用最大化的均衡点会发生位置的移动,这就会形成价格—消费曲线。价格—消费曲线(price consumption curve)就是指在消费者的偏好、收入和其他商品的价格不变的情况下,与某一种商品的不同价格相联系的消费者预算线和无差异曲线相切的消费者均衡点的轨迹,一般用"PCC"表示。

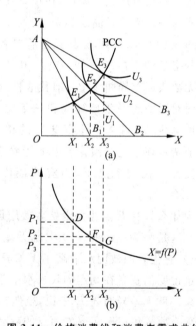

图 3-11　价格消费线和消费者需求曲线

如图 3-11(a)所示,横轴表示商品 X 的数量,纵轴表示商品 Y 的数量。在其他条件不变的情况下,假设商品 X 最初的价格为 P_2,相应的预算线为 AB_2,在该预算约束下,消费者的均衡处于预算线 AB_2 与无差异曲线 U_2 的切点 E_2 处。当商品 X 的价格从 P_2 下降到 P_3 时,该消费者的预算线相应的从 AB_2 移动至 AB_3,并与另一条无差异曲线 U_3 相切于 E_3。同理,当商品 X 的价格从 P_2 上升到 P_1 时,消费者的预算线相应的从 AB_2 移动至 AB_1,并与另一条无差异曲线 U_1 相切于 E_1。依此类推,在商品 X 的任意一个价格上,我们都能够找到一个与之相对应的消费者均衡点。随着商品 X 的价格不断变化,就可以找到无数个消费者均衡点,这些点所形成的轨迹就是价格—消费曲线。如图 3-11(a)中的 PCC 曲线。

2. 需求曲线的推导

价格—消费曲线是在商品的价格连续变动的情况下推导出来的消费者均衡点的轨迹。我们可以从价格—消费曲线出发推导出消费者的需求曲线。

如图 3-11(b)所示,坐标横轴表示商品 X 的需求量,纵轴表示商品 X 的价格。把图 3-11(a)中的 PCC 曲线上的每一个均衡点 E_1、E_2,E_3 所对应的商品 X 的价格和需求量分别描绘在图 3-11(b)图的坐标系中,即当商品 X 的价格为 P_1 时,消费者均衡处于 PCC 曲线上 E_1 点,对应的均衡需求量为 X_1,从而在图 3-11(b)图的坐标系中找到一组对应的关系 $D(X_1, P_1)$;同理,当商品 X 的价格从 P_1 不断下降到 P_2、P_3 时,可以分别找到对应于均衡点 E_2、E_3 的另两组价格与需求量之间的关系,即 $F(X_2, P_2)$ 和 $G(X_3, P_3)$。连接各点形成的轨迹就是消费者的需求曲线。需求曲线是一条向右下方倾斜的曲线,表明需求量随商品的价格上升而减少,随商品的价格下降而增加,需求量与商品的价格之间是反方向变动的。根据价格—消费线与消费者需求曲线之间的关系,不难看出,消费者购买商品时的依据是效用最大化原则,也正是这一原则从根本上导致了需求曲线向右下方倾斜。

由需求曲线的推导过程我们可以看到,需求曲线不仅表示商品的需求量与价格反方向变动的关系,而且意味着,消费者沿着需求曲线来进行购买活动,可以保证任一价格水平下的购买量均满足效用最大化。

3.4　消费者行为理论的应用

先行案例　千金买邻

在南北朝时,有个叫吕僧珍的人,世代居住在广陵地区。他为人正直,很有智谋和胆略,因此受到人们的尊敬和爱戴,而且远近闻名。因为吕僧珍的品德高尚,人们都愿意和他接近和交谈。

同时代有一个名叫宋季雅的官员,被罢免南郡太守后,由于仰慕吕僧珍的名声,特地买下吕僧珍宅屋旁的一幢普通的房子,与吕为邻。一天吕僧珍问宋季雅:"你花多少钱买的这幢房子?"宋季雅回答:"1 100 金。"吕僧珍听了大吃一惊:"怎么这么贵?"宋季雅笑着回答说:"我用 100 金买房屋,用 1 000 金买个好邻居。"

资料来源:黄典波. 趣味经济学 100 问. 北京:机械工业出版社,2009

想一想:为什么有时候消费者的心理价位同商品正常价格存在差异?

3.4.1　消费者剩余

消费者剩余(consumer surplus)是指消费者购买某种商品时,所愿支付的价格与实际支付的价格之间的差额。在西方经济学中,这一概念是马歇尔提出来的。

消费者剩余的存在是因为消费者购买某种商品所愿支付的价格取决于边际效用,而实际付出的价格取决于市场上的供求状况,即市场价格。我们可以用表 3-4 来说明消费者剩余。

表 3-4　消费者剩余表

支付意愿/元	某物品数量	市场价格/元	消费者剩余/元
5	1	1	4
4	2	1	3
3	3	1	2
2	4	1	1
1	5	1	0

对于消费者来说,他愿意为某物品付出的代价取决于他对该物品效用的评价,而边际效用递减规律决定了他愿为该物品付出的价格是递减的。随着他购买的物品数量的增加,他愿意为该物品付出的价格在递减,而市场价格是由整个市场对该物品的供求状况决定的,并不以每个人的愿望为转移。在表 3-3 中,该物品的市场价格为 1 元,当消费者购买第 1 单位该物品时,他愿意付出的价格为 5 元,而实际付出的是 1 元,于是他便有了 4 元的消费者剩余。以下的情况可以类推出消费者的剩余分别为 3 元、2 元和 1 元,当消费者购买第 5 单位该物品时,他愿意付出的价格是 1 元,正好与市场价格相等,因此消费者剩余消失。消费者总的剩余是此前剩余的总和。

根据表 3-3 可以作出图 3-12,在图 3-12 中我们可以更直观形象地观察到消费者剩余。

在图 3-12 中,横轴代表某物品的数量,纵轴代表该物品的价格,D 为某消费者的需求曲线。市场价格为 1 元(图中实线所示)。当该消费者购买第 1 单位该物品时,消费者剩余为 4(图中的虚线格,每格为 1 单位的消费者剩余),当该消费者购买第 2 单位该物品时,消费者剩余为 3。以此类推,当该消费者购买第 5 单位该物品时,消费者剩余为 0,即没有消费者剩余了。

对于具有连续需求函数的商品,其消费者剩余从几何图形上来看,实际上就是由该商品市场价格水平线、需求曲线以及纵坐标轴(价格轴)围成的几何图形的面积,如图 3-13 中三角形 EFP_1 面积。

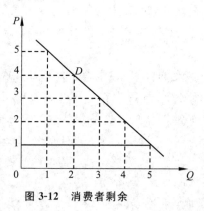

图 3-12　消费者剩余

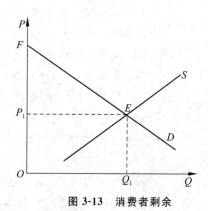

图 3-13　消费者剩余

理解消费者剩余这一概念时,需要注意以下几点:首先,消费者剩余是一种主观的心理感受,其大小因人而异,且这种剩余并不能带来实际收入水平的增加。其次,消费者剩余可能为正数,也可能为负数。以某条旅行路线为例,假定甲消费者富有,愿意为其支付的费用为 1 000 元,而实际只需支付 800 元,那么他就获得了 200 元的消费者剩余;而乙消费者打算仅用 600 元来旅游,那么他的消费者剩余就为零。另外,因为生活必需品的价格往往比较低,而消费者对生活必需品又总是愿意支付一个较高的价格,所以,相较奢侈品而言,生活必需品的消费者剩余更大。

3.4.2 收入—消费曲线与恩格尔曲线

1. 收入—消费曲线

在其他条件不变的情况下,如果消费者收入水平发生变化,将会导致预算线发生平移,使消费者效用最大化的均衡点发生位置改变,从而会形成收入—消费曲线。所谓收入—消费曲线(income consumption curve)是指在消费者的偏好和商品价格不变的条件下,与消费者的不同收入水平相联系的消费者效用最大化的均衡点的轨迹。

可以设想保持商品的价格不变而让消费者的收入连续发生变化,这样可以得到许多相互平行的预算线。这些预算线分别与众多无差异曲线相切,得到若干个切点,连接这些切点便得到一条收入—消费曲线。如图3-14所示,仍然用横轴表示商品 X 的数量,用纵轴表示商品 Y 的数量。假设消费者的初始收入水平为 I_0,预算线 LM 与无差异曲线 U_1 相切于均衡点 E_1。在其他条件不变的情况下,假如消费者收入上升为 I_1,则预算线由 LM 平移到 $L'M'$,与无差异曲线 U_2 相切于新的均衡点 E_2;同理,消费者收入上升为 I_2 时,则预算线继续旋转到 $L''M''$,与无差异曲线 U_3 相切于新的均衡点 E_3…我们将这些均衡点连接起来,便得到如图3-14所示的收入—消费线 ICC。

2. 恩格尔曲线

恩格尔曲线是指在其他条件不变的情况下,消费者在每一收入水平上对某种商品的需求数量。我们可以借助收入—消费线来求解恩格尔曲线。

在图3-14中发现,消费者收入与消费者最

图 3-14 收入—消费线和恩格尔曲线

优购买量之间存在一一对应的关系,根据这一点可以将收入—消费线转化为恩格尔曲线。例如,当消费者收入水平为 I_0 时,X 商品的均衡消费数量为 X_1;当消费者收入水平为 I_1 时,X 商品的均衡消费数量为 X_2;当消费者收入水平为 I_2 时,X 商品的均衡消费数量为 X_3…把每一个 I 值和相应的均衡点上的 X 数值绘制在商品的价格—数量坐标图上,便可以得到如图3-14所示的恩格尔曲线。

任务拓展

边际"三杰"——杰文斯、门格尔和瓦尔拉斯

杰文斯既是边际效用价值论的创立者之一,也是数理经济学派的创始者之一。杰文斯

1835年生于英国利物浦的一个制铁机械师家庭。从1858年起,对经济学、统计学、逻辑学及社会问题产生浓厚兴趣。1866年,他开始担任曼彻斯特大学欧文学院逻辑、道德哲学及政治经济学教授。1871年发表代表作《政治经济学理论》。1875年他转任伦敦大学大学学院政治经济学教授。1880年被选为伦敦统计学会(英国皇家统计学会前身)副主席。1882年,杰文斯在一次游泳中不幸溺死,当时仅仅47岁。由于他性格非常内向,对于其同辈及学生并没有产生很大的影响。他的主要著作《政治经济学理论》(1871)奠定了他在经济学思想史上和边际效用学派与数理学派中的地位。除此之外,杰文斯还写过一些经济论文。他还以太阳黑子的活动来解释经济危机的原因和周期性。

门格尔(Carl Menger,1840—1921),奥地利经济学家,奥地利学派的创始人。出生于一个贵族世家。1859—1860年,先后在维也纳大学和布拉格大学学习法律。1867年在克拉科夫大学获哲学博士学位。随后从事新闻事业,经常写一些有关市场的报道,对价格理论产生了兴趣。1872年任维也纳大学讲师,次年又升为教授。1876—1878年,任奥国皇太子经济学和统计学教师。1879年返任维也纳大学政治经济学教授。1892年曾参加奥国币制改革讨论和币制调查委员会的工作。1900年被选为奥匈帝国议会上议院终身议员。1903年辞去教授职务,继续从事政治经济学研究。主要著作:《国民经济学原理》(1871)、《关于社会科学,特别是政治经济学方法的研究》(1883)、《德国国民经济学中历史主义的谬误》(1884)等。

瓦尔拉斯(Marie Esprit Léon Walras,1834—1910),法裔瑞士经济学家。1865—1868年和L. 萨伊(J. B. 萨伊之孙)创建了一家为生产合作社服务的银行。在瑞士洛桑学院开创了后来以"洛桑学派"著称的经济学学派(1870—1892)。《纯粹政治经济学纲要》(1874—1877)是最早用数学方法对一般经济均衡进行全面分析的著作之一。瓦尔拉在完全自由竞争社会制度这一假设下,创立了一种数学模型,其中生产要素、产品和价格会自动调节达到均衡。这样,他把生产、交换、货币和资本各方面的原理联系起来。瓦尔拉斯是边际效用价值论的创建人之一。他把边际效用称为"稀少性",认为商品的稀少性随消费量的增加而递减,并同购买商品时支付的价格成比例;消费者购买时,力求使他的每一单位货币能买到的每一种商品的效用量相等,这时,他得到最大的效用,即处于均衡状态。他在经济学中使用了数学,研究了使一切市场(不是一种商品的市场,而是所有商品的市场)都处于供求相等状态的均衡,即一般均衡,成为西方数理经济学和一般均衡理论的创建者和主要代表。他的一般均衡分析方法被西方经济学所普遍使用。他把自由竞争的资本主义看作最理想的制度,但也主张国家根据正义原则干预经济,例如土地国有化。著有《纯粹政治经济学纲要》、《社会经济学研究》、《实用政治经济学研究》等。

自 我 测 试

一、名词解释

效用 基数效用 序数效用 边际效用 消费者剩余 无差异曲线 商品的边际替代率

经济学原理

预算线　替代效应　收入效应

二、选择题

1. 水与钻石的价值之谜(水相对而言更有用,但价格却低得多)可用下列说法解释的是(　　)。

    A. 钻石的总效用高　　　　　　　　　B. 钻石的边际效用高

    C. 水的边际效用高　　　　　　　　　D. 钻石的需求曲线向右上方倾斜

2. 假如消费者面临两种商品 X、Y,MRS_{XY}恒等于 1/3,价格比 $P_X/P_Y=1/2$,则消费者(　　)。

    A. 不买 X

    B. 不买 Y

    C. 在预算线内任意的 X、Y 组合都是合理的

    D. 收入增加后 X、Y 都会适当增加

3. 总效用达到最大时(　　)。

    A. 边际效用最大　　　　　　　　　　B. 边际效用为零

    C. 边际效用为正　　　　　　　　　　D. 边际效用为负

4. 关于基数效用论,不正确的是(　　)。

    A. 基数效用论中效用可以以确定的数字表达出来

    B. 基数效用论中效用可以加总

    C. 基数效用论和序数效用论使用的分析工具完全相同

    D. 基数效用论认为消费一定量的某物品的总效用可以由每增加一个单位的消费所增加的效用加总得出

5. 边际效用随着消费量的增加而(　　)。

    A. 递减　　　　　B. 递增　　　　　C. 不变　　　　　D. 先增后减

6. 序数效用论认为,商品效用的大小(　　)。

    A. 取决于它的使用价值　　　　　　　B. 取决于它的价格

    C. 不可比较　　　　　　　　　　　　D. 可以比较

7. 如果消费者消费 15 个面包获得的总效用是 100 个效用单位,消费 16 个面包获得的总效用是 106 个效用单位,则第 16 个面包的边际效用是(　　)。

    A. 108 个　　　　B. 100 个　　　　C. 106 个　　　　D. 6 个

8. 同一条无差异曲线上的不同点表示(　　)。

    A. 效用水平不同,但两种商品的数量组合相同

    B. 效用水平相同,但两种商品的数量组合不同

    C. 效用水平不同,两种商品的数量组合也不相同

    D. 效用水平相同,两种商品的数量组合也相同

9. 已知商品 X 的价格为 1.5 元,商品 Y 的价格为 1 元,如果消费者从这两种商品的消费中得到最大效用时,商品 X 的边际效用是 30,那么商品 Y 的边际效用应该是(　　)。

    A. 20　　　　　　B. 30　　　　　　C. 45　　　　　　D. 55

10. 已知消费者的收入为 50 元,假设该消费者计划购买 6 单位 X 和 5 单位 Y,商品 X 和 Y 的边际效用分别为 60 和 30,如要实现效用最大化,他应该(　　)。

A. 增购 X 而减少 Y 的购买量   B. 增购 Y 而减少 X 的购买量

C. 同时增加 X 和 Y 的购买量   D. 同时减少 X 和 Y 的购买量

三、简答题

1. 结合图形分析边际效用与总效用的关系。

2. 基数效用论是如何分析消费者均衡的？

3. 序数效用论是如何分析消费者均衡的？

4. 结合图形分析正常物品的替代效应和收入效应。

四、计算题

1. 表 3-5 描述了小明对巧克力、冰激凌和爆米花的效用评价。假设他每周有 10 元花费在这三种食品上，其中巧克力的价格为每单位 4 元，冰激凌每单位 2 元，爆米花每单位 2 元，那么李明应如何决定其消费量，才能满足效用最大化？

表 3-5

消 费 量	巧克力总效用	冰激凌总效用	爆米花总效用
1	20	10	10
2	35	18	20
3	45	24	30
4	50	28	40
5	53	30	50

2. 图 3-15 画出了郭晶的无差异曲线和她的预算线，如果 X 商品的价格是 30 元，那么：①郭晶的收入是多少？②用数学式表示其预算线。③商品 Y 的价格是多少？④均衡时她的边际替代率是多少？

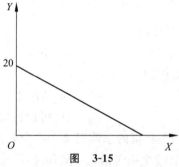

图 3-15

五、讨论题

瑞士斯沃奇公司开发出了各种不同形式的手表，使手表销售量增加而价格并没有下降，用消费者行为理论解释该公司成功的原因。

案 例 分 析

比亚迪 F3 畅销的奥秘

2010 年初，中国汽车工业协会公布了 2009 年 1～11 月销量排名前十位的轿车品牌，依次为:比亚迪F3、悦动、凯越、捷达、桑塔纳、雅阁、伊兰特、QQ、凯美瑞和卡罗拉,截止到11月份比亚迪F3销售了255 124台。比亚迪F3的畅销秘诀是什么?

精准定位,求真务实搞研发。F3这款车型研发之初就做了大量的市场调研。2005年1.6～2.0L的排量逐步成为车市中的黄金排量,比亚迪预见了这一细分市场的潜力,从消费者诉求出发,明确产品定位。F3从外观、配置、实用性、经济性、性价比上看,都在中级车市场树立起了新的标杆。

精准营销,踏踏实实做市场。F3的"分站上市"是2005年比亚迪提出的一个新的概念——"精准营销",在7省、市5个月内F3的订单突破30 000辆。比亚迪汽车在中国的品牌知名度也逐渐打开。从市场切入、产品设计、价格定位、上市策略上,比亚迪汽车一直延续精准定位的方式,分站式巡回上市开了汽车界营销创新的先河,成为比亚迪汽车制胜市场的重要营销策略。

客户为本,灵活多变做营销。F3成功上市,成为车坛黑马后,比亚迪又推出了07款F3、F3新白金版、F3自动挡等升级换代产品,进一步丰富了产品线、强化了产品品质。去年年底,比亚迪F3发动"金牌攻势",将F3的性价比优势提升到了新的高度。2009年4月初,比亚迪F3又掀起了"连冠攻势",最高降一万元,将"超值"进行到底。这一系列推广策略无不体现了比亚迪一贯的客户为尊的理念。

随着F3进入成熟期,品质的层层强化促进了销量增长,比亚迪又将销量提高带来的价值返还给消费者。如此形成良性循环,无形之中对自身品牌也产生了持续提升的作用。

问题:结合案例谈谈分析消费者行为的重要作用。

技 能 实 训

实训项目:对周围同学进行调研,了解其消费的心态。

实训目标:通过近距离的交流,了解不同学年同学消费行为的特征。

实训组织:学生每6人分为一组,选择不同的年级调查。

实训提示:教师提出活动前准备及注意事项,同时随队指导。

实训成果:各组汇报,教师讲评。

透视生产者行为：技术与投入

■ 能力目标

通过完成本项任务,应该能够:
- ◆ 了解生产和生产函数
- ◆ 掌握短期生产理论
- ◆ 掌握长期生产理论
- ◆ 理解规模效益

■ 任务解析

4.1 生产和生产函数

4.2 短期生产理论

4.3 长期生产理论

4.4 规模效益

■ 任务导入

在上一任务的学习中,我们主要从消费者的行为研究市场。现在,我们换一个角度,从生产者角度来研究市场,考察生产者行为。在本任务中,我们假定生产者处在完全竞争的生产要素市场,即生产者只能被动地接受既定的生产要素的市场价格。在此基础上我们分析厂商如何有效地组织生产,他们的产量随着投入产品数量的变化而变化。我们还会看到厂商行为与消费者的最优化决策之间有着惊人的相似之处——对消费者行为的理解有助于我们考察生产者行为。但是,生产者的行为要比消费者复杂一些,通过任务3我们能够了解需求曲线的形成机理,但要想彻底弄懂供给曲线如何形成还有待于我们接下来学习成本理论和市场理论之后才能得出相应的结论。

你可以对照能力目标,结合自我测试反复演练,有的放矢地依次完成各分项任务,直至完成本任务。

4.1 生产和生产函数

先行案例　比亚迪："人＋夹具＝机器手"生产模式

　　在一条条六七十米长的流水线上,密密麻麻地坐着四五十名工人,手里拿着夹具,以准确完成点焊、检测、贴标签等工作。工人们头也不抬,从上班到下班就一个动作。这些年轻的工人并不太清楚这个枯燥、机械的动作是比亚迪当年战胜强大日本对手的秘密武器。

　　回到1995年,比亚迪创立的年份。离开北京有色金属研究院的王传福向做证券投资的表哥吕向阳借了250万元作为启动资金,准备进入被日系厂商垄断的镍镉电池领域。但一条镍镉电池生产线需要几千万元的投入,王传福手中的250万元显得太微不足道了。资金上的窘境迫使王传福想出一个大胆的办法:既然买不起自动化生产线,何不自己动手制造生产设备,把一条生产线分解成很多环节,核心环节用自动化控制,其他环节由人工完成。最终,这条可以日产三四千个镍镉电池的生产线花费了100多万元,但需要四五十个工人。在日本,生产同样的产品,一条自动化的生产线只需要几个工人。

　　为了保证人工的操作可以像机器手一样精准,王传福专门设计了许多夹具,成本不过几元钱。例如,在放螺丝的位置设计一个洞,人手只要把螺丝放进洞里就不会歪掉。这种半自动生产线后来被比亚迪总结为"人＋夹具＝机器手"模式,其所具备的成本优势成为比亚迪的法宝,使之从初期就以40%的价格差猛烈冲击着日产电池的价格体系。当年,三洋一块锂电池成本要4.9美元,而比亚迪的只需1.3美元。

　　更重要的是,这种半自动化、半人工化的生产线给比亚迪带来的是连锁性的成本优势:由于生产线的投入非常低,使得折旧成本相应也就非常低,它的折旧成本只有3%～4%,而三洋等全自动的生产线要达到30%～40%;比亚迪的自创生产线有很强的灵活性,当推出一个新的产品时,原有的生产线只需做关键环节的调整,对员工做相应的技术培训就可以。而竞争对手的全自动化生产线,每一条线只能针对一种产品,如果要推出新品,则必须投建新的生产线,投资少则几千万元,多则几亿元。

　　2000年,比亚迪成为摩托罗拉第一个中国锂离子电池供应商,除了强大的成本优势外,还有一个重要原因:比亚迪交货的速度非常快。当时,随着手机款式的更新,对电池结构的要求也不同。当客户提出更换电池结构时,日本企业从引进自动化设备到调试完毕,少说也要几周的时间。而比亚迪这套人＋夹具＝机器手的半自动设备,只要把人调一调,加一两个小流程,几天就可以上一个新

4.1.1　厂商及其目标

　　要研究生产者行为,首先得认识一下商品和劳务的生产者。在西方经济学中,生产者亦被称为厂商。在我国,习惯地把厂商统称为企业。那么什么是企业呢? 企业一般是指在社会化大生产条件下,从事生产、流通与服务等经济活动的营利性组织。

　　追求利润最大化是微观经济学对厂商目标的基本假定,也是理性经济人的假定在生产和厂商理论中的具体化。实现利润极大化是一个企业竞争生存的基本准则。在以后的分析中,我们会进一步理解厂商的这一目标如何影响了其生产量和价格水平。

　　需要说明的是,在现实经营中,厂商有时并不一定选择实现利润最大化的目标。现代公司制企业实行所有权和经营权分离,企业所有者和企业经理之间是委托人和代理人之间的契约关系。由于信息的不完全性,尤其是信息的不对称性,所有者并不能完全监督和控制公司经理的行为,经理会在一定的程度上偏离企业的利润最大化的目标,而追求其他一些有利于自身利益的目标。由于投资者和董事会会根据经理经营业绩进行投资或聘任选择,经理对利润最大化目标的偏离在很大程度上受到制约。

4.1.2　生产及生产要素

　　从厂商的定义和目标可以看出,厂商的基本职能就是组织生产,并从中获得最大利润。所谓生产,是指把各种各样的经济资源结合起来,使其转化为社会所需要的产品和劳务的过程。例如,烘烤让利用工人劳动和烘烤器、搅拌器等机器设备将面粉和糖等原料生产出香甜可口的面包和蛋糕等。

　　那么在面包的生产过程中,厂商投入了工人劳动、原材料、机器设备等,我们把这些称为生产要素。生产要素是指在生产过程中使用的各种经济资源。经济学上把这些资源分为:

　　(1) 劳动(labour)。劳动是指劳动者在生产过程中提供各种劳务,包括技术工作(木匠、工程师)和非技术工人(农民),以及企业经理人员的创造行为。

　　(2) 土地(land)。包括土地及地上地下各种自然资源。土地可以给生产提供场所、原料和动力。

　　(3) 资本(capital)。资本可以表现为实物形态和货币形态,包括设备、厂房、存货等。

　　(4) 企业家才能(entrepreneurship)。指企业家经营企业的组织能力、管理能力与创新能力。

经济学原理

目前,我国数字农业技术已覆盖了农业产业链的全过程,应用更加广泛,效果也更加明显。猪、奶牛等动物联合育种网络平台和健康养殖信息管理系统的应用,整体提升了畜产品安全生产管理水平;淡水鱼健康养殖网络管理与疾病辅助诊治系统、饲料配方和精准投喂养系统的应用,促进了我国水产养殖行业的信息化管理水平;农产品物流信息管理平台的应用,有效减少了农产品在流通过程中的损失,大幅增加了农产品效益。

在我国许多地方,数字农业技术已开始大面积示范应用。如一些地方采用的时域反射型土壤含水量数字传感器,降低了灌溉的盲目性,提高了水资源利用效率;一些地方采用的测土配方平衡施肥系统,既节约了肥料,又降低了化肥对环境的污染;一些地方采用的精量可控机播技术也比传统的人工播种更能实现作物植株在田间的最佳分布,形成结构合理的高产群。

数字农业使信息成为农业生产要素,参与到农业各个环节中,让农业信息化有了更深层次的含义。今后,我国应进一步加强数字农业技术研究开发和农村信息服务硬件条件建设,在我国不同生态经济类型和不同农业生产管理类型的地区,对数字农业技术进行集成应用示范,大力推广应用低成本数字农业技术产品,推动现代农业的建设。

资料来源:让农业生产信息成为生产要素. 载经济日报,2009 - 02 - 04

4.1.3　生产函数

厂商在利润最大化目标的指导下组织生产过程,在技术层面上需要依据生产要素的投入量与产出水平的对应关系,经济学家用生产函数来描述此种对应关系,以此作为研究厂商行为的主要切入点之一。在认识生产函数之前,我们有必要对投入的生产要素进行分类。

1. 固定投入与变动投入

生产要素按照其在生产过程中的投入情况可分为固定投入和变动投入,前者是指当市场条件的变化要求产出变化时,其投入量不能立即随之变化的投入,如厂房、机器设备、土地等;后者是指当市场条件的变化要求产出变化时,其投入量能立即随之变化的投入,如劳动量、原材料的投入。

固定投入与变动投入的划分是建立在长期与短期划分的基础之上的。经济学上的短期系指在这段时期内,生产者来不及调整全部生产要素的数量,至少有一种生产要素的数量是固定不变的时期。长期的含义是在这段时期内,所有投入的生产要素(L, K)都可以变动的时期,因此在长期内不存在固定投入。

微观经济学常以一种可变生产要素的生产函数考察短期生产理论,以两种可变生产要素的生产函数考察长期生产理论。

2. 生产函数

生产函数是表示在一定时期内,在技术水平不变的情况下,生产中所使用的各种生产要素的数量与所能生产的最大产量之间关系的函数。

假定用 Q 表示所能生产的最大可能产量,用 $X_1,X_2,\cdots,X_n$ 表示某产品生产过程中各种生产要素的投入量,若不考虑可变投入与不变投入的区别,则生产函数可用如下一般表达式表示:

$$Q = f(X_1,X_2,X_3,\cdots,X_n) \tag{式 4-1}$$

该生产函数表示在既定的生产技术条件下,生产要素组合 $(X_1,X_2,X_3,\cdots,X_n)$ 在某一时期所能生产的最大可能产量为 Q。

在经济学中,为了分析方便,常假定只使用劳动和资本两种生产要素。如果用 L 表示劳动投入量,用 K 表示资本投入量,则生产函数可用公式(4-2)表示:

$$Q = f(L,K) \tag{式 4-2}$$

理解生产函数应注意以下三点:首先,生产函数是在某个特定时期内考察投入与产出之间的关系,如果时间不同,生产函数也可能发生变化;其次,生产函数取决于技术水平,每一种既定的技术水平对应着一个生产函数,技术水平的变化可能导致相同要素投入下更多或更少的产量,也可能导致要素需求的变化;最后,生产函数所反映的产出与投入之间的关系是一切投入或成本最低时的情况。

【案例小品 4-2】 柯布—道格拉斯生产函数

柯布—道格拉斯生产函数是一个非常著名的生产函数,又称 C-D 生产函数,是由美国柯布和经济学家道格拉斯根据历史统计资料,于 1928 年发表的一篇论文中提出的。该生产函数的一般形式是:

$$Q = AL^\alpha K^\beta \tag{式 4-3}$$

式中,Q 代表产量;L 和 K 分别代表劳动和资本的投入量;A 为规模参数,$A>0$;α 为劳动产出弹性,表示劳动贡献在总产量中所占的份额($0<\alpha<1$);β 为资本产出弹性,表示资本贡献在总产量中所占的份额($0<\beta<1$)。

柯布和道格拉斯通过对美国 1899—1922 年之间劳动、资本和产量的有关统计资料的估算得出这一时期生产函数的具体形式为:

$$Q = 1.01 L^{\frac{3}{4}} K^{\frac{1}{4}}$$
$$= 1.01 \sqrt[4]{L^3} \sqrt[4]{K} \tag{式 4-4}$$

这一生产函数表示:在资本投入量固定不变时,劳动投入量单独增加 1%,产量将增加 1% 的 3/4,即 0.75。当劳动投入量固定不变时,资本投入量增加 1%,产量将增加 1% 的 1/4,即 0.25%。这就是该劳动和资本对总量的贡献比例为 3:1。

4.2　短期生产理论

091

先行案例　假如你是一家鞋业公司的管理人员……

假如你是一家鞋业公司的管理人员,拥有的设备是固定的,但雇用来操作设备的劳动力是可以变动的。你必须对使用多少工人、生产多少皮鞋做出决策。当然,在这之前,你必须知道产量(Q)如何随劳动(L)的变化而变化。

下面的表4-1给出了产出与劳动投入之间的关系。前三列表示的是10单位固定资本下使用不同数量的劳动所能得到的月产量,第四列表示劳动的平均产量,第五列表示劳动的边际产量。在劳动投入为0时,产出亦为0;在劳动投入由0增加到8单位时,产量也随之增加,但是超过这一点之后,总产量反而下降,这可以解释为,起初每单位的劳动可使机器的利用越来越充分,但是过了这一点后,增加的劳动不再有用,反而降低生产效率(就以一条流水线操作为例,5个人操作可能比2个人操作更具有效率,但是如果20个人一起操作就可能物极必反了)。

表4-1　总产量、平均产量边际产量

资本投入量(K)	劳动投入量(L)	总产量(TP)	平均产量(AP)	边际产量(MP)
10	0	0	—	—
10	1	10	10	10
10	2	30	15	20
10	3	60	20	30
10	4	80	20	20
10	5	95	19	15
10	6	108	18	13
10	7	112	16	4
10	8	112	14	0
10	9	108	12	−4
10	10	108	10	−8

想一想:你将投入多少劳动进行生产最划算?

任务 4　透视生产者行为:技术与投入

4.2.1　总产量、平均产量与边际产量

1. 短期生产函数

短期生产理论考虑的是这样一种情况:厂商生产某种产品的生产函数中所有生产要素的数量,只有一种可以变动的,其他的都是固定不变的。若假设仅使用劳动与资本两种要素,并设资本要素不变,劳动要素可变,则有函数:

$$Q = f(L, \overline{K})$$

(式4-5)

或短期生产函数可简记为:

$$Q = f(L) \qquad\qquad (\text{式 4-6})$$

在这一生产函数形式假定的基础上,我们就可以进行总产量、平均产量及边际产量分析,进而进行厂商决策了。

2. 总产量、平均产量和边际产量

总产量(total product,TP)是在资本投入既定的条件下,与一定可变生产要素劳动的投入量相对应的最大产量总和。公式为:

$$\text{TP} = f(L) \qquad\qquad (\text{式 4-7})$$

从表 4.1 中可以看到,总产量有如下特点:初期随着可变投入的增加,总产量以递增的增长率上升,然后以递减的增长率上升,达到某一极大值后,随着可变投入的继续增加反而下降。

平均产量(average product,AP)是指平均每个单位可变生产要素劳动所能生产的产量。公式为:

$$\text{AP} = \frac{\text{TP}}{L} \qquad\qquad (\text{式 4-8})$$

表 4-1 显示的平均产量变动的特点是:初期随着可变要素投入的增加,平均产量不断增加,到一定点达到极大值,之后随着可变要素投入量的继续增加,转而下降。

边际产量(marginal product,MP)是指每增加一单位可变要素劳动的投入量所引起的总产量的变动量。公式为:

$$\text{MP} = \frac{\Delta \text{TP}}{\Delta L} \qquad\qquad (\text{式 4-9})$$

当劳动变动量非常小,即 $\Delta L \to 0$ 时,有

$$\text{MP}_L = \lim_{\Delta L \to 0} \frac{\Delta \text{TP}_L}{\Delta L} = \frac{\mathrm{d}f(L)}{\mathrm{d}L} \qquad\qquad (\text{式 4-10})$$

根据表 4-1,边际产量的变动特点为:初期随着可变要素投入的增加而增加,达到最大值以后开始下降,不断地追加可变要素还会引起负的边际产量。

4.2.2 边际收益递减规律

边际收益递减规律是指在技术不变的条件下,当把一种可变生产要素连同其他一种或几种不变的生产要素投入到生产过程之中,随着这种可变生产要素投入量的增加,最初每增加一单位该要素所带来的产量增量是递增的,但到一定程度后,增加一单位要素投入的带来的产量增量将要递减,最终还会使产量绝对减少。这个规律所表达的内容是人们从实际经济生活中所观察到的在任何种类的生产中普遍适用的一种技术关系。

试想,如果我们投入的不是物力而是人力,情况会有所不同吗?西方管理学中有一条著名的苛希纳定律正好反映了这种现象。苛希纳定律认为:如果实际管理人员比最佳人数多两倍,工作时间就要多两倍,工作成本就要多四倍;如果实际管理人员比最佳人数多三倍,工作时间就要多三倍,工作成本就要多六倍。苛希纳定律告诉我们,在管理上并不是人多力量大,管理人员越多,工作效率未必就会越高。苛希纳定律要求我们,要认真研究并找到一个

最佳人数,以最大限度地减少工作时间,降低工作成本。用经济学的话来说,就是边际收益递减规律在起作用。有个统计数字是:一个官吏,汉代管理 7 945 人,唐代管理 3 927 人,元代管理 2 613 人,清代管理 911 人,今天管理 30 人。可见管理人员越来越多,已经使每增加一个管理人员所增加的收益大大减少。

【案例小品 4-3】 用人贵精

　　作为全球最大零售企业之一的沃尔玛公司的掌舵者,山姆·沃尔顿有句名言:"没有人希望裁掉自己的员工,但作为企业高层管理者,却需要经常考虑这个问题。否则,就会影响企业的发展前景。"他深知,企业机构庞杂、人员设置不合理等现象,会使企业官僚之风盛行,人浮于事,从而导致企业工作效率低下。为避免这些情况在自己的企业内发生,沃尔顿想方设法要用最少的人做最多的事,极力减少成本,追求效益最大化。

　　从经营自己的第一家零售店开始,沃尔顿就很注重控制公司的管理费用。在当时,大多数企业都会花费销售额的 5% 来维持企业的经营管理。但沃尔玛则不这样做,它力图做到用公司销售额的 2% 来维持公司经营。这种做法贯穿于沃尔玛发展的始终。在沃尔顿的带领下,沃尔玛的员工经常都是起早贪黑地干,工作卖力尽责。结果,沃尔玛用的员工比竞争对手少,但所做的事却比竞争对手多,企业的生产效率当然就比对手要高。这样,在沃尔玛全体员工的苦干下,公司很快从只拥有一家零售店,发展到了现在的拥有全球 2 000 多家连锁店。公司大了,管理成本也提高了,但沃尔顿却一直不改变过去的做法——将管理成本维持在销售额的 2% 左右,用最少的人干最多的事。

　　我们在理解边际收益递减规律时要注意以下几点:首先,这一规律发生作用的前提是技术水平不变,技术进步一般会使边际收益递减的现象延后出现。其次,还要以其他要素投入数量不变为前提,若使用的要素同比例发生变化,将会出现我们后面要学习的规模经济现象。最后,边际收益递减规律在某点之前是不适用的,只有要素投入达到某点之后才会出现,因为当固定要素相对过多,可变要素相对不足时,增加要素投入会产生报酬递增。

4.2.3　产量曲线和生产要素合理投入区

1. 总产量、平均产量与边际产量曲线

　　西方经济学家通常将总产量曲线、平均产量曲线和边际产量曲线置于同一张坐标图中,来分析这三个产量之间的相互关系。图 4-1 就是这样一张标准的一种可变生产要素的生产函数的产量曲线图,它反映了短期生产的有关产量曲线相互之间的关系。

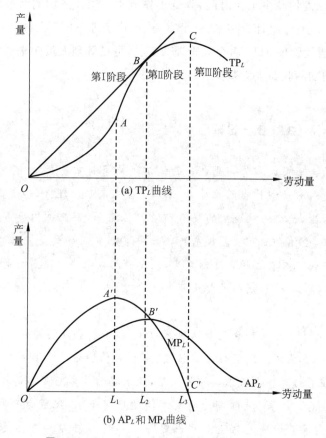

图 4-1　TP_L、AP_L 和 MP_L 曲线及其相互关系图

在图 4-1(b)中可以清楚地看到,在边际收益递减规律的作用下,劳动的边际产量曲线呈现先增加后递减的趋势。在图 4-1(b)中,当劳动的投入数量超过 L_1 之后,劳动的边际产量呈递减趋势;当劳动增加到 L_3 时,边际产量为零;这之后,劳动的边际产量为负数值,这时增加 1 单位劳动不仅不能增加总产量,反而还会使得总产量下降。由短期生产的这一基本特征出发,我们可以具体分析总产量、平均产量和边际产量相互之间的关系。

(1)总产量与边际产量的关系。根据边际产量 $MP_L = \Delta TP/\Delta L$ 可以推知,边际产量就是总产量曲线切线的斜率。所以,在图 4-1 中 MP_L 曲线和 TP_L 曲线之间存在着这样的对应关系:在劳动投入量小于 L_3 的区域,MP_L 均为正值,则相应的 TP_L 曲线的斜率为正,即 TP_L 曲线是上升的;在劳动投入量大于 L_3 的区域,MP_L 均为负值,则相应的 TP_L 曲线的斜率为负,即 TP_L 曲线是下降的。当劳动投入量恰好为 L_3 时,MP_L 为零值,则相应的 TP_L 曲线的斜率为零,即 TP_L 曲线达极大值点。也就是说,MP_L 曲线的零值点 C' 和 TP_L 曲线的最大值点 C 是相互对应的。以上这种关系可以简单地表述为:只要边际产量是正的,总产量总是增加的;只要边际产量是负的,总产量总是减少的;当边际产量为零时,总产量达最大值点。

进一步,由于在边际收益递减规律作用下的边际产量 MP_L 曲线先上升,在 A' 点达到最大值,然后再下降,所以,相应的总产量 TP_L 曲线的斜率先是递增的,再达到拐点 A,然后再是递减的。也就是说,MP_L 曲线的最大值点 A' 和 TP_L 曲线的拐点 A 是相互对应的。

(2)总产量与平均产量之间的关系。因为 $AP_L = TP_L/L$,所以平均产量就是从原点向总产量曲线所作射线的斜率。在图 4-1(a)中,由于总产量曲线先上凹后下凹,故从原点向总产量曲线所作的射线正好切于总产量曲线时,射线的斜率极大,即平均产量极大;在切点 B 以前,射线的斜率递增,即平均产量递增;在切点 B 以后,射线的斜率递减,即平均产量递减。

(3) 平均产量和边际产量之间的关系。在图 4-1(a)中,从原点向总产量曲线所作的射线正好切于总产量曲线时,射线与总产量曲线的切线重合。射线的斜率就是平均产量,而且此时的射线斜率极大,即平均产量极大。而切线的斜率就是边际产量。因此当平均产量最大时,平均产量等于边际产量,即边际产量曲线交于平均产量曲线的最高点。在交点以前,边际产量大于平均产量,故平均产量递增;在交点以后,边际产量小于平均产量,故平均产量递减。

平均产量与边际产量的关系也可以通过数学方法予以证明。

因为 $AP_L = TP_L/L$,所以求得平均产量函数的一阶导数为:

$$\frac{dAP_L}{dL} = \frac{d}{dL}\left(\frac{TP_L}{L}\right) = \frac{\frac{dTP_L}{dL} \cdot L - TP_L}{L^2} = \frac{1}{L}\left(TP'_L - \frac{TP_L}{L}\right) = \frac{1}{L}(MP_L - AP_L)$$

$$\frac{dAP_L}{dL} = \frac{d}{dL}\left(\frac{TP_L}{L}\right) = \frac{\frac{dTP_L}{dL} \cdot L - TP_L}{L^2} = \frac{1}{L}\left(TP'_L - \frac{TP_L}{L}\right) = \frac{1}{L}(MP_L - AP_L)$$

因为 $L>0$,所以,当 $MP_L > AP_L$ 时,AP_L 曲线的斜率为正,即 AP_L 曲线是上升的;当 $MP_L < AP_L$ 时,AP_L 曲线的斜率为负,即 AP_L 曲线是下降的;当 $MP_L = AP_L$ 时,AP_L 曲线的斜率为零,即 AP_L 曲线达极值点(在此为极大值点)。

2. 生产要素合理投入区

受边际收益递减规律的影响,总产量 TP、平均产量 AP、边际产量 MP 的相互关系,实际上反映的就是一种生产要素合理投入的问题。在只有一种要素变动,其他要素固定不变的短期生产函数中,整个生产过程根据平均产量和边际产量的变化情况,可以分为三个阶段,如图 4-1 所示。我们需要解决的是理性的厂商会将要素投入控制在哪个阶段进行生产。

第一阶段($O-L_2$)的主要特征有:MP>0,AP 呈上升趋势;并且 MP>AP;MP 越过最高值,已经呈下降趋势。当 MP=AP 的最高点时,第一阶段结束。在这一阶段,相对于投入不变的资本来说,劳动量缺乏;所以,劳动量的增加可以使资本的作用得到充分发挥,从而使产量增加。也就是说,每增加一单位劳动投入量所增加的产量,大于在现阶段总产量下的平均劳动产量。

第二阶段(L_2-L_3)主要特征有:MP>0,TP 呈上升趋势,AP 下降;并且 AP>MP;当 MP=0 时,TP 达到最大,第二阶段结束。在此阶段,每增加一单位劳动投入量所增加的产量小于在现阶段总产量下的平均劳动产量。这表明随劳动投入量的不断增加,相对不变的资本要素的作用已得到充分发挥。

第三阶段(L_3 之后)的主要特征是 MP<0,TP、AP 呈下降趋势,说明劳动投入是绝对的太多。

综上所述,理性厂商的决策不会考虑第三阶段,这一点是显而易见的。因为在第三阶段,减少变动投入反而增加总产量。同时,厂商也不会选择第一阶段,因为在这个阶段,厂商增加变动投入能增加平均产量,如果要素价格和产品价格既定不变,并且产品总可以销售出去,厂商的利润就会增加。因此,理性的厂商总是将一种变动要素投在平均产量递减且边际产量大于零的第二阶段上。当然,在这个阶段上,有许多可供厂商选择的变动要素投入点。厂商事实上会投入多少变动要素与既定的固定要素相结合,不仅取决于具体的生产函数,而且还取决于成本函数和市场需求状况。

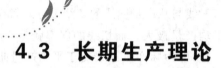

4.3 长期生产理论

先行案例　化肥投入组合

　　最佳投入组合的理论可以帮助我们改进决策。粮食生产中,氮肥和磷肥的最佳组合是什么呢? 这个问题对农业管理者是个重要的问题。美国一位著名的农业经济学家厄尔·黑迪帮助依阿华州的玉米生产者确定最优的肥料投入组合。

　　通过实验他发现氮肥(N)和磷肥(P)的每英亩的施用量与玉米每英亩产量间的关系为:

$$Y = -5.682 - 0.316N - 0.417P + 6.3512\sqrt{N}$$
$$+ 8.5155\sqrt{P} + 0.3410\sqrt{NP} \tag{式4-11}$$

　　这一方程就是生产函数。假设氮肥和磷肥每磅的价格为18美分和12美分,且管理者打算每英亩花30美元购买肥料。等成本线为:

$$18N + 12P = 3000 \tag{式4-12}$$

　　肥料的最佳施用量为氮肥每英亩91磅,磷肥每英亩113磅。

　　资料来源:[美]厄尔·O. 黑迪. 农业生产函数. 沈达尊等译. 北京:中国农业出版社,1991

　　想一想:肥料的最佳施用量是怎样得出的?

　　上节中,我们已经讨论了只有一种要素的投入是变动的,其余生产要素在投入固定的情况下生产投入的最佳区域。本节介绍长期生产理论。在长期内,所有的生产要素的投入量都是可变的,仍然假设只有劳动和资本两种生产要素,那么这两种生产要素按什么比例配合最好呢?

　　生产要素的最优生产组合,与消费者均衡很相似。消费者均衡研究的是消费者如何把既定的收入分配于两种产品的购买与消费上,以达到效用最大化。生产要素的最优生产组合,是研究生产者如何把既定的成本分配于两种生产要素的购买上,以达到利润最大化。因此,研究这两个问题所用的方式也基本相同,即边际分析法与等产量分析法。

　　两种可变生产要素的生产函数表达式:

$$Q = f(L, K) \tag{式4-13}$$

式中,L 表示可变要素劳动的投入量;K 表示可变要素资本的投入量;Q 表示产量。

公式表示:在长期内,在技术水平不变的条件下,两种可变要素投入量的组合与能生产的最大产量之间的依存关系。

4.3.1 等产量曲线

1. 等产量曲线的含义

等产量曲线是在技术水平不变的条件下,生产同一产量的两种生产要素投入的所有不同组合点的轨迹(这与无差异曲线有异曲同工的理解)。与等产量曲线对应的生产函数是:

$$Q = f(L,K) = Q^0 \qquad\qquad (式\ 4\text{-}14)$$

式中,Q^0 为常数,表示既定的产量水平。

图 4-2 是等产量曲线图形。这一等产量曲线图是从三维空间中等产量点向 $L-K$ 平面投影而来的,因此曲线的纵坐标与横坐标所表示的并不是因变量与自变量的关系,L 与 K 都是自变量,Q 才是因变量。

图中有三条等产量曲线,它们分别表示产量为 55、75、90 单位。以代表 75 单位产量的等产量曲线为例,既可以使用 D 点的要素组合(2,3)生产,也可以使用 E 点的要素组合(3,2)或 F 点的要素组合(5,1)生产。这是连续性生产函数的等产量曲线,它表示两种投入要素的比例可以任意变动,产量是一个连续函数,这是等产量曲线的基本类型。

2. 等产量曲线的特点

从图 4-2 可以直观地看到,等产量曲线有三个明显的特征。

第一,等产量曲线向右下方倾斜,在同一等产量曲线图中,有无数条等产量曲线。离原点越远的等产量曲线拥有更多的要素投入量,因而代表着更高的产量水平。

第二,在同一坐标图中,每一条等产量曲线都代表一个特定的产量水平,任何两条等产量曲线代表的产量水平各不相同,因此任何两条等产量曲线都不相交。对此,我们可以用反证法证明:假设任意两条等产量曲线可以相交,如图 4-3 所示,取 A、B、C 三点,则有:由于 A 点和 C 点同在 Q_2 这条等产量曲线上,所以 $Q_A = Q_C$,而 A 点和 B 点又同在另一条等产量曲线上,所以 $Q_A = Q_B$,最后可推得 $Q_C = Q_B$,但从图上显然看出 $Q_C > Q_B$,故与假设矛盾,说明等产量曲线不可能相交。

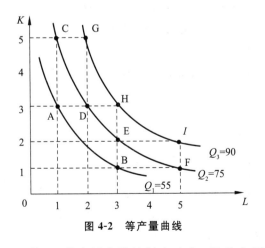

图 4-2 等产量曲线

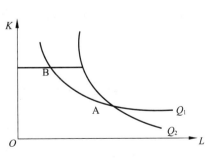

图 4-3 等产量曲线不相交

第三,等产量曲线的斜率为负,且凸向原点。这一特征可以借助边际技术替代率来说明。每一条特定的等产量线都代表一个特定的产量,等产量曲线的每一点都代表既定技术水平下的有效率的一种要素组合。这就意味着要使产量保持不变,厂商在增加一种要素使用量的同时就可以相应减少另一种要素的使用量,从而产生了两种要素之间相互替代的问题。

3. 边际技术替代率

等产量曲线除了指明可以用不同投入要素组合生产出相同产量外,还表明了生产既定产出量时一种投入要素可以被另一种投入要素替代的比率,即边际技术替代率。

(1) 边际技术替代率的含义。边际技术替代率是研究要素之间替代关系的一个重要概念,它是指在维持产出不变的情况下,每增加或减少一单位某种要素投入量,所必须减少或增加的另一种要素投入量,叫作前一种要素对后一种要素的边际技术替代率(marginal rate of technical substitution)。

以 MRTS_{LK} 表示劳动对资本的边际技术替代率,则:

$$\mathrm{MRTS}_{LK} = -\frac{\Delta K}{\Delta L} \qquad (式 4\text{-}15)$$

式中,ΔK 和 ΔL 分别表示资本投入量的变化量和劳动投入量的变化量。在代表一给定产量的等产量曲线上,作为代表一种技术上有效率的组合,为生产同一产量,增加 L 的使用量,必须减少 K 的使用量,二者反方向变化。所以,式 4-15 中加了负号,目的是为了使 MRTS_{LK} 为正值,以便于比较。举例说明,图 4-4 中,从 A 点到 B 点,劳动对资本的边际技术替代率为:

$$\mathrm{MRTS}_{LK} = -\frac{\Delta K}{\Delta L} = -\frac{-2}{2} = 1$$

如果要素投入量的变化量为无穷小,上式变为:

$$\mathrm{MRTS}_{LK} = \lim_{\Delta L \to 0} -\frac{\Delta K}{\Delta L} = -\frac{\mathrm{d}K}{\mathrm{d}L} \qquad (式 4\text{-}16)$$

式 4-16 表明等产量曲线上某一点的边际技术替代率就是等产量曲线在该点切线的斜率的绝对值。

边际技术替代率还可以表示为两要素的边际产量之比。这是因为,边际技术替代率的概念是建立在等产量曲线的基础上的,所以,对于任意一条给定的等产量曲线来说,当用劳动投入去替代资本投入时,在维持产量水平不变的前提下,由增加劳动投入量所带来的总产量的增加量和由减少资本量所带来的总产量的减少量必定是相等的,即必有:

$$|\mathrm{MP}_L \times \Delta L| = |\mathrm{MP}_K \times \Delta K| \qquad (式 4\text{-}17)$$

式 4-17 中,MP_L、MP_K 是劳动和资本的边际产量,表示每增加一单位劳动(或资本)的投入量所引起的总产量的变动量。整理得,

$$\frac{\mathrm{MP}_L}{\mathrm{MP}_K} = -\frac{\Delta K}{\Delta L}$$

由边际技术替代率的定义公式得:

$$\mathrm{MRTS}_{LK} = -\frac{\Delta K}{\Delta L} = \frac{\mathrm{MP}_L}{\mathrm{MP}_K} \qquad (式 4\text{-}18)$$

或:

$$\mathrm{MRTS}_{LK} = -\frac{\mathrm{d}K}{\mathrm{d}L} = \frac{\mathrm{MP}_L}{\mathrm{MP}_K} \qquad (式 4\text{-}19)$$

可见,边际技术替代率可以表示为两要素的边际产量之比。

（2）边际技术替代率递减规律。所谓边际技术替代率递减规律是指在维持产量不变的前提下,当一种要素的投入量不断增加时,每一单位的这种要素所能代替的另一种生产要素的数量是递减的。如图 4-4 所示,在两要素的投入组合沿着既定的等产量曲线 Q^0 由 a 点顺次运动到 b、c 和 d 点的过程中,劳动投入量等量地由 L_1 增加到 L_2,再增加到 L_3 和 L_4,即有 $OL_2 - OL_1 = OL_3 - OL_2 = OL_4 - OL_3$,而相应的资本投入量的减少量为 $OK_1 - OK_2 > OK_2 - OK_3 > OK_3 - OK_4$。这表示:在产量不变的条件下,在劳动投入量不断增加和资本投入量不断减少的替代过程中,边际技术替代率是递减的。

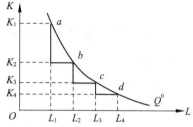

随着劳动对资本的不断替代,劳动的边际产量逐渐下降,而资本的边际产量逐渐上升。作为逐渐下降的劳动的边际产量与逐渐上升的资本的边际产量之比的边际技术替代率必是递减的。

可见,边际技术替代率递减规律产生的基础是要素的边际产量递减。这正如在消费理论中边际替代率递减规律产生的基础是边际效用递减一样。

图 4-4　边际技术替代率递减

边际技术替代率递减规律决定了等产量曲线一般是凸向原点的。

4.3.2　等成本线

1. 等成本线的含义

等成本线是在既定的成本和既定的生产要素价格条件下生产者可以购买到两种生产要素的各种不同数量组合的轨迹,如图 4-5 所示。其表达式称之为成本方程,也称为厂商的预算限制线,表示厂商对于两种生产要素的购买不能超出它的总成本支出的限制。等成本线的表达式为:

$$C = wL + rK \qquad \text{（式 4-20）}$$

式中,C 表示总成本;w 表示劳动的价格工资;r 表示资本的价格利息。

图 4-5 中等成本线在纵轴上的截距表示全部成本支出用于购买资本时所能购买的资本数量,等成本线在横轴上的截距表示全部成本支出用于购买劳动时所能购买的劳动数量,等成本线斜率的大小取决于劳动和资本两要素相对价格的高低。

图 4-5 中,在等成本线以内的区域,其中的任意一点(如 A 点)表示既定的总成本没有用完;等成本线以外的区域,其中的任意一点(如 B 点)表示既定的成本不够购买该点的劳动和资本的组合;等成本线上的任意一点表示既定的全部成本刚好能购买的劳动和资本的组合。

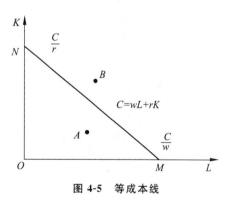

图 4-5　等成本线

2. 等成本线的变动

如果厂商的成本或要素的价格发生变动,都会使等成本线发生变化。其变化情况依两种要素价格和总成本的变化情况的不同而需要具体分析。

(1) 当某种投入要素的价格发生变化时,成本线的变动具体分为四种情况:

① w 变化而 r 不变化,则成本线以 M 点位轴心左右旋转。

② r 变化而 w 不变化,则成本线以 N 点位轴心左右旋转。

③ w,r 等比例变化,则成本线平行移动。

④ w,r 不等比例变化,则成本线非平行移动。

(2) 如果两种生产要素的价格不变,等成本线可因总成本的增加或减少而平行移动。等成本线的斜率就不会发生变化,在同一平面上,距离原点越远的等成本线代表成本水平越高。

4.3.3 生产要素的最优组合

在长期生产中,任何一个理性的生产者都会选择最优的生产要素组合进行生产,从而实现利润的最大化。所谓生产要素的最优组合,也称为生产者的均衡,是指在既定的成本条件下的最大产量或既定产量条件下的最小成本。下面我们分两种情况进行讨论。

1. 既定成本条件下的产量最大化

如图 4-6 所示,由于成本既定,所以图中只有一条等成本线 AB,但可供厂商选择的产量水平有很多,图中画出了三个产量水平 Q_1、Q_2、Q_3。先看等产量线 Q_1,图中等产量线 Q_1 代表的产量水平最高,但处于等成本线以外的区域,表明厂商在既定成本条件下,不能购买到生产 Q_1 产量所需的要素组合,因此 Q_1 代表厂商在既定成本下无法实现的产量。等成本线与 Q_3 交于 a、b 两点,与 Q_2 交于 E 点,而 E 点所在 Q_2 的产量大于 Q_3 的产量。而且在 Q_2 等产量线上除 E 点外,其他两种生产要素组合的店都在 AB 线外,成本大于 E 点,所以 E 点是最优生产组合。

2. 既定产量条件下的成本最小化

如图 4-7 所示,由于产量既定,所以图中只有一条等产量曲线 Q,图中有三条等成本曲线 AB、A_1B_1、A_2B_2。其中,等成本曲线 A_1B_1 代表成本水平太低,不能达到产量水平 Q。生产同样的产量,厂商既可以选择 A_2B_2 的两个交点 M 和 N 所对应的两种生产要素的组合;也可以选择 AB 代表的成本水平,使用等产量曲线和 AB 的切点 E 所对应的两种要素的组合。

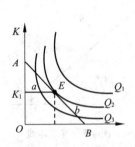

图 4-6 既定成本下产量最大的要素组合

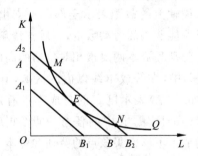

图 4-7 既定产量下的最小成本的要素组合

很明显,只有 E 点所代表的劳动与资本的组合,才是厂商的生产均衡点。因为等成本线向上移动,总成本将增加,不符合成本最小原则;等成本线向下移动,则生产不出既定产量。所以,与等产量线相切的等成本线 AB 是既定产量下的最小成本,切点 E 处表示的两种生产要素组合是用最小成本生产出既定产量的最优组合。

4.3.4 生产扩张线

生产扩张线(expansion path)表示在生产要素价格和其他条件不变情况下,随着厂商成本的增加,等成本线向右上方平行移动,不同的等成本线与不同的等产量线相切,形成不同的生产要素最适组合点,将这些点连接在一起所形成的轨迹。它由所有等产量曲线与等成本线的切点所构成,它表示在生产要素价格、技术和其他条件不变的情况下,当生产过程的投入(成本)增加时,厂商必然会沿着生产要素的最优组合来扩展其生产。当生产者沿着这条线扩大生产时,可以始终实现生产要素的最适组合,从而使生产规模沿着最有利的方向扩大。如图4-8所示。

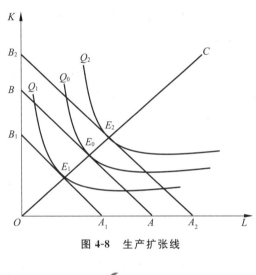

图 4-8　生产扩张线

4.4　规 模 收 益

先行案例　通用公司规模:是大、还是小,这是个问题……

　　一位通用公司的前总裁对通用公司的雪佛兰分公司作了如下评论:雪佛兰是如此的一个庞然大物,以致于你拧一下它的尾巴,另一头几个月也毫无动静。它实在太大了,根本无法真正管理它。可见通用公司的巨大规模成了一种负担;这个企业比福特大 $\frac{1}{3}$,比克莱斯勒大四倍,比丰田和尼桑加起来还大。与这些竞争对手相比,通用公司的成本劣势相当大,长期市场份额不断下降。尽管在现代化设备上投资了上百亿美元,但生产率仍是行业中最低的,单位成本则是最高的。为减少规模不经济,通用公司采取了许多措施。它与国外较小的竞争对手,如丰田公司建立起合资企业,组建独立的 Saturn 公司,并给予其五个汽车产品前面两节分别讨论了一种可变要素的短期生产函数和两种可变要素按不同比例变动的长期生产函数,本节将进一步讨论两种可变要素按相同比例变动的生产函数,即生产的规模收益问题。

4.4.1 规模收益的定义

生产规模变动与所引起的产量变化的关系即为规模收益问题。企业生产规模的改变,一般说来是通过各种要素投入量的改变实现的,各种要素在调整过程中,可以以不同组合比例同时变动,也可以按固定比例变动。在生产理论中,常以全部生产要素以相同的比例变化来定义企业的生产规模变化,因此,所谓规模收益是指在其他条件不变的情况下,各种生产要素按相同比例变动所引起的产量的变动。根据产量变动与投入变动之间的关系可以将规模收益分为三种:规模收益不变、规模收益递增和规模收益递减三种情况。如图4-9所示。

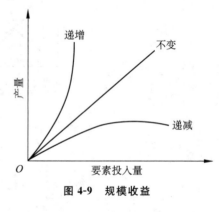

图4-9 规模收益

规模收益递增(increasing returns to scale)是指产量的增加比例大于投入要素的增加比例。例如,生产规模扩大了10%,带来产量增加了15%。

规模收益不变(constant returns to scale)是指产量的增加比例等于投入要素的增加比例。例如,生产规模扩大了10%,带来产量也增加了10%。

规模收益递减(decreasing returns to scale)是指产量的增加比例小于投入要素的增加比例。例如,生产规模扩大了10%,带来产量增加了8%。

4.4.2 规模收益变动的原因

1. 规模收益递增的原因

产生规模收益递增的原因主要有两种。一种为分工协作带来的专业化利益。生产规模扩大时,使用的劳动较多,劳动者可以进行专业化分工,从而提高效率。专业化利益有时也体现在资本设备上。例如,当厂商扩大规模时,可以用效率更高的专门化的资本设备来代替非专门化的设备。另一种为某些要素的不可分割性。有些要素如计算机、自动化装配线等必须在生产规模达到足够大的程度时才能有效率地使用。当规模很小时,使用这些不可分割的设备,是得不偿失的。

2. 规模收益不变的原因

由于在规模收益递增阶段的后期,大规模生产的优越性已得到充分发挥,厂商逐渐用完了种种规划优势,同时,厂商采取各种措施与努力减少规模不经济,以推迟规模收益递减阶段的到来。在这一阶段,厂商规模增加幅度与收益增加幅度相等。

3. 规模收益递减的原因

当厂商不断地扩大经营规模时,上述导致规模收益递增的有些因素的作用最终会受到限制,并走向它的反面,导致规模收益递减。企业规模收益递减的主要原因,是由于规模过大遇到的管理方面的困难。当企业规模变得越来越大时,管理和协调的问题也就日益难以处理:管理层次的增加,使得信息在传递过程中容易失真。每一个企业只能有一个首席执行官、一个财务主管和一个董事会。由于只能用更少的时间研究每一个市场和制定每一个决策,高层管理人员可能变得脱离日常生产活动,并且开始犯错误。因此,尽管技术、专业化等可以提供递增或不变的规模收益,但管理和控制方面的问题会在那些巨大的企业中导致规模收益递减。

【案例小品4-4】 马胜利的失利

河北石家庄造纸厂厂长马胜利因承包而出名。1984年,石家庄造纸厂跟当地的很多老牌国营企业一样难以为继,800多人的工厂已经连续三年亏损,马胜利是厂里的业务科长,主动提出由他来承包造纸厂,年底上缴利润70万元,工人工资翻番,"达不到目标,甘愿受法律制裁"。这个戏剧性的大胆举动轰动石家庄,半个月后,市长王葆华组织了160人的答辩会,在听了马胜利的承包演讲后,王葆华当场做主让他承包造纸厂。

业务科长出身的马胜利主要在产品结构和销售激励上下了工夫。根据市场需求,把原来的一种"大卷子"规格变成了六种不同的规格,颜色也由一种变成三种,还研制出"带香味儿的香水纸巾"。为了鼓励业务员开拓市场,马胜利设立了"开辟新客户有奖"规定,开辟一个大客户,奖励十元,招揽一个小客户,奖励五元。这些措施让一潭死水的工厂顿时有了活力。承包第一个月,造纸厂就实现利润21万元,比最初整年的指标17万元还多,第一年承包期满,马胜利完成了140万元的利润。

此后,他的工厂连续几年盈利增长,1985年实现利润280万元,1986年为320万元。1987年,如日中天的马胜利向社会宣布了一个让人振奋的决定:他将创办"中国马胜利造纸企业集团",从现在开始,在全国20个省市陆续承包100家造纸企业。马胜利的演讲被一阵又一阵热烈的掌声淹没、打断,在人们充满敬意的仰望的目光中,站在光环中的马胜利仿佛是一位能够点石成金的神仙。从1987年11月到第二年1月,马胜利"晓行夜不宿",在不到两个月的时间里对27家造纸厂进行了承包。1988年1月19日,"中国马胜利造纸企业集团"在锣鼓喧天中成立,北京的轻工部部长和河北省省长一起参加了成立大会。

然而,马氏神话的破灭让人始料未及。仅四个月后,浙江媒体报道他承包浙江浦江造纸厂"失利";7月,贵州报道"马胜利承包后的贵阳造纸厂处境困难";8月,烟台蓬莱造纸厂因亏损与马胜利中止合同。可怕的多米诺骨牌效应发生了,到年底,马胜利宣布停止吸收新企业,今后不再跨省经营,此时,已有16家造纸厂先后退出了集团。

4.4.3 适度规模

适度规模是指两种生产要素的增加正好使报酬递增达到最大。到此不再增加要素投入。不同的行业,适度规模的标准是不一样的,考虑规模适度时的主要因素有两个:第一,本行业的技术特点。一般来说,冶金、石化等重工业的期初投资大,设备复杂,只有达到一定的产量才能收回成本,因此适度规模相对较大,而服装、纺织等轻工业的适度规模相对较小,这样才能灵活适应市场需求的变化。第二,市场条件。市场需求量大,生产的适度规模相对较大,反之,适度规模相对较小。此外,交通条件、能源供给、原料供给、政府政策等因素也影响适度规模。

另外,全国各地由于经济发展水平、资源、市场等条件的差异,即使同一行业,适度规模的大小也并不完全相同。一些重要行业,国际有统一的适度规模标准。例如,钢铁厂为年产1 000 万吨钢,彩色显像管厂年产 200 万套,电冰箱厂双班能力为年产 50~80 万台。虽然我国不一定套用这些标准,但我国还有不少企业远远没有达到规模经济,如冰箱厂平均年产5.96 万台。即使不套用国际标准,我国的冰箱厂年产双班能力也应在 40 万台。

应该注意的是,随着技术进步,规模经济的标准也是在变的。例如,在 20 世纪 50 年代,汽车厂的规模经济为年产 30 万辆,但到 1977 年这一规模经济已达到年产 200 万辆。日本丰田汽车年产已超过 500 万辆。重工业行业中普遍存在这种规模经济的生产规模不断扩大的趋势。这是因为这些行业的设备日益大型化、复杂化和自动化,投资越来越多,从而只有在产量达到相当大数量时,才能实现规模经济。

任 务 拓 展

罗纳德·科斯

罗纳德·科斯(Ronald H. Coase,1910—),出生于英国,后来在美国从事经济学和法学研究。科斯提出交易成本和产权这两个重要概念,并将它们结合起来用于分析经济组织和制度,从而为经济学研究开拓了一个崭新的角度和方向。科斯的理论是跨学科性的,它大大地推动了制度经济学、组织行为学、法学和历史学等领域的研究和发展。1991 年,科斯获得诺贝尔经济学奖。

科斯于 1910 年出生于伦敦近郊一个邮局电报员家庭里。年幼时科斯因为腿疾进入残疾学校,但他发奋学习,在 22 岁时便获得著名的伦敦经济学院的商学士学位。20 世纪三四十年代,科斯任教于利物浦大学和伦敦经济学院。1951 年,科斯移居美国,最初执教于布法罗大学(University of Buffalo),后又转往弗吉尼亚大学(University of Virginia)。1964 年,科斯被芝加哥大学法学院聘为经济学教授,此后一直在芝加哥大学工作。

科斯"因为对经济的体制结构取得突破性的研究成果",荣获 1991 年诺贝尔经济学奖。他的杰出贡献是发现并阐明了交换成本和产权在经济组织和制度结构中的重要性及其在经济活动中的作用。科斯的代表作是两篇著名的论文,其一是 1937 年发表的《企业的本质》,该文独辟蹊径地讨论了企业存在的原因及其扩展规模的界限问题,科斯创造了"交易成本"这一重要概念来予以解释。所谓交易成本,即"利用价格机制的费用"或"利用市场的交换手段进行交易的费用",包括提供价格的费用、讨价还价的费用、订立和执行合同的费用等。科斯认为,当市场交易成本高于企业内部的管理协调成本时,企业便产生了,企业的存在正是为了节约市场交易费用,即用费用较低的企业内部交易代替费用较高的市场交易;当市场交易的边际成本等于企业内部管理协调的边际成本时,就是企业规模扩张的界限。科斯另一篇著名论文是 1961 年发表的《社会成本问题》,该文重新研究了交易成本为零时合约行为的特征,批评了庇古关于"外部性"问题的补偿原则(政府干预),并论证了在产权明确的前提下,市场交易即使在出现社会成本(即外部性)的场合也同样有效。科斯发现,一旦假定交易成本为零,而且对产权(指财产使用权,即运行和操作中的财产权利)界定是清晰的,那么法律规范并不影响合约行为的结果,即最优化结果保持不变。换言之,只要交易成本为零,那么无论产权归谁,都可以通过市场自由交易达到资源的最佳配置。斯蒂格勒(1982 年诺贝尔经济学奖得主)将科斯的这一思想概括为"在完全竞争条件下,私人成本等于社会成本",并命名为"科斯定理"。

自 我 测 试

一、名词解释

生产函数　边际产量　等成本线　等产量线　规模收益

二、选择题

1. 反映生产要素投入量和产出水平之间关系称作(　　)。

　　A. 总成本曲线　　　　　　　　　　B. 生产函数

　　C. 生产可能性曲线　　　　　　　　D. 成本函数

2. 在经济学中,短期是指(　　)。

　　A. 1 年或 1 年以内的时期

　　B. 在这一时期内所有投入要素均是固定不变的

　　C. 在这一时期内所有投入要素均是可以变动的

　　D. 在这一时期内生产者只能调整可变的生产要素

3. 当平均产量达到最大值时(　　)。

　　A. 总产量达到最大值

　　B. 总产量仍处于上升阶段还未达到最大值

C. 边际产量达到最大值

D. 边际产量等于零

4. 当边际产量达到最大时,下列各项中正确的是（　　）。

  A. 总产量达到最大值   B. 平均产量处于递减阶段

  C. 平均产量处于递增阶段   D. 总产量处于递减阶段

5. 当总产量达到最大值时（　　）。

  A. 平均产量是递减的   B. 平均产量为零

  C. 边际产量为零   D. 边际产量为负

6. 如果连续增加某种生产要素,在总产量达到最大时,边际产量曲线（　　）。

  A. 与纵轴相交   B. 经过原点

  C. 与横轴相交   D. 与平均产量曲线相交

7. 当边际产量大于平均产量时,（　　）。

  A. 平均产量增加   B. 生产技术水平不变

  C. 平均产量不变   D. 平均产量达到最低点

8. 下列说法中错误的是（　　）。

  A. 只要总产量减少,边际产量一定是负数

  B. 只要边际产量减少,总产量一定也减少

  C. 边际产量曲线一定在平均产量曲线的最高点与之相交

  D. 随着某种生产要素投入量的增加,边际产量和平均产量增加到一定程度将趋于
   下降,其中边际产量的下降一定先于平均产量

9. 当劳动的边际产量为负时,生产处于（　　）。

  A. 劳动投入的第Ⅰ阶段

  B. 劳动投入的第Ⅱ阶段

  C. 劳动投入的第Ⅲ阶段

  D. 资本投入的第Ⅰ阶段

10. 根据边际收益递减规律,如果技术不变,其他投入要素的投入量不变,一种投入要素如果过量使用（　　）。

  A. 最终会使总产量下降

  B. 会使边际产量减少,直到等于零时为止

  C. 最终会使总产量下降,但不会等于零

  D. 总产量能继续保持增长,不过增长的幅度会越来越小

11. 边际收益递减规律只是在下列情况下起作用:（　　）。

  A. 所有投入要素的投入量都按同一比例变化

  B. 生产函数中只有一种投入要素

  C. 生产函数中至少有一种投入要素的投入量是不变的

  D. 在柯布—道格拉斯生产函数中诸变量的指数之和小于1

12. 在生产技术水平不变的条件下,生产同一产量的两种不同的生产要素的不同组合构成的曲线是（　　）。

  A. 无差异曲线 B. 等成本曲线 C. 等产量曲线 D. 生产可能线

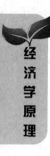

13. 等产量曲线是指在这条曲线上的各点代表(　　)。

　　A. 为生产同等产量投入要素的各种组合比例是不能变化的

　　B. 投入要素的各种组合所能生产的产量都是相等的

　　C. 为生产同等产量投入要素的价格是不变的

　　D. 不管投入各种要素量如何,产量总是相等的

14. 边际技术替代率是指(　　)。

　　A. 两种要素投入的比率

　　B. 一种要素投入替代另一种要素投入的比率

　　C. 一种要素投入的边际产品替代另一种要素投入的边际产品的比率

　　D. 在保持原有产出不变的条件下,用一种要素投入替代另一种要素投入的比率

15. 等成本曲线平行向外移动表明(　　)。

　　A. 产量提高了

　　B. 成本增加了

　　C. 生产要素的价格按不同比例提高了

　　D. 生产要素的价格按相同比例提高了

16. 生产要素的最佳组合点一定是(　　)。

　　A. 等成本曲线与生产可能性曲线的切点

　　B. 等产量曲线与等利润曲线的切点

　　C. 等产量曲线与等成本曲线的切点

　　D. 等产量曲线与等收入曲线的切点

17. 无数条等产量曲线与等成本曲线的切点连接起来的曲线是(　　)。

　　A. 无差异曲线　　　　　　　　B. 消费可能线

　　C. 收入消费曲线　　　　　　　D. 生产扩展路线

18. 理性的生产者选择的生产区域应是(　　)。

　　A. MP＞AP 阶段

　　B. MP 下降阶段

　　C. AP＞MP＞0 阶段

　　D. MP 与 AP 相交之点起至 MP 与横轴交点止

19. 最优点生产要素组合点上应该有(　　)。

　　A. 等产量曲线和等成本线相切　　　　B. $\text{MRTS}_{LR} = \dfrac{w}{r}$

　　C. $\dfrac{dL}{dK} = \dfrac{w}{r}$　　　　　　　　　　D. $\dfrac{\text{MP}_L}{\text{MP}_L} = \dfrac{w}{r}$

20. 一企业采用最低成本进行生产,若资本的边际产量为 5,单位资本的价格为 20 元,单位劳动的价格为 8 元,劳动的边际产量为(　　)。

　　A. 1　　　　　　　B. 2　　　　　　　C. 3　　　　　　　C. 4

三、简答题

1. 假设你要招聘工厂的流水线操作工,在平均劳动产出与边际劳动产出中,你更关心什么? 如果你发现平均产出开始下降,你会雇用更多的工人吗? 这种情况的出现意味着刚

雇用的工人的边际产出如何？

2. 什么是边际收益递减规律？这一规律发生作用的条件是什么？

3. 分析柯布—道格拉斯生产函数规模报酬状况。

4. 运用图形分析厂商在两种可变投入生产函数下，如何实现资本与劳动要素的最佳组合。

四、计算题

1. 填写表 4-2 中的空白部分。

表 4-2

资本投入量（K）	劳动投入量（L）	总产量（TP）	平均产量（AP）	边际产量（MP）
10	0	0	—	—
10	1	150		
10	2		200	
10	3			200
10	4	760		
10	5			150
10	6		150	

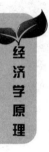

2. 已知某企业的生产函数为：$Q = \dfrac{2}{3}L^3 + 10L^3$，确定 L 的合理投入区域。

五、讨论题

在"大跃进"中曾提倡农作物密植，结果粮食减产，用边际产量递减原理解释这种现象。

案 例 分 析

木 桶 理 论

经济学家厉以宁曾以"木桶理论"来阐述经济学问题。这一理论认为木桶的盛水量取决于最短板的长度，这在非均衡经济学里叫做"短边决定原则"。它告诉我们，"木桶"想多盛"水"的方法有二：一是生产要素替代，锯长补短；二是拆桶重装，进行资产重组。事实上，一个人乃至一个集体所取得的成绩或成就，也常常取决于其"短边"。

近日，新华社连续播发了长篇报道，介绍天津构建和谐社会的经验。报道说，自 20 世纪 90 年代以来，天津经济连续十多年保持了均衡、持续、快速增长。"不求短时期的热闹，及时提升、弥补可能影响经济社会整体发展水平的'短板'，保证城市和谐前进，是天津的能量以令人惊奇的方式释放的核心因素。"

这里涉及了一个"木桶理论"：一只水桶能容纳多少水，取决于最短的那块木板。要想得到最大容量，得到满桶的水，就必须把所有木板的长度都提升到与最长的那块一样。

社会好比一只木桶，要达到和谐稳定，必须把"短板"及时提升、弥补起来。和谐社会这只"木桶",是由"民主法治、公平正义、诚信友爱、充满活力、安定有序、人与自然和谐相处"等"木板"组合而成的,每块"木板"都有它的对立物,如不诚不信、混乱无序、缺章少法等。抓紧解决对立物之间的矛盾,即各种社会矛盾的过程,就是构建和谐社会的过程。

"短板"的及时"提升"与"弥补",对于构建和谐社会至关重要,这也正是新华社记者所说的"天津的能量以令人惊奇的方式释放的核心因素",是天津的经验之所在。

问题:

1. 结合木桶理论谈谈生产要素最优组合对企业的重要作用。

2. 谈谈木桶理论对你人生的启示。

技 能 实 训

实训项目:考察你所在城市的大型超市和小型便利店的销售情况。

实训目标:通过观察,了解大型超市和小型便利店所卖商品的情况,了解规模效益对定价的影响。

实训组织:学生每 6 人分为一组,选择不同的超市或便利店进行调查。

实训提示:教师提出活动前准备及注意事项,同时随队指导。

实训成果:各组汇报,教师讲评。

透视生产者行为：成本分析

■ **能力目标**

通过完成本项任务，应该能够：

◆ 熟悉成本的基本概念

◆ 了解短期成本、长期成本的概念和曲线，以及变动规律

◆ 运用成本和收益理论分析解决现实经济问题

■ **任务解析**

5.1 成本分析

5.2 利润分析

■ **任务导入**

任务4主要分析了生产要素投入量与产量之间的关系。但生产者为了实现利润最大化，不仅要考虑这种物质技术关系，而且还要考虑成本与收益之间的经济关系，因而要分析成本与收益问题。和任务4一样，本任务仍假定生产者处在完全竞争的生产要素市场，即生产者只能被动地接受既定的生产要素的市场价格。在此基础上，本任务将从生产者决策的角度进行成本分析，并在成本的基础上结合收益分析研究企业的利润最大化问题。

你可以对照能力目标，结合自我测试反复演练，有的放矢地依次完成各分项任务，直至完成本任务。

5.1 成本分析

先行案例 两份报表

在"下海"的浪潮中,某单位处长小王用自有的 20 万元资金办了一个服装厂。一年结束时,会计拿来了收支报表。当小王正看报表时,他的一个经济学家朋友小李来了。小李看完报表后说,我的算法和你的会计不同。小李也列出一份收支报表。这两份报表如表 5-1 所示。

表 5-1 会计报表 单位:万元

会计的报表		经济学家的报表	
销售收益	100	销售收益	100
设备折旧	3	设备折旧	5
厂房租金	3	厂房租金	3
原材料	60	原材料	60
电力	3	电力	3
工资	10	工资	10
贷款利息	15	贷款利息	15
		小王应得的工资	4
		自有资金利息	2
总成本	94	总成本	102
利润	6	利润	—2

事实上,会计报表中的成本是实际支出的会计成本,经济学家报表中的成本是机会成本。上表中,两种成本差别体现在以下三点。

第一,机会成本包括小王自己办厂、不用向自己支付的工资。会计成本中没有这一项。我们假设小王上班时每年工资收入为 4 万元,自己办厂的机会成本之一就是放弃的这 4 万元收入。

第二,机会成本包括小王办厂自有资金所放弃的利息。会计成本中也没有这一项。这里假设把这笔钱存入银行,可获得 2 万元利息,这 2 万元也是机会成本之一。

第三,会计报表与经济学家报表中都有设备折旧一项,但会计成本与机会成本的计算方法不同,因此数值不同。会计是按线性折旧计算的,即全部设备为 15 万元,设备使用期限为 5 年,平均每年折旧 3 万元,所以,设备折旧为 3 万元。经济学家是按设备资产的现值来计算折旧的。小王去年买的设备,现在如果拿出去卖只值 10 万元,所以折旧,即设备资产价值的减少为 5 万元。这就是用机会成本来计算的折旧。这两种方法计算出的折旧差别为 2 万元。

这三项机会成本加在一起共为 8 万元。所以,经济成本为 102 万元,减去销售收益 100 万元,实际上还亏了 2 万元,即经济利润为 −2 万元。

资料来源:梁小民. 微观经济学纵横谈(第三版). 上海:生活·读书·新知三联书店,2000

想一想:机会成本与会计成本有什么区别?在进行经济决策时采用哪种成本更合理?

5.1.1 成本的含义

生产成本一般是指厂商生产一定产量时在生产过程中所支付的费用。很明显,厂商货币支出总额的大小取决于两个基本因素:产量 Q 和各种生产要素的价格 P,成本函数可记为:

$$C = f(P, Q)$$

(式 5-1)

值得注意的是,如先行案例所揭示的那样,经济学的成本概念与会计学上的成本概念是有区别的,不能将其混为一谈。我们一般所说的是生产成本,是指企业对购买的生产要素的货币支出。而在经济学分析中,仅从这样的角度来理解成本概念是不够的,需要引入机会成本、显成本、隐成本等概念。

5.1.2 成本的分类

1. 机会成本和会计成本

会计成本(accounting cost)指的是厂商在生产过程中按市场价格直接支付的费用。这些费用一般要反映到厂商的会计账目上去,是企业已支出的货币的记录,因此也叫做历史成本。会计成本所提供的信息存在一定的不足之处:首先,会计成本往往只能反映过去,不能说明将来。其次,会计成本往往含有一些人为的因素。最后,会计成本不能准确反映厂商生产的实际代价。

机会成本(opportunity cost)是指厂商所放弃的使用相同的生产要素在其他生产用途中所能得到的最高收入,或者将一定资源用做某种用途时所放弃的在其他用途中所能够获得的最高收入。理解这一概念时要注意三个问题。

第一,机会成本不等于实际成本。它不是作出某项选择时实际支付的费用或损失,而是一种理论上的成本或损失。案例中小王虽然不需要对自有资金支付利息,但他却丧失了本来能够获得利息的机会,因此从理论上讲是一种损失。

第二,机会成本是作出一种选择时所放弃的其他若干种可能的选择中最好的一种。经济学家认为小王自己开办工厂损失了 4 万元的工资收入,事实上,小王如果不办厂可能有很多选择,如赋闲在家或做志愿者工作,4 万元无疑是所有可能的选择中从经济角度来说最好的一种。

第三,机会成本并不全是由个人选择所引起的。先导案例中,设备的折旧值要以 5 万元来计算,就是因为市场行情发生了变化,如技术进步,使得设备的实际价值发生了贬损。

西方经济学家认为,经济学是要研究一个经济社会如何对稀缺的经济资源进行合理配置的问题。从经济学的稀缺性这一前提出发,当一个企业用一定的经济资源生产一定数量的一种或几种产品时,这些经济资源就不能同时被用在其他的生产用途方面。也就是说,这个企业所获得的一定数量的产品收入,是以放弃用同样的经济资源来生产其他产品时所能获得的收入作为代价的,由此才产生了机会成本的概念。

在企业做出任何决策时,前提是该项决策的结果是收益大于或至少等于机会成本。如果机会成本大于收益,则这项决策从经济学的观点看就是不合理的。也可以将这一概念推广到人类行为的其他决策过程中去。

2. 显成本和隐成本

理解了机会成本的概念以后,我们在进行分析时就可以从这一角度将企业成本划分为显成本和隐成本两类。

显成本(explicit cost)从数量上看相当于会计成本,是指企业在市场上购买或租用所需要的生产要素的实际支出。这些支出是在会计账目上作为成本项目记入账上的各项费用支出,它包括企业支付的管理人员和工人的工资、所借贷资金的利息、租借土地、厂房的租金以及用于购买原材料或机器设备、工具和支付交通能源费用等支出的总额,即生产者对投入要素的全部货币支付。

隐成本(implicit cost)是对企业自己所拥有的,且被用于该企业生产过程的那些生产要素所应支付的全部费用。这些费用并没有在企业的会计账目上反映出来,由于不如显成本那么明显,故称为隐成本。例如,生产者将自有的房屋作为厂房,在会计账目上并无租金支出,不属于显成本。但西方经济学认为,既然租用他人的房屋需要支付租金,那么当使用生产者自有房屋时,也应支付这笔租金,所不同的是这时生产者是向自己支付租金。从机会成本的角度看,隐成本必须按照企业自有生产要素在其他最佳用途中所能得到的收入来支付,否则,生产者就会把自有生产要素转移到其他用途上,以获得更多的报酬。

需要注意的是并不是生产者所耗费的所有成本都要列入机会成本之中。例如,沉没成本就不列入机会成本。所谓沉没成本是指由于过去的决策已经发生了的,而不能由现在或将来的任何决策改变的成本。2001 年诺贝尔经济学奖获得者之一的美国经济学家斯蒂格利茨在他的《经济学》一书中用一个生活中的例子来说明什么是沉没成本。他说,"假如你花 7 美元买了一张电影票,你怀疑这个电影是否值 7 美元。看了半个小时后,你最担心的事被证实了:影片糟透了。你应该离开影院吗? 在做这个决定时,你应当忽视那 7 美元。它是沉没成本,无论你离开影院与否,钱都不会再收回。"

3. 短期成本与长期成本

只能对部分要素进行调整,而不能对全部要素进行调整的时期内所发生的成本称为短期成本(short-run cost)。对一切要素均可调整的时期内发生的成本称为长期成本(long-run cost)。

正如我们在任务 4 中指明的,经济学中的长期与短期,通常以生产者能否全部调整生产要素的投入量为标准。所谓短期,不是单指时间的长短,而是指现存生产技术条件尚未改变前的时间,它可以是几周,也可能是几年。短期成本是与短期生产相对应的成本,在短期内,至少存在一种生产要素是不可以调整的,因此短期内存在固定成本和变动成本之分。长期成本是与长期生产相对应的成本。从长期来看,生产者为了适应市场需求变化和生产技术发展的要求,总是要调整生产要素投入量。因此,生产者支付在生产要素上的费用全部是由可变成本构成的。长期成本无固定成本与可变成本之分。

5.1.3 短期成本分析

【案例小品 5-1】 火车票打折了

铁路自春运后进入了淡季。为了拉动旅客乘车需求,铁道部推出了打折优惠政策。根据铁道部新出台的《关于短途卧铺票价优惠办法的通知》，从 2009 年 3 月 15 日至 6 月 30 日，列车运行最后一日（含当日运行）6 点以后的空闲卧铺可以执行卧铺优惠票价，优惠幅度在 20%～50%。坚挺了 N 年的铁路票终于要打折了。铁道部的行为是理性的吗？我们可以用边际分析理论来回答这一问题。

从理论上说，短期内铁路运输的成本分为固定成本和可变成本。固定成本包括火车购置费（即购置火车的贷款利息和折旧费）、路轨铺设费、乘务员工资、检修费用及地勤人员费用等。这部分费用是必须支出的。可变成本主要由燃料和服务费（安检、饮食、清洁）构成，这部分费用随着乘客人数的增加而增加。显然，就铁路运输而言，它的成本大部分是由固定成本构成的。在火车卧铺空闲很多的情况下，能否把卧铺票的价格降低出售呢？边际分析告诉我们是可行的。因为根据边际分析法，决策不应当考虑全部成本，而应当考虑每增加一位乘客而额外增加的成本，这种额外增加的成本叫做边际成本。在这里，每增加一位乘客而引起的边际成本是很小的，它只包括火车因增加载荷而增加的燃料支出等。而铁路部门多卖一张票而增加的收入叫做边际收益，如果火车卧铺票打折后每多卖一张票所增加的边际收益大于边际成本，那么，多卖火车卧铺票就能增加铁路部门的总利润。否则，如果卧铺票没有灵活性，因票价过高使一些铺位空置，造成浪费，这对铁路部门是不利的。

资料来源：铁道部新规：列车空闲卧铺票可打折至 50%. http://www.train8.com/thread-3749-1-1.html

在短期中，由于生产要素分为固定投入和可变投入，因此短期中的成本相应地分为总成本、固定成本、可变成本、平均总成本、平均固定成本、平均可变成本、边际成本等七类。

1. 固定成本

固定成本（fixed cost，FC）是指那些短期内无法改变的固定投入所带来的成本，这部分成本不随产量的变化而变化。例如，厂房和机器的折旧以及保养费和保险费、财产税、管理人员的薪金、利息支付等。即使在企业停产的情况下，产量为零时，生产者也必须支付这些费用。

2. 可变成本

可变成本（variable cost，VC）是指那些随着生产量的变化而变动的成本和费用，它包括生产工人工资，用于购买原材料、燃料、动力、运输和税款的支付等。当产量为零时，变动成本也为零，产量越大，变动成本也越大，所以，可变成本 VC 是产品产量的函数，用公式表示为：

$$VC = f(Q)$$

（式 5-2）

3. 总成本

总成本（total cost，TC）是指生产一定产量所付出的全部成本，是总固定成本（total fixed cost，TFC）和总可变成本（total variable cost，TVC）之和。总成本计算公式为：

$$TC = TFC + TVC$$

（式 5-3）

一般简写为：

$$TC = FC + VC \qquad\qquad (式5\text{-}4)$$

由于 VC 是产量的函数，因此 TC 也是产量的函数。用公式表示为：

$$TC(Q) = FC + VC(Q) \qquad\qquad (式5\text{-}5)$$

总成本、总固定成本、总变动成本的曲线形状及相互关系可以用图 5-1(a)说明。图中：TFC 是一条水平线，表明 TFC 与产量 Q 无关。TVC 与 TC 曲线形状完全相同，都是先以递减的速度上升，再以递增的速度上升，确切的形状决定于边际成本率，二者不同的是 TVC 的起点是原点，而 TC 的起点是 TFC 与纵坐标的交点。这是因为总成本是由总固定成本和总变动成本加总而成的，而总固定成本是一常数，所以任一产量水平的 TC 与 TVC 之间的垂直距离均为 TFC。

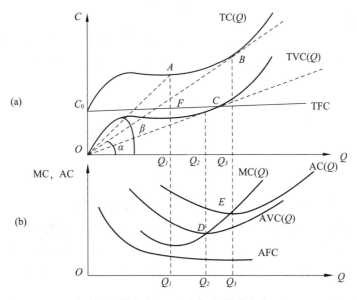

图 5-1　总成本、平均成本、边际成本关系

4. 平均固定成本

平均固定成本(average fixed cost，AFC)是指生产者短期内平均生产每一单位产品所消耗的固定成本。平均固定成本计算公式为：

$$AFC = \frac{FC}{Q} \qquad\qquad (式5\text{-}6)$$

计算平均固定成本的经济意义在于：要获取规模经济效应，企业产量必须达到一定程度，这样每单位固定要素投入才能发挥其最大效率。

从图 5-1(b)可以看出，平均固定成本曲线是一条以横轴为渐近线的曲线，平均固定成本随产量增加而不断减少。平均固定成本变动的规律是起初减少的幅度很大，以后减少的幅度越来越小。因此平均固定成本曲线起先比较陡峭，说明在产量开始增加时，它下降的幅度很大，以后越来越平坦，说明随着产量的增加，它下降的幅度越来越小。但平均固定成本曲线不可能与横坐标相交，因为短期中总固定成本不会为零。

5. 平均可变成本

平均可变成本(average variable cost，AVC)是指生产者短期内生产平均每一单位产品所消耗的可变成本。平均可变成本计算公式为：

$$AVC = \frac{VC}{Q} \qquad \text{(式 5-7)}$$

如图 5-1 所示，平均可变成本曲线是一条先下降而后上升的 U 形曲线，即起初随着产量的增加，平均可变成本减少；但产量增加到一定程度后，平均可变成本开始逐渐增加，这主要是可变投入要素的边际成本先递减后递增也即要素边际生产率先递增后递减的结果。

平均可变成本曲线的最低点可以用数学方法直观地获得：从原点引一条射线与 VC 相切，切点的左边，总可变成本增长慢于产量增长，$\frac{VC}{Q}$ 的值是下降的，在切点的右边，总可变成本快于产量增长，$\frac{VC}{Q}$ 的值是上升的。在切点对应的产量上，平均可变成本达到最低点。

6. 平均总成本

平均总成本（average total cost，ATC）是指生产者短期内平均生产每一单位产品所消耗的全部成本，一般简称为"平均成本（average cost，AC）"。平均总成本的计算公式为：

$$ATC = \frac{TC}{Q} \qquad \text{(式 5-8)}$$

由 TC＝FC＋VC 得：

$$ATC = \frac{TC}{Q} = \frac{FC+VC}{Q} = \frac{FC}{Q} + \frac{VC}{Q} \qquad \text{(式 5-9)}$$
$$= AFC + AVC$$

式 5-9 说明平均总成本由平均固定成本和平均可变成本构成。

平均总成本的变动规律是初期随着产量的增加不断下降，产量增加到一定量时，平均成本达到最低点，而后随着产量的继续增加，平均成本开始上升。类似于平均可变成本，平均总成本的最低点可以这样确定：从原点引一条射线与 TC 相切，切点的左边，总成本增长慢于产量增长，$\frac{TC}{Q}$ 的值是下降的，在切点的右边，总成本快于产量增长，因此 $\frac{TC}{Q}$ 的值是上升的。在切点对应的产量上，平均总成本达到最低点。

可以说，ATC 与 AVC 的变动规律相同，但二者有两点不同：第一，ATC 一定在 AVC 的上方，两者的垂直距离永远为 AFC。当 Q 无穷大时，ATC 与 AVC 无限接近，但永不重合，不相交。第二，ATC 与 AVC 最低点不在同一个产量上，而是 ATC 最低点对应的产量较大。即 AVC 已经达到最低点并开始上升时，ATC 仍在继续下降，原因在于 AFC 是不断下降的。只要 AVC 上升的数量小于 AFC 下降的数量，ATC 就仍在下降。

7. 边际成本

边际成本（marginal cost，MC）是指生产者在短期内增加一单位产量所引起的总成本的增加。边际成本的计算公式为：

$$MC = \frac{\Delta TC}{\Delta Q} \qquad \text{(式 5-10)}$$

按经济学中的基本假定，产出量是可以无限分割的，当产出量的变化无限小时，总成本的变化也无限小。因此，边际成本可以定义为总成本函数的一阶导数，即：

当 $\Delta Q \rightarrow 0$ 时

$$MC = \lim_{\Delta Q \to 0} \frac{\Delta TC}{\Delta Q} = \frac{dTC}{dQ}$$ (式 5-11)

从公式可知：MC 是 TC 曲线上相应点的切线的斜率。

边际成本变动规律是随着产量的增加，边际成本初期迅速下降，很快降至最低点，而后迅速上升，上升的速度快于平均可变成本、平均成本。由于 TC=FC+VC，FC 始终不变，因此 MC 的变动与 FC 无关，MC 实际上等于增加单位产量所增加的可变成本。即：

$$MC = \frac{dTC}{dQ} = \frac{dVC}{dQ}$$ (式 5-12)

8. 各种短期成本之间的关系

上述各类短期成本相互关系可见表 5-2。

表 5-2　各类短期成本的符号、含义与计算

项　目	符　号	计算公式	定　义
固定成本	FC		固定投入的成本
可变成本	VC		可变投入的成本
总成本	TC	TC=FC+VC	全部投入的成本
边际成本	MC	$MC = \dfrac{\Delta TC}{\Delta Q}$	总产量增加 1 单位增加的成本
平均固定成本	AFC	$AFC = \dfrac{FC}{Q}$	每单位产量的固定成本
平均可变成本	AVC	$AVC = \dfrac{VC}{Q}$	每单位产量的可变成本
平均总成本	ATC	ATC=AFC+AVC	每单位产量的总成本

从图 5-1 上可以清晰看到各种短期成本之间的数量关系在成本曲线上的反映。下面我们对其进行简单总结。

（1）TC、VC 与 MC 曲线之间的关系

MC 是 TC 曲线上所有点的切线的斜率，同时也是 VC 曲线的切线的斜率。

（2）TC 与 ATC 曲线之间的关系

ATC 是 TC 曲线上所有点与原点连线的斜率值的轨迹。

（3）MC 曲线与 AVC 曲线、AC 曲线之间的关系

① 当 MC 小于 AVC、ATC 时，AVC 曲线、ATC 曲线就下降；

② 当 MC 大于 AVC、ATC 时，AVC 曲线、ATC 曲线就上升；

③ 当 MC 等于 AVC、ATC 时，AVC 曲线、ATC 曲线达到最低点。

5.1.4　长期成本分析

【案例小品 5-2】　格兰仕的成本优势高筑了行业"门槛"

　　在中国也许找不出第二个像微波炉这样"品牌高度集中"、甚至可以说是进入了"寡头垄断"的行业：第一军团格兰仕一下占去市场份额的 60% 左右，第二军

团 LG 占去 25％ 左右，而排第三、第四的松下和三星都只有 5％ 左右。因为这种特殊性，微波炉行业的"成本壁垒"站到了"技术壁垒"的前面。年生产能力达1 500 万台的格兰仕以其总成本的领先优势，高筑了行业的"门槛"。

格兰仕企业（集团）公司的前身是广东顺德桂州羽绒制品厂，于 1992 年 6 月正式更名为格兰仕企业（集团）公司。1992 年，格兰仕引进当时最先进的东芝微波炉生产线，在半年内建成投产。10 年时间里，格兰仕的生产规模不断扩大，产量从投资建厂当年生产微波炉 1 万台到 1996 年增至 60 万台，1997 年激增至接近 200 万台，目前已拥有全球最大的微波炉生产基地，年生产能力达 1 500 万台。格兰仕从 1996 年开始屡屡掀起"降价风暴"以来，大量小规模的厂家被迫退出市场。几年后，能与格兰仕一争高下的仅剩下处于市场第二位的韩国 LG。目前格兰仕垄断了国内 60％、全球 35％ 的市场份额，成为中国乃至全世界的"微波炉大王"。

在成本领先策略的指引下，格兰仕的价格战打得比一般企业都出色，规模每上一个台阶，就大幅下调价格。格兰仕降价的特点之一是目的十分明确，如当自己的规模达到 125 万台时，就把出厂价定在规模为 80 万台的企业的成本价以下。此时，格兰仕还有利润，而规模低于 80 万台的企业，多生产一台就多亏一台。当规模达到 400 万台时，就将出厂价调到规模为 200 万台的企业的成本价以下，如此循环，将竞争对手逐渐淘汰出局。

资料来源：格兰仕的成本优势高筑了行业"门槛". 中国家电网

想一想：结合案例，谈谈长期平均成本下降的原因。

前已述及，按时期长短，成本可分为短期成本和长期成本。由于厂商的经营在一般情况下都属于持续经营，所以厂商更为关注长期成本，因此，在分析了短期成本之后，还要对长期成本的变动规律进行研究。对长期成本的分析，也像短期成本分析一样，需要对长期中的总成本、平均成本、边际成本及其关系进行分析。

1. 长期总成本

长期总成本（long-run total cost, LTC）是指厂商长期内在各种产量水平上通过选择最优生产规模所能达到的最低总成本。在长期内，厂商可以对全部生产要素的投入量进行调整，改变企业的生产规模，厂商在做这种调整时，总是在一定的产量水平上选择最优的生产规模进行生产。用如下公式表示长期总成本与产量之间的变动关系：

$$LTC = f(Q) \qquad\qquad (式 5-13)$$

长期总成本函数与短期总成本函数的区别：

（1）短期总成本函数中的固定成本不是产量的函数，而长期总成本实则是长期总可变成本，均为产量的函数。

（2）当产量为零时，短期总成本 STC＝FC，而长期总成本 LTC＝0。

（3）长期总成本曲线是指厂商在长期中调整生产规模、生产各种产量所需的最低总成本点的轨迹。

如果假定有无数条短期总成本曲线，厂商可以在任何一个产量水平上，找到相应的最优生产规模,把总成本降到最低水平,这些点的轨迹就形成了长期总成本LTC曲线。长期总成本曲线表示了长期总成本是厂商在每一产量水平上由最优生产规模所带来的最小生产总成本。

如图5-2所示,长期总成本曲线从原点出发向右上方倾斜,长期总成本的变化规律是:产量为零时,总成本为零;随着产量增加,总成本增加;在开始时,由于产量低,投入的生产要素没有被充分利用,成本增加的速度大于产量增加的速度;当产量增加到一定程度后,生产要素被充分利用形成规模经济效益,这时成本增加的速度小于产量增加的速度;最后,随着产量进一步增加,生产规模更加扩大,规模收益递减规律发生作用,又引起成本的增加速度大于产量的增加速度。

长期总成本曲线由众多条短期总成本曲线构成,是无数条短期总成本曲线的包络线(envelop curve)。如图5-3所示,假定厂商有三条短期成本曲线STC$_1$、STC$_2$、STC$_3$,每条STC曲线代表一种生产规模,生产规模由小到大依次为STC$_1$、STC$_2$、STC$_3$。三条短期总成本曲线在纵轴上都有一个不同的截距,代表当产量为零时,仍然存在一定的固定成本,而且规模越大,固定成本越大。而LTC是过原点的曲线,因为在长期成本内,无固定成本与可变成本之分,全部为变动成本。

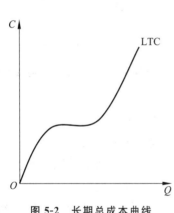

图5-2 长期总成本曲线

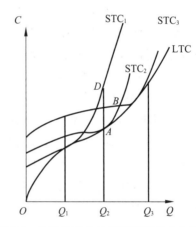

图5-3 长期总成本曲线和短期总成本曲线

假定厂商生产产品的产量为Q_2,在短期内,由于厂商无法调整生产规模,他可能在STC$_1$这种小规模上生产,也可能在STC$_3$这种大规模上生产,但是这两种规模都不能使总成本最低。若以STC$_1$规模生产,总成本在D点,为DQ$_2$;若以STC$_3$规模生产,总成本在B点,为BQ$_2$;以STC$_2$规模生产,总成本在A点,为AQ$_2$,达到了总成本最低,所以A点在LTC曲线上,这里A点是LTC曲线与STC曲线的切点,代表着生产Q_2产量的最优规模和最低成本。由于长期内厂商可以调整生产规模,所以厂商将选择STC$_2$规模生产。如果厂商要生产Q_3产量,就选择在STC$_3$规模下生产,这样,在长期内,厂商就实现了既定产量下的最低总成本。

通过对每一产量水平进行相同的分析,可以找出长期中厂商在每一产量水平上的最优生产规模和最低长期总成本,也就是可以找出无数个类似的A点,连接这些点即可得到长期总成本曲线。

2. 长期平均成本

长期平均成本(long-run average cost,LAC)是指长期生产中平均每单位产品的成本支出。长期平均成本计算公式为：

$$LAC = \frac{LTC}{Q}$$

（式 5-14）

在长期中,厂商根据产量目标调整生产规模以使平均成本达到最低。在理论分析中,常假定存在无数个可供厂商选择的生产规模,从而有无数条 SAC 曲线（SAC_1,SAC_2,SAC_3,…）,长期平均成本曲线就是这无数条 SAC 曲线的包络线。在每一个产量水平上,都有一个 LAC 与 SAC 的切点,切点对应的平均成本就是生产相应产量水平的最低平均成本,SAC 曲线所代表的生产规模则是生产该产量的最优生产规模。

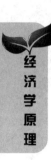
如图 5-4 所示,长期平均成本曲线是一条先下降后上升的 U 形线。长期平均成本曲线在其最低点与某一规模的短期平均成本曲线的最低点相切,小于该规模时,LAC 线处于下降阶段,它在 SAC 线的最低点的左侧与其相切,大于该规模时,LAC 线处于上升阶段,它在 SAC 线的最低点的右侧与其相切。这是因为,当 LAC 不是一条水平线时,只有最低点能与一条 SAC 线的最低点相切,斜率为零,而在 LAC 曲线最低点的左侧,LAC 线上各点斜率都为负值;LAC 曲线最低点的右侧,LAC 线上各点的斜率都为正值。所以,各条 SAC 曲线与 LAC 线相切点的斜率不是正值就是负值,也就是说 LAC 曲线与 SAC 线是在其最低点的左侧或右侧相切,只有一条 SAC 线在最低点上与 LAC 曲线相切。

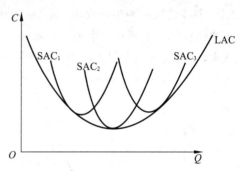

图 5-4　长期平均成本曲线和短期成本曲线

长期平均成本随着生产规模的变化,先减小后增大,呈现如此规律的原因很复杂,得到学术界普遍认同的因素有以下四种。

(1) 规模经济与规模不经济。规模经济是指由于生产规模不断扩大而导致长期平均成本下降、收益不断增加的情况。其原因在于:规模扩大后劳动分工更细、专业化程度更高、技术因素、管理更合理等。规模不经济是指企业规模过大使得管理无效而导致长期平均成本上升的情况,它产生的原因在于:规模过大造成信息不畅通、决策不灵、企业内部管理费用增加、内部摩擦增加等。

(2) 学习效应。学习效应是指在长期的生产过程中,企业的工人、技术人员、经理人员等积累起产品生产、产品的技术设计以及管理人员等诸多方面的经验,从而导致长期平均成本的下降。形成这种现象的具体原因有三个:第一,工人对设备和生产技术有一个学习与熟悉的过程,生产实践越多,他们的经验就越丰富,技术就越熟练,完成一定生产任务所需的时间也就越短。第二,厂商的产品设计、生产工艺、生产组织会在长期的生产过程中得到完善,走向成熟,这将使产品的成本降低。第三,厂商的协作者（如原料供应厂家）和厂商合作的时间越长,他们对厂商的了解越全面,其提供的协作就可能越及时、有效,从而降低厂商的平均生产成本。

(3) 范围经济与范围不经济。范围经济是研究企业的生产或经营范围与经济效益关系的一个基本范畴。如果由于企业的生产或经营的范围的扩大导致平均成本降低、经济效益提高,则存在范围经济。在现实生活中,一个企业往往同时生产多种产品,通过分享生产设备或其他生产要素而获得产出或成本方面的好处,而且对多种产品进行统一的营销规划、统一的经营管理也能够节约相当一部分支出,所以我们看到,三星既生产空调又生产手机,而海尔的产品几乎涉及了所有的家用电器。然而,如果将不同的产品联合生产会发生生产上、管理上的冲突,则会影响企业的效率,导致范围不经济。

【案例小品5-3】 从范围经济角度看春兰被迫停牌

20世纪90年代,春兰曾与长虹、海尔被喻为中国股市的三驾马车,股价最高达64.3元,占据全国市场的半壁江山,稳居同行业榜首。然而,这个空调业曾经的巨头却在近几年的市场浪潮中,逐步失去了主角的身份。2005年、2006年和2007年,春兰股份连续3年持续亏损,该公司股票于2007年4月30日起被上交所实行退市风险警示的特别处理,在2008年5月19日被上交所暂停交易。从范围经济的角度分析,是多元化让春兰走上了连年亏损的道路。1994年,春兰空调的市场占有率超过30%,位居全国之首,随后通过投资、兼并等方式进行多元化扩张,涉猎了家电、汽车、新能源三大产业,主导产品一度涵盖了空调器、洗衣机、除湿机、中重型卡车、摩托车、电动自行车、高能动力镍氢电池、摩托车发动机、空调压缩机等品种。很明显,春兰集团横跨的三个产业之间的关联性并不大,或者说相当微弱。那么,这三个产业之间资源共享的机会也相当微弱。这就意味着,这三个产业都需要春兰给予不同程度的支持,也伴随着不同程度的资源剩余。而且,春兰进入的这些行业,都是竞争非常激烈,需要长期投资和经营的行业,每一个行业都需要大量的前期资金支持,春兰几乎同时进入这些行业,但春兰集团当时的资金和其他条件并不能支撑其如此大规模的发展。这时,曾给春兰带来无限风光的支柱产业空调所能获得的资源和投入就会大大削弱,所以,其在行业的影响力和市场份额逐渐下滑,支柱产业的优势丧失。

资料来源:向雁南,程思利.从范围经济角度看春兰退市.载经济研究导刊,2010(2)

3. 长期边际成本

长期边际成本(long-run marginal cost,LMC),是指在长期中增加一个单位产量所引起的成本的增加量。长期边际成本计算公式为:

$$LMC = \frac{\Delta LTC}{\Delta Q}$$ (式5-15)

当 $\Delta Q \rightarrow 0$ 时,

$$LMC = \lim_{\Delta Q \rightarrow 0} \frac{\Delta LTC}{\Delta Q} = \frac{dLTC}{dQ}$$ (式5-16)

LMC曲线是一条不断与SMC曲线相交的曲线,相交点所代表的产量即是LAC曲线与SAC曲线相切点对应的产量。当LAC曲线与SAC曲线相切时,切点处LAC=SAC,由于LTC=LAC·Q,STC=SAC·Q,故切点处有LTC=STC,即LTC曲线与STC曲线相切。根据边际成本的定义,我们知道切点处LMC=SMC。

如图5-5所示,长期边际成本的变动规律:在LMC曲线与SMC曲线相交点的左边,SMC曲线总是位于LMC曲线的下面;在相交点的右边,SMC曲线总是位于LMC曲线的上面。因为就任何既定的工厂规模来说,当产量低于某一水平时 SMC 将低于 LMC,这是由于 SMC 只受短期内变动成本影响,而 LMC 要受全部成本的影响。当产量达到最优水平后, SMC 将大于 LMC,因为在既定的工厂规模中增加产量必然要受到边际收益递减规律的影响,当产量达到一定点后再增加单位产量所需要投入的生产要素越多,SMC 就越大。

由图 5-5 可以看出,LMC 曲线和 LAC 曲线相交于 E 点。在 E 点左侧 LMC 小于 LAC; 在 E 点右侧,LMC 大于 LAC;在 E 点上,LMC 等于 LAC;SAC 等于 SMC。因此,E 点是 长期生产条件下最优生产规模和最优产量所对应的点。

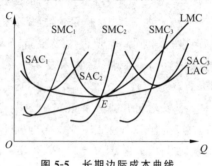

图 5-5　长期边际成本曲线

4. 各类成本间的关系

（1）短期总成本与长期总成本。每条 STC 曲线与 LTC 曲线有一个切点,切点处 STC 等于 LTC,此外的各点,均为 STC 大于 LTC。

（2）短期平均成本与长期平均成本。每条 SAC 曲线与 LAC 曲线只有一个切点,切点处 SAC 等于 LAC,此外的各点均为 SAC 大于 LAC。

（3）短期边际成本与长期边际成本。每条 SMC 曲线与 LMC 曲线只有一个交点,交点 处 SMC 等于 LMC,并且交点处所对应的产量即是 STC 与 LTC 相切时的产量。

（4）平均成本与边际成本。SMC 与 SAC 相交于 SAC 的最低点,LMC 与 LAC 相交于 LAC 的最低点。此外,当 LAC 切于 SAC 的最低点的左侧时,LMC 小于 LAC;当 LAC 切于 SAC 最低 点的右侧时,LMC 大于 LAC;当 LAC 切于 SAC 的最低点时,LAC＝LMC＝SAC＝SMC。

5.2　利 润 分 析

先行案例　三个女郎和边际量

　　一个男人要在三个女人中选一个作为结婚对象,于是他给了每一位女郎 5 000美金,并观察她们如何处理这笔钱。

　　第一位女郎从头到脚重新打扮了一番;她到一家美容沙龙设计了新的发型, 化了美丽的妆,还买了新首饰,为了那位男士把自己打扮得漂漂亮亮。她告诉他：她所做的一切都是为了让他觉得她更有吸引力，只因为她是如此深爱着他。男人非常感动。

第二位女郎采购了许多礼物给那个男士，她为他买了整套的高尔夫球球具，一些计算机的配件，还有一些昂贵的衣服。当她拿出这些礼物时，她告诉他之所以花这些钱买礼物只因为她是如此爱他。男人也深受感动。

第三位女郎把钱投资到证券市场，她赚了数倍于 5 000 美金的钱。然后把 5 000 美金还给了那个男人，并将其余的钱开了一个两人的联名账户。她告诉他：她希望为两人的未来奠定经济基础，因为她是如此爱他。当然，那男人再度被感动。

他对三位女郎的处理方式考虑了很长的时间，最后他决定跟第三个女郎结婚。因为，他只投出了 5 000 美金，这个女郎却帮他赚回了无数个 5 000，也就是说帮他增加了 n 个 5 000 的边际量。

对于这位男士来说，结婚是考虑成本的，结一次婚花费的成本一般是无法收回，如果娶一个有经济头脑且能给自己带来边际收益的妻子，往往要比娶一个只知道花钱不知道赚钱的人要理性得多。

资料来源：三个女人中如何做出选择. http://wenwen. soso. com/z/q2768429. htm

想一想：什么是边际收益？

通过生产理论的学习，我们解决了厂商为了获得特定的产量应该如何组织要素进行生产，成本理论则进一步明确了厂商生产某一产量产品需要花费的最小成本及最适采用的生产规模。但仅有这些信息还不足以让我们得出厂商会向社会以何种价格提供多少商品的结论，因为理性的厂商在进行这些决策时要考虑自己的利润水平，正如任务 4 中所说，厂商的根本目标是利润最大化。鉴于利润是由收益和成本共同决定的，所以我们先要了解厂商收益的含义，才能结合成本理论进行厂商的利润分析。

5.2.1　收益分析

收益（revenue）就是厂商出售商品获得的收入，即销售收入。厂商的收益可分为总收益、平均收益和边际收益。

1. 总收益（total revenue，TR）

总收益是厂商按一定价格出售一定量产品所获得的全部收入。如果厂商生产的是多种商品，那么，总收益就等于每种商品的价格与这种商品销量的乘积。以 TR 代表总收益，以 P 表示价格，以 Q 表示销量，则用公式可以表示为：

$$TR = \sum_{i=1}^{n} P_i Q_i \tag{式 5-17}$$

式中，i 为 $1 \sim n$ 的自然数。

如果企业只生产一种产品，则：$TR = PQ$；如果价格既定，生产的全部产品都可售出，总收益就是产量的函数。

2. 平均收益(average revenue, AR)

平均收益是指厂商平均每一单位产品销售所获得的收入。平均收益等于任意一种产出水平上总收益与总销售量之比。以 AR 代表平均收益,则计算公式为:

$$AR = \frac{TR}{Q} \tag{式 5-18}$$

上式表明平均收益 AR 等于单位产品的卖价。

3. 边际收益(marginal revenue, MR)

边际收益是指厂商每增加一单位产品销售所获得的收入的增量。它等于总收入的增量与总销售量的增量之比。以 MR 代表边际收益,则:

$$MR = \frac{\Delta TR}{\Delta Q} \tag{式 5-19}$$

如果产销量的增量可以无穷小变动,则

$$MR = \lim_{\Delta Q \to 0} \frac{\Delta TR}{\Delta Q} = \frac{dTR}{dQ} \tag{式 5-20}$$

上式表明边际收益 MR 是产销量 Q 的函数,是总收益增量对产销量增量的一阶导数。

5.2.2 利润分析

利润是收益与成本的差额。经济学把利润分为会计利润、正常利润和经济利润。

1. 会计利润

会计利润是厂商的总收益与会计成本的差额,即企业的总销售收入减去显成本,用公式表示为:

$$会计利润 = 总收益 - 显成本 \tag{式 5-21}$$

2. 正常利润

正常利润是指厂商如果把这笔投资投于其他相同风险的事业可能得到的收入。正常利润是为了吸引投资者在本企业投资必须给他的最低限度的报酬,不然投资者就把资金抽出去,投到其他地方去。正常利润属于隐成本,是企业全部机会成本的组成部分。

从前面的介绍已经知道,隐成本是指稀缺资源投入任一种用途中所能得到的正常的收入,如果在某种用途上使用该经济资源所得的收入还抵不上这种资源正常的收入,该生产者就会将这部分资源转向其他用途以获得更高的报酬。因此,经济学中隐成本又被称为正常利润,用公式表示为:

$$正常利润 = 隐成本 \tag{式 5-22}$$

为了理解正常利润是成本的一部分这一说法,我们可以看一个例子:从机会成本的角度来看,当一个企业所有者同时拥有企业的管理才能时,他可以面临两种选择机会,一种选择是在自己的企业当经理,另一种选择是到别人的企业当经理。如果他到别人的企业当经理,他可以获得工资等收入报酬。如果他在自己的企业当经理,他就失去了到别的企业当经理所能获得的收入报酬,而他所失去的这份报酬就是他在自己的企业当经理的机会成本。或者说,如果他在自己的企业当经理的话,他应当自己向自己支付报酬,而且这份报酬数额应该等于他在别的企业当经理时可以得到的最高报酬。所以从机会成本的角度看,正常利润属于成本,并且属于隐成本。

3. 经济利润

经济学中的利润概念是指经济利润,等于总收入减去总成本的差额。而总成本既包括显成本也包括隐成本。因此,经济学中的经济利润概念与会计利润并不一样,是将会计利润再减去隐成本得到的。

在完全竞争的市场条件下,经济利润是指企业在短期内能够获得的超过正常利润水平的利润。企业家之所以在短期内能获得超额利润,就在于短期内其他企业家还无法与之竞争。例如,他使用了先进的机器设备,从而提高了企业的劳动生产率,短期内,其他企业无法改变投资规模。但是在完全竞争的市场条件下,由于资本在不同的部门的流入、流出,而且总是由利润低的部门流向利润高的部门,竞争的结果是经济利润的消失。

在经济学中,厂商所追求的最大利润,指的就是经济利润。由于经济利润等于总收益减去总成本,而总成本中又包含了正常利润,所以,当厂商的经济利润为零时,厂商仍得到了全部正常利润,它是生产某种产品所必须付出的代价。因为如果生产某种产品连正常或平均的利润都得不到,资源就会转移到其他用途中去,该产品就不可能被生产出来。而经济利润相当于超额利润,即总收益超过机会成本的那一部分。

经济利润可以为正、负或零。在经济学中经济利润对资源配置和重新配置具有重要意义。如果某一行业存在着正的经济利润,这意味着该行业内企业的总收益超过了机会成本,生产资源的所有者将要把资源从其他行业转入这个行业中。因为他们在该行业中可能获得的收益,超过该资源的其他用途。反之,如果一个行业的经济利润为负,生产资源将要从该行业退出。经济利润是资源配置和重新配置的信号。正的经济利润是资源进入某一行业的信号;负的经济利润是资源从某一行业撤出的信号;只有经济利润为零时,企业才没有进入某一行业或从中退出的动机。

上述利润与成本之间的关系可用下列公式表示:

$$会计利润＝总收益－会计成本$$
$$会计成本＝显成本$$
$$正常利润＝隐成本$$
$$经济利润＝总收益－会计成本－机会成本$$
$$＝总收益－(显成本＋隐成本)$$
$$经济利润＝会计利润－隐成本$$

4. 利润最大化原则

厂商从事经济活动的目的,在于追求最大的利润,就是求得利润最大化。在经济分析中,利润最大化的原则是边际收益等于边际成本,即 MR＝MC。

为什么在边际收益等于边际成本时能实现利润最大化呢?

(1)如果边际收益大于边际成本,即 MR＞MC,表明厂商每多生产一单位产品所增加的收益大于生产这一单位产品所增加的成本。这时,对该厂商来说,还有潜在的利润没有得到,厂商会扩大产量或新厂商进入该市场。也就是说没有达到利润最大化。

(2)如果边际收益小于边际成本,即 MR＜MC,表明厂商每多生产一单位产品所增加的收益小于生产这一单位产品所增加的成本。这时,对该厂商来说,就会造成亏损,更谈不上利润最大化了,因此厂商必然要减少产量或退出市场。

(3)无论边际收益大于还是小于边际成本,厂商都要调整其产量,说明没有实现利润最大化。只有在边际收益等于边际成本时,厂商才不会调整产量,表明已把该赚的利润都赚到,即实现了利润最大化。

以上所介绍的是利润最大化的一般原则,因为边际收益等于边际成本,总是在一定的价格和某一产量水平上达到的,而价格和产量的变化又因市场的类型不同而有所差异,因此需结合市场竞争类型作具体分析。这方面的内容我们将在任务 6 中进行深入探讨。

任务拓展

萨缪尔森:一代宗师的背影

2009 年 12 月 13 日,美国经济学泰斗保罗·萨缪尔森在其位于美国马萨诸塞州的家中逝世,享年 94 岁。人过九十而逝,中国人称为"喜丧",但当萨缪尔森以 94 岁的高龄离世时,全世界经济学界仍沉浸在无限悲哀中。

对于各代经济学人而言,萨缪尔森是他们的宗师,是萨缪尔森的教科书《经济学》,把他们领进了经济学大厦。中国 1977 级以后的经济学学子也是从这本书中领略到了现代经济学的风采,投入到了伟大的改革开放之中。所以说到萨缪尔森的贡献,就必须从这本教科书开始。

战后经济学第一人

萨缪尔森当学生时,美国的大学用的是新古典经济学家的教科书,如马歇尔的《经济学原理》,课堂上讲的也是新古典经济学的自由放任那一套。当时,由于 20 世纪 30 年代的大危机,美国政府实施"罗斯福新政",凯恩斯的《通论》也传入美国。哈佛大学的教授汉森是美国最早接受凯恩斯主义的经济学家。他在课下带领萨缪尔森他们这些学生读凯恩斯的《通论》,讨论凯恩斯的理论。萨缪尔森进入了一个全新的经济学领域,他为经济学的创新而兴奋,并很快接受了这一套新学说。毕业之后,他到麻省理工学院任教,考虑如何培养新一代的经济学家。

萨缪尔森清楚地认识到,二战后的经济已经不是原来的私人资本主义,而成了私人与政府共同发挥作用的"混合经济"。适应经济的这种变化,经济学理论也必须变化。

私人资本主义仍是经济的主体,因此,新古典经济学并没有过时。但在"混合经济"中,政府的作用越来越重要,因此必须引入凯恩斯主义。基于这种认识,他把新古典经济学与凯恩斯主义综合起来,在 1948 年推出了《经济学》第一版。这本书很快改变了美国的经济学教育,并影响到世界各地。到现在为止,这本书已出版 19 版,被译为 20 多种文字,总发行量超过 1 000万册,成为迄今为止发行量最大、影响最大的教科书。这本书把微观经济学和宏观经济学综合为一体的体系一直沿用至今。这本教科书奠定了萨缪尔森在当代经济学中"宗师"的地位。

当然,这本教科书的意义绝不仅仅在于教学,更在于他创立了一个新的经济学流派——继承凯恩斯主义而又有重大突破的新古典综合派。这个学派把新古典经济学的市场配置资源的理论与凯恩斯主义国家用财政与货币政策干预经济的理论集合在一起,成为一个新的理论体系,在经济学理论上,这个学派的萨缪尔森、克莱因、莫迪利安尼、托宾、索洛等对战后经济学的发展起到了至关重要的作用,成为经济学里程中的一块丰碑。在经济政策上,它主导了美国二战后到 20 世纪 70 年代前的经济政策,为战后的经济繁荣作出了贡献。萨缪尔森作为这个学流的创立者和灵魂,称为"战后经济学第一人"并不为过。

作为一代宗师,萨缪尔森的贡献绝不仅仅是一本教科书和构建新古典综合派的框架。他对经济学理论与方法都有独特而影响深远的贡献。这主要体现在他于1947年出版的《经济分析的基础》上。这本书是在他的博士论文的基础上修改而成的,这本书以边际法为核心,用数学工具对新古典经济学进行了全面总结,它赋予新古典经济学更新的内容,丰富、发展甚至可以说最终完成了新古典经济学的体系。这本著作在理论上全面发展了新古典经济学的消费者行为理论,生产和成本理论,以及福利经济学理论,在方法上把经济学要解决的问题归纳为求极大值或极小值的问题,从而运用数学工具来分析经济问题,这些贡献对当代经济学都有极深远的影响。

最后一位"通才"

萨缪尔森对动态理论和稳定性分析,一般均衡理论、福利经济学、消费理论以及相关的指数理论等都作出了重大贡献。萨缪尔森被称为经济学中的最后一位"通才"。当他在1970年获得诺贝尔经济学奖时,诺贝尔奖委员会对他的评价是"提高了经济科学的整体分析和方法论的水平"。在这一点上,他的贡献"超过任何其他的当代经济学家"。

萨缪尔森决不是一位"象牙之塔"中的学者。尽管他为了保持学者的独立人格,谢绝了肯尼迪总统请他出任总统经济顾问委员会主任的职务,但他关注经济政策,并对此作出了贡献。

新古典综合派就是美国的凯恩斯主义者,他们在经济政策上主张政府干预经济,而且比凯恩斯主义更进了一步。凯恩斯本人实际上是把国家干预作为经济危机时的一种应急措施,而以萨缪尔森为代表的新古典综合派则把国家干预作为调节经济的基本手段,在萧条时期采用扩张性政策刺激经济,在繁荣时期采用紧缩性政策抑制经济,以求让经济平稳发展。实际操作中,他们更重视用扩张性政策刺激经济。此外,凯恩斯本人重视财政政策,被称为"财政主义者",而新古典综合派主张财政政策与货币政策并重,以促使对经济的刺激更为有力。

20世纪60年代,肯尼迪政府全面采用了由新古典综合派的托宾和海勒制定的刺激经济政策,并实现了经济繁荣。但70年代出现的"滞胀"使这一政策受到广泛的质疑,并引发了新古典综合派的全面危机,到现在"国家是否应该干预经济"仍然是一个众说纷纭,争论不止的话题。

无论如何评论萨缪尔森国家干预经济的政策主张,他对经济学的贡献是不容置疑的,他在经济学中的许多贡献无疑是经济学发展过程中的丰碑,对于这一点现在可以盖棺定论了。

资料来源:梁小民. 萨缪尔森:一代宗师的背影. 中国新闻周刊,2009(47)

自 我 测 试

一、名词解释

机会成本　显成本　隐成本　经济利润　正常利润　规模经济

二、选择题

1. 在长期中,下列成本中哪一项是不存在的(　　)。

　　A. 固定成本　　　B. 机会成本　　　C. 平均成本　　　D. 隐含成本

2. 随着产量的增加,平均固定成本(　　　)。

　　A. 在开始时减少,然后趋于增加

　　B. 一直趋于减少

　　C. 一直趋于增加

　　D. 在开始时增加,然后趋于减少

3. 固定成本是指(　　　)。

　　A. 厂商在短期内必须支付的不能调整的生产要素的费用

　　B. 厂商要增加产量所要增加的费用

　　C. 厂商购进生产要素时所要支付的费用

　　D. 厂商在短期内必须支付的可能调整的生产要素的费用

4. 在短期,全部总成本等于(　　　)。

　　A. 固定成本与平均成本之和　　　　B. 可变成本与平均成本之和

　　C. 固定成本与可变成本之和　　　　D. 平均成本与边际成本之和

5. 平均成本等于(　　　)。

　　A. 平均固定成本与平均边际成本之和

　　B. 平均固定成本与平均总成本之和

　　C. 平均固定成本与平均可变成本之和

　　D. 平均可变成本与平均总成本之和

6. 边际成本曲线与平均成本曲线的相交点是(　　　)。

　　A. 边际成本曲线的最低点

　　B. 平均成本曲线的最低点

　　C. 平均成本曲线下降阶段的任何一点

　　D. 边际成本曲线的最高点

7. 边际成本与平均成本的关系是(　　　)。

　　A. 边际成本大于平均成本,边际成本下降

　　B. 边际成本小于平均成本,边际成本下降

　　C. 边际成本大于平均成本,平均成本上升

　　D. 边际成本小于平均成本,平均成本上升

8. 当边际成本曲线达到最低点时(　　　)。

　　A. 平均成本曲线呈现递减状态

　　B. 平均可变成本曲线呈现递增状态

　　C. 平均产量曲线达到最大值

　　D. 总产量曲线达到最大值

9. 当边际成本曲线上升时,其对应的平均可变成本曲线一定是(　　　)。

　　A. 上升　　　　　　　　　　　　　B. 既不上升,也不下降

　　C. 下降　　　　　　　　　　　　　D. 既可能上升,也可能下降

10. 下列有关厂商利润、收益和成本关系中描述正确的是(　　　)。

　　A. 收益多、成本高,则利润就大

　　B. 收益多、成本高,则利润就小

　　C. 收益多、成本低,则利润就大

D. 收益多、成本低,则利润就小

11. 收益是指(　　)。

    A. 成本加利润　　　B. 成本　　　　　　C. 利润　　　　　　D. 利润减成本

12. 平均收益是指(　　)。

    A. 厂商销售一定产品所得的全部收入

    B. 每增加一单位产品所增加的销售收入

    C. 厂商销售单位产品所获得的收入

    D. 总收益与边际收益的差额

13. 利润最大化的原则是(　　)。

    A. 边际收益大于边际成本　　　　　　B. 边际收益小于边际成本

    C. 边际收益等于边际成本　　　　　　D. 边际收益与边际成本没有关系

14. 如果边际收益大于边际成本,那么减少产量就会使(　　)。

    A. 总利润减少　　　　　　　　　　　B. 总利润增加

    C. 对利润无影响　　　　　　　　　　D. 使单位利润减少

15. 正常利润(　　)。

    A. 是经济成本的一部分　　　　　　　B. 是经济利润的一部分

    C. 不是经济成本的一部分　　　　　　D. 与企业决策不相关

三、简答题

1. 简述机会成本与会计成本、显成本与隐成本、固定成本与可变成本的区别。

2. 厂商利润最大化原则是什么?为什么?

四、计算题

1. 假定一成本函数为 $TC = Q^3 - 10Q^2 + 17Q + 66$,写出相应的成本函数 VC、AC、AVC、AFC、MC。

2. 已知某企业的短期成本函数为:$TC = 0.04Q^3 - 0.8Q^2 + 10Q + 5$,求最小的平均可变成本值及相应的边际成本值。

3. 假设丰田公司生产 4 辆汽车的总成本是 22.5 万美元,而生产 5 辆车的总成本是 25 万美元,请问生产 5 辆车的平均总成本是多少?第 5 辆汽车的边际成本是多少?

4. 已知某厂商总成本函数为:$TC = 0.2Q^2 - 12Q + 200$,总收益函数为:$TR = 20Q$,试问生产多少件时利润最大?其利润为多大?

五、讨论题

短期平均成本曲线和长期平均成本曲线都是 U 形,请解释它们形成 U 形的原因有何不同。

案 例 分 析

百思买水土不服降价求生:不会退出中国市场

在进入中国市场的第 5 年,全美最大家电连锁业巨头百思买正在考虑放下身段,与它的竞争对手苏宁和国美一样，将降价作为一种常态而"天天低价"。

百思买中国开打低价牌的消息是从其美国总部传出来的。2010 年 2 月 10 日，百思买家电部副总裁 Mike Vitelli 对外表示，百思买可能从策略性折扣转向每天特价模式。

尽管据其介绍，这项调整还处于内部讨论阶段，但他同时说："在全球经济不景气造成消费者对价格敏感度提高的大背景下，当越来越多的企业打出低价牌时，百思买不可能眼睁睁地看着顾客跑到竞争对手那里去消费。"

百思买中国区公关经理刘婷随后表示，这项全球性的价格策略传递到中国市场还需要一定的时间。事实上，百思买在节假日已开始有针对消费者的促销活动。

"将降价常态化，或将是百思买进行本土化尝试的第一步。"家电专家刘步尘表示，进入中国市场 5 年来，明眼人都能看得出来，百思买一直没有找准定位，规模上更是早已被国美、苏宁甩在身后。百思买若希望转型，低价是一个很好的突破口。

"天天低价"显然不是光靠口号就能够喊出来的。首先，它需要百思买调整对门店盈利的预期。其次，它还需要重新调整自己的供应商体系。此外，百思买若希望通过低价策略吸引来更多的顾客，它还需要转变现有"重利润轻品牌"的市场推广模式，可以说是牵一发而动全身。

百思买现在遇到的最大问题是成本居高不下。在现有模式下，门店租金和装修费用不像本土竞争对手一样转嫁给供货商。由于门店里的促销员都是由自己聘用的，百思买还比竞争对手多出了很大一块的人力成本。此外，百思买坚持"买断经营"的策略，他们还需要自己掏钱去购买供货商的样机，并承担样机折旧的损失。

但他们做的这一切还并不一定能得到供货商的支持。"相信大多数供货商都希望能派驻自己的促销员到门店里，为顾客讲解产品的性能，执行公司的销售政策，但百思买的做法实际上剥夺了我们对终端的控制权。"一位家电企业的华东区高管这样说。

资料来源：腾讯科技

问题：百思买在中国市场应该如何降低成本？

技 能 实 训

实训项目：通过对学校周边超市、时装店、饰品店、网吧的调研，了解不同行业的固定成本、变动成本及收益变动情况。

实训目标：通过分析会计成本、机会成本、利润等基本数据，加深对本任务内容的理解。

实训组织：学生每 6 人分为一组，选择不同类型的企业进行调查。

实训提示：教师提出活动前准备及注意事项，同时随队指导。

实训成果：各组汇报，教师讲评。

探析市场结构

■ 能力目标

通过完成本项任务,应该能够:

◆ 明确完全竞争行业中厂商的产量和价格决定的基本原则

◆ 分析完全竞争厂商的短期和长期行为

◆ 分析完全垄断厂商的短期和长期行为

◆ 分析垄断竞争厂商的短期和长期行为

◆ 掌握几种经典寡头模型

■ 任务解析

6.1 完全竞争市场上的厂商均衡

6.2 完全垄断市场上的厂商均衡

6.3 垄断竞争市场的厂商均衡

6.4 寡头垄断市场的厂商均衡

■ 任务导入

经过前面的学习,我们知道厂商利润主要取决于收益与成本。成本主要取决于生产中的管理和技术方面的因素,而收益则取决于产品价格和市场对其产品的需求状况。现实生活中,产品需求状况受到市场结构的影响,在不同的市场结构条件下,厂商的需求曲线是不同的,不同的需求状况导致产品价格与产量可能也不同,进而影响厂商的收益状况。因此,作为一个厂商,掌握生产、成本和利润最大化原则等理论还远远不够,在埋头搞生产的同时,还要学会抬头看市场。学会看清市场、把握市场,才能在市场中站稳脚跟,发展下去。

你可以对照能力目标,结合自我测试反复演练,有的放矢地依次完成各分项任务,直至完成本任务。

6.1 完全竞争市场上的厂商均衡

先行案例　农村集市是什么类型的市场

今天是赶集的日子,张大伯从自家地里摘了一担蔬菜挑到集上去卖,准备卖了钱再买些日用品回来。集上人真多,熙熙攘攘,买东西和卖东西人都不少。张大伯挑着担子来到蔬菜市场,一看没地方摆摊了,有些慌。好在有两个人他认识——王大爷和李大妈,过去常在一起卖菜。他们给他腾了地方。

张大伯问王大爷:"今天价钱怎么样?"王大爷说:"还可以,只有蒜薹比上周便宜了一毛钱,其他的和上周差不多。"有人来问价,张大伯殷勤地介绍:"便宜了,你看这黄瓜多鲜嫩啊,买一点吧!"顾客说:"是不错,我再去别的摊看看。"张大伯说:"不用看了,都一样。"这位顾客转了一圈发现,还真让这位大伯说对了,别的摊的菜不仅价格和这一样,连菜的品质也差不多。可见信息是畅通的,买卖双方不存在欺骗。

李大妈的小孙子来找李大妈,说家里来客人了。李大妈对王大爷和张大伯说:"对不住了,我要早点回去。"于是她开始降价销售她的菜。时间不长,李大妈先卖完了她的菜。她向王大爷、张大伯打了招呼后就回去了。因为李大妈和王大爷、张大伯一样,销售量都仅占市场上很小的比例,所以她的降价对市场价格没有什么影响,王大爷、张大伯还按原来的价格卖菜,只是到了下午,集快散了,剩的菜也不多了,还都是拣剩下的,他们才把菜便宜处理了。

资料来源:崔卫国,刘学虎. 小故事 大经济. 北京:经济日报出版社,2008

想一想:张大伯卖菜的市场属于什么类型的市场?

6.1.1 完全竞争的含义与条件

任务 2 中的均衡价格理论解决了完全竞争条件下价格与产量的决定问题。但从 19 纪末到 20 世纪初,自由竞争发展到垄断竞争,对于很多问题原来的理论就解释不了,于是出现了厂商均衡理论。厂商均衡理论把市场结构分为四种类型:完全竞争、垄断竞争、寡头垄断与完全垄断,所解决的是在不同市场结构条件下价格与产量的决定问题。

完全竞争市场是指一种竞争不受任何阻碍和干扰的市场结构。典型的行业是农副产品市场。

完全竞争市场必须符合下列特征。

第一,市场上有众多的卖者和买者,任何一个生产者或消费者的行为对市场价格的影响都是微不足道的,谁都无法通过自己的买卖行为影响市场价格,只能是市场价格的接受者。

第二,产品无差别。在完全竞争市场上众多生产者提供的同一种商品无论质量、性能、样式、销售条件、包装上都是完全相同的,这些产品之间具有完全的替代性。

第三,生产要素具有完全的流动性。投入的生产要素可以自由转移。在短期内,劳动力、原材料等变动投入可以自由地从一个行业转到另一个行业,但工厂规模和厂商数目不变;在长期中,则所有的投入都可以自由进出任何一个行业,当然工厂规模和厂商数量也可以任意变动。

第四,市场完全公开,信息完全畅通。卖者和买者对相关信息了如指掌,不会有任何人以高于市场的价格进行购买,以低于市场的价格进行销售。

虽然,这样理想的完全竞争市场实际上是不存在的,至少是罕见的。只有农贸市场多少与此有点类似。如买鸡蛋和卖鸡蛋的很多,产品又没有差别,养鸡户和销售经营鸡蛋的可以随意进入和退出市场,作为生产者、经营者和消费者很容易了解鸡蛋的市场行情与价格。可见鸡蛋市场是一个接近完全竞争的市场。

6.1.2 完全竞争厂商的需求曲线和收益曲线

在完全竞争条件下,对整个行业来说,需求曲线向右下方倾斜,供给曲线向右上方倾斜,如图 6-1(a)所示。整个行业产品的价格是由这种供给与需求所决定的。但是对个别厂商来说情况就不同了。例如,案例中的张大伯,他一来只能接受市场既定的价格,无论他卖多卖少都不能改变这个价格,所以市场对他的产品的需求曲线是一条由既定市场价格出发的平行线。如图 6-1(b)所示。他按既定的市场价格卖他的菜,每单位产品的售价也就是他的平均收益,所以这条平行线还是他的平均收益曲线。同时,张大伯即使增加一单位产品的销售,所增加的收益(即边际收益)也不会变,所以边际收益也和平均收益相等,它们都可以用这条线表示。

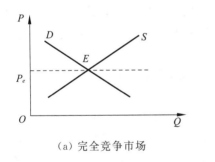
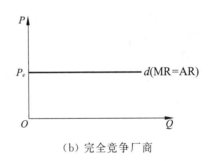

(a) 完全竞争市场　　　　　　　　(b) 完全竞争厂商

图 6-1　完全竞争条件下的市场

6.1.3 完全竞争市场上的厂商短期均衡

有了收益曲线,我们就可以与成本曲线结合,探讨完全竞争厂商应该生产多少产量才能获得最大的利润。由于成本曲线有长期与短期之别,因而厂商均衡也有长期与短期之分。我们首先讨论完全竞争厂商的短期均衡。

在完全竞争条件下,厂商面临的市场条件基本给定,其需求曲线是由市场均衡价格决定的水平线,即 $P = P_e$。同时,厂商在短期内无法变动其固定投入要素,因此其生产规模也是给定的。这样,短期内完全竞争厂商利用既定的生产规模,通过对产量的调整来实现利润最大化。因此,完全竞争厂商实现短期均衡的必要条件为:

$$P = SMC = MR$$

即在完全竞争市场中,当边际成本等于市价时,厂商实现最大利润(或最小亏损)。

但是,由于各个厂商的生产条件不一样,所以其成本也会不一样。因此短期内即使各厂商所面对的需求曲线是相同的,不同生产条件的厂商获取利润的情况也会不一样。生产效率较高的厂商,在同一产量下其单位成本较低,反之则较高。因此,生产效率较高的厂商可能有超额利润;生产效率较低的厂商可能亏损;生产效率适中的厂商可能既无超额利润亦无亏损,而只有正常利润。上述三种情况可以用图形表示,如图 6-2 所示。

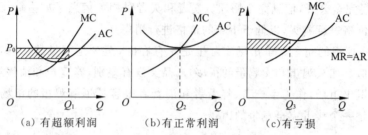

(a) 有超额利润　　　　　　　(b) 有正常利润　　　　　　　(c) 有亏损

图 6-2　不同生产条件下厂商获取利润的情况

图 6-2(a)表示的是生产效率较高的厂商,其单位生产成本较低,结果其 MR 曲线与 MC 曲线的交点在 AC 曲线的上方,因而有超额利润,即图中的阴影部分。此时厂商的最优产量 OQ_1 超过 AC 曲线最低点的产量,故知其生产在第 II 阶段中进行,亦即在生产的经济阶段中进行。

图 6-2(b)表示的是生产效率适中的厂商,其单位生产成本不高不低,结果 MR 曲线与 MC 曲线的交点正好与 AC 曲线的最低点重合,此时厂商只有正常利润,既无超额利润,亦无亏损。

图 6-2(c)表示的是生产效率较低的厂商,其单位生产成本较高,结果 MR 曲线与 MC 曲线的交点在 AC 曲线的下方,因而发生亏损,即图中的阴影部分。此时厂商的最优产量 OQ_3 小于 AC 曲线最低点的产量,故知其生产在第 I 阶段中进行,亦即在生产力尚未充分发挥的阶段中进行。

综上所述可知,在完全竞争市场下,各个厂商所面对的需求曲线完全相同,盈亏完全决定于其生产效率的高低。

短期内我们不仅要讨论完全竞争厂商的盈利与亏损情况,而且由于短期内厂商的固定成本不能变动,能变动的是其变动成本,所以我们可以通过价格与平均变动成本的关系来讨论厂商开业与歇业的情况。若市价低于厂商的平均变动成本,则停产反而对厂商较为有利,这是因为若此时不停产,非但不能收回固定成本,连变动成本亦不能全部收回。但是假如此时停产,至少变动成本不会损失,固定成本当然是完全不能收回的。下面我们利用图 6-3 进行讨论。

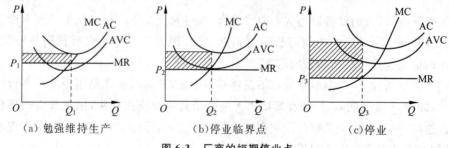

(a) 勉强维持生产　　　　　　(b) 停业临界点　　　　　　　(c) 停业

图 6-3　厂商的短期停业点

图 6-3(a)中,MR 曲线与 MC 曲线的交点即均衡点高于最优产量 Q_1 下的 AVC,低于其

AC。在完全竞争市场下，MR＝AR，故此时变动成本可全部收回，但固定成本只能收回一部分，图中阴影部分即为不能收回的固定成本。在此情况下，厂商可苦撑待变。此时若立即停业，则固定成本都不能收回。

图 6-3(b)中，MR 曲线与 MC 曲线的交点即均衡点正好落在 AVC 曲线的最低点上。在完全竞争市场下，MR＝AR，故此时变动成本全部可以收回，固定成本则全部不能收回。在此情况下，厂商可以生产，也可以不生产，因为生产也是如此，不生产也是如此，只亏掉全部固定成本，即图中阴影部分，而变动成本则不会有所亏损，故此点为厂商短期停产的临界点。

图 6-3(c)中，MR 曲线与 MC 曲线的交点亦即均衡点同时低于最优产量 OQ_3 下的 AVC 及 AC。在完全竞争市场下，MR＝AR，故此时不但固定成本全部不能收回，变动成本也亏掉一部分，图中阴影部分上半部分为亏掉的全部固定成本，下半部分为亏掉的部分变动成本。在此情况下，厂商应立即停产，这样只会亏掉全部固定成本，可以避免再亏掉部分变动成本。

依据上面的讨论，我们知道，当完全竞争厂商实现短期均衡时，厂商既可能获得最大的超额利润，也可能没有任何利润，甚至还会处于亏损状态，但此时的亏损也是最小的亏损状态。在存在亏损情况下，只要短期内能够保证 P＝AR≥AVC，厂商都会继续经营下去。

因此，完全竞争厂商短期均衡的条件为：

① MR＝SMC＝P。

② P≥min AVC，即厂商制定的价格要大于平均可变成本的最低点。

6.1.4 完全竞争市场上的厂商长期均衡

在长期中，各个厂商都可以根据市场价格来调整其生产。价格高时扩大生产，其他厂商也会涌入该行业，导致整个行业供给增加，价格下降；价格低时减少生产，有些厂商还会退出该行业，导致整个行业供给减少，价格上升。最终价格线 P_0（AR＝MR）会稳定在与平均成本曲线 AC 相切的位置上，这时平均收益等于平均成本，厂商既无超额利润，又无亏损。如图 6-2(b)所示。所以，完全竞争市场均衡的条件是：MR＝MC＝AR＝AC。

通过以上分析可以看出，在完全竞争的条件下，价格可以充分发挥其"看不见的手"的作用，调节整个经济的运行，最终不仅使得社会的总供给与总需求相等，资源得到了最优配置；也使得平均成本达到了最低点，生产者和消费者都得到了好处。但是，完全竞争市场也存在缺点：因为产品无差别，无法满足消费者的多种需求；因为厂商规模都很小，没有能力实现重大的科技创新。

6.2 完全垄断市场上的厂商均衡

 先行案例 歌华有线

歌华有线是北京市政府批准的唯一一家负责建设、管理和经营北京市有线

6.2.1 完全垄断的含义与条件

完全垄断,又称垄断,是指整个行业的市场完全处于一家厂商所控制的状态,即一家厂商控制了某种产品的市场。典型的行业是政府垄断行业。完全垄断市场应当满足以下四个条件。

1. 完全垄断市场上只有一家厂商,厂商是价格的制定者

完全垄断市场上一家厂商构成了一个行业,个别厂商的均衡也就是全行业的均衡,这一点与其他市场不同。由于完全垄断厂商是市场上唯一的产品供给者,它控制着市场上全部供给,通过改变市场供给量,自然也就可以影响产品价格水平。

2. 提供的产品与服务是唯一的,没有其他产品或相近的替代品存在

从消费者的角度看,其他选择是不存在的,要么从垄断厂商这里购买,要么就根本不消费这种产品或服务。如案例中的歌华有线。

3. 完全垄断是一个存在各种障碍、其他企业无法自由进入的市场

这里的障碍包括法律形式、技术形式或其他形式存在的屏障,这就使得该行业以外的竞争者很难进入完全垄断的行业。结果导致完全垄断的厂商没有现实的竞争对手。

4. 完全垄断厂商是否做广告以及进行其他促销活动取决于产品的特点

例如,当完全垄断厂商提供水、电等生活必需品时,它无须做广告,因为消费者早已熟悉从哪里可以得到这些服务。如果所生产的产品是某种奢侈品,该厂商很可能进行促销活动,目的在于吸引更多的消费者,或者让现存的需求者购买更多产品。

在理解完全垄断时要注意,完全垄断也是经济中一种极端情况。如果说完全竞争是只有竞争而没有垄断因素的一个极端的话,完全垄断则是只有垄断而没有竞争因素的另一个极端。严格地说,在市场经济中除了个别行业外,完全垄断并不多,但是在计划经济中,完全垄断则是普遍存在的。值得注意的是,完全垄断厂商可以是全国范围的,也可以是某一地区范围的,甚至是当地的。

6.2.2　完全垄断厂商的需求曲线和收益曲线

1. 完全垄断厂商的需求曲线

在完全垄断市场中,一家厂商就是整个行业。因此,整个行业的需求曲线也就是厂商的需求曲线。这时,需求曲线就是一条表明需求量与价格成反方向变动的向下方倾斜的曲线。

向右下方倾斜的需求曲线表示:垄断厂商的销售量与市场价格成反方向的变动,完全垄断厂商可以通过改变销售量来控制市场价格。完全垄断厂商是价格的制定者,它可以制定其想要索取的任何价格。

2. 完全垄断厂商的收益曲线

下面以垄断厂商面对直线型的需求曲线为例来说明垄断厂商的收益情况。

假设需求曲线为:

$$P = a - bQ \qquad\qquad (式 6\text{-}1)$$

式中,a、b 为常数,且 a、$b>0$。则依据前述有关收益曲线的定义可以知道:

$$\mathrm{TR}(Q) = PQ = aQ - bQ^2 \qquad\qquad (式 6\text{-}2)$$

$$\mathrm{AR}(Q) = \frac{\mathrm{TR}}{Q} = \frac{PQ}{Q} = P = a - bQ \qquad\qquad (式 6\text{-}3)$$

$$\mathrm{MR}(Q) = \frac{\mathrm{dTR}}{\mathrm{d}Q} = a - 2bQ \qquad\qquad (式 6\text{-}4)$$

由上面各式可知,垄断厂商的平均收益曲线与其所面临的需求曲线完全重合,也呈向右下方倾斜的趋势。而边际收益曲线位于需求曲线或平均收益曲线的下方,是一条斜率为需求曲线斜率 2 倍的直线。如图 6-4 所示。

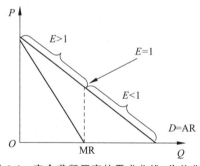

图 6-4　完全垄断厂商的需求曲线、收益曲线

6.2.3　完全垄断厂商的短期均衡

我们知道完全垄断厂商为了获得最大利润,也必须遵循 MR＝MC 的原则。在短期内,完全垄断厂商也像其他市场结构的厂商一样,生产的技术水平和生产规模固定不变,其盈亏完全决定于市场的需求状况。垄断厂商短期盈亏状况共有四种情况,如图 6-5 所示。在图 6-5 中,AC 代表平均成本,AVC 代表平均可变成本,则从图中我们可以看出:

(1) 图 6-5(a)中,在均衡点 e 处,因为 AR＞AC,厂商有超额利润,即图中阴影部分面积。

(2) 图 6-5(b)中,在均衡点 e 处,AR＞AC,此时 AR 曲线与 AC 曲线相切,切点的横坐标与均衡点的横坐标相同,厂商既无超额利润亦无亏损,只有正常利润。

(3) 图 6-5(c)中,在均衡点 e 处,因为 AC＞AR＞AVC,厂商有短期亏损,亏损额的大小由图中阴影部分面积表示。此时,该厂商虽然有亏损,但由于 AR＞AVC,仍可以继续经营下去。

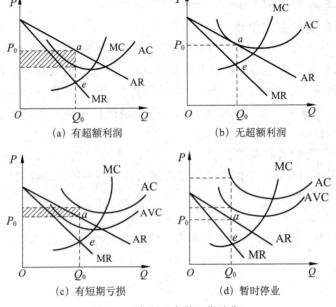

图 6-5　垄断厂商的短期均衡

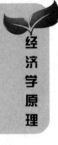
（4）图 6-5（d）中，在均衡点 e 处，因为 AR＜AVC，厂商的单位收益无法弥补单位可变成本，此时厂商会暂时停业。

通过上面的分析，我们可以看到，垄断厂商尽管可以利用其垄断地位在短期内根据利润最大化原则来调整其价格或产出水平，但是并不能保证其盈利水平。由于垄断厂商的成本状况或需求状况的变化，在短期内也可能存在亏损的情况。具体来说，造成亏损的原因可能是既定生产规模下的生产成本过高，也可能是垄断厂商所面临的市场需求过小。但是，不管怎样，只要短期内能够保证 $P＝AR \geq AVC$，厂商都会继续经营下去。

因此，垄断厂商短期均衡条件为：

（1）垄断厂商必须在 MR＝SMC 上进行生产。

（2）垄断厂商的价格水平必须不低于其平均可变成本，即 $P \geq AVC$。

6.2.4　完全垄断厂商的长期均衡

完全垄断厂商在长期内可以调整全部生产要素的投入量即生产规模，从而实现最大利润。垄断行业排除了其他厂商加入的可能性，因此，与完全竞争厂商不同，如果完全垄断厂商在短期内获得超额利润，那么，它的超额利润在长期内不会因为新厂商的加入而消失，完全垄断厂商在长时期内是可以保持超额利润的。如果完全垄断厂商在长时期内只能获得正常利润或存在亏损，在长时期内厂商可以通过调整规模来获得超额利润或者消除亏损。假如无论怎样调整都有亏损，完全垄断厂商会离开该行业转移到有利的行业，见图 6-6。

在长期中，完全垄断厂商通过对生产规模的调整，进一步增大利润。按照 MR＝LMC 的长期均衡原则，垄断厂商的长期均衡点为 E_2，长期均衡产量和均衡价格分别为 Q_2 和 P_2，完全垄断厂商所选择的相应的最优生产规模由 SAC_2 曲线和 SMC_2 曲线所代表。此时，完全垄断厂商获得了更大的利润。

由此可见，完全垄断厂商之所以能在长时期内获得更大的利润，其原因在于长时期内企业的生产规模是可变的和市场对新加入的厂商是完全关闭的。

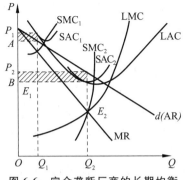

图 6-6 完全垄断厂商的长期均衡

从图 6-6 中可知,在垄断厂商的 MR＝MLC 的长期均衡产量上,代表最优生产规模的 SAC 曲线和 LAC 曲线相切,相应的 SMC 曲线、LMC 曲线和 MR 曲线相交于一点。所以,完全垄断厂商的长期均衡条件为:

$$MR＝SMC＝LMC$$

完全垄断厂商在长时期均衡点上可以获得超额利润。

通过分析可知,由于完全垄断条件下的市场价格是由垄断厂商制定的,它为了获得高额垄断利润,往往会制定出高于完全竞争下的价格。这一方面会使得消费者剩余的减少和收入分配的不平等;另一方面也会使技术创新有了财力保证。政府对某些公用事业的垄断,不以营利为目的,会给全社会带来好处,但往往会由于官僚主义而造成效率损失。

6.2.5 完全垄断厂商的差别定价

上面对完全垄断厂商均衡的分析,我们假定完全垄断厂商是根据生产和销售的产品的市场需求状况和成本状况,制定出他们打算销售的数量和价格,并对所有购买者索取相同的价格。但是在实际生活中,完全垄断厂商为了获得垄断利润,会实行差别定价的策略。

1. 价格歧视的概念

价格歧视,即一家厂商在同一时间对同一产品向不同的购买者索取两种或两种以上的价格,或者对销售给不同购买者的同一产品在成本不同时索取相同的价格。

价格歧视常见的事例有:①一个医生根据病人不同的富裕程度,或收入水平的差别,对相同的治疗收取不同的费用;②汽车制造商在出口市场上的销售价格往往低于在国内市场销售的价格(即使考虑税收的差别);③电力公司把居民用电和商业用电、工业用电等方面的电力市场分割开来,或者对民用电使用电表和其他办法把照明、烹饪、热水取暖分开,对不同用电收取不同的电费;④小建筑材料商向专业建筑工人供应的油漆和墙纸,其价格要低于卖给业余的"自己干的人"的价格。

完全垄断厂商之所以实行价格歧视,是因为这种办法比单一价格能够带来更多的利润,即垄断利润。

2. 实行价格歧视的条件

(1) 各个市场对同种产品的需求弹性是不同的。垄断厂商就可以针对需求弹性不同的市场实行不同的价格,在弹性比较小的市场上实现高价格,因为它对价格上升不敏感,从而可以获取高额利润;反之,结果相反。

(2) 市场存在着不完善或分割性。即市场不存在竞争,市场信息不畅通,或由于其他原因使市场分割,也就是说,消费者不了解其他市场的价格,这样垄断者就可以实行价格歧视。

(3) 企业有定价的权力。在完全竞争市场类型中,企业只是价格的执行者,只有在其他三种市场类型中企业才有定价权力,它是市场给予的权力。

3. 价格歧视的类型

(1) 一级价格歧视(first degree price discrimination)。一级价格歧视又称为完全价格歧视,就是垄断厂商对不同的消费者,对每一单位产品都要求取得尽可能高的价格。在一级价格歧视的情况下,每一个单位产品都要出售给对其评价最高、愿意支付最高价格的个人。因此,企业可以使消费者得不到消费者剩余,消费者剩余完全被生产者剥夺了。由于很难获得消费者的确切信息,一级价格歧视是一种很少见的情况。

(2) 二级价格歧视(second degree price discrimination)。二级价格歧视就是垄断厂商根据不同的购买量或消费量而实行不同的价格。例如,居民用电量在 1~100 度实行一种价格,在 100~200 度实行一种价格,200 度以上实行另一种价格。与一级价格歧视相比较,二级价格歧视下,消费者剩余要多一些,从而二级价格歧视的实施要更普遍一些。

(3) 三级价格歧视(third degree price discrimination)。三级价格歧视就是垄断厂商对不同的市场和不同的消费者实行不同的价格。实行三级价格歧视需要具备两个重要条件:第一,存在着可以分割的市场;第二,被分割的各个市场上需求价格弹性不同。例如,电力部门针对不同部门,分为工业用电、农业用电、商业用电、居民用电,其价格就各不相同。在这种情况下,厂商就可以在实行高价格的市场上获得超额利润,即把这个市场上的消费者剩余变为超额利润。

6.3 垄断竞争市场的厂商均衡

先行案例 松下统一品牌谋中国市场

National 和 Panasonic 都是松下电器旗下的品牌,早期 National 一直用于松下白色家电产品类,而松下其他的产品则用 Panasonic 品牌。但是,这两大品牌经常会混淆用户品牌概念,弄不清它们跟松下的关系,分散了松下的品牌资源,不利于增强松下电器的整体竞争力。于是,日本松下电器公司宣布,把 Panasonic 定位为全球性的品牌,原松下白色家电品牌 National 将退出日本本部以外的海外市场,以统一品牌加速全球的发展战略。

Panasonic 品牌自 1961 年面向北美洲使用以来,品牌价值在海外得到了很大的提高。因此,松下决定将 Panasonic 作为全球统一品牌,以提高松下整体竞争力。这也是松下海外扩张的需要。海外事业已成为松下的成长引擎,松下海外市场的销售额超过了本土销售额,Panasonic 品牌的应用,使松下得到了巨额的回报。

资料来源:王婷婷. 松下统一品牌谋中国市场. 人民网

想一想:松下为什么要将两种品牌合二为一?

6.3.1 垄断竞争市场的含义与特征

所谓垄断竞争市场是指一种既有垄断又有竞争。既不是完全竞争又不是完全垄断的结构。典型的行业是轻工业。

垄断竞争市场具有如下特征。

第一，市场上有较多的厂商。他们对市场可以施加有限的影响，是市场价格的影响者，但不能互相勾结，控制市场价格。由于某个厂商的决策对其他厂商影响不大，不易被人察觉，它可以不考虑其他厂商的对抗行动。也就是说，这些厂商可以彼此独立行动，互不依存，并且厂商进出行业没有多大障碍。

第二，厂商的产品不是同质的，而是存在差别的。这种产品差别主要是指产品在质量、商标、样式、性能方面，以及销售条件等方面的不同。但是，在这些不同质的存在差别的产品之间又存在着很强的可替代性。这样产品的差别就造成了一定垄断因素的存在，而产品相互之间的可替代性，又造成了竞争因素的存在。

经济学家认为造成垄断的原因最主要的是产品的差别。这是因为每一种有差别的产品都会以自己的特色吸引一部分消费者，从而形成对这部分消费者的垄断。例如，同样是自行车，年轻人喜欢红色，中年人喜欢黑色。每种差别产品都以自己不同于其他同类产品的差别吸引了一部分消费者，从而在这部分消费者中形成了自己的垄断地位。生产这种有差别产品的企业就可以在一定程度上控制价格，获得利润。因此有差别就会有垄断。但是，有差别的产品毕竟是同一种产品，自行车无论是红色还是黑色，都能满足消费者的代步需求，可以互相替代。如果黑色的自行车降价而红色价格不变，即便是喜欢红色的青年人也会放弃价格高的红色自行车转而去购买黑色自行车。这样有差别的产品之间就存在着激烈的竞争。因此，有差别的产品会引起垄断，而有差别的可互相替代的产品之间又会有竞争。

【案例小品6-1】　朵唯："偏执"女性

"只有偏执狂才能生存。"这是英特尔公司创始人安迪·格鲁夫说过的一句至理名言。何为偏执？也许这并不是说"固执"以及"独断专行"，如果我们将这句话理解为将一件事竭尽所能做到最好，做到近乎完美，才能获得相应回报的话。那么，就会发现，其实很多企业都已在默默地实现着这一规则。他们通过对所属行业在细分市场做到极致，并将"偏执狂"的本色发挥到极致。

深圳朵唯志远科技有限公司在创立之初，就打出了"爱让女人更美丽"的品牌理念，在打造精美、时尚产品外观的同时，亦充分关注现代女性对"爱"和"美"的渴求，以及她们爱美、爱时尚、爱家的特性。纵观国内手机厂商，少有品牌愿意专注于某一细分市场，有舍才有得，很多企业都折戟沉沙在"舍得"这二字上。而"赌徒"何明寿却敢于放弃男性市场这块最大的蛋糕，新模式的手机品牌运营之道也让他初尝甜头。2009年9月，朵唯首批3款手机中的两款销量突破10万台，创下了近年来手机行业新品上市的销售奇迹。

不仅要比竞争对手做得更好，更要与他们做得不一样。通过产品创新与对手形成差异化,以"新"对"好",这就是横向营销思维的精髓所在,也是朵唯女性手机的核心产品策略思想。由此,朵唯找到了"安全"这一概念,对女性手机与安全两个概念进行完美组合,再加以提炼就形成了朵唯品牌的独特产品卖点:一键求救、自动定位。这一产品卖点以女性消费群体内在的不安全感作为突破口,打破了传统女性手机"产品款式决定一切"的传统,开辟了手机产品全新的功能价值。同时"爱美尚家"的主题功能以及朵唯电子报每日更新服务,更显功能上的细节性与人性化。

同时,何明寿认为,新兴国产手机应在渠道优化下工夫,这也是其过去做过多年渠道代理的经验之谈。由此,朵唯在湖广和江南等女性手机容量大的基地市场加大投入;并且,代理朵唯手机经销商只能代理朵唯;朵唯对手机进入的各地门店销售额也有要求。朵唯将帮助各地代理商进行机构设置并规范管理模式。

2010年,朵唯联手国内顶尖设计公司洛可可,共同推出了双方合作的阶段性成果——朵唯眼影S920手机,这也代表着国内手机企业在产品设计与品牌打造上,更加专业化。"要成为女性手机细分市场领域的冠军,必须充分解读女人心,深入调研目标消费群体女性对手机的需求,甚至基于女性生理、心理、行为习惯等多方面的研究,不仅满足需求,更要创造需求。"洛可可创始人贾伟认为,女性手机设计不仅应满足功能上的个性需求,更应满足女性情感需求。

借势提升品牌

2010年12月15日,由朵唯女性手机和幸福工程共同发起的"一台朵唯·十分关爱"大型公益行动启动仪式在北京朝阳公园举行。该公益行动是朵唯与幸福工程的战略性合作,宗旨在于帮助贫困母亲。"朵唯希望通过此次战略合作,利用朵唯强大的市场传播投入,使更多的人了解和支持参与幸福工程,这个意义比朵唯捐点钱意义更大。作为女性手机第一品牌,爱与美是朵唯品牌的核心价值。朵唯致力于帮助女性找到属于自己的生活方式,无论做事业,还是做公益,我们都将秉持这一理念。"在活动现场的何明寿表示。

朵唯拥有强大的市场传播效率,作为一个新兴手机品牌能够在短时间内崛起,通过借势进行品牌整合传播,无疑功不可没。

2011年贺岁剧《非诚勿扰2》中,优雅美丽的舒淇再次俘获人心,成为"梦中情人"的绝佳诠释。与舒淇的牵手,使得朵唯一下子在大屏幕有了展现自己的舞台。2011年贺岁剧《非诚勿扰2》中,舒淇就将手持朵唯"眼影"手机,继续谱写与葛优的浪漫故事。

而在广告投放上,朵唯品牌上市传播并没有采取散枪打鸟的方式,只选择与强势媒体合作,将所有预算集中投放在了当时最受女性消费者欢迎的湖南卫视,效果明显。2010年,世博会、世界杯、亚运会轮番出阵,是品牌借势传播的大好时机,朵唯当然也不会放弃机会,除了继续与湖南卫视合作,更在央视黄金时间段大手笔购买了5 000多万元的广告,同时还与腾讯网形成战略关系。借明星之势、借强势媒体之势,在品牌上市的整合传播过程中,朵唯始终以借势为原则,使有限的传播预算最大化地被运用,实实在在地起到了良好的传播效果。

资料来源:朵唯:"偏执"女性. 读览天下

6.3.2 垄断竞争厂商的均衡

在短期内,垄断竞争的每一家厂商都可以依靠自己的产品特色对一部分消费者形成垄断地位,从而控制产量与价格,在高价少销与低价多销之间作出选择,实现利润的最大化。因此,在短期中垄断竞争企业均衡的条件与垄断市场一样,即 MR＝MC。

在长期中,垄断竞争的市场上也存在着激烈的竞争。各个企业可以仿制别人产品的特色,也可以创造自己更有特色的产品,以巩固自己产品的垄断地位。还可通过广告来创造消费者的需求,形成自己产品的垄断地位。当短期中有超额利润存在时,竞争的结果是存在替代性的各种有差别产品的价格下降。可以用图 6-7 来说明长期均衡的情况。

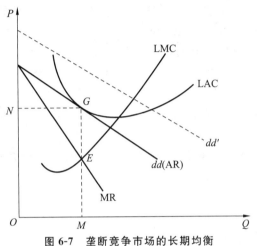

图 6-7　垄断竞争市场的长期均衡

在图 6-7 中,虚线 *dd′* 是一家企业在不考虑其他企业价格变动时的需求曲线。在长期中,由于各企业竞争激烈,这家企业价格下降,从而需求曲线向下移动为 *dd*。这时,企业决定产量的原则仍然是边际效益等于边际成本,因此,长期边际成本曲线(LMC)与边际收益曲线(MR)的交点 E 决定了产量为 *OM*。由 *M* 作一条垂线,即产量为 *OM* 时的供给曲线。这条供给曲线与需求曲线 *dd* 相交于 *G*,决定了价格水平为 *ON*。这时,总收益为平均收益(价格)乘产量,即图上的 *OMGN*。总收益与总成本相等,实现了长期均衡。在实现了长期均衡时,边际效益等于边际成本,平均收益等于平均成本。所以,垄断竞争市场上长期均衡的条件是:

$$MR＝MC,\quad AR＝AC$$

6.4 寡头垄断市场的厂商均衡

先行案例　尿布大战

美国的一次性尿布市场的年销售额为 40 亿美元左右。很长时间以来,这一

6.4.1　寡头垄断的含义与特点

寡头垄断是指一种商品的生产和销售由少数几家大厂商所控制的市场结构。在寡头垄断条件下，少数几家大厂商供给整个行业的绝大部分产品，其中每一个大厂商在整个市场上都占有相当大的份额，足以影响市场供求关系和价格。在现实经济中，寡头垄断常见于重工业部门，如汽车、钢铁、造船、石油化工、有色冶金、飞机制造、航空运输等行业。寡头垄断一般具有以下特征。

1. 厂商数量少

在寡头垄断市场上，只有少数几家厂商供给全部或绝大部分产品。每个大厂商都占有相当大的市场份额，能够直接影响或控制市场供求关系和价格。因此，寡头垄断厂商既不是价格的接受者，也不是价格的决定者，而是价格的寻求者（price seeker）。

2. 厂商相互依存

在寡头垄断市场上，各厂商相互影响，相互依赖。任何一家大厂商改变产量和价格，不仅直接牵涉到自身利益，而且会影响到其他厂商的产量和利润，因此每个厂商的一举一动都会受到其他厂商的密切关注，有时还会引起其他厂商的强烈反应，甚至招致报复。

3. 价格稳定

在寡头垄断行业，厂商为了避免激烈的价格竞争造成两败俱伤，往往通过有形或无形的勾结，形成不定的协议或默契等方式决定产品价格，价格一经确定，各厂商都不会轻易改变。在生产技术没有发生重大突破的情况下，寡头厂商一般不会因需求的变化而调整价格，而只是不断调整产量以适应市场需求的变化，所以，寡头垄断市场上，产品价格相对

经济学原理

稳定。

4. 厂商进出不易

厂商进入或者退出寡头垄断行业比较困难,因为寡头垄断行业的有效工厂规模一般较大,外来厂商进入该行业往往需要一次性大规模投资而面临资金约束。即使新厂商有能力承担大量投资,在信誉、市场信息、原材料供给、专利技术等方面也很难以与老厂商匹敌,最终不是被排挤出局,就是被吞并。不仅新厂商进入寡头行业障碍重重,而且老厂商退出也非易事。寡头厂商因为生产规模大、历史长,调整起来非常困难。

6.4.2 寡头市场产量的决定

各寡头之间存在勾结和不勾结两种情况,这对产量决定的影响是不同的。

当各寡头之间存在勾结时,产量是由各寡头协商确定的,结果对谁更有利,则取决于各寡头实力的大小。这种协商可能是对产量的限定(如石油输出国组织对各产油国规定的限产数额),也可能是对销售市场的瓜分,即不规定具体产量的限制,而是规定各寡头的市场范围。当然,这种勾结只是暂时的,当各寡头的实力发生变化之后,就会要求重新确定产量或瓜分市场,从而引起激烈的竞争。

在不存在勾结的情况下,各寡头是根据其他寡头的产量决策来调整自己的产量,以达到利润最大化的目的。这要根据不同的假设条件进行分析。

6.4.3 寡头市场的价格决定

在不存在勾结的情况下,价格决定的方法是价格领先制和成本加成法;在存在勾结的情况下,则是卡特尔方式。

1. 价格领先制

价格领先制亦称价格领袖制,指一个行业的价格通常由某一寡头率先制定。其余寡头追随其后确定各自的价格。如果产品是无差别的,价格变动可能是相同的。如果产品是有差别的,价格变动可能相同也可能有差别。

作为价格领袖的寡头厂商有三种情况。

第一,支配型价格领袖。领先确定价格的厂商是本行业中最大的,具有支配地位的厂商。它在市场上占有份额最大,因此对价格的决定举足轻重。它根据自己利润最大化的原则确定产品的价格及其变动,其余规模较小的寡头则根据这种价格来确定自己的价格及产量。

第二,效率型价格领袖。领先确定价格的厂商是本行业中成本最低,从而效率最高的厂商。它对价格的确定也使其他厂商不得不随之变动。

第三,晴雨表型价格领袖。这种厂商并不一定在本行业中规模最大,也不一定效率最高,但它在掌握市场行情变化或其他信息方面明显优于其他厂商。这家厂商的价格在该行业中具有晴雨表的作用,其他厂商会参照其价格变动而改变自己的价格。

2. 成本加成法

成本加成法是寡头垄断市场上一种常用的方法,即在估算的平均成本的基础上加一个固定百分率的利润。例如,某产品的平均成本为100元,利润率为10%,则此产品的价格就可以定为110元。平均成本可以根据长期中成本变动的情况确定,而所加的利润率则要参照全行业的利润率情况确定。这种定价方法可以避免各寡头之间的价格竞争,使价格相对稳定,从而避免在降价竞争中造成两败俱伤,从长期看,这种方法能接近于实现最大利润,是有利的。

3. 卡特尔

卡特尔是垄断组织形式之一。生产或销售某一同类商品的企业,为垄断市场,获取高额利润,通过在商品价格、产量和销售等方面订立协定而形成的同盟。参加这一同盟的成员在生产、商业和法律上仍然保持独立性。

卡特尔为法语 cartel 的音译,原意为协定或同盟。生产同类商品的企业为了垄断市场,获取高额利润而达成有关划分销售市场、规定产品产量、确定商品价格等方面的协议所形成的垄断性企业联合。它是资本主义垄断组织的一种重要形式。1865 年最早产生于德国。第一次世界大战后在各资本主义国家迅速发展。随着垄断资本的国际化产生了国际卡特尔。按协议内容卡特尔可以分成规定销售条件的卡特尔、规定销售价格的卡特尔、规定产品产量的卡特尔、规定利润分配的卡特尔、规定原料产地分配的卡特尔等。生产同类商品的企业作为卡特尔成员,各自在法律上保持其法人资格,独立进行生产经营,但必须遵守协议所规定的内容。卡特尔成立时,一般签订书面协议,有的采取口头协议形式。成员企业共同选出卡特尔委员会,其职责是监督协议的执行,保管和使用卡特尔基金等。由于成员企业之间的经济实力对比会因经济发展而变化,卡特尔的垄断联合缺乏稳定性和持久性,经常需要重新签订协议,甚至会因成员企业在争取销售市场和扩大产销限额的竞争中违反协议而瓦解。

卡特尔在西方国家是法律所允许的,因而也是较普遍的。但是在美国是非法的,早在1890 年美国就已通过《谢尔曼法》对公开的或秘密的串谋行为加以限制。因此,在美国不存在公开的卡特尔,厂商要进行暗中串谋也要冒受到法律制裁的风险。但因为卡特尔往往是一个国际性组织,因此,某一国的反垄断法通常不能限制它的存在与发展。世界上最成功、最著名的卡特尔组织是石油输出国组织,该组织成立于 1960 年,成员国定期开会,决定石油价格和产量。

【案例小品 6-2】 欧莱雅宝洁 8 巨头操纵价格 20 年被罚 5 000 万欧元

西班牙国家竞争委员会以操纵价格为由,对法国欧莱雅公司、美国宝洁公司等多家化妆品制造商处以总共 5 000 万欧元(约合 6 980 万美元)罚款。

调查显示,这 8 家企业在将近 20 年期间结盟操纵价格,阻碍欧洲市场竞争。

被控在西班牙对美发产品结盟定价

西班牙国家竞争委员会在 3 月 3 日的一份声明中说,8 家美容产品制造商1989—2008 年期间结成联盟,对在西班牙市场销售的美发产品实行共同定价。

涉案企业包括世界最大美容产品制造商法国欧莱雅公司、美国日化巨头宝洁公司、德国汉高集团等世界知名企业设在西班牙的分公司,共占据西班牙洗发和护发品领域 70% 的市场份额。

调查显示,这些企业每半年开一次会,讨论并制定产品价格和其他企业策略。

西班牙 2008 年通过的一项法律规定,参与操纵价格等垄断行为的企业如果主动向当局报告,可以免受处罚。德国汉高集团西班牙分公司随即向当局举报自己所参与的价格联盟。

欧莱雅罚款最高,发声明作自辩

　　西班牙国家竞争委员会对涉案企业和一家产业集团处以总共 5 000 万欧元(6 980 万美元)罚款。其中,欧莱雅公司西班牙分公司受罚金额最高,为 2 320 万欧元(3 239 万美元)。

　　欧莱雅公司在一份声明里否认曾操纵价格,辩称每半年与其他企业开一次会仅仅是为了交流企业策略等信息。欧莱雅公司表示会就西班牙国家竞争委员会所作处罚提起上诉。

　　宝洁公司 2004 年以 57 亿美元价格从德国威娜化妆品有限公司手中购得西班牙美发产品部门。西班牙国家竞争委员会对这两家企业均处以罚款。

　　对在西班牙挨罚,宝洁公司发言人保罗·福克斯说:"我们正在评估这一裁决的细节。不过,自 2008 年以来,我们每个季度获取相关调查报告,已经预留相应(罚款)资金。"

宝洁有"预感",已备好近 3 亿美元罚款

　　美国宝洁公司西班牙分公司这次受罚 1 200 万欧元(1 675 万美元)。然而,美国一家网站报道,宝洁公司今年 1 月已经预留 2.99 亿美元资金,用于应对欧洲管理部门可能以反垄断为由处以的罚款。

　　而按照欧洲"每周新闻"网站披露的数据,宝洁公司为这类潜在罚款预留的款项为 5.75 亿美元。

　　宝洁公司在欧洲受到反垄断调查,调查机构包括欧洲联盟委员会和西班牙等 10 个国家的管理部门。不少反垄断案件专家说,宝洁公司预留如此巨额资金用于应对潜在的罚款,让人不禁猜测这家日化巨头究竟在多大程度上参与了行业"合谋"。

　　资料来源:欧莱雅宝洁 8 巨头操纵价格 20 年被罚 5 000 万欧元. 钱江晚报,2011-03-06

任 务 拓 展

格里高利·曼昆

　　格里高利·曼昆(N. Gregory Mankiw,1958—　　),29 岁时成为哈佛大学历史上最年轻的终身教授。现为哈佛大学经济学教授,曾在普林斯顿大学和麻省理工学院学习经济学;当教员时,讲授过宏观经济学、微观经济学、统计学和经济学原理。还曾做过帆船运动教练。

曼昆是一位高产学者和一位学术与争论的经常参与者。他的著作发表在许多学术杂志上,例如《美国经济评论》、《政治经济学杂志》和《经济学季刊》,以及更普及的报刊上,例如《纽约时报》、《金融时报》、《华尔街日报》和《财富》。曼昆的成名是因为他的菜单成本理论。这一理论已成为新凯恩斯主义经济学的一个组成部分。他提出这一理论的论文《小菜单成本与大经济周期:一个垄断的宏观经济模型》已成为经典。曼昆在1998年出版的《经济学原理》也已家喻户晓。但真正使他成名的还是《宏观经济学》一书。这本书第一版出版于1992年,受到各界好评,包括素以尖刻闻名的克鲁格曼也高度评价。

曼昆是在理性预期革命之后的新一代最杰出的新凯恩斯主义经济学家之一。20世纪80年代中期,在揭示出凯恩斯经济学缺乏微观基础之后,许多经济学家曾经感到奇怪,为什么像曼昆这样的一些年轻经济学家仍在继续研究凯恩斯主义经济学。然而,现在人们可以清楚地看到曼昆和他的同事为发展凯恩斯主义的观点做出了有益的贡献,他们的探索方向是正确的。曼昆和其他一些新凯恩斯主义经济学家的一个主要贡献是在理性预期的框架体系下为凯恩斯主义思想提供微观基础,有兴趣深入探讨新凯恩斯主义经济学的读者可以进一步阅读曼昆与他人合编的《新凯恩斯主义经济》。

2003—2005年,曼昆还担任布什总统经济学顾问委员会主席,并是American Enterprise Institute的访问成员。

自 我 测 试

一、名词解释

完全竞争　垄断　寡头垄断　歧视定价　垄断竞争市场　卡特尔

二、选择题

1. 在完全竞争市场上(　　)。

    A. 产品有差别   B. 产品无差别

    C. 有的有差别,有的无差别   D. 以上说法都对

2. 在完全竞争条件下,平均收益与边际收益的关系是(　　)。

    A. 大于   B. 小于   C. 等于   D. 没有关系

3. 在完全竞争条件下,个别厂商的需求曲线是一条(　　)。

    A. 与横轴平行的线   B. 向右下方倾斜的曲线

    C. 向右上方倾斜的曲线   D. 与横轴垂直的线

4. 当价格大于平均成本时,此时存在(　　)。

    A. 正常利润   B. 超额利润   C. 贡献利润   D. 亏损

5. 价格等于平均成本的点,叫做(　　)。

    A. 收支相抵点   B. 亏损点   C. 停止营业点   D. 获取超额利润点

6. 价格等于平均成本时,此时存在(　　)。

    A. 正常利润   B. 超额利润   C. 贡献利润   D. 亏损

经济学原理

7. 在完全竞争市场上,厂商短期均衡的条件是( )。

    A. MR＝SAC   B. MR＝STC   C. MR＝SMC   D. AR＝MC

8. 下列行业中最接近于完全竞争模式的是( )。

    A. 飞机制造   B. 卷烟生产   C. 种植业   D. 汽车制造

9. 已知某企业生产的商品价格为 10 元,平均成本为 11 元,平均可变成本为 8 元,则该企业在短期内( )。

    A. 停止生产且亏损   C. 继续生产但亏损

    B. 继续生产且存在利润   D. 停止生产且不亏损

10. 某企业生产的商品价格为 12 元,平均成本为 11 元,成本为 8 元,则该企业在短期内( )。

    A. 停止生产且亏损   B. 继续生产且存在利润

    C. 继续生产但亏损   D. 停止生产且不亏损

11. 当长期均衡时,完全竞争厂商总是( )。

    A. 正常利润为零   B. 经济利润为零

    C. 经济利润大于零   D. 利润多少不确定

12. 一个市场只有一个厂商,这样的市场结构称为( )。

    A. 垄断竞争   B. 完全竞争   C. 寡头垄断   D. 完全垄断

13. 垄断厂商面临的需求曲线是( )。

    A. 向右下方倾斜的   B. 向右上方倾斜的

    C. 垂直的   D. 水平的

14. 在完全垄断市场上,对于任何产量,厂商的平均收益总等于( )。

    A. 边际收益   B. 边际成本   C. 市场价格   D. 平均成本

15. 在完全垄断市场上,厂商的边际收益与平均收益之间的关系是( )。

    A. 边际收益小于平均收益

    B. 边际收益大于平均收益

    C. 边际收益等于平均收益

    D. 边际收益曲线交于平均收益曲线的最低点

16. 完全垄断厂商定价的原则是( )。

    A. 利润最大化   B. 社会福利最大化

    C. 消费者均衡   D. 随心所欲

17. 完全垄断厂商的长期均衡条件是( )。

    A. MR＝MC   B. MR＝SMC＝LMC

    C. MR＝SMC＝LMC＝SAC   D. MR＝SMC＝LMC＝SAC＝LAC

18. 形成垄断竞争市场最基本的条件是( )。

    A. 国家赋予特权   B. 只有几家厂商

    C. 产品差异   D. 完全信息

19. 最需要进行广告宣传的市场是( )。

    A. 完全竞争市场   B. 完全垄断市场

    C. 垄断竞争市场   D. 寡头垄断市场

任务 6 探析市场结构

20. 寡头垄断的一个显著特征是（   ）。

    A. 企业之间互相依存   B. 有一条非弹性的需求曲线

    C. 不存在市场进入障碍   D. 以上都是

三、简答题

1. 市场的结构有哪些类型？

2. 寡头垄断市场与其他三种市场有什么不同？

四、分析与计算题

1. 已知某完全竞争行业中的单个厂商的短期成本函数为 $STC = 0.1Q^3 - 3Q^2 + 10Q + 200$。当市场上产品价格 $P = 100$ 时，求厂商的短期均衡产量和利润。

2. 某完全垄断厂商面临的需求曲线为 $P = 80 - 2Q$，总成本函数为 $TC = 30 + 20Q$，试求：

(1) 该完全垄断厂商获得最大利润时的产量、价格和利润。

(2) 该完全垄断厂商遵从完全竞争市场条件下的利润最大化原则时的产量、价格和利润。

(3) 比较分析前面两个结果。

五、讨论题

1. 养鸡场和服装行业都是小型企业，为什么养鸡场是完全竞争的，服装行业是垄断竞争的？

2. 如果看电影《A 面 B 面》的门票实行实名制，这种门票能否实行歧视定价？为什么？

3. 航空公司在制定票价时常有如下规则：尽管是同样的航班同样的舱位，但提前订票的时间越久，可以订到的票价就越低。请运用价格歧视理论解释这一现象。

提示：航空公司运用该规则区分公务乘客和一般乘客（或价格弹性高的乘客和价格弹性低的乘客），因此航空公司运用的是三级价格歧视，并用价格歧视理论说明航空公司通过向公务乘客索取高价，向一般乘客索取较低的价格，来获取更多的消费者剩余，从而获得更高的垄断利润。

案 例 分 析

日前，体育用品生产商三兴集团旗下的运动品牌"特步"获得了"中国驰名商标"称号，此前，"特步"已经获得中国名牌产品、国家免检产品两项称号。其实，早在三年前，三兴集团还是一个做国外体育用品 OEM 订单的行业"无名冠军"。有关专家分析，"特步"的成功，与其充分发挥差异化竞争优势，有针对性地解决消费者对产品的需求分不开。兵贵神速，企业要获得成功，速度无疑是非常重要的，品牌战略更是如此。特步公司自创业以来，不论是做"事"，还是做"市"，还是做"势"，均以速取胜。2001 年，三兴集团做国外体育用品 OEM 订单，产品远销亚洲、非洲、大洋洲、北美洲、南美洲的 47 个国家和地区，深受国外消费者好评，而国内消费者却鲜闻其名。为了在保持国际市场高速发展的同时重点开辟国内市场，三兴将针对年轻一代的"特步"隆重推向国内市场，个性、时尚、自由的品牌魅力迅速打破了消费者以往对运动产品的传统观念，耐克、阿迪达斯等国际知名品牌一统国内运动产品市场的局面开始瓦解,时尚和运动的结合成为市场最有力的竞争元素。目前,特步细分运动产品市场的优势开始逐渐显现,"速度"无疑为"特步"的成功奠定了最坚实的基础,也使"特步"成为运动领域的一流强势品牌,成为年轻一代的新选择。差异化是很多企业一直在倡导和实施的营销战略,但是,把差异化做成功却不是件轻而易举的事。假如细分市场面太窄,则容量有限,在受众市场上由于过于细分而导致自我设限,企业发展不到一定高度。假如差异化做得不够深、不够细,则得不到细分市场的认可,从而导致差异化失败,"特步"的差异化营销战略则是建立在消费者的需求基础之上,通过产品创新,实现顾客对运动的渴望。

国内专业体育用品长期以来呈金字塔结构,品牌通过顶尖的运动员逐层影响到消费者,消费者往往出于对运动员形象的记忆选择运动产品。而近几年,情况却有所改变,专业资料显示,由于媒介的广泛传播和影响,体育和时尚的联系愈加紧密。国内部分奥运冠军退役后进军娱乐界,娱乐界的很多明星以运动来保持自己的艺术生命力,二者的互为渗透影响,让消费者不可把运动和时尚分割开来。另外,随着经济的发展和消费者购买能力的提高,为满足运动需求而购买运动产品的人群在逐步下降,除对体育用品的运动属性渴望外,时尚、个性、自由上升为顾客购买运动产品最重要的心理需求。为顺应社会潮流和顾客生活态度的变化,"特步"打造出特步品牌鲜明的时尚运动个性,使消费者对产品功能需求和产品精神需求都得到了满足。随着风火、冷血豪情、刀锋、蜘蛛侠、圣火、04好玩、先锋等系列的推出,特步"时尚·运动"的概念已深入人心。

问题:结合案例谈谈体育用品市场属于什么类型的市场。特步是如何实施差异化策略的?

技 能 实 训

实训项目:对学校周边的餐饮、娱乐、图书等不同类型的市场进行调研,分析判断该市场属于什么类型市场?

实训目标:通过深入实地认知与体验,了解各种类型市场的本质,以及不同市场结构下企业应该如何参与市场竞争,通过这次实地调研可以提升学生学习的积极性。

实训组织:学生每6人分为一组,选择不同的市场类型进行调查。

实训提示:教师提出活动前准备及注意事项,同时随队指导。

实训成果:各组汇报,教师讲评。

收入分配

■ **能力目标**

通过完成本项任务,应该能够:

◆ 运用洛伦茨曲线与基尼系数解释现实的经济现象

◆ 能够分析工会对工资的影响

◆ 能够解释完全竞争条件下工资差异的原因

◆ 学会解释利息的合理性

◆ 掌握地租、级差地租、准地租含义

■ **任务解析**

7.1 劳动与工资

7.2 资本与利息

7.3 土地与地租

7.4 企业家才能与利润

7.5 平等与效率

■ **任务导入**

市场经济中没有免费的午餐,每个人在生产中获得的报酬,都直接与其在生产中的投入相联系。要从事生产活动,就需要投入各种生产要素,投入的土地、资本、劳动和企业家精神四种生产要素的报酬分别为地租、利息、工资和利润。那么,四种生产要素的价格是如何决定的呢?

在市场经济中,各种要素所得到的收入由其在创造社会财富的生产过程中所作出的贡献决定,这就是市场经济中的按贡献分配的原则。这种原则作为一种激励机制有利于经济发展。各种生产要素的贡献由其生产率和数量所决定,各种要素的生产率由其价格来表示,所以,各种要素的收入就是其价格与数量的乘积。例如,劳动的收入就是工资率(每小时的工资,即劳动的价格)乘以劳动量(按小时计算)。这样,收入分配的关键就是生产要素的价格决定。与一切物品的价格一样,生产要素的价格也是由其供求关系决定的。下面具体分析四种生产要素的价格决定。

你可以对照能力目标,结合自我测试反复演练,有的放矢地依次完成各分项任务,直至完成本任务。

7.1 劳动与工资

先行案例　工资差距世界第一　解决比解释重要

近日有媒体称"人社部劳动工资研究所的研究表明，我国行业间工资差距最高达 15 倍，全球第一"。就此说法，该所前日表示，依据国家统计局提供的数据研究显示，按大行业划分看，2009 年，职工平均工资最高的金融业工资是最低的农林牧渔业工资的 4.7 倍；按细分行业看，2008 年职工平均工资最高的证券业是最低的畜牧业的 15.93 倍。我国行业间工资差距的确比较大，但并非全球第一。国家统计局的研究还显示，细分行业的 15 倍差距是历史峰值，目前开始呈现下降趋势。

人社部劳动工资研究所的这番澄清很有意思，其并未否认国家统计局的数据，只是对统计标准做了强调和解释。而之所以要这样做，应该是为了矫正舆论的过度解读，说明"工资差距全球第一"这一结论并不严谨。

如果依照大行业间工资差距的 4.7 倍来比较，这接近于媒体所报道的欧洲国家行业间 3 倍左右的收入差距。但是，对工薪阶层来说，15 倍或 4.7 倍的差距除了在表述上的不同，可能并没有多少实质意义。因为差距有没有、大不大，不只是数据显示，更是心理感受。绝大多数人都会认同工资差距悬殊是不容否认的事实。所以，在收入差距倍数上锱铢必较无甚必要，即便在数据上淡化了工资差距，也不意味着就可以忽略背后的问题意识。

除了行业间的工资差距，最近 20 年来，企业普通职工的劳动报酬占 GDP 的比重也在下降。数据显示，1990—2007 年，这一比重从 53.4% 降为 39.74%。而职工工资总额占 GDP 比重由 1995 年的 13.32% 下降到 2008 年的 11.21%，城镇单位就业人员劳动报酬占 GDP 比重也由 1995 年的 13.6% 下降到 2008 年的 11.7%。这反映出工薪阶层的收入在缩水。

工资差距加大或工薪收入减少，都是统计学上的客观表现，其所呈现出来的很多都不是市场正常调节的结果。民众对收入分配中的问题及其根源是有共识的：可能是垄断行业逐渐养成并坐大，将其他行业挡在初次收入分配的门外；也可能是人才流动困难，并不是按照学历或能力获得报酬，而是由腐败因素固化、内部交换或继承等。这些是无法统计的，却对收入差距带来巨大影响。

因此，谈论工资差距时究竟在谈论什么，弄清楚这点很重要。如果仅仅是要谈论报表里的数字，对差距比加以反复推算，以反击看似夸大的引用方式，恐怕并不够。换言之，如果把"工资差距"这么抽象的概念替换成其他表述，或许更容易理解这个问题。它可能是收入不均或不公，可能是行政性行业垄断，它也可能是权力交易，或底层的民生困难，总之是数字背后的现实。

无论是15倍还是4.7倍，工资收入的差距都在那里，工薪阶层的情绪都在那里，遏制贫富分化的呼吁都在那里。"工资差距全球第一"当然让人难堪，但就此而言，理应担心的不该是人们谈论差距的方式，不应抱怨人们将结论简单化，而要去操心与差距联系在一起的那些问题。对有关责任部门来说，该增的不增、该减的不减，这是比动态的差距更为常态的社会症结。

工资差距早已让大众焦虑不安，是否"世界第一"不过是提供了一个表达郁闷的理由。工资差距拉大，收入比重降低，20年来，民众对此有着切肤之痛。改变这一切，最明智的办法是理解这种长期存在的焦虑感，着手整饬差距背后的顽固问题。

资料来源：南方社论：工资差距世界第一 解决比解释重要. 新浪新闻中心，2011年2月16日

想一想：我国工资差距的根源是什么？如何解决？

7.1.1 工资的含义

广义的工资泛指人们从事各种劳动获得的货币收入或有价物。狭义的工资专指劳动法中所调整的劳动者基于劳动关系而取得的各种劳动收入，包括奖金、津贴等。

经济学上的工资通常指的是广义的工资，也就是劳动力价值的货币表现，即劳动力所提供的劳务的报酬。

劳动价格是在劳动市场上形成的。同一般商品的价格决定一样，在完全竞争市场和不完全竞争市场，工资的决定也有不同的情况。

7.1.2 完全竞争条件下的工资决定

这里所说的完全竞争是指在劳动市场上的完全竞争状况，无论是劳动力的买方或卖方都不存在对劳动的垄断。在这种情况下，工资完全是由劳动的供求关系决定的。

1. 劳动的需求

在完全竞争市场上，劳动的需求取决于劳动的边际生产力，劳动的边际生产力是指在其他条件不变的情况下，增加一单位劳动所增加的产量。由于劳动的边际生产力是递减的，所以劳动的需求曲线是向右下方倾斜的，表明劳动的需求量与工资水平呈反方向变动。如图7-1所示。

在图7-1中，横轴OL表示劳动的需求量，纵轴OW表示工资水平，D表示劳动的需求曲线。

2. 劳动的供给

有首歌叫《我想去桂林》，说的是一个人很想去桂林旅游，却没有钱，但等他能挣很多钱的时候，又发现工作太忙了，没有时间去桂林玩了。人生充满着矛盾，但这个矛盾是可以解决的。只要少工作一些就有时间去旅游了，即在劳动和闲暇之间做一个选择。

劳动者如何分配劳动和闲暇时间，主要取决于工资率的高低。劳动供给与闲暇的需求

存在着反方向变化关系。当工资低时,每单位收入的效用大,因而闲暇的机会成本也大,同时由于此时闲暇时间很多,每单位闲暇时间的效用较小,因而劳动的机会成本也小,所以这时劳动者愿意把时间更多用于劳动而较少用于闲暇。随着劳动时间的增加,闲暇时间的减少,休闲的效用将增加,因而多提供劳动就要求更高的工资率。因为,多劳动将牺牲由闲暇可能带来的更大的享受。但是,随着劳动的增加和工资率上升到一定高度以后,由劳动带来的收入的每单位效用将下降,而由于劳动的紧张使闲暇时间的效用进一步增加。这时劳动的机会成本增大,闲暇的机会成本减少,而且收入提高也有能力享受更多的闲暇。所以,劳动者将愿意较少劳动而选择更多的休闲,这时劳动的供给曲线将呈向后弯曲的形状,如图 7-2 所示。当 W 较低时,随着 W 的上升,消费者将减少闲暇,增加劳动供给,劳动供给曲线向右上方倾斜;当工资涨到 W_1 时,劳动供给量达到最大的 b 点;继续增加工资到 W_2,劳动供给量不增加反而减少到 c 点,劳动供给量从 W_1 处起开始向后弯曲。

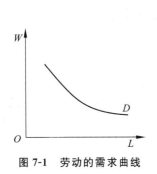

图 7-1　劳动的需求曲线

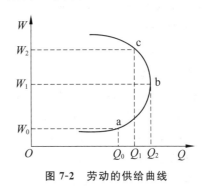

图 7-2　劳动的供给曲线

【案例小品 7-1】

　　一个商人有两个儿子,他想把财产全留给大儿子。他夫人可怜小儿子,想把财产平分。这位母亲为财产之事哭泣,一位路人知道原因后告诉她:你只管向两个儿子宣布,大儿子得到全部财产,小儿子什么也得不到,以后他们将会各得其所的。小儿子知道什么也得不到就离家到外地,学会了手艺,增加了知识。大儿子认为有遗产可以依靠什么也不学。以后大儿子把遗产花光,一无所有,贫困而死。小儿子学会了本事,变得富裕起来。

　　与遗产一样,任何意外之财都会使人变懒。美国经济学家还研究了彩票中奖的影响。他们发现,中奖奖金在 5 万美元以上者,有 25% 左右的人在一年内辞职,另有 9% 的人减少了工作时间。那些中奖奖金在 100 万美元以上的人几乎有 40% 的人不再工作。看来意外之财的确会使人变懒。

　　资料来源:梁小民.遗产效应. http://www.66163.com/Fujian_w/news/smrb/040414/1_17.html

3. 工资的决定

劳动的需求与供给共同决定了完全竞争市场上的工资水平。如图 7-3 所示。

在图 7-3 中,纵横两轴分别代表工资水平和劳动数量。劳动需求曲线 D 向右下方倾斜,

任务 7　收入分配

劳动供给曲线 S 开始向右上方倾斜,而过一定点后,转而向左上方弯曲。曲线 D 和曲线 S 的交点 E,决定了劳动要素的均衡数量为 L_e,劳动的均衡价格为 W_e。

根据供求定理,在劳动供给不变的条件下,通过增加对劳动的需求,不但可以使工资增加,而且可以增加就业。在劳动需求不变的条件下,通过减少劳动的供给同样也可以使工资增加,但这种情况会使就业减少。

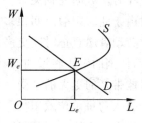

图 7-3　均衡工资水平决定

7.1.3　完全竞争条件下的工资差异

在完全竞争的劳动力市场上,由于有大量的劳动者和雇主,谁也没有力量有效地影响工资水平,劳动力市场上所有的工作和所有的人都是相同的,竞争会使每小时工资水平完全相同,雇主也不会支付给某一个劳动者较高的工资。但实际上,在完全竞争的劳动市场条件下,不同行业、不同职务、不同工种的劳动工资率之间存在着较大的差别,产生差别的主要原因在于以下两个方面。

1. 补偿性工资差异

工资的补偿性差异是指为了补偿不同职业之间的非金钱的差异而形成的工资差别。各职业之间的非金钱的差异包括:令人讨厌的程度不同;危险的程度不同;就业的稳定程度不同;紧张程度不同;失败的风险程度不同;社会地位不同,等等。因而对于那些人们不愿从事的劳动,就有必要提高工资补偿,以吸引人们从事该劳动。例如,玻璃清洁工的工资比看门人要高,因为需要冒险爬高楼。对于海上石油平台或煤矿工人的工作,公司都应支付较高的工资水平招聘工人。同样那些令人愉快和心理收益大的工作,如公园管理者和教师,工资水平则处于中等。

2. 人力资本的差别

人力资本是指人们在其教育和培训过程中积累起来的有用的和有价值的知识。医生、律师和工程师将多年时间投资于接受正规教育和在职培训,他们以付学费和放弃工资等形式进行了大量的投资用于上大学或读研究生,并且经常长时间地学习。这些专业人员的高工资一部分可以认为是对其人力资本投资的回报。

3. 能力、努力和机遇

劳动者个人的能力、努力和机遇的不同也会带来工资差异。

【案例小品 7-2】　漂亮的收益

美国经济学家丹尼尔·哈莫米斯与杰文·比德尔在 1994 年第 4 期《美国经济评论》上发表了一份调查报告。根据这份调查报告,漂亮的人的收入比长相一般的人高 5% 左右,长相一般的人又比丑陋一点的人收入高 5%～10% 左右。为什么漂亮的人收入高?

经济学家认为,人的收入差别取决于人的个体差异,即能力、勤奋程度和机遇的不同。漂亮程度正是这种差别的表现。个人能力包括先天的禀赋和后天培养的能力,长相与人在体育、文艺、科学方面的天才一样是一种先天的禀赋。漂亮属于天生能力的一个方面,它可以使漂亮的人从事其他人难以从事的职业(如当演员或模特)。漂亮的人少,供给有限,自然市场价格高,收入高。

漂亮不仅仅是脸蛋和身材,还包括一个人的气质。在调查中,漂亮由调查者打分,实际是包括外形与内在气质的一种综合。这种气质是人内在修养与文化的表现。因此,在漂亮程度上得分高的人实际往往是文化高、受教育高的人。两个长相接近的人,也会由于受教育不同表现出来的漂亮程度不同。所以,漂亮是反映人受教育水平的标志之一,而受教育是个人能力的来源,受教育多,文化高,收入水平高就是正常的。

漂亮也可以反映人的勤奋和努力程度。一个工作勤奋。勇于上进的人,自然会打扮得体,举止文雅,有一种朝气。这些都会提高一个人的漂亮得分。漂亮在某种程度上反映了人的勤奋,与收入相关也就不奇怪了。

最后,漂亮的人机遇更多。有些工作,只有漂亮的人才能从事,漂亮往往是许多高收入工作的条件之一。就是在所有的人都能从事的工作中,漂亮的人也更有利。漂亮的人从事推销更易于被客户接受,当老师会更受到学生热爱,当医生会使病人觉得可亲,所以,在劳动市场上,漂亮的人机遇更多,雇主总爱优先雇用漂亮的人。有些人把漂亮的人机遇更多,更易于受雇称为一种歧视,这也不无道理。但有哪一条法律能禁止这种歧视?这是一种无法克服的社会习俗。

漂亮的人的收入高于一般人。两个各方面条件大致相同的人,由于漂亮程度不同而得到的收入不同。这种由漂亮引起的收入差别,即漂亮的人比长相一般的人多得到的收入称为"漂亮贴水"。

收入分配不平等是合理的,但有一定限度,如果收入分配差距过大,甚至出现贫富两极分化,既有损于社会公正的目的,又会成为社会动乱的隐患。因此,各国政府都在一定程度上采用收入再分配政策以纠正收入分配中较为严重的不平等问题。

资料来源:案例1:漂亮的收益 . http://glx. ujn. edu. cn/jpkc/html/200804/27/200804272 33342. htm

7.1.4 不完全竞争条件下的工资决定

现实中的劳动市场是一种不完全竞争的市场。不完全竞争是指劳动市场上存在着不同程度的垄断。这种垄断包括三种情况:①厂商对劳动购买的垄断,劳动的购买者是"独家买主"的厂商,劳动的供应者则是众多的相互竞争的劳动者。②劳动者对劳动的垄断,即劳动者组成工会,垄断了劳动的供给。③"双边垄断",即卖方与买方都有一定的垄断,主要是劳动者工会通过集体谈判与买方垄断者"独家买主"协定工资和其他雇用条件。下面主要分析劳动市场上卖方垄断,即工会存在条件下工资的决定。

自 2004 年爆出沃尔玛在珠三角的供货商存在剥夺劳工权益的问题后,沃尔玛拒不建立工会之事便进入人们的视野。事实上,从沃尔玛创立之日起,其已故创始人就称,工会是一股"分裂的力量,会使公司丧失竞争力"。长期以来,沃尔玛也一直"抵制"其员工参与工会或者其他任何第三方组织。据统计,从 2001 年起,在其总部所在地美国,沃尔玛已因组建工会问题受到了 28 次控告。同样,在中国,面对工会风波,沃尔玛再次打出"不建工会是其全球惯例"的招牌,然而,面对沃尔玛的回避,全国总工会却并不"罢休","斗争"在各个城市展开。各市总工会不但坚持与领导层进行沟通,还直接深入职工做工作。终于,在 2006 年 7 月 29 日,沃尔玛——全球最大连锁零售商在中国的首个工会组织——沃尔玛深国投百货有限公司晋江店工会成立,一周之内,沃尔玛职工又相继组建 4 个基层工会,并迅速形成全国范围内的连锁反应。目前,沃尔玛已在我国设立的 108 家企业建立了工会。沃尔玛为什么要抵制工会的建立呢?

资料来源:王新玲.特别策划:沃尔玛、柯达等外企无视中国法律拒建工会.人民网

工会作为工人阶级的代表,在西方发达国家已有相当长的历史,为工人阶级权利的保护和工资的提高提供了强大的支持,那么工会是如何做到这一点的呢?

1. 增加对劳动的需求

工会通过提倡保护关税,扩大出口等方法扩大产品销路,从而提高对劳动的需求,使劳动需求曲线向右移动来提高工资和就业量。如图 7-4 所示。

在图 7-4 中,劳动的需求曲线原来为 D_0,这时 D_0 与 S 相交于 E_0,决定了工资水平为 W_0,就业水平为 L_0。劳动的需求增加后,劳动的需求曲线由 D_0 移动到 D_1,这时 D_1 与 S 相交于 E_1,决定了工资水平为 W_1,就业水平为 L_1。$W_1 > W_0$,说明工资上升了;$L_1 > L_0$,说明就业水平提高了。

2. 减少劳动的供给

工会通过限制非会员受雇,限制移民,限制童工,缩短工时,实行强制退休等方法减少劳动的供给,使劳动供给曲线向左移动,从而提高工资水平。如图 7-5 所示。

在图 7-5 中,劳动的供给曲线原来为 S_0,这时 S_0 与 D 相交于 E_0,决定了工资水平为 W_0,就业水平为 L_0。劳动的供给减少后,劳动的供给曲线由 S_0 移动到 S_1,这时 S_1 与 D 相交于 E_1,决定了工资水平为 W_1,就业水平为 L_1,$W_1 > W_0$,说明工资上升了;$L_1 < L_0$,说明就业水平下降了。

3. 最低工资法

工会迫使政府通过立法规定最低工资,这样,在劳动供给大于需求时也可以使工资维持在一定的水平上。这种方法对工资与就业的影响可以用图 7-6 说明。在图 7-6 中,劳动的需求曲线 D 与供给曲线 S 相交于 E_0,决定了工资水平为 W_0,就业水平为 L_0。最低工资法规定的最低工资为 W_1,$W_1 > W_0$。这样能使工资维持在较高的水平,但在这种工资水平时,劳

动的需求量为 L_1，劳动的供给量为 L_2，有可能出现失业。

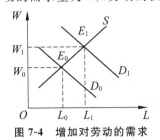

图 7-4　增加对劳动的需求

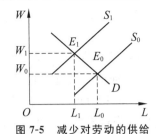

图 7-5　减少对劳动的供给

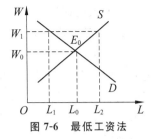

图 7-6　最低工资法

7.2　资本与利息

先行案例　2011 年首次加息

　　央行宣布，自 2011 年 2 月 9 日起上调金融机构人民币存贷款基准利率 0.25 个百分点，如何解读该消息？渤海证券宏观分析师杜征征表示，国内外两方面因素使得央行加息：一是国内通胀水平日益高涨，上半年 CPI 将同比上涨 4% 以上，1 月份 CPI 或创近期新高至 5.2%，央行抗通胀压力增大；此外，央行今年回收流动性的任务也较重。二是英国央行和欧洲央行未来或迫于通胀压力提前退出宽松货币政策，这也为中国央行加息提供支撑。他表示，一季度再度加息可能性较小，央行采用提高存款准备金率乃至差别存款准备金政策可能性较大。

　　资料来源：央行上调存贷款利率 0.25 个百分点．http://finance.sina.com.cn/roll/20110208/18309347560.shtml

　　想一想：我国央行加息的目的是什么？

7.2.1　资本、利息与利率

　　资本是指由人们生产出来的，再用于生产过程的生产要素，如机器设备、厂房以及原材料等。资本的所有者在生产中提供了资本，他得到的报酬就是利息。它是一个绝对量的概念。在经济分析中，通常使用的是利息率概念，简称利率，是指利息占使用资本总量的百分比。

　　为什么资本可以带来利息？经济学家用以下理由说明了利息的合理性。

1. 时间偏好

　　在未来消费与现期消费中，人们更加偏好现期消费。也就是说，现在多增加一单位消费所带来的边际效用大于将来多增加一单位消费所带来的边际效用。究其原因主要有三：一是人们预期未来的物品稀缺性会减弱；二是人们认为人生短促，也许自己活不到享受未来物品的时候；三是人们不太重视未来的欢乐和痛苦，习惯于低估未来的需要、低估满足未来需要的物品的效用。时间偏好的存在，决定了人们总是偏好现期消费的。一旦人们放弃现期消费而把它变成资本,就应该得到利息作为补偿。例如,人们对现在或两年后购买同一台液晶电视的效用评价。

2. 迂回生产与资本净生产力

迂回生产是指首先生产生产资料(或称资本品),然后用这些生产资料去生产消费品。这种迂回的办法可以提高生产效率,而且迂回的过程越长,生产效率越高。例如,用猎枪比用弓箭、石头打猎效率更高。现代生产的特点就在于迂回生产,但迂回生产的实现就必须有资本。利用资本进行迂回生产,可以提高资本的生产效率,这种因使用资本而提高的生产效率叫做资本的净生产力。资本具有净生产力是资本能带来利息的根源。

7.2.2 利率的决定

利率的高低取决于对资本的需求与供给。资本的需求主要是企业投资的需求,因此,可以用投资来代表资本需求。资本的供给主要是储蓄,因此,可以用储蓄来代表资本的供给。这样就可以用投资与储蓄来说明利息率的决定。

1. 资本的需求

从整个社会来看,对资本的需求主要来自于厂商。厂商的投资行为形成了对于资本的需求,那么影响厂商投资决策的因素是什么呢?在厂商进行投资决策时,它追求的是利润最大化,它所考虑的主要方面是预期利润率和利息率,另外还要考虑到投资风险。

厂商在进行投资决策的时候,由于利息构成了厂商的成本,所以如果一个投资项目的预期利润率大于市场的利息率,那么就意味着厂商预期的资本收益大于成本,厂商投资该项目就可以获得利润;如果一个投资项目的预期利润率小于市场的利息率,那么厂商的预期资本收益小于成本,厂商就会亏损,所以厂商会放弃该项目或转而去寻求其他合适的项目。注意,如果厂商的投资所用资金是自有资金,利息可被看成是机会成本,上述分析依然有效。

如果厂商的各个投资项目的预期利润率不变,而市场利率提高,就会有许多的投资项目被否定,从而厂商的投资意愿降低,投资就会下降,从而对可贷资本的需求下降;如果利息率降低,厂商的成本降低,就会使一些原本不合算的项目变得有利可图,厂商的投资意愿上升,投资增加,对可贷资本的需求就会上升。因此资本的需求曲线是向右下方倾斜的曲线,它表示在利润率既定时,利率与投资呈反方向变动。如图 7-7 所示。

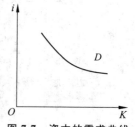

图 7-7　资本的需求曲线

在图 7-7 中,横轴 OK 表示资本的需求量,纵轴 Oi 表示利率水平,D 表示资本的需求曲线。

2. 资本的供给

资本的供给,就是资本的所有者在各个不同的利率水平上愿意而且能够提供资本的数量。它依存于人们的收入用于个人消费以后的余额——储蓄。利息是为了诱使人们抑制或推迟眼前消费,进行储蓄以提供资本的一种报偿。这种补偿随放弃现时消费量的增加而递增,只有相应地提高利率,人们才愿意提供更多的资本,所以,资本的供给是一条向右上方倾斜的曲线,它表示利率与储蓄呈同方向变动。如图 7-8 所示。

在图 7-8 中,横轴 OK 表示资本的供给量,纵轴 Oi 表示利率水平,S 表示资本的供给曲线。

3. 利率的决定

利率是由资本的需求与供给双方共同决定的,如图7-9所示。

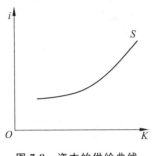

图 7-8　资本的供给曲线

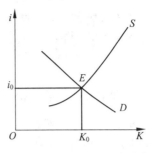

图 7-9　资本市场的利率决定

资本的需求曲线 D 和供给曲线 S 的交点为 E,均衡利率为 i_0,它表示利率水平为 i_0 时,投资者对资本的需求恰好等于储蓄者愿意提供的资本,两者均为 K_0。

7.3　土地与地租

先行案例

　　近几年,中国的房价节节攀升,已经影响到一些中低收入家庭,引起了中央政府的高度关注,最近连续出台了许多旨在于降低房价的措施:如规定开发商开发的楼盘必须有70％的面积是90平方米以下的户型、提高了住房按揭贷款的首付比例,购买住房后五年内出售的,要交纳营业税,等等。

　　为什么中国的房地产价格节节攀升? 目前,比较流行的一种观点是认为罪魁祸首是投机商——投机商对住房的炒卖推动了价格的持续上涨。中央政府的政策看来是受到了这个观点的影响。

　　但如果我们设问:为什么投机商能够把楼价炒高? 难道投机商想炒高什么商品的价格就能够炒高什么价格吗? 比如,他们为什么不炒高大米的价格? 是不敢? 不愿意? 或者不能?

　　在经济学的供给—需求模型里,均衡价格是由供给和需求的力量共同决定的。投机商应该属于需求者这个角色,它们能够影响的是需求曲线。要说明是投机商推高了楼价,必须同时说明为什么楼盘的供给曲线为什么没有右移或者为什么右移幅度比较小。

　　所以,认为罪魁祸首是投机商的观点看来需要补充,可以考虑以下两点:第一,在中国,土地的一级供给方是地方政府,出售土地所获得的收入是地方政府的一个重要财源,地方政府可能会限制土地的供给以抬高地价;第二,土地的二

7.3.1 土地的含义与特征

经济学中的土地泛指一切自然资源。从短期来看,土地的自然供给可以看作是一个固定不变的量,但从长期来看,人类可以改造沙漠、移山填海、围海造田等增加土地的自然供给,人类也可能由于洪涝、风沙等自然灾害和污染、毁林、对土地的破坏性使用等人为因素导致土地的有效供给减少。但从整体来看,在一个较短的时期内,土地自然供给的增减在总的土地自然供给中所占的比例毕竟非常之小,为了简化问题起见,我们把土地的自然供给看作是一个固定不变的量,如图 7-10 所示。

图 7-10 是土地的供给曲线的示意图。图中横轴为土地的供给量 Q,纵轴为土地的价格——地租,S 为土地的供给曲线,Q_0 表示土地的自然供给。

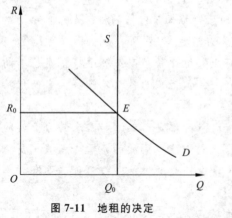

图 7-10 土地的供给曲线

7.3.2 地租的决定

地租是土地的报酬,是土地所有者的收入。地租的高低由土地的供求决定。租地人对土地的需求取决于土地的边际生产力。由于土地的边际生产力是递减的,因此,土地的需求曲线是一条向右下方倾斜的曲线。两条曲线的交点决定地租水平。如图 7-11 所示。

在图 7-11 中,横轴 OQ 代表土地量,纵轴 OR 代表地租,垂线 S 为土地的供给曲线,表示土地的供给量固定为 Q_0,D 为土地的需求曲线,D 与 S 相交于 E,决定了地租为 R_0。

随着经济的发展,对土地的需求不断增加,而土地的供给不能增加,这样,地租就有不断上升趋势。如图 7-12 所示。

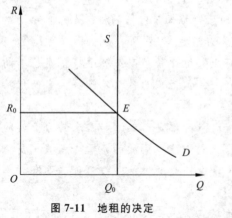

图 7-11 地租的决定

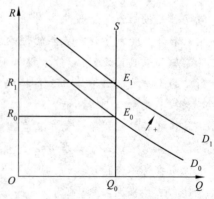

图 7-12 地租的变动

在图 7-12 中,土地的需求曲线由 D_0 向右方移动到 D_1,表明土地的需求增加了,但土地的供给仍然为 S,均衡点由 E_0 移动到 E_1,地租由 R_0 上升到 R_1,说明由于土地的需求增加,地租上升。

7.3.3 级差地租

【案例小品7-4】 "地王"与房价

2010年"两会"上,面对令人望而却步的高房价,代表、委员纷纷建言房地产。然而就在"两会"闭幕后的第一天,即3月15日,北京就上演了一日三地王的"壮举"。

当日上午9点半,远洋、中信、保利、万科、中粮、绿地、中建、华远等房企大腕齐聚大望京一号地块开拍现场。

该地块以15亿元起价,经过84轮竞拍,最终被远洋以40.8亿元拿下。该地块以高达27 529元/平方米的楼面价成为当时北京的单价地王。

这只是当日"地王潮"的序幕。

10点45分,北京大兴区亦庄地块开始竞拍。经过64轮的激烈竞争,中信地产以52.4亿元的报价笑到最后。52.4亿元的成交总价,刷新了当时北京新的总价地王纪录。

疯狂剧本仍在延续。

当日下午,北京海淀区东升乡蓟门桥地块开拍,该地块吸引了万科、中粮、绿地、中建、中国兵器装备集团公司等企业。经过58轮的砍杀,中国兵器装备集团公司旗下的北京世博宏业房地产开发有限公司以17.6亿元的总价成为胜利者。该地块以30 197元/平方米的楼面价,将6个小时前刚由远洋创造的北京单价地王桂冠抢了过来。

资料来源:2010年十大地王"秀"房企疯狂掷金660亿元. http://news. dg. soufun. com/2011-01-06/4323060. htm

以上关于地租决定的讨论实际上是假设所有的土地都是同质的,即不考虑不同土地在肥沃程度、地理位置等方面的差别。但实际上这种差别是存在的,而且这种差别对地租的形成也有重要的影响。由于土地在肥沃程度、地理位置等方面的差别而引起的地租在经济学上称为级差地租。

我们可以用表7-1来说明级差地租的形成。表7-1中,A、B、C、D、E是五块肥沃程度不同的土地。假定其他生产要素相同,各块土地的产量是不相同的。在市场上,农产品的市场价格是相同的,因此,各块土地的总产值(即总收益)是不相同的。这样,A、B、C这三块土地就分别产生了200、160和100的地租,这种地租就是级差地租。D块土地没有级差地租,被称为"边际土地"。E块土地连生产成本也无法弥补,不会被利用。

表7-1 级差地租的形成

土 地	产 量	价 格	总 产 值	生产成本	级 差 地 租
A	200	2	400	200	200
B	180	2	360	200	160
C	150	2	300	200	100
D	100	2	200	200	0
E	80	2	160	200	−40

7.3.4　准地租与经济地租

地租是当土地供给固定时的土地服务价格,因而地租只与固定不变的土地有关。但在很多情况下,不仅土地可以看成是固定不变的,而且有许多其他资源在某些情况下,也可以看成是固定不变的,这些供给固定不变的资源也有相应的服务价格。这种服务价格显然与土地的地租非常相似。为与特殊的地租相区别,可以把这种固定不变的一般资源的服务价格叫做准租金。例如,在短期内,工厂、机器及其他耐久性设备固定性很强,不易从这个产业转往其他产业,类似土地。厂商利用这些较好的固定要素,以较低的平均成本进行生产,取得较大的经济利润,也类似地租。这种厂商的总收益与其变动成本的差额,即固定要素的报酬。由于这些要素只是在短期内暂时固定,所以它们的报酬叫准地租。

在长期中,一切要素都是可变的。因此,要使生产要素继续留在这个行业,就必须使生产要素的所有者得到的实际收入高于他们希望得到的收入。超过的这部分收入就叫经济地租。显然,当经济地租大于零时,生产要素会继续留在这个行业;经济地租小于零,生产要素将转向其他产业。

由此可见,经济地租属于长期分析,而准地租属于短期分析。经济地租是对某些特定要素来说的,而经济利润是对整个厂商来说的。厂商存在经济利润,并不意味着其要素也存在经济地租。一种要素在短期中存在准地租,也不意味着在长期中存在经济利润。

7.4　企业家才能与利润

先行案例　企业家才能也是一种生产力

篮球之神迈克尔·乔丹在职业棒球场上"扮回"普通人,又一次冲垒失败的时候,棒球队老板正在场下以不容置疑的口吻吩咐教练:"宁可输球,也决不能让迈克尔去打第9棒!"是的,棒球场上的第9棒是对比赛结果毫无意义的一棒,是菜鸟、小丑,甚至吉祥物发挥作用的位置,让20世纪最后15年中美国职业体育头号偶像去打第9棒,观众口袋里的钞票是肯定不会答应的,即便乔丹的棒球水准打第9棒还稍显不足。

有些人天生具有别人无法企及的能力,乔丹标志性的吐舌头动作本身就是生产力;而老板知道乔丹不能去打第9棒,这也是一种生产力。这种生产力和哥伦布发现美洲大陆的能力、福特发明流水生产线的能力,乃至迪士尼敢于同时斥巨资拍摄《加勒比海盗》第2、3集的能力,在本质上没有差别;近几十年来,经济学界将之称为企业家才能。

企业家才能表面上看起来是一种管理能力、创造力、洞察力,加上一点点运气,可它的背后是企业家或企业家团队长时间积累起来的经验、人脉,以及无数挫折砥砺出来的信心。真正的企业家才能不等同于人力资本,人力资本可以在教育培训中积累,可以"干中学";但企业家才能却必须经过人力资本的升华才能获得,并非是老天公平地赐给每一个人的。

　　企业家才能够为企业带来生产、管理、营销等方面的创新,即打破原有方式,创造出成本相对更低、利润相对更高的模式,是熊彼特所言的"创造性的破坏"。本质上讲,企业家才能是一种能够发现新的生产要素排列组合的能力,这个新的排列组合能比原组合生产出更多的产品。由于资源的稀缺性,人类社会在发展进程中一直是在寻找新资源和探索用同样多资源生产更多产品的方式。从这个意义上讲,企业家才能也是一种生产力。

　　资料来源:赵晓男.高薪是奖励企业家才能 并非企业家业绩.http://finance.qq.com/a/20090408/003528.htm

　　想一想:你是如何理解"企业家才能也是一种生产力"这个观点的?

7.4.1　企业家才能与利润

　　企业要进行生产活动,就必须把各种生产要素组织起来、协调起来,这个组织者就是企业家。作为企业家有两个主要的任务,一是生产的组织、协调,二是对企业的经营行为承担风险,并且尽可能把风险降到最低。

　　作为对企业家才能这种特殊的生产要素的报酬,利润有着与工资、地租等要素收入不同的特点:首先,利润可大可小、可正可负,不像劳动、土地那样其收入可以事先通过合同确定并只能是正值;其次,利润是与市场的不确定性联系在一起的,所以可以出现剧烈的波动,不像其他生产要素有一个社会平均的价格水平作保证。

　　在社会化大生产之前,由于企业主同时又是企业家,利息与利润事实上不可分,因而利润问题并不是经济学要研究的重要课题。随着大规模生产的出现,许多企业的所有权和经营权逐渐分离,所有权归企业主而经营权归企业家,企业家才能作为一种独立的生产要素才得以出现。

7.4.2　正常利润与超额利润

　　在经济学上,一般把利润分为正常利润和超额利润。这两种利润的性质与来源都不相同。

　　在任务 5 中,我们已经知道正常利润属于隐成本,是企业投入的所有生产要素的机会成本。这里的正常利润是狭义的概念,特指企业家才能的价格,也是企业家才能这种生产要素所得到的收入。其性质与工资相类似,也是由企业家才能的需求与供给所决定的。不同的只是由于对企业家需求和供给的特殊性(边际生产力大和培养成本高),决定了它的数额远远高于一般劳动所得的工资。因为正常利润包括在经济学分析的成本之中,所以收支相抵就是获得了正常利润。

　　超额利润是指超过正常利润的那部分利润,又称为纯粹利润或经济利润。在完全竞争条件下,在静态社会里,不会有这样利润产生。只有在动态社会中和不完全竞争条件下,才会产生这种利润。动态社会涉及创新和风险,不完全竞争则存在垄断。所以超额利润的来源主要有以下几点。

第一，来源于创新。这里所说的创新包括引进一种新产品，引进一种新技术，开辟新市场，获得某种新原料或新能源，生产组织方法的某种新发明及其应用。上述五个方面的任何一方面都可以使企业获得更高的劳动生产率，从而带来经济利润，可以把"创新的利润"看作创新者或企业家的暂时经济利润。

第二，来源于承担风险。风险是指投资者面临亏损的可能性。企业家进行某种有可能失败的生产活动时，他面临着由于遭到失败而导致经济损失的可能性。在社会经济发展过程中，总需要有人去承担风险。由于承担风险而获得的经济利润，不过是社会为冒险活动所支付的保险费用。

第三，来源于垄断。垄断可使厂商抬高出售产品的价格或压低购买生产要素的价格，从而使厂商获得垄断利润。西方一些经济学家认为，在垄断情况下所获得的经济利润是一种剥削。

西方经济学家认为创新和承担风险带来的利润是合理的，垄断所带来的利润则是不合理的。

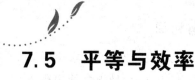

7.5 平等与效率

先行案例 温家宝：调整收入分配 扭转收入差距扩大趋势

中新社北京 2011 年 3 月 5 日电（记者 闻育昊） 中国国务院总理温家宝 5 日在作政府工作报告时表示，今年要合理调整收入分配关系，重点采取三方面措施。

一是着力提高城乡低收入群众的基本收入。稳步提高职工最低工资、企业退休人员基本养老金和城乡居民最低生活保障标准。建立健全职工工资正常增长机制，严格执行最低工资制度。

二是加大收入分配调节力度。提高个人所得税工薪所得费用扣除标准，合理调整税率结构，切实减轻中低收入者税收负担。有效调节过高收入，加强对收入过高行业工资总额和工资水平的双重调控，严格规范国有企业、金融机构高管人员薪酬管理。

三是大力整顿和规范收入分配秩序。坚决取缔非法收入。加快建立收入分配监测系统。通过持续不断的努力，尽快扭转收入分配差距扩大趋势，努力使广大人民群众更多分享改革发展成果。

资料来源：温家宝：三措施调整收入分配 扭转差距扩大趋势 . 中国网

想一想：调节收入分配差距的政策主要有哪些？

7.5.1 收入平等程度

前面分析了经济学的生产要素价格决定理论，这些理论构成经济学中分配理论的重要基础。但是还有一个重要的问题,那就是每个人在经济社会中所拥有的资本不一样,所拥有的土地资源也存在极大的差别,每个人的天赋和从小所受的教育不同,勤劳的程度不同,因而在经济社会中人们所能得到的收入存在很大的差别,这就是收入分配的不平等问题。一个经济社会如果收入分配过于不平等,国民收入的大部分落到少数人手里,而大多数人一贫如洗,这样的社会必然是一个不稳定的社会。反之,如果一个经济社会收入分配过于平均化,每个人无论工作的勤劳程度如何、工作业绩如何,都得到同样的收入,这个社会一定是一个缺乏效率的社会。正因为如此,建立一个能够测度一个国家收入分配不平等程度的标准或指标就是至关重要的。

1. 洛伦茨曲线

洛伦茨曲线(Lorenz curve)是用来衡量社会收入分配(或财产分配)平均程度的曲线。它由美国统计学家洛伦茨提出。具体统计方法是先将一国人口按收入由低到高排队,分为五组,各占人口总数的20%,并说明每组的收入在总收入中所占的百分比。例如,收入最低的 A 组 20% 人口、B 组 40% 人口……等所得到的收入比例分别为 5%、17%,而在 E 组的 20% 为最高收入人口,其收入占所有人口总收入的 40%,如表 7-2 所示。最后,将这样得到的人口累计百分比和收入累计百分比的对应关系描绘在图形上,即得到洛伦茨曲线。参见图 7-13。

表 7-2　人口与收入分布表　　　　　　　　　　　单位:%

组　别	人　口		收　入	
	占人口百分比	合计	占收入百分比	合计
A	20	20	5	5
B	20	40	12	17
C	20	60	18	35
D	20	80	25	60
E	20	100	40	100

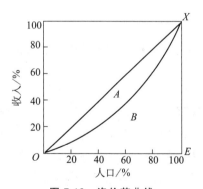

图 7-13　洛伦茨曲线

显而易见,洛伦茨曲线的弯曲程度具有重要意义,反映了收入分配的不平等程度。在图 7-13 中,横轴代表人口百分比,纵轴代表收入百分比。如果任一人口百分比等于其收入百分比,从而人口累计百分比等于收入累计百分比,洛伦茨曲线成为通过原点的 45° 线 OX,表明收入分配绝对平均,称为绝对平均线;如果所有收入都集中在某一个人手中,而其余人口一无所有,收入分配达到完全不平等,洛伦茨曲线成为折线 OEX,表明收入分配绝对不平均,称为绝对不平均线。实际的洛伦茨曲线应该介于这两条线之间,利用洛伦茨曲线可以表明收入与财产分配的不平等程度。洛伦茨曲线离绝对平均线越近,表明收入或财产分配越平等;洛伦茨曲线离绝对不平均线越近,表明收入或财产分配越不平等。

一般来说,一个国家的收入分配,既不是完全不平等,也不是完全平等,而是介于两者之间;相应的洛伦茨曲线,既不是折线,也不是 45°线,而是向横轴凸出,尽管凸出的程度有所不同。

2. 基尼系数

1922 年意大利经济学家基尼根据洛伦茨曲线找出了判断分配平等程度的指标。根据洛伦斯曲线可以计算出反映收入分配平等程度的指标,这一指标称为基尼系数(Gini coefficient)。将洛伦茨曲线与绝对平均线之间的面积用 A 来表示,洛伦茨曲线与绝对不平均线之间的面积用 B 来表示(如图 7-13 所示),则计算基尼系数 G 的公式为:

$$G = \frac{A}{A + B} \quad (0 \leqslant G \leqslant 1) \tag{式 7-1}$$

洛伦茨曲线与绝对平均线之间的面积为零时,收入分配绝对平均,基尼系数为 0。洛伦茨曲线与绝对不平均线之间的面积为零时,收入分配绝对不平均,基尼系数为 1。实际基尼系数总是大于 0 而小于 1。基尼系数是衡量一个国家贫富差距的标准。基尼系数越小,收入分配越平均;基尼系数越大,收入分配越不平均。

目前基尼系数是国际通用的衡量贫富差距的最可行方法。联合国有关组织规定的基尼系数如表 7-3 所示,国际上一般以 0.4 为警戒线。

表 7-3　国际通用的基尼系数

基 尼 系 数	收入分配平等程度	基 尼 系 数	收入分配平等程度
0	绝对平等	0.4～0.5	差距较大
小于 0.2	高度平等	大于 0.5	差距悬殊
0.2～0.3	比较平等	大于 0.6	高度不平等
0.3～0.4	基本合理	1	绝对不平等

【案例小品 7-5】 "十二五"重庆首提基尼系数 提速共同富裕

2011 年是"十二五"开局之年,目前,地方"两会"陆续召开。1 月 9 日记者从正在此间召开的重庆"两会"上获悉,重庆作为全国率先将基尼系数写入"十二五"规划的地方政府,重庆将瞄准缩小"三大差距",明确提出将衡量社会贫富差距的指标基尼系数由 0.42 降到 0.35。深化收入分配改革提速"共同富裕"。

农村居民人均收入翻一番

五年后,城镇居民人均年收入将达到 3.1 万元,农村居民人均纯收入基本翻一番,达 1 万元左右,由低于全国平均水平变为超过全国平均水平;城乡收入差距缩小到 2.5∶1,以人均地区生产总值衡量的主城区与边远区县差距缩小到 2∶1;率先在西部实现全面小康社会。"贫富差距与经济发展阶段、社会富裕程度和生产力水平没有直接关系,根本在于分配制度是否合理。缩小三大差距,关键靠改革,核心是制度安排。"重庆市市长黄奇帆说。

经济学原理

7.5.2 收入分配政策

分配政策是指国家为实现宏观调控总目标和总任务,针对居民收入水平高低、收入差距大小在分配方面制定的原则和方针。同其他发达国家一样,我国也采取了多种收入分配政策,大抵可以分为以下三类。

1. 在初次分配领域的政策

任何国家必须有反不当竞争、反垄断、保证劳动力资源和资本正常、自由流动等的法律和政策包括初次分配政策及相关的配套政策,因为,为了保证初次分配领域的公平、合理,必须防范和纠正不正当竞争、制止垄断、创造公平的平等竞争的市场秩序,以及保证劳动者的身份自由和择业的自由等。

2. 分配领域的税收政策

几乎所有国家都以立法的形式规定了个人、企业所得税的征收办法。税收是政府运用国家力量进行的强制性的"重要的重新分配收入的手段",其目标是公平、合理,以保证社会生活的健康、稳定,思想来源是"损有余而补不足",实现全社会尽可能多的人都能够过上基本生活水平得到保障的生活。税收能够从全社会共同和长远利益的角度,平抑收入差距,缩小贫富分化,使社会财富在尽可能多的社会成员之间得到尽可能公平、合理的分配。

3. 社会保障政策

根据现实生活中的需要,政府还必须制定一系列社会保障政策来保障在分配领域所无法解决的分配死角,如老年人、病残人的社会保障问题、离退休保障问题等。社会保障政策实际上是政府运用社会成员之间和同一社会成员不同时期之内的收入所得而进行的转移支付方式,即"在不同代的人之间和同代的人内部进行再分配的计划",来强制性地安排、保障那些无收入或低收入的社会成员仍然能够获得基本的生活条件。

熊彼特(J. A. Joseph Alois Schumpeter,1883—1950),美籍奥地利经济学家,当代资产阶级经济学代表人物之一。

熊彼特出生于奥匈帝国摩拉维亚省(今捷克斯洛伐克境内)特里希镇的一个织布厂主家庭。早年肄业于维也纳大学,攻读法律和经济,1906 年获法学博士学位,是 E. von 柏姆-巴维克的门生,随后游学伦敦,求教于 A. 马歇尔。第一次世界大战前后,曾在奥地利的几所大学任教,1913—1914 年,受聘为美国哥伦比亚大学客座教授,并被该校授以荣誉博士学位。1918 年,曾一度出任由 K. 考茨基、R. 希法亭等人领导的德国社会民主党"社会化委员会"的顾问。1919 年,曾短期出任由 O. 鲍威尔(1881—1938)等人为首的奥地利社会民主党参加组成的奥国混合内阁的财政部部长。1921 年,任私营皮达曼银行经理。1925—1932 年,又从官场仕途回到学术界,赴德国任波恩大学经济学教授。1932 年迁居美国,任哈佛大学经济学教授,直到逝世。期间,1937—1941 年,曾任"经济计量学会"会长,1948—1949 年任"美国经济学协会"会长。

熊彼特主要著作如下:《经济发展理论》(1912 年德文版,1934 年英文修订版)、《经济周期:资本主义过程的理论、历史和统计分析》(1939)、《资本主义、社会主义和民主主义》(1942)、《从马克思到凯恩斯十大经济学家》(1951,由生前所写传记评论汇集而成)、《经济分析史》(1954)。

熊彼特以"创新理论"解释资本主义的本质特征,解释资本主义发生、发展和趋于灭亡的结局,从而闻名于资产阶级经济学界,影响颇大。他在《经济发展理论》一书中提出"创新理论"以后,又相继在《经济周期》和《资本主义、社会主义和民主主义》两书中加以运用和发挥,形成了以"创新理论"为基础的独特的理论体系。"创新理论"的最大特色,就是强调生产技术的革新和生产方法的变革在资本主义经济发展过程中的至高无上的作用。

熊彼特又以"创新理论"为依据,在《经济周期》及有关书刊中,提出了他的经济周期理论。他认为,一种创新通过扩散,刺激大规模的投资,引起了高涨,一旦投资机会消失,便转入了衰退。由于创新的引进不是连续平稳的,而是时高时低的,这样就产生了经济周期。历史上的创新千差万别,对经济发展的影响也大小不同,因而周期有长有短。他综合了前人的论点,提出在资本主义历史发展过程中同时存在着三种周期的主张:①历时 50~60 年的经济长周期或长波,又称"康德拉季耶夫周期";②通常所说的平均 9~10 年的资本主义经济周期,又称"朱格拉周期";③平均 40 个月的所谓短周期或短波,又称"基钦周期"。他宣称,这几种周期并存而且互相交织的情况进一步证明了他的"创新理论"的正确性。

当前熊彼特学说在西方学术界的影响有更大的扩展,特别是由于科学技术的进步,熊彼特的"创新理论"受到西方更多学者的重视。

自 我 测 试

一、名词解释

级差地租 准租金 经济租金 洛伦茨曲线 基尼系数

二、选择题

1. 某一时期科技进步很快，人们越来越倾向于资本密集型生产方式，这将导致(　　)。
   A. 劳动的供给曲线向右移动　　　　B. 劳动的需求曲线向右移动
   C. 劳动的供给曲线向左移动　　　　D. 劳动的需求曲线向左移动

2. 在完全竞争市场上，生产要素的边际收益取决于(　　)。
   A. 该要素的边际生产力　　　　　　B. 该要素的平均收益
   C. 该要素的平均水平　　　　　　　D. 该要素的边际成本

3. 随着工资水平的提高，(　　)。
   A. 劳动的供给量会一直增加
   B. 劳动的供给量会一直减少
   C. 劳动的供给量先增加，但工资提高到一定水平后，劳动的供给量不仅不增加，反而会减少
   D. 劳动的供给量增加到一定程度后就不会增加也不会减少

4. 使地租不断上升的原因是(　　)。
   A. 土地的供给与需求共同增加
   B. 土地的供给不断减少，而需求不变
   C. 土地的需求日益增加，而供给不变
   D. 土地的需求和供给共同减少

5. 企业家的报酬是(　　)。
   A. 正常利润　　　B. 超额利润　　　C. 经营利润　　　D. 以上全正确

6. 洛伦茨曲线代表了(　　)。
   A. 贫困的程度　　　　　　　　　　B. 税收体制的效率
   C. 收入不平等的程度　　　　　　　D. 税收体制的透明度

7. 如果收入是平等分配的，则洛伦茨曲线(　　)。
   A. 与横轴重合　　　　　　　　　　B. 与45°对角线重合
   C. 与纵横重合　　　　　　　　　　D. 难以确定

8. 如果收入是完全平等分配的，基尼系数将等于(　　)。
   A. 1.0　　　　　B. 0.5　　　　　C. 0.25　　　　　D. 0

三、简答题

1. 生产要素的需求有什么特点?

2. 劳动市场上工会存在条件下，工资是如何决定的?

3. 为什么要对资本支付利息？

4. 为什么企业家的收入比工人的收入高很多,这合理吗?

5. 请用你学过的经济学知识分析一下我国房地产价格居高不下的原因。

四、讨论题

1. 用图形来解释地租的决定水平,并分析闹市中心的商店、餐馆要价比较高的原因。

2. 你对我国社会保障制度有什么合理的建议,请结合国内外的经验教训谈谈。

案 例 分 析

首钢受困秘鲁罢工 20 年

2010 年 3 月 25 日,据路透社报道,首钢秘鲁铁矿的工人周四表示,计划下周一(3 月 29 日)举行罢工,施压业主以满足加薪的要求。记者从首钢一位内部管理人士处证实了该消息,"罢工的消息已经释放出来,这是家常便饭"。

中国冶金工业规划研究院院长李新创刚从武钢利比里亚邦矿项目考察回来,谈及首钢秘鲁铁矿罢工问题,他表示,"南美人最喜欢用罢工的方式来争取自己的利益,这也是困扰首钢秘鲁铁矿生产的最大问题"。

罢工"别动队"

1992 年 11 月 5 日,首钢集团以 1.18 亿美元购买了濒临倒闭的秘鲁国有铁矿公司 98.4% 的股权。罢工的梦魇自此开始。

上述首钢人士告诉记者,从秘鲁铁矿被首钢收购伊始,就被各种名目的罢工示威所困扰,"每次费尽心力解决完问题后,又面临下一波威胁。而每次罢工的目的几乎都是涨工资、加福利"。

最近的一次大规模罢工发生在去年 7 月份。罢工维持了 10 多天,在号称"秘鲁最有战斗力"的矿业工人工会的领导下,工人四处游行、喊口号、砸玻璃、烧汽车……最终以首钢承诺加薪而告终。

秘鲁铁矿工人之所以计划于 3 月 29 日进行无期限罢工,原因是"公司没有履行加薪承诺"。

对于首钢来说,这一最新的罢工表态绝不仅仅是威胁。首钢上述人士说,秘鲁工会势力强大,三天两头的罢工行为,养活了一批专业从事罢工的"别动队"。

亲眼目睹秘鲁工人罢工事件的一位民营矿业公司负责人告诉记者,罢工队伍看起来训练有素,喊着整齐划一的"China! China!"口号;暴力事件也时有发生,接送矿工上下班的大巴经常在罢工中被烧毁。

实际上,每年三四月份,首钢秘鲁铁矿公司都要集中精力应对矿业工会的强势。"他们每年都会提出增加工资的申请书,如果处理不妥善,轻则影响公司财政状况,重则导致无期限罢工。"上述首钢人士表示。

一位知情人士告诉记者,据不完全统计,矿工罢工给秘鲁铁矿公司带来的日平均损失在

100万～200万元不等。2004年的那次罢工事件,甚至给秘鲁铁矿造成直接经济损失达500多万美元。

首钢曾想卖掉秘鲁铁矿

首钢刚接手秘鲁铁矿时,曾仿效国内模式建立职工代表大会,但矿工们并不领情,首钢一位宣传人士曾对记者抱怨,秘鲁工人不关心企业的经营决策和发展前途,他们唯一关心的就是工资和福利。

另一知情人士甚至表示,每次罢工都是"有预谋、有组织"的行为。"这其中起主导作用的是工会,他们工会为了自己的饭碗,为了捞取更大的政治资本,对组织工人罢工乐此不疲。"

首钢方面曾对外表示,在首钢秘鲁矿区工作的高层人员每月总收入达5 000美元,企业中层收入在2 000美元左右,"这在秘鲁算比较高的了";首钢还免费为职工提供住房、水、电、交通、医疗等。

但如此激烈、如此频繁的劳资纠纷曾一度令秘鲁铁矿处于半死不活的状态。首钢一位中层对记者表示,随着罢工中的暴力事件越来越多,秘鲁铁矿经营问题重重,首钢曾一度想卖出秘鲁铁矿,"真是心灰意冷了,双方日子都不好过"。

然而,秘鲁铁矿罢工事件频繁,首钢自身无法推卸责任。

"刚开始,首钢试图在秘鲁引入国内管理体系,初期管理非常混乱。"一位业内专家表示,生产事故频发、成本核算不符合常态、财务报告错误百出等,在秘鲁铁矿都见怪不怪。

如今,在首钢经营秘鲁铁矿近20年的时间里,首钢方面派去的领导班子换了近10拨,短暂的秘鲁之行更像是一次镀金之旅。

问题:结合案例,谈谈工会对企业的影响。

技 能 实 训

实训项目:利用网络、新闻报告等资料查找我国或某地区改革开放以来基尼系数的数据,根据这些数据分析我国或某地区改革开放以来收入分配发生的变化情况。

实训目标:通过此次实训,了解我国或某地区贫富差距状况。

实训组织:学生每6人分为一组,选择不同的研究对象进行案例分析。

实训提示:教师提出活动前准备及注意事项,同时随队指导。

实训成果:各组汇报,教师讲评。

市场缺陷与政府干预

■ 能力目标

通过完成本项任务，应该能够：

◆ 了解市场失灵的原因

◆ 了解政府干预的原因、方式和失效的原因

◆ 运用市场失灵与政府干预的原理分析现实经济问题

■ 任务解析

8.1　市场失灵

8.2　政府干预

■ 任务导入

在前面7项任务中，我们讨论了市场经济在配置资源方面的作用。在西方市场经济发展的早期，人们对市场的评价很高，亚当·斯密的"看不见的手"是对市场经济调节作用的最好的阐释。当时流行的观点是"最小的政府是最好的政府，最好的政府就是干预最少的政府"。但市场不是万能的，它也会失灵，需要政府制定相应的政策来弥补。本任务主要研究市场失灵产生的原因及解决方法。

你可以对照能力目标，结合自我测试反复演练，有的放矢地依次完成各分项任务，直至完成本项任务。

8.1 市场失灵

先行案例 从矿难看"市场失灵"与"政府失灵"

近年来,我国矿难事故接连不断,大有一波未平,一波又起之势,伤亡数目令人惊心。在有关矿难的各种报道中,我们看到几乎每一起矿难背后,都有一批腐败的地方官员。发生矿难的矿点大多是生产与安全状况严重不符合国家标准的,有些甚至是国家曾经三令五申要求关闭的。尽管国家在相关法规以及落实方面比以前完善了很多,但非法开采依然屡禁不止。矿主之所以仍然能够非法开采,大多是买通了地方上包括从拥有审批权到拥有生产安全监督权的各级官员。如广东兴宁矿难中,调查证实事故背后存在"官煤勾结"的现象。该煤矿65名股东中,有的就是当地的公务员。

正如"幸福的家庭都是相似的,不幸的家庭各有各的不幸",矿难发生的原因也各种各样,但是纵观近年来许多矿难发生的原因,我们会发现存在不少相似的地方。总的来看有两方面,一方面"市场失灵";另一方面有些地方"政府失灵"。

"市场失灵"不难理解。随着我国城市化、工业化、现代化的快速推进,经济规模进一步扩大,资源需求不断升级,资源供需矛盾和环境压力越来越大,煤炭等重要矿产资源价格一路看涨。马克思说,当有利润可图时,资本家就会不惜代价,甚至铤而走险。在矿业权市场还不是很健全的条件下,不少唯利是图的矿主违法、违规操作,导致矿难不断发生。特别是对于小矿主来说,他想的是以最小的成本获取最大的利润。同时,我国农业边际效益为零甚至负数,我国农业人口众多,劳动力供给几乎是无限的。为了养家糊口、孩子上学,不少农民工"明知山有老虎,偏向虎山行",在极其简陋的、随时都存在生命危险条件下从事生产,而一旦发生矿难,赔偿的金额也有限。在极端不平等的、缺乏外在约束的条件下,大多数小矿主肯定不会自掏腰包加强卫生安全管制。如果没有外界的干预,因安全投资不足引起的矿难肯定会不断发生。

在"市场失灵"导致矿难不断发生的情况下,就需要政府的干预。但是出发点是好的,未必能收到好的效果。以政府的干预作为主要的管理方式,往往带来适得其反的效果,造成"政府失灵",经济学上把这种现象称为"诺斯悖论"。所谓"诺斯悖论"是指政府部门本应该提供公共产品,成为一个有效、公正的契约第三方执行者。但由于种种原因,却打着提供社会公共产品的招牌,为了政府部门的利益而损害社会的利益,最后提供的可能就是公共祸害。

当需要政府部门干预矿业时,一些政府官员自然就成为一些不法矿主的寻

任务 8 市场缺陷与政府干预

租对象。一些被勒令停产的煤矿老板，总是千方百计"摆平"主管领导干部，非法谋取暴利。有些领导干部贪图钱财，收到"好处"后对矿主暗中支持，对发生在眼皮底下的违法行为"睁一只眼、闭一只眼"。更有个别利欲熏心的领导干部以权谋私，入股经营。这样，"官煤勾结"导致一些煤矿主无法无天、我行我素，即使出点小问题，也都能"轻松过关"。

另一种"官煤勾结"也不应该忽视。有的领导干部没有参股，也没有收取矿主贿赂，但也情愿充当不法矿主的"保护伞"。这种现象目前普遍存在，却未引起足够重视。一些地方以"促进当地经济发展"为名，联合起来对抗中央政策和国家的法律、法规。其结果，不法经营者得到非法收入，官员出了政绩，损害的是国家利益、党和政府的公信力，受害的是群众。

广东兴宁矿难就是一个典型。之前曾被关闭，后来当地有关部门要求尽快"恢复生产"，为当地经济"多做贡献"。在一些地方，这种让中央政策、国家法律、群众利益让位于所谓的"地方发展"、局部利益的不良观念，逐渐成了"大气候"，成了谁也不好公开反对的"潜规则"。这种"官煤勾结"，不涉及金钱，但是危害很大，实际上，这正是造成许多煤矿非法开采、事故频发的深层原因。一些干部要政绩，会自觉或不自觉地成为各种非法经营的"保护伞"，这就使那些受贿、参股的不法分子更加有恃无恐。许多不该发生的事故，接二连三地发生。一发生事故，又是"矿主发财、矿工遇难、政府埋单"。

因此，在处理矿难问题时，对以权谋私的领导干部要严肃查处，对置党纪国法于不顾、给群众生命财产造成损失的干部，也要严肃处理。同时，要加强教育，完善监督机制，引导干部树立正确的发展观和政绩观，防止这类"官煤勾结"的腐败现象蔓延。同时，还要加快规范完善矿业权市场，这才是治本之策。

资料来源：张建军．从矿难看"市场失灵"与"政府失灵"，http://news. xinhuanet. com/fortune/2005-11/02/content_3717928. htm

想一想：什么是市场失灵？

市场经济是一种竞争型经济体制，市场对于社会资源配置有着灵活有效的导向作用，进入市场的各种经济主体，在自身的物质利益的驱动下，对市场信号反应灵敏，能够通过市场价格的涨落适应市场供求关系的变化，把资源配置到最需要的地方，实现高效、合理、优化组合的目标。显然，市场竞争给企业以压力和动力，使其接受优胜劣汰的考验；市场竞争促进技术进步，推动了生产力的发展，社会的各种力量在市场竞争中聚合在一起形成巨大"合力"，推动着整个社会生产力的迅速发展。市场经济"功高无量"，这是几百年人类文明史和当代市场经济发展已经充分证明的事实。

但是，市场不是万能的、天然的、和谐的，不能单纯凭借"看不见的手"左右经济生活，市场运行的自身弱点，主要是"市场失灵"问题。所谓市场失灵是指在有些情况下仅仅依靠价格调节并不能实现资源配置最优。市场失灵产生于公共物品、外部性、垄断与信息不对称。

8.1.1 公共物品

1. 公共物品的概念与特性

公共物品(public goods)是指公共使用或消费的物品,是与私人物品(private goods)相对应的一个概念,它被自动提供给社会全体成员,不需要消费者支付费用,或者以远低于其边际效用或边际成本决定的价格来付钱。严格意义上的公共物品具有非竞争性和非排他性。

所谓非竞争性,是指某人对公共物品的消费并不会影响别人同时消费该产品及其从中获得的效用,即在给定的生产水平下,为另一个消费者提供这一物品所带来的边际成本为零。所谓非排他性,是指某人在消费一种公共物品时,不能排除其他人消费这一物品(不论他们是否付费),或者排除的成本很高,例如,市场上的肉、菜等是私人生产的,就属于私人物品;而人们每天免费享受的国防、社会治安、公共道路、教育等大多数是政府提供的,就属于公共物品。

公共物品的非排他性使得消费者以微小的代价换取巨大的利益成为可能,从而产生了所谓的"搭便车"现象,"聪明人"当然不会正直地支付物品本身的合理价格。即使有些消费者不存在搭便车的心理,愿意自己付费购买,他也只会根据这种公共产品给他个人所带来的私人利益,而不是其产生的社会利益,来决定自己所愿意支付的价格和购买的数量,这无疑导致了市场机制的失灵。同时,公共物品的非竞争性使得它一旦被提供出来以后增加一个消费者并不增加费用,按照价格等于边际成本的效率原理,就应该允许所有人免费享用,那么如果这种产品由私人提供它就会破产,这就是为什么公共产品通常要由政府来提供的原因。

住房虽然不具备公共物品的这两个典型特性,但住房作为一个商品,它不仅包括室内的空间或室外的建筑,它还包括周围的环境。真正能够给消费者带来更大效用的往往是住房周边的环境质量、交通条件、公共基础设施等外部因素,因此住房也具有一定的公共物品性,政府干预其价格是有一定道理的。

2. 公共物品的分类

按照公共物品所具有的非竞争性和非排他性的程度不同,公共物品可以分为纯公共物品和准公共物品。

(1) 纯公共物品(pure-public goods):具有完全的非竞争性和非排他性,如国防和灯塔等,通常采用免费提供的方式。在现实生活中并不多见。

(2) 准公共物品(quasi-public goods):具有有限的非竞争性和局部的排他性。即超过一定的临界点,非竞争性和非排他性就会消失,拥挤就会出现。准公共物品可以分为两类:一类是公益物品,如义务教育、公共图书馆、博物馆、公园等;另一类是公共事业物品,也称自然垄断产品。如电信、电力、自来水、管道、煤气等。

【案例小品 8-1】 公共地悲剧

公共地悲剧最初由加勒特·哈丁提出。加勒特·哈丁(Garrit Hadin)1968 年在《科学》杂志上发表了一篇文章,题为"The Tragedy of the Commons"。文中哈丁为了说明公地的悲剧,举了一个关于牧民与草地的故事,说的是当草地向牧民完全开放时,每一个牧民都想多养一头牛,因为多养一头牛增加的收益大于其购养成本,是有利润的。尽管因为平均草量下降,增加一头牛可能使整个草地的牛的单位收益下降。但对于单个牧民来说,他增加一头牛是有利的。可是如果所有的牧民都看到这一点,都增加一头牛,那么草地将被过度放牧,从而不能满足牛的需要,导致所有牧民的牛都饿死。这个故事就是公共资源的悲剧。

资料来源:公共地悲剧. http://baike.baidu.com/view/1532031.htm

【案例小品8-2】 蜡像馆的悲剧

"刘德华"已暂行"疗养";重力模拟器完全失效;F1赛车加了围栏,添了保安员驻守一旁……据媒体报道,上海杜莎夫人蜡像馆正式对外开放一周中,尽管125元一张的成人票价在一定程度上限制了游客量,但种种不文明行为在馆内仍时有上演。为此,馆内不得不采取一些"因事制宜"的措施以保护展出的蜡像及设施。

蜡像馆的尴尬让人想到了"公地的悲剧"。"公地的悲剧",即哈丁悲剧。在共享公有物的社会中,每个人,也就是所有人都追求各自的最大利益。这就是悲剧的所在。因为,过度的追求将导致公有物的透支,最终的结果只能是任何人的需要都得不到满足,这就意味着毁灭是所有人都奔向的目的地。

尽管,蜡像馆不是免费开放,但公共场所的性质还是使其遭遇了"公地的悲剧"。部分游客想到的是怎样最大限度地获得身心的享受,而没有顾及到自己的行为是否逾越了规矩,是否对蜡像馆的蜡像和设施造成了破坏。

"公地的悲剧"与个体的利己性有关。许多人在私人领域内,可能文质彬彬、深谋远虑,与亲人朋友和睦相处;但是到了公共领域,就脱去了文明的外衣,变得"不拘小节"、随心所欲,甚至粗俗不堪,与其他陌生人的相处也变得格格不入。同时,"公地的悲剧"也与相关部门的管理不善和服务不周有关,如果个体的不雅行为得不到应有的约束,那么管理部门就应该承担一定的责任。

消除"公地的悲剧"应从素质的提高和管理的完善入手。一方面,通过教育和舆论,加大个体在公共领域违规的道德成本,让道德的自觉约束利己的冲动。另一方面,通过服务的完善,管理的科学,让遵守公共道德的人获得最大的收益,而不是逾越规则者获得更多的利益和便利。公共意识的养成需要一个漫长的过程,只有在道德和规则双重作用下,"公地的悲剧"才能有效地减少。

资料来源:乾羽. 蜡像馆尴尬折射"公地的悲剧",http://news.sina.com.cn/o/2006-05-09/01018869151s.shtml

8.1.2 外部性

外部性(externality)又称外部效应,指某种经济活动给予这项活动无关的主体带来的影响,这就是说,这些活动会产生一些不由生产者或消费者承担的成本,或不由生产者或消费者获得的利益。从外部性带来的结果来看,可分为负外部性和正外部性;从外部性产生的领域来看,可分为生产的外部性和消费的外部性。

1. 负外部性和正外部性

负外部性(negative externality)指某一主体的生产和消费行为给他人带来的损失。例如,造纸厂向河流排放污水污染河流,造成鱼类减少,导致渔民的成本提高;有人开生日晚会时高声喧哗,打扰了邻居们的休息。负外部性又称外部不经济。

正外部性(positive externality)指的是生产和消费行为为给他人带来的利益。例如,养蜂人通过养蜂、生产蜂蜜来追求自身利益时,附件农民种植的水果会因蜜蜂的传粉而大量增产,降低了农民种植的成本。又比如,你居住地环境因为邻居在他的花园里种满了鲜花而得到改善,增加了你的福利。正外部性又称外部经济。

【案例小品8-3】 "补钙广告"旺销了肉骨头

前几年在营养保健品市场上,风行"人体补钙",各种各样的补钙品琳琅满目,报纸杂志和电视广播里也充斥着补钙的广告。当"补钙大战"如火如荼、难分高下的时候,人们却吃惊地发现:由于竞争商家太多,营养品销量并不见得有多好,倒是农贸市场里的肉骨头大为旺销。原来,根据"吃什么补什么"的老话,吃肉骨头也是相当补钙的。特别是猪的脚筒骨,骨髓多,味道好,在市场上大受欢迎。供给有限导致了价格上涨,最后它甚至逼平了肋条肉。与此同时,饭店里的骨头煲汤也备受欢迎。直到这时,那些在媒体上花大钱做广告的厂商才发现,自己为他人作了免费宣传。

资料来源:张立娟,王彩霞.每天学点经济学.北京:金城出版社,2009

2. 生产的外部性和消费的外部性

生产的外部性是指某些企业的生产活动使其他生产者增加或是减少成本,但又未补偿或收费的情形。如上述的养蜂和造纸厂的生产活动就是如此,前者属于生产的正外部性,后者属于生产的负外部性。

消费外部性是指某些人的消费行为引起其他消费者利益的增加或是减少。如上述的种花和过生日的行为,前者属于正的消费外部性,后者属于负的消费外部性。

3. 外部性分析

外部性问题引起私人边际成本与社会边际成本的不一致。

所谓私人边际成本是指为生产(或消费)一件物品,生产者(或消费者)自己所必须承担的边际成本。在不存在外部性的条件下,私人边际成本就是生产或消费一件物品所引起的社会边际成本。现在假定生产者A多生产一件物品会使另一生产者B的生产环境恶化,为了抵消这种恶化的影响,维持原产量,生产者B就必须追加一定的成本支出,这就是所谓的外部边际成本,私人边际成本与外部边际成本的总和就是A多生产一件物品的社会边际成本,这时,私人边际成本便与社会边际成本不一致了。

私人边际收益指生产(或消费)一件物品,生产者(或消费者)所获得的边际收益。在不存在外部性的条件下,私人边际收益＝社会边际收益;但若存在外部性,其他人会从该项生产(或消费)中获利或受损,产生外部边际收益,则私人边际收益＋外部边际收益＝社会边际收益。

在有负外部性时,社会边际成本大于私人边际成本,但私人边际利益与社会边际利益仍然相同,所以,当私人边际成本＝私人边际利益时,社会边际成本大于社会边际利益。这时,从私人角度看,市场调节是有利的,但从社会角度看,不是资源配置最优。这就是外部性引起的市场失灵。

当有正外部性时,一项经济活动所带来的私人边际成本与社会边际成本相等,但社会边际利益(包括给第三方带来的好处)大于私人边际利益,这同样是,市场调节从私人来看资源配置最优,但从社会来看并不是资源配置最优,同样是市场失灵。

无论是正负外部性都会引起市场失灵。在住房的生产和消费过程中存在着广泛的外部性。例如,房屋的外部性还体现在会影响一个国家或地区居民的健康,犯罪率和受教育程度。19世纪欧洲各国政府之所以热衷于改善住房条件,一个主要原因就在于住房与健康之间的关系。在我国,大量的农民工进城,但他们的住房条件十分恶劣,受影响的不仅仅是农民工,城市居民同样受到影响,发生在2003年的"非典"疫情蔓延,在很大程度上与农民工的居住条件太差有关。因此需要政府制定政策,影响住房的供求关系,以提高优质住房的外部收益,降低劣质住房的外部成本。

8.1.3 垄断

现实生活中,由于专利制度、市场准入制度及规模经济的存在,使得生产者能够独占某种关键性的原材料或技术,从而成为市场上唯一的卖者,获得垄断地位。在任务6中,我们分析了垄断市场的特征及垄断厂商的均衡条件等问题,事实上,垄断市场的存在不但会导致市场效率的低下和社会福利的减少,还会因为诱发寻租行为而造成政府腐败,表现为严重的市场失灵。

1. 垄断与市场低效率

与完全竞争市场不同,垄断厂商面临的需求曲线(价格线)高于边际收益曲线,根据完全垄断企业的均衡条件我们可以知道,相对于完全竞争企业,垄断厂商能以较高的价格和较低的产量获得更多的经济利润。另外,垄断厂商不需要被动地接受市场价格、降低成本,而可以在既定成本水平上加入垄断利润形成垄断价格,这就会使价格更加高于竞争市场,产量更加低于竞争市场。长期下去,垄断厂商就会丧失降低成本、提高效率的动力,市场的正常价格被严重扭曲,市场的效率随之大大降低。

2. 垄断与社会福利损失

在完全竞争情况下,价格由供求决定,当价格调节使供求相等时,用消费者剩余和生产者剩余之和表示的社会福利达到最大。我们在任务3中已经探讨过消费者剩余,所谓消费者剩余就是消费者愿意支付的价格与实际支付的价格之差。生产者剩余是指生产者实际得到的价格与生产者愿意接受的价格之间的差异。总剩余是消费者剩余与生产者剩余之和。在完全竞争条件下,市场均衡时,消费者剩余与生产者剩余达到最大,即社会福利最大,表明价格调节实现了资源配置的最优化,可以用图8-1来说明这一点。

在图8-1中,当供求相等时,均衡价格为P_0,均衡数量为Q_0。这时,消费者剩余是价格

线以上和需求曲线 D 以下的面积(图 8-1 中用斜条阴影表示),生产者剩余是价格线以下和供给曲线 S 以上的面积(图 8-1 中用直条阴影表示)。这两块面积之和为社会福利,这时社会福利达到最大,表示资源配置实现了最优化。

当有垄断时,垄断者利用对市场的控制把价格提高到均衡价格 P_0 以上,引起消费者剩余和生产者剩余的损失,资源配置没有实现最优,可以用图 8-2 说明这一点。

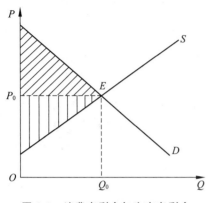

图 8-1　消费者剩余与生产者剩余

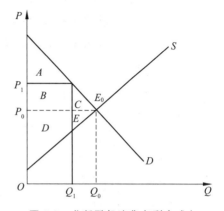

图 8-2　垄断引起消费者剩余减少

在图 8-2 中,垄断者把价格提高到 P_1,P_1 高于均衡价格 P_0。这时,消费者的需求减少,均衡数量减少为 Q_1。$A+B+C$ 是竞争条件下的消费者剩余,$D+E$ 是竞争条件下的生产者剩余,$A+B+C+D+E$ 是社会总剩余,即社会福利。当价格为 P_1,均衡数量为 Q_1 时,消费者剩余为 A,生产者剩余为 $B+D$,总剩余为 $A+B+D$。原来的消费者剩余中,B 通过高价格转向生产者,但 C 是垄断引起的纯粹损失,称为无谓损失。原来的生产者剩余中 E 也是纯粹损失。$E+C$ 称为垄断下的无谓损失,是由于价格高、均衡量低引起的。在垄断下,总剩余,即社会福利的损失为 $E+C$。由于上述分析源于哈伯格 1954 年发表在《美国经济评论》上的"垄断和资源配置"一文,因而度量社会福利损失的三角形 ABC 也被称为"哈伯格三角"。

在经济中,竞争会引起垄断,垄断引起资源配置失灵,这是经常出现的现象,换言之,在存在垄断的情况下,经济不能通过价格调节而实现资源配置最优化。

3. 垄断与寻租理论

厂商为了获得和维持垄断地位从而享受垄断的好处,他们常常要付出一些代价。例如,向政府官员行贿,或者雇用律师向政府游说等。这种为获得和维持垄断地位而付出的代价是一种纯粹的浪费,因为它不是用于生产,没有创造任何有益的产出,完全是一种"非生产性的寻利活动"。此种非生产性的寻利活动被概括为所谓的"寻租"活动,寻租是导致政府官员腐败的重要原因,而且也不仅是经济领域,凡是政府或行政管理部门掌控的行政审批事项,都有可能引起设租和寻租活动。

【案例小品 8-4】　要"死得起人",就要打破垄断

近几年来,殡葬业的高收费现象一直为人所质疑和诟病。记者从杭州市殡仪馆了解到,关于殡葬的服务项目以及收费标准有上百项,其中必不可少的包括接尸车辆、消毒、追悼会礼厅、火化、骨灰盒、服务等费用,还有遗体化妆、灵堂布置、提供卫生棺、装饰鲜花等多项服务。一项服务就意味着一项收费。如接尸车辆费用从200到500元不等,骨灰盒价格从300元到4万多元不等,追悼会礼厅价格从150元到1 200元不等,火化价格有200元和1 200元两档可供选择。

记者做了初步计算,如果只选择必不可少的殡葬环节,选用其中最为一般的殡葬消费,杭州市殡仪馆的平均殡葬费用为人均至少2 000元。如果选择高档服务,殡葬费用在七八万也不稀奇。

追悼厅贵过会议厅、墓地售价赛过市中心房价的现象,在殡葬行业并不是稀罕事。

以杭州殡仪馆的追悼会礼厅为例,可容纳70人左右的中大厅,耗时一个小时的追悼会收费为1 000元,并且包含有必须消费2 600元鲜花装饰费的附加条件,总计一个小时3 600元。而据记者了解,杭州最好的五星级酒店——杭州凯悦酒店内同等大小的会议厅半天收费为7 000元,其中包括了茶水、会议厅布置、鲜花摆放等各项费用。平均一小时的费用为1 700元左右。追悼会礼厅的价格是凯悦酒店会议厅的2倍多。

针对这一情况,殡仪馆工作人员的回答很干脆:"杭州就一家殡仪馆,没得选择。这些价格都是物价局定的,不能还价。"

浙江安贤陵园是浙江省内条件较好的陵园,里面的墓穴面积从3平方米到10多平方米不等,相应的价格也从1万多元到10多万元不等,豪华墓穴可以根据个人要求进行设计,选用建筑材料,价位上不封顶。豪华墓穴的价位直逼每平方米1万元。价格与目前杭州市区中心地段的房价持平甚至更高。据了解,上周杭州市西湖区学院路"枫华府地"楼盘成交均价为每平方米9 667元,西湖区文一西路"西溪蝶园"楼盘成交均价为每平方米7 996元。

有人做过这样一个统计,全国每年死亡约800万人,按每人最低丧事费2 000元计算,每年全国殡葬业的市场额最少为160亿元。如果加上骨灰存放、购买墓地等费用,超过千亿元。从2004年至今,殡葬业连续五年跻身国内十大暴利行业,且一度排名前三。

存在这些现象的根本原因就是行业垄断。浙江省泽厚律师事务所律师杨高波认为,打破殡葬行业垄断是每个百姓的迫切呼声。要破除殡葬业的行业垄断,最关键的是要管办分离,引入外来资本,引导公平竞争。"目前的殡葬业市场还不是处于自由殡葬状况。正因为有暴利的存在,民间资本才难以进入。但殡仪馆不应该是'独行侠',也不应该是'南霸天',行政主管部门应当重点加强外来资金准入条件的审查与监管,而不应以该行业的特殊性而限制其他投资者进行经营。这样才能打破殡葬业的长期垄断。"

资料来源:新华网. http://news.xinhuanet.com/legal/2009-04/02/content_11119692.htm

经济学原理

【案例小品 8-5】 洗澡中的经济学

有这样一个故事很好地讽刺了行业暴利和垄断：A 先生外出旅游，去当地的公共澡堂洗澡，在门口却被一个服务生拦住："先生，您要洗澡的话请先交纳 10 元的初装费。我们将会为您安装一只喷头。"A 先生马上一愣，心想这澡堂怎么这么宰人！但是附近又没别的澡堂，也只好作罢。他交了钱刚想进去却又被服务生拦住："先生，对不起，为了便于管理，我们的每只喷头都有编号，请您先交纳 10 元的选号费，选好的号码只供您一人使用。"这下他有些生气，但还是交了钱选了"8"号。服务生又说："您选的是个吉利号码，按规定您还得交 5 元的特别号码附加费。""见鬼！"A 先生压了压火，说："那我改成 4 号。4 号也不是什么吉利号码，总用不着交什么特别号码附加费了吧？"服务生说："4 号是普通号码，当然不用交特别附加费，但您得交 8 元的改号费。"

A 先生交了钱后便理直气壮地问："这下我可以进去洗澡了吧？"服务生笑着说："当然可以，您请。"A 先生刚要往里面走，服务生突然又补充说："对不起，我还得告诉您：由于 4 号喷头仅供您一人使用，所以不管您是否来洗澡，您每月还要交纳 6 元 5 角的月租费。此外您每次洗澡要按每 30 分钟 5 元的价格收费。另外，每月交费的时间是 20 日之前，如果您逾期未交，还要交纳一定的滞纳金……""算了，我不洗了！"A 先生气坏了，扭头就想走。服务生便问："您真的不洗了吗？"A 先生声色俱厉地说："对！我永远也不来这儿洗了！"服务生微笑道："如果您不再使用 4 号喷头了，那您还得交 8 元 5 角的销号费。只有这样您以后才能再也不用向我们交纳任何费用了。"A 先生大怒，和服务生大吵了起来。不一会儿，澡堂的经理闻声赶来。A 先生一见经理来了，便高声嚷嚷着要投诉。

经理了解了事情的经过后，笑着对 A 先生说："先生，对不起，也许您还不知道，洗澡业在我们这里是垄断经营的……"A 先生一听这话，哑口无言。故事虽小，但是却极为深刻，只有合理化的市场竞争才能带给我们更高质量的服务，而竞争中的优胜劣汰也能打造一个企业坚实的基础，这对企业本身或是我们消费者，从长远来看都是大有裨益的。

资料来源：徐宪江. 经济学的诡计. 北京：中国工人出版社，2010

8.1.4 信息不对称

西方微观经济分析的前提条件是假设市场信息是完全的，但随着社会劳动分工和专业化发展，生产者和消费者很难全面了解市场中存在的不确定性和各种风险等方面的信息。在一些市场上，卖方所掌握的信息多于买方。例如，产品的卖者对自己产品的质量和性能比消费者知道得多，雇员对自己技术和能力的了解也大大超过他们的雇主。有些市场买方所掌握的信息多于卖方。例如，医疗保险的投保人肯定比保险公司更了解自己身体状况和发病的可能性。因此，信息在市场参与者之间的分布是不均匀的，或者说是不对称的。这种信息的不对称也将引发市场失灵。信息不对称主要有两种典型的表现形式，即逆向选择和道德风险。

1. 逆向选择

逆向选择是指在买卖双方信息不对称的情况下,差的商品总是将好的商品驱逐出市场。当交易双方的其中一方对于交易可能出现的风险状况比另一方知道的更多时,便会产生逆向选择问题。

2001年诺贝尔经济学奖得主阿克洛夫在其1970年发表的《柠檬市场:产品质量的不确定性与市场机制》中举了一个二手车市场的案例,最早建立了分析二手车市场的这种逆向选择问题的模型,提出了柠檬市场的概念。所谓的柠檬市场也称次品市场,它是指在信息不对称的市场中,产品的卖方对产品的质量等方面拥有比买方更多的信息。阿克洛夫指出,在二手车市场里,显然卖家比买家拥有更多的信息,即两者之间的信息是非对称的,而买方唯一的办法就是压低价格以避免信息不对称带来的风险损失,但是,买方过低的价格也使得卖方不愿意提供高质量的产品,从而低质品充斥市场,而高质品却被逐出市场,最后导致二手车市场萎缩。阿克洛夫的结论是:第一,在信息不对称的条件下,产品质量依赖于价格,可以解释"便宜没好货"的经济现象;第二,信息不对称导致市场上买卖双方成交的数量比完全信息条件下要少,导致市场运行效率低下;第三,逆向选择可能导致市场失灵。

【案例小品8-6】 婚恋市场的逆向选择

　　我们经常看到一对男女,男的不如女的漂亮,为什么呢?这也是由于信息不对称造成的逆向选择的结果。假设,某优秀的男生甲和另一男生乙共同追求美丽的女生。男生乙自知在相貌、品学和经济实力等诸方面均不如男生甲,所以追求攻势格外的猛烈,而优秀男生甲虽然也非常喜欢美丽的女生,但碍于面子,也由于自恃实力雄厚,在追求美丽的女生时内敛含蓄不温不火。美丽的女生实际上喜欢甲要胜过乙。但女孩子的自尊心作怪,再加上信息不对称——她不知道甲是不是喜欢她,所以会显得很矜持。最后的结果是不如甲的乙追到了美丽的女生,而美丽的女生带着遗憾,心里想着甲却成为别人的新娘。这就是由于信息不对称而造成的"逆向选择",也叫做"劣币驱逐良币"。由于信息不对称造成这种结果在我们的生活中是屡见不鲜的。

　　资料来源:婚恋市场的逆向选择.中华经济学习网

2. 道德风险

道德风险并不等同于道德败坏。道德风险是20世纪80年代西方经济学家提出的一个经济哲学范畴的概念,即"从事经济活动的人在最大限度地增进自身效用的同时做出不利于他人的行动。"或者说是:当签约一方不完全承担风险后果时所采取的自身效用最大化的自私行为。

在经济活动中,道德风险问题相当普遍。例如,某个百货公司的老板对所雇用的售货员支付固定的工资,那么他就会面临售货员不积极售货的道德风险。这是因为,售货员即使付出最小的努力也能获得一定量的工资,他就没有动机去推销商品,这必然减少百货公司的利润。由于这个原因,通常售货员的工资收入分成两部分:一部分是基本工资,与售货量无关;

另一部分工资与售货量紧密相关：售货量越多，这部分工资也就越多。类似的，买了家庭财产保险的人没有多大的热情安装家庭各种防盗装置也可归因于道德风险。

【案例小品 8-7】 脑白金广告好不好

"今年我家不收礼，收礼就收脑白金"、"今年过节不收礼，收礼只收脑白金"。这些广告连小孩都知道，但同时它也是恶评如潮，被网民评为"第一恶俗"的广告，很多评论说它没有创意、没有品位、土得令人恶心。但就是这样的广告，为史玉柱创下了几十个亿的销售额，高峰时，更是每日平均销售额高达2亿多元。这是为什么？

其实道理很简单，我们送礼最怕花了钱对方却低估了礼品的价值，不领情。这就是一种不完全信息。有人为了实现完全信息，故意保留礼品的价格标签，尤其是礼品已经打了折以后，但这也显得有些俗气。价格标签是一种信号，广告也是一种信号。脑白金广告虽然有人说它太多太滥，但它多在中央电视台、名牌卫视等一些强势媒体的黄金时段播出，大大提升了该产品的品牌形象，消除了送礼者的最大疑虑：接受者对礼品的价值不确定。这就够了！

资料来源：代海涛．微观经济学原理与实务．北京：北京交通大学出版社，2009

185

8.2 政府干预

先行案例 我国将建保障房1 000万套

住建部表示自2011年开始，我国将继续大规模建设保障性住房，其中2011年要开工建设1 000万套。"十二五"期末，城镇住房保障覆盖率将达到20％以上。同时，"十二五"期间每年还要再改造农村危房150万户以上。我国将进一步完善住房保障方式，完善政府支持保障性住房的政策，加强保障性住房的建设和使用管理。

资料来源：杜宇．2011年我国将建保障房1 000万套 创历年之最．新华网

想一想：解决市场失灵的对策是什么？

解决市场失灵的对策是政府干预。政府干预并不是代替市场机制的作用，而是补充市场调节的不足，解决市场机制所解决不了的问题。

8.2.1 针对公共物品供给的政府干预

前已述及,由于存在着公共物品供给上的市场失灵,即市场价格难以调节公共物品的供给,因此,公共物品供给要靠市场之外的政府行为来完成。私人物品市场决定最优产量的结果是每一个消费者的边际收益等于边际成本,同样,当该公共物品的社会边际收益等于其边际成本时,政府所提供的公共物品数量为最优。然而,在现实社会中,要了解和得到众多个人边际收益的情况并非易事,往往由政府官员来估计社会收益和边际成本。如果官员低估社会成本或是高估社会收益,会导致公共物品的过度供应;反之,会导致供应不足。这两种情况都会带来社会福利的损失。因此,现实生活中,除了国防、法律与秩序这样的纯公共物品由政府提供外,准公共物品由政府参与或私人供给解决,如供水、供电、广播电视等。另外,只要能避免免费搭车的现象,通常有些由政府提供的服务,私人企业也可会提供。例如,警察治安服务通常是由政府提供的,但很多私人企业雇用保安,由私人企业经营的保安公司就应运而生了,并诞生了为保安公司提供保安人员的保安学校和武术学校。鉴于政府和私人的社会属性不同,他们在提供公共物品时采用的方式是不同的。

【案例小品 8-8】 安全锤变砖就能安心吗

一年以来,武汉市近 4 000 辆空调公交车上配备的 3 万把安全锤中,有 1.6 万把已不翼而飞,公交公司无奈之下,将安全锤换成成本更低廉的安全砖,市民遇险可"拍砖"破窗。

成都公交燃烧事故的惨痛记忆还未被人遗忘,武汉市数千辆空调公交车上的安全锤便遗失过半。安全锤的作用是保护一车乘客的公共安全,并非为某一人的私人用途而专设,而安全锤遗失的根本原因在于乘客使用类似公共物品是零成本的,加之公共物品遭损坏后,几乎没有任何人来为之负责。

对此,公交公司主动将安全锤换成安全砖,看似既节约了成本又保证了公共安全,然而一个城市面对屡屡被盗的铸铁井盖,又有何对策?事实证明,即使是全部换成水泥的或其他材料的井盖,丢失的情况也不能杜绝。

一个城市市民对于公共物品的使用态度折射出这个城市的文明素养和市民的社会成熟程度。公共利益必然包含了个人利益,但绝非等同于个人私利,个人利益的增加也不得以公共利益的减损为代价,因为最终伤害的是每一个身处公共空间的个人。

资料来源:张克. 安全锤变砖就能安心吗. 载楚天都市报,2010-05-09

8.2.2 针对外部性的政府干预

一般,通过政府的干预来消除外部性的方法或政策包括三种,一是使用税收和补贴手段,二是通过合并企业来使其外部影响内部化,三是明晰产权。

1. 使用税收和补贴手段

以税收和补贴来解决外部性问题的思想最早来源于 20 世纪初期的经济学家庇古。庇古在《福利经济学》中提出受火车火花影响的车轨旁的种田者应该受到政府的补贴。即政府应当给予正外部性的生产者以相当于外部经济价值的补贴,从而鼓励他将产量扩大到对社会最优的水平。另外还可通过计算出外部不经济的基准水平(比如排污标准),政府根据外部不经济的消除量给予行动的一方以补贴。另一方面,政府应该按负外部性的数量的一定比例,直接向行动一方征税,使生产者的私人边际成本等于社会边际成本。在利润最大化原则作用下,生产者从自身利益出发,会将其产量调整到私人边际成本等于社会边际成本的状态,以限制其生产。

2. 通过合并企业来使其外部影响内部化

合并企业的目的就在于使外在性问题内在化。如果A厂商对B厂商施加了外部性,那么这一现象导致资源配置扭曲的原因是A厂商没有考虑其行为对B厂商所产生的成本或者收益。因而,解决这一问题的思路是将这两家企业合并在一起。合并后的企业会继续以利润最大化为目标,这将导致社会资源的有效配置。

我们以化工厂生产对农业造成污染的外部效应为例,来说明如何通过合并企业而使外部效应符合社会最优标准。化工厂附近有农田,由于化工厂生产时排出的污水和废气污染了附近农民的农作物和水源,给他们带来了损失,并且随着污染程度的加大,农民的损失就越大。我们知道,由于污染造成的(损失)成本没有计入化工厂的成本中去,而由此造成的损失完全由农民承担。如果将化工厂与农民合并为一个企业,则企业的决策者将会从考虑自身成本和收益的角度,去考虑化工厂与农民的成本与收益。当化工厂与农民合并为一个企业之后,企业必须使由于控制化工厂污染而增加的边际成本等于因污染程度的降低而降低的农产品的边际成本。合并后的企业所造成的污染程度低于合并前企业的污染程度,从中我们可以看出合并企业是解决外部效应的一个很好的办法。

3. 明晰产权

在20世纪60年代以前,经济理论界基本上沿袭庇古的传统,借助政府干预,实行税收—津贴方法消除外部性问题。这一传统被美国著名经济学家科斯于1960年发表的一篇重要论文《社会成本问题》所打破。科斯定理认为只要产权明晰且交易成本为零,那么,不论初始的产权如何分配,市场机制或市场交换将消除外部性,实现资源的合理配置(举例说明)。如果存在交易成本,在产权明晰下的资源配置效率也要高于产权不明晰下的资源配置效率。例如,造纸厂建在某私人钓鱼俱乐部所拥有的小河边。因双方的产权都是明确的,此时,二者可通过谈判来解决造纸厂污染这个外部性问题。小河所有者可以提出赔偿以治理污染的要求。如该索赔能被造纸厂接受,小河所有者用该赔款去治理污染,则负外部性消除。如造纸厂认为赔偿后无法经营下去,只能选择停产,则负外部性也能消除。故只要产权明确,市场调节仍可以消除外部性,实现资源配置最优。

【案例小品8-9】 制糖商与医生

　　一个制糖商,已经从事糖果生产几十年,8年前,一个医生搬到他隔壁居住。开始两人相安无事,但自从医生在这里建了一个诊所之后,邻里之间就再也不得安宁,最后打起了官司。医生向法院起诉,说隔壁生产糖果的机器,发出了噪音,搅得他心神不定,而且没法使用听诊器来给病人做检查。因此,他要求制糖商停止生产。法院很爽快地满足了他的要求。但是,科斯认为,这种裁决不是上上之策。假如制糖商停止生产,损失 300 美元,而搬迁到别的地方,只需 100 美元,医生迁移诊所,只要 200 美元,那么,很显然后两种方案更可取,其中最经济的方案,是制糖商搬走。怎样才能实现这个目标呢?科斯认为,政府不必指手画脚,也不必做硬性规定,只需划分好当事人双方的权利即可。

为了说明自己的观点,科斯做了正反两种假设。第一种假设,是制糖商有权在原地继续生产。在这种情况下,如果医生对噪音忍无可忍,就要么自己走人,要么请制糖商搬走。医生发现,请制糖商搬迁只需 100 美元,比自己搬迁合算,所以只要制糖商要价不超过 200 美元,他就乐意掏腰包。而制糖商只要得到的钱不少于 100 美元,也乐于搬迁。这样,两人你有情我有意,必然一拍即合,达成协议。第二种假设,是医生有权在此行医。此时如果制糖商想让医生搬走,就必须付 200 多美元,这比他自己搬走,多了 100 美元,很不划算,所以,他会自己主动搬走。可见,虽然两种假设截然相反,但结果却完全一致,都是制糖商搬迁。

资料来源:陈俊莉.产权问题与科斯定理.中国广州网

8.2.3 针对垄断的政府干预

1. 管制

政府解决垄断问题的一个方法是管制垄断厂商的行为。在自然垄断的情况下,例如,在自来水和电力公司中,这种解决方式是常见的。政府机构不允许这些公司收取它们想收取的任何价格。

2. 公有制

政府用来解决垄断问题的第二种政策是公有制。这就是说,政府不是管制由私人厂商经营的自然垄断企业,而是自己经营自然垄断企业。这种解决方法在欧洲国家是常见的,在这些国家,政府拥有并经营公用事业,如电话、供水和电力公司。

经济学家通常喜欢把公有制的自然垄断私有化。关键问题是厂商的所有权如何影响生产成本。只要私人所有者能以高利润的形式得到部分利益,他们就有成本最小化的激励。如果厂商管理者在压低成本上不成功,厂商所有者就会解雇他们。与此相比,如果经营垄断的政府官僚做不好工作,损失者是顾客和纳税人,他们只有求助于政治制度。官僚有可能成为一个特殊的利益集团,并企图阻止降低成本的改革。简而言之,作为一种保证厂商良好经营的方法,投票机制不如利润动机可靠。

3. 反垄断法

现实中,只要是一个或几个厂商控制了一个行业产品的大部分供给,就被认为是存在垄断。鉴于垄断的社会成本,许多西方国家都不同程度地制定并执行了反垄断政策,其中尤其是美国最为突出。我国已于 2008 年 8 月 1 日正式实施了《中华人民共和国反垄断法》。

【案例小品8-10】 可口可乐收购汇源未获通过

中新网2009年3月18日电(记者 翁阳) 中国商务部18日正式宣布,根据中国反垄断法,禁止可口可乐收购汇源。据悉,这是《反垄断法》自去年8月1日实施以来首个未获通过的案例。

2008年9月18日,商务部收到可口可乐公司收购中国汇源公司的经营者集中反垄断申报材料。经申报方补充,申报材料达到了《反垄断法》第二十三条规定的要求,11月20日商务部对此项集中予以立案审查,12月20日决定在初步审查基础上实施进一步审查。

商务部依据《反垄断法》的相关规定,从市场份额及市场控制力、市场集中度、集中对市场进入和技术进步的影响、集中对消费者和其他有关经营者的影响及品牌对果汁饮料市场竞争产生的影响等几个方面对此项集中进行了审查。审查工作严格遵循相关法律、法规的规定。审查过程中,充分听取了有关方面的意见。

经审查,商务部认定:此项集中将对竞争产生不利影响。集中完成后可口可乐公司可能利用其在碳酸软饮料市场的支配地位,搭售、捆绑销售果汁饮料,或者设定其他排他性的交易条件,集中限制果汁饮料市场竞争,导致消费者被迫接受更高价格、更少种类的产品;同时,由于既有品牌对市场进入的限制作用,潜在竞争难以消除该等限制竞争效果;此外,集中还挤压了国内中小型果汁企业生存空间,给中国果汁饮料市场竞争格局造成不良影响。

为了减少集中对竞争产生的不利影响,商务部与可口可乐公司就附加限制性条件进行了商谈,要求申报方提出可行的解决方案。可口可乐公司对商务部提出的问题表述了自己的意见,提出初步解决方案及其修改方案。经过评估,商务部认为修改方案仍不能有效减少此项集中对竞争产生的不利影响。据此,根据《反垄断法》第二十八条,商务部做出禁止此项集中的决定。

资料来源:商务部宣布可口可乐收购汇源案未通过中国审查.凤凰网.凤凰财经

4. 不作为

以上每一项旨在减少垄断问题的政策都有缺点。因此,一些经济学家认为,政府通常最好不要设法解决垄断定价的无效率。经济学家乔治·斯蒂格勒曾由于对产业组织的研究获得诺贝尔奖。他在《财富经济学百科全书》中有这样一段论述:"经济学中的一个著名定理认为:竞争性企业经济将从既定资源存量中产生最大可能的收入。没有一个现实经济完全满足这个定理的条件。而且,所有现实经济都与理想经济有差距——这种差距称为'市场失灵'。但是,按我的观点,美国经济'市场失灵'的程度远远小于植根于现实政治制度中经济政策不完善性所引起的'政治失灵'。"

8.2.4 针对信息不对称的政府干预

信息的不对称性和信息的不完全性会给经济运行带来很多问题,而市场机制又很难有效地解决这些问题,在此情况下,就需要政府在市场信息方面进行调控。

一般，政府对市场信息的调控可以采用以下两种方式：一是，规范和经常检查企业发布的广告信息和上市公司发布的财务信息，对生产假冒伪劣产品的企业依法进行严厉的打击，或者采用各种方式增加市场的透明度等。二是，建立信用中介机构，通过向社会发布有关市场主体的信用信息，使隐性信息公开化，净化交易环境，维护公平竞争的市场秩序。

任 务 拓 展

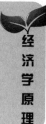
美国著名经济学家约瑟夫·斯蒂格利茨

　　斯蒂格利茨出生于 1942 年，生于美国印第安纳州，1960 年考入美国东部著名大学——阿赫斯特学院（Amherst College），获麻省理工学院博士学位，师从保罗·萨缪尔森，此后在剑桥大学从事研究工作。1969 年，年仅 26 岁的斯蒂格利茨被耶鲁大学聘为经济学教授。1979 年，他获得了美国经济学会两年一度的约翰·贝茨·克拉克奖，该奖项用于表彰对经济学作出杰出贡献的 40 岁以下的经济学家。1988 年起他在斯坦福大学任经济学教授，自 1993 年开始成为克林顿总统经济顾问团的主要成员，并且从 1995 年 6 月起任该团主席。在此期间，他是克林顿总统顾问班子的关键成员。1997 年起任世界银行副总裁、首席经济学家。2001 他又获得了诺贝尔经济学奖。斯蒂格利茨博士为经济学的一个重要分支——信息经济学的创立作出了重大贡献。他所倡导的一些前沿理论，如逆向选择和道德风险，已成为经济学家和政策制定者的标准工具。他是世界上公共部门经济学领域最著名的专家。他所著的教材是世界上最通行的教材之一，被翻译成多种语言。斯蒂格利茨教授是数以百计的学术论文和著作的作者和编者，包括十分畅销的本科教材《公共部门经济学》（诺顿公司）和与安东尼·阿特金森合著的《公共经济学讲义》。1987 年，他创办的《经济学展望杂志》降低了其他主要经济学杂志所设立的专业化障碍。他曾经担任美国经济协会副主席。斯蒂格利茨博士也是美国最著名的经济学教育者之一，他先后执教于耶鲁大学、普林斯顿大学和牛津大学，并从 1988 年开始在斯坦福大学任教。他主讲经济学原理、宏观经济学、微观经济学、公共部门经济学、金融学和组织经济学，包括在该校最受欢迎的《经济学》。他的数十名博士在世界各地任要职。2008 年，他在 CNN 专栏针对由于华尔街房产泡沫出现的经济危机提出了几个预防经济危机再度出现的措施。

自 我 测 试

一、名词解释

外部性　公共物品和私人物品　垄断　市场失灵

二、选择题

1. 市场失灵是指（   ）。
    A. 在私人部门和公共部门之间资源配置不均
    B. 不能产生任何有用成果的市场过程
    C. 以市场为基础的对资源的低效率配置
    D. 收入分配不平等

2. 下面各项中不是市场失灵原因的是（   ）。
    A. 私人物品 B. 公共物品 C. 外部性 D. 垄断

3. 为了提高资源配置效率,政府对竞争性行业厂商垄断行为是（   ）。
    A. 限制的 B. 支持的 C. 有条件加以限制 D. 放任不管的

4. 公共产品具有以下特征中的（   ）。
    A. 排他性   B. 竞争性
    C. 非排他性和非竞争性 D. 以上全对

5. 解决外部不经济可采取以下方法中的（   ）。
    A. 通过征税的方法或补贴来使外部性内在化
    B. 通过税收使原有外部不经济产品减少需求
    C. 通过补贴使原有外部经济产品增加供给
    D. 通过补贴使原有外部经济产品减少需求

6. 当人们无偿地享有了额外收益时,称做（   ）。
    A. 正外部经济效果   B. 信息不完全
    C. 交易成本   D. 负外部经济效果

7. 如果一种产品的社会边际收益大于私人边际收益时,则（   ）。
    A. 价格低于有效率的价格
    B. 社会应减少产品的生产
    C. 私人有效率的结果也是社会有效率的
    D. 社会应增加产品的生产

8. 市场不能提供纯粹的公共物品,是因为（   ）。
    A. 公共物品不具有排他性
    B. 公共物品不具有竞争性
    C. 消费者都想"免费搭车"
    D. 以上三种情况都是

9. 下面各项活动中可能引起负外部性的是（   ）。
    A. 汽车排出废气   B. 在街心花园种花
    C. 购买一台个人电脑 D. 修复历史建筑

10. 按照科斯定理,分配私人产权（   ）。
    A. 意味着产权不能交易
    B. 赋予的是责任而不是权力
    C. 确保决策者考虑社会收益和成本
    D. 确保获得利益

11. 下面各项中不是政府职能的是( )。

　　A. 提供公共物品

　　B. 用行政与法律手段解决市场失灵

　　C. 对自然垄断实行价格管制

　　D. 在市场上决定产品的价格

三、简答题

1. 市场失灵的原因有哪些?

2. 政府针对垄断的干预措施有哪些?

3. 针对外部性的政府干预措施主要有哪些?

四、讨论题

以下各种活动哪些会带来负外部性? 哪些会带来正外部性? 为什么?

(1) 老大娘在居民小区扭秧歌。

(2) 老式蒸汽机火车通过农田时,灰尘对农作物生长不利。

(3) 私人开办以营利为目的的私立学校。

(4) 私人购买汽车。

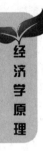

经济学原理

案 例 分 析

委员称中国宽带不"宽"网费贵 应打破垄断格局

　　很多代表委员都注意到,今年的政府工作报告涉及网络的表述多达8处。"两会"期间,不少人都在关注"宽带中国"的话题。据中国互联网络信息中心统计,截至2010年底,我国网民人数攀升至4.57亿,创历史新高;全国100%的乡镇通互联网;全国手机网民规模超3亿,互联网电视、手机上网都已不是"浮云"。

　　但是,在一"网"无前中,还是存在一些不足。比如全国政协委员、中央财经大学证券期货研究所所长贺强提出的目前宽带资费过高问题,以及全国人大代表、中国电信浙江公司总经理张新建提到的宽带城乡差异过大问题。

贺强:目前宽带资费过高

　　贺强委员是个"牛人",他的提案命中率极高,人称其"连中三元"。2008年他递交了关于单边征收印花税的提案,在半年之内就得到了财政部的采纳。2009年,他递交了适时推出股指期货的提案,在一年之内证监会就推出了股指期货交易。2010年,他递交扩大三板市场,建立统一监管的场外交易市场的提案,目前中国证监会正在推进此工作。

　　今年,贺强委员又将目光瞄到了宽带资费上。

　　"在美国,谷歌和微软可以用市场的价格接入宽带城域网,加上可以自行建设整个北美大陆的光纤传输网络,使得其整体带宽费用相对低廉。"贺强说。"美国数据中心的运营费用仅仅是中国的40%,计算资源利用率平均高达42%(约比中国高三倍)。光是在宽带费一项,中国网络企业的成本就远远高过美国。以后这些战略性的项目,我们怎么跟国外竞争?"

贺强提出，希望引入新的竞争主体，促进互联网宽带市场的有效竞争，逐步打破宽带市场的垄断格局，实现低成本接入宽带城域网。

张新建：宽带城乡差异过大

张新建委员今年提了《关于将"宽带中国"纳入国家发展战略，减少城乡数字鸿沟的建议》。他说，目前我国宽带人均普及率不到10％，远未达到发达国家30～40％的水平；改变农村宽带的质量非常重要；"宽带中国"应入围国家发展战略。张新建表示，目前"人均带宽"和"人均信息"的占有量成为衡量国家经济实力的核心指标之一。

而在国内，城市和农村的宽带普及率也有巨大差异。由于铜缆距离超长，网络速度受到严重影响，全国农村地区具备开放网络视讯业务能力的区域仅25％，严重影响了农村用户对互联网的感知及需求。张新建表示，"宽带中国"战略的重点与难点是农村宽带基础设施建设。

资料来源：委员称中国宽带不"宽"网费贵 应打破垄断格局. 网易新闻

问题：针对中国宽带不"宽"网费贵的事实，应该如何解决，请提出你的合理化建议。

技 能 实 训

实训项目：比较私人经营公共交通与政府经营公共交通的优缺点。过去天津由一家政府的公司经营公共交通，现在有多家公司——包括股份制公司经营公共交通，你认为这是进步还是退步？

实训目标：通过对给定的案例进行分析加深对本任务内容的理解，同时提升学生学习的积极性。

实训组织：学生分为两组，每组选派几名代表，就给定的案例进行辩论。

实训提示：教师提出活动前准备及注意事项，同时随队指导。

实训成果：教师对辩论的结果进行讲评。

任务 8 市场缺陷与政府干预

了解国民收入核算

■ 能力目标

通过完成本项任务,应该能够:

◆ 能够根据宏观经济指标的变动对宏观经济的走向作出基本的判断

◆ 能运用支出法、收入法核算 GDP

◆ 掌握四部门经济运行图

■ 任务解析

9.1 宏观经济的运行

9.2 国民收入核算

9.3 国民收入核算基本方法

■ 任务导入

1968 年,肯尼迪竞选总统时,在一篇演讲中,对于 GDP 他讲了这样一段话:"(它)并没有考虑到我们的孩子们的健康、他们的教育质量或者他们游戏的快乐。它没有包括我们的诗歌之美好或婚姻之稳固,没有包括我们关于公共问题争论的智慧或者我们公务员的正直。它既没有衡量出我们的勇气与我们的智慧,也没有衡量出我们对祖国的热爱。简言之,它衡量一切,但并不包括使我们的生活有意义的东西,它可以告诉我们有关祖国的一切,但没有告诉我们,为什么我们以作为美国人而骄傲。"肯尼迪的这段话对吗?带着这个有趣的问题,我们开始本任务的学习吧。

你可以对照能力目标,结合自我测试反复演练,有的放矢地依次完成各分项任务,直至完成本任务。

9.1 宏观经济的运行

先行案例　带头玩乐的高僧

在第二次世界大战刚刚结束的时候,日本的经济濒临崩溃。当时有一位德高望重的老僧,突然一反常态,带头吃喝玩乐起来。这和战后的悲惨气氛格格不入,也和他有德高僧的身份不符。但是,当时的著名作家、诺贝尔文学奖的获得者川端康成和其他的一些文化名流却对这位老僧的所作所为十分推崇,认为这才是真正的禅宗境界,体现了佛家的慈悲胸怀。后来日本经济的发展也证实了这一点。

资料来源:崔卫国,刘学虎. 小故事 大经济. 北京:经济日报出版社,2008

想一想:为什么川端康成等文化名流对这位老僧的所作所为十分推崇?老僧的做法对日本经济的发展有何推动作用?

9.1.1 宏观经济的世界

宏观经济学家经常把纷繁复杂的现实经济世界概括为"四类主体"(家庭、企业、政府和国外部门)在"三个市场"(产品市场、要素市场和金融市场)中的活动。众多的行为主体在产品市场中买卖商品和服务,在要素市场中雇用劳动力、买卖土地,在金融市场中借贷资本、融通资金。如图 9-1 所示。

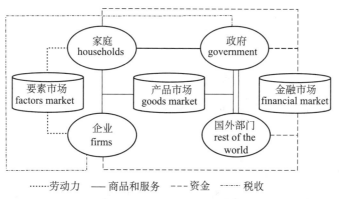

图 9-1　宏观经济中的"四类主体"和"三大市场"

1. 产品市场

在产品市场中,居民家庭每天衣、食、住、行所需的各种商品和服务,都要到产品市场上去购买,而企业所需的原材料、机器设备、交通运输等商品和服务,也要到产品市场上去寻求。因此,家庭的消费性需求和企业的投资性需求构成了产品市场总需求的主要组成部分。

其他的比如政府部门要修建铁路公路等基础设施、国外的居民和企业想购买本国的商品,也会对国内商品形成需求,但一般情况下比重不大。在商品和服务的供给方面,本国企业是主要的供给者,开放经济情况下也会有少量的进口品,相当于是国外的企业提供了部分供给。

2. 要素市场

在要素市场中主要交易"劳动力"这种特殊的生产要素,居民家庭是劳动力的供给者,而企业成了主要的需求者,此外政府部门也有少量的公务员需求。在没有大规模海外移民的情况下,政府部门和国外部门的需求可以忽略不计。

3. 金融市场

在金融市场中,短期的资金融通和长期的资本借贷,以及开放经济情况下外汇市场的交易每天都在进行,四大主体都是金融市场中重要而活跃的参与者。有点特殊的是政府,它既可以在金融市场上通过发行"国债"的方式来借入资金,此外还可以利用"税收"的权力来获取资金。

9.1.2 宏观经济运行

如上所述,现实经济世界可以概括为"四类主体"(家庭、企业、政府和国外部门)在"三个市场"(产品市场、要素市场和金融市场)中的活动。因此宏观经济运行主要表现为家庭、企业、政府和国外部门在产品市场、要素市场和金融市场中的相互交易、相互影响。如图 9-2 所示。

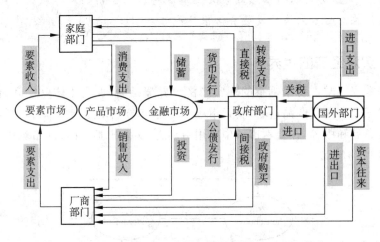

图 9-2　宏观经济运行图

我们从简单的两部门经济出发研究宏观经济是如何运行的,进而研究三部门和四部门经济的运转。

1. 两部门经济运行

两部门经济是指只有企业和家庭的经济。在两部门经济中,家庭向企业提供劳动、土地、资本和企业家才能,获得工资、地租、利息和正常利润等报酬,也称国民收入。国民收入的大小主要用国内生产总值(简称 GDP)来衡量,实际上就是把国民在国内所获得的各种收入加起来。

家庭用各种收入购买企业的产品和劳务,进行消费,使企业也有了收入,可以继续购买家庭的生产要素并进行再生产。于是国民收入就在企业和家庭之间流转和循环起来,如图 9-3(a)所示。

如果家庭不是把全部收入都用于购买企业生产的各种商品和劳务,而是把一部分收入储蓄起来,那么这部分收入就会在循环中暂时漏出了。漏出有多少,要看消费(或储蓄)倾向。储蓄通过金融机构最终形成了企业新的投资来源,重新注入国民收入的循环中去,如图 9-3(b)所示。

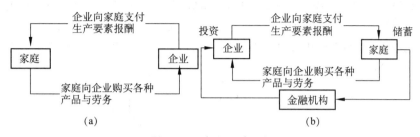

图 9-3　两部门经济运行

在两部门经济中,储蓄是一种漏出,投资是一种注入。如果储蓄大于投资,也就是漏出大于注入,国民收入就会收缩;如果储蓄小于投资,也就是漏出小于注入,国民收入就会膨胀;如果储蓄等于投资,也就是漏出等于注入,国民收入就实现了均衡。所以,两部门经济国民收入均衡的条件就是:储蓄等于投资。

如果以表示投资,表示储蓄,则两部门经济国民收入均衡条件可以表示为:

$$I = S$$

197

　　　　　　　　　　　　　　　　　　　　　　　　　　　　　　　　　　　(式 9-1)

在两部门经济循环中,投资是最关键的一步,它要冒一定风险,搞不好就会血本无归。

【案例小品 9-1】　探险者与水

　　有一个探险者在沙漠里行走,水越来越少,他必须有计划地使用这些水。他抬头望天,烈日高照,四周都是滚烫的沙子。他舔了舔因缺水而干裂的嘴唇,一丝绝望油然而生。他只剩一壶水了,而这壶水仅能维持他三天的生命。他必须尽快找到水源。当他精疲力竭的时候,终于在一堵残破的石墙后,发现了一口压力井。他兴奋极了,奔过去压水,却一无所获。他失望透顶,正要离开,却发现墙上写着一行字:先倒一壶水进去,才能打水上来。他恍然大悟:压力井是要先倒入水才能抽上水来的呀。可是他只剩下这一壶水,倒进去如果压不上水怎么办?他实在不愿做这样的选择:必须拿生命作赌注。犹豫再三,他还是照着墙上写的做了,将仅剩的一点水倒进井里后,开始吃力地压,一会儿,果然压出了汩汩的流水。

资料来源:崔卫国,刘学虎. 小故事 大经济. 北京:经济日报出版社,2008

投资尽管要冒风险,但如果不投资,则永远不可能发展,储蓄也终有坐吃山空的时候。这就好比那个探险者,他仅剩的那壶水就是他的储蓄,他把这壶水倒进压力井就转化成了投资。这个投资风险很大,以生命作赌注。结果他赢了。

2. 三部门经济运行

我们在两部门经济的基础上再加上政府,就成了三部门经济。政府应该起什么作用呢?政府在经济中的作用主要是通过政府支出和税收来实现的。政府支出包括政府购买和转移支付。所谓政府购买，就是政府向企业购买产品和劳务，作为公共产品向社会提供。所谓转移支付，就是政府不以换取产品和劳务为目的的支出，如对贫困地区、贫困人口的扶持和救济等。税收是国家依法向企业和个人征收的款项及实物。税收包括直接税和间接税。直接税是对财产和收入征的税，如个人所得税、财产税等，其税负由纳税人直接承担，无法转嫁出去。间接税是对商品和劳务所征的税，如货物税、营业税等，其税负可以转嫁给消费者或生产要素的提供者。税收必须合理，既不能太少，太少了不够政府支出；也不能太多，太多了会压制企业和个人的生产积极性。政府正是通过税收与支出和家庭、企业发生经济上的联系。如图 9-4 所示。

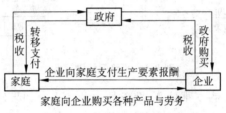

图 9-4　三部门经济运行

从图 9-4 中我们可以看到，对于三部门经济的运转来说，又新增加了一个漏出——税收，新增加了一个注入——政府支出（包括政府购买和转移支付）。因此可以说，在三部门经济中决定国民收入的是储蓄、税收、投资和政府支出，国民收入达到均衡的条件是储蓄加税收等于投资加政府支出。在这时对国民收入起收缩作用的漏出包括了储蓄和税收，对国民收入起扩张作用的注入包括了投资与政府支出。

如果以 I 表示投资，S 表示储蓄，T 表示税收，G 表示政府支出，则三部门经济国民收入均衡条件可以表示为：

$$I+G＝S+T$$

（式 9-2）

3. 四部门经济运行

我们在三部门经济的基础上再加上国外部门，就成了四部门经济，又称开放经济。国外部门对本国经济的影响有两个：一是作为国外生产要素的供给者，向国内各部门提供产品与劳务，对国内来说，这就是进口；二是作为国内产品与劳务的需求者，向国内进行购买，对国内来说，这就是出口。因此，四部门经济运行如图 9-5 所示。

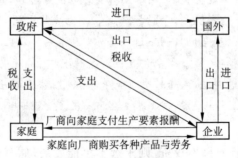

图 9-5　四部门经济运行

图 9-5 中我们可以看到，对于企业与家庭之间的流量循环来说，除了储蓄、税收以外，又增加了新的漏出——进口；除了投资、政府支出之外，又增加了新的注入——出口。为什么进口是漏出而出口是注入呢？这是因为进口是东西进来了，国民收入出去了；而出口是东西出去了，国民收入进来了。所以，在四部门经济中决定国民收入的是储蓄、税收、进口、投资、

政府支出与出口,国民收入达到均衡的条件是储蓄加税收加进口等于投资加政府支出加出口。在这时对国民收入起收缩作用的漏出包括了储蓄、税收与进口,对国民收入起扩张作用的注入包括了投资、政府支出与出口。

如果以 I 表示投资,S 表示储蓄,T 表示税收,G 表示政府支出,X 表示出口,M 表示进口,则四部门经济国民收入均衡条件可以表示为:

$$I+G+X=S+T+M$$

(式 9-3)

在国民收入核算中,上述国民收入均衡条件是一种事后的恒等关系,即在一年的生产与消费之后,从国民收入核算表中所反映出来的恒等关系。这种恒等关系,也是国民收入决定理论的出发点。但是,在一年的生产活动过程中,总需求与总供给并不总是相等的。有时总需求大于总供给,也有时总供给大于总需求。在国民收入决定理论中,我们将详细分析总需求与总供给的这种关系。

【案例小品 9-2】 政府"水库"

记得姜昆说过一个相声,说有一天他上初中的儿子回来问他一道数学题:有一个水池既有进水口又有出水口,打开进水口多长时间可把池子灌满,打开出水口多长时间可把水放完。问:同时打开进水口和出水口会怎样?姜昆回答不上来,急了,说谁吃饱了撑得出这样的题?

每个国家都有一个大水池,也可叫水库。不过这个水库里不是一般的水,也不是一般的进水口和出水口,如图 9-6 所示。

图 9-6 政府"水库"

这个"水库"有个管理员,他的名字叫政府。政府的任务是既不能让水干了,也不能让水溢出来,而是要维持水位有个稳定的增长。有人说这很容易,控制好进水口和出水口就行了。问题在于这个水库的进水口和出水口不都是由政府掌握的,像投资和储蓄就分别掌握在企业和家庭手上,他们还会不断出现一些"理性合成谬误"。企业和家庭作为个体来说是理性的,但作为集体来说常会犯"理性合成谬误"。比如在经济衰退的时候,也就是"水库"里水少了,本来应该增加注入减少漏出,但因为家庭和企业对未来不乐观,反而会增加储蓄、减少投资。大家都这样做的结果,注入减少了而漏出增加了,更加剧了经济衰退。又比如在经济膨胀的时候,也就是"水库"里的水快满了,本来应该减少注入增加漏出,但因为家庭和企业对经济前景看好,投资者会积极投资,消费者也会减少储蓄大把花钱,于是注入反而增加了,漏出反而减少了,这就使得"水库"面临崩溃的危险。在这种情况下,政府只好"逆风向而动"了,就是在经济衰退时,家庭和企业增加储蓄、减少投资,政府就要反其道而行之,减少税收、增加政府支出;在经济膨胀时,家庭和企业减少了储蓄、增加了投资,政府也要反其道而行之,增加税收、减少政府支出。政府不仅要使用自己直接控制的进水口和出水口来调节流量,还要间接使用一些其他手段,才能使"水库"里的国民收入流量达到均衡。

资料来源:崔卫国,刘学虎. 小故事 大经济. 北京:经济日报出版社,2008

9.2 国民收入核算

先行案例 20世纪最伟大的发现之一

国际货币基金组织公布的2010年GDP列表显示,中国按国际汇率计算的GDP已经超过日本名列第二,相当于美国39.3%。2010年美国以14.62万亿美元的GDP总量,位居全球第一大经济体,中国以5.75万亿美元的GDP总量位居全球第二大经济体。排在3~10位的国家如下:日本(5.39万亿美元)、德国(3.31万亿美元)、法国(2.56万亿美元)、英国(2.26万亿美元)、意大利(2.04万亿美元)、巴西(2.02万亿美元)、加拿大(1.56万亿美元)和俄罗斯(1.48万亿美元)。

另据国际货币基金组织公布的2010人均GDP列表显示,中国内地以国际汇率计算的人均GDP仍旧相当落后,低于世界平均值,位于所统计的182个国家中的第95位,为4 283美元。卢森堡以104 390美元位居全球人均GDP排行榜首位,以下依次是挪威(84 543美元)、卡塔尔(74 422美元)、瑞士(67 074美元)、丹麦(55 113美元)、澳大利亚(54 869美元)、瑞典(47 667美元)、阿联酋(47 406美元)、美国(47 132美元)和荷兰(46 418美元)等。

资料来源:国际货币基金组织官方网站

想一想:什么是GDP?

通过上面的讲述我们知道,宏观经济的运行伴随着国民收入的流转与循环,那么国民收入是如何核算的呢?

目前,世界各国所采用的国民收入核算体系可以分为两种:一种为国民经济账户体系,简称SNA(System of National Accounts),为西方发达资本主义国家和大多数第三世界国家所采用,也称西方核算体系。该体系以西方经济理论为依据,认为创造物质产品和提供服务的劳务活动都是创造价值的生产活动,将国内生产总值即 GDP 作为核算国民经济活动的核心指标。另一种为物质产品平衡体系,简称 MPS(Material Product System),为苏联、东欧各国及我国所采用,也称东方核算体系。该体系以马克思主义再生产理论为依据,将社会总产值和国民收入作为反映国民经济活动总成果的基本指标。社会总产值是各物质生产部门的劳动者在一定时期内所生产的生产资料和消费资料的价值总和。社会总产值中扣除了全部生产资料价值消耗即为国民收入。

我国的 GDP 核算始于 1985 年,是改革开放的产物。在此之前,与计划经济体制相配套,我国国民经济核算使用的一直是 MPS 体系,即源于苏联计划经济的产品平衡体系。1985—1992 年间逐步向 SNA 过渡,即向联合国推荐的源于西方市场经济的核算体系过渡。有关 GDP 核算的其他信息可通过中国统计信息网(www.stats.gov.cn)国民经济核算司主页进行查阅。GDP 的作用根据用户对象的不同而不同,可以将用户大致分为三大类,即政府用户、专家用户和其他一般公众用户。

对于政府用户来讲,GDP 核算的作用主要是用于了解宏观经济运行的总体规模和健康性,为政府宏观决策提供依据。美国经济学家萨缪尔森认为,GDP 是 20 世纪最伟大的发明之一。他将 GDP 比作描述天气的卫星云图,能够提供经济状况的完整图像,能够帮助领导者判断经济是在萎缩还是在膨胀,是需要刺激还是需要控制,是处于严重衰退还是处于通胀威胁之中。如果没有像 GDP 这样的总量指标,政策制定者就会陷入杂乱无章的数字海洋而不知所措。

对于专家用户来讲,GDP 将为他们提供实证分析和模型预测的基础数据,使他们可以根据理论对经济运转的合理性作出逻辑上的判断,对未来的经济活动进行预见或对现存的经济理论进行修正,从而向决策者提出合理化建议,帮助决策者共同实现宏观经济的健康运行与合理增长。具体地讲,他们可以利用 GDP 或人均 GDP 数据来研究诸如贫困问题、收入分配问题、经济增长问题、生产率问题等。

对于一般公众用户来讲,了解 GDP 以及政府如何使用 GDP,便是了解了自己赖以生存的大环境。比如,当一个企业知道财政政策、货币政策是根据 GDP 等有关信息做出的,那么就能在宏观政策出台前,对可能出现的宏观政策作一个预测,如果货币紧缩的可能性很大,那么就能知道:下期生产获得资金不容易,生产成本会增高,就要及早地想办法、调整计划。当一个人了解了 GDP 的相关知识后,他就能根据 GDP 的走向判断出自己的就业难度、工资增长可能性的大小等。经济增长率高(即按不变价计算的 GDP 增长速度),就业的难度就小,工资增长的可能性就大,但同时可能要面对的是物价增高的情况,这样他就可以调整个人生活规划,降低生活成本,提高生活效用。可见,GDP 与我们每一个人的生活都是息息相关的。就连“十六大”制定的小康社会的奋斗目标也以人均 GDP 作为其指标体系中的一个关键指标,因为人均 GDP 是目前全世界通用的衡量贫富的一个首要尺度。那么,什么是GDP,又如何计算呢?

9.2.1　国内生产总值

1. 国内生产总值的含义

国内生产总值(gross domestic product,GDP)是指一个国家(或地区)所有常住单位在一定时期内生产活动的最终成果。对这个概念的理解还应注意以下几点:

第一，一定时期。定义中有一个"一定时期"的限制。在经济学中，把这一类在一定时期内取值的变量称为流量，如某企业某年的主营业务收入，指的是该企业 12 个月主营业务收入的总和。人类社会一直在不断发展，发展的一个方面就是物质财富的积累，显然我们很难用存量来衡量一个国家的发展。GDP 也是一个流量概念，是衡量一个国家发展水平的重要指标之一，离开了"一定时期"这个时间限制，就毫无意义。

第二，生产。GDP 是一定时期内（如一年）所生产而不是所售卖掉的最终产品价值。若某企业年生产 1 000 万元的产品，只卖掉 900 万元产品，所剩 100 万元产品可看做是企业自己买下来的存货投资，同样应计入 GDP；相反，虽然生产了 900 万元的产品，然而却卖掉了 1 000 万元产品，则计入 GDP 的仍是 900 万元，只是库存减少了 100 万元。

第三，最终产品和劳务。最终产品指的是买者购买产品和服务的目的是最终使用，而不是再销售或用于深加工或制作。中间产品是购买后用于进一步加工、制造或再销售的产品或服务。因为最终产品的价值包含了所有生产最终产品的中间品的价值，所以，最终产品的价值包括在 GDP 中，而中间产品不包括在其中，这样就能避免重复计算，夸大 GDP 的价值。

第四，市场价值。GDP 是以市场价值来衡量一国最终产品和服务的价值，而市场价值一定要有市场交易行为才能形成，这样一国经济中有些活动不进入公开市场，因而没有价格，也就无法计入 GDP 中。

 【案例小品 9-3】　1978—2010 年我国经济发展成就（一）

改革开放以来，我国经济总体上保持着较高的发展速度，综合国力显著增强。1978 年我国 GDP 仅为 3 645.6 亿元，经过 30 多年的建设与发展，2010 年经初步测算，全年国内生产总值 397 983 亿元，按可比价格计算，比上年增长 10.3%，是 1978 年的 109 倍。

"十一五"时期我国经济更是步入高速发展阶段，2006—2010 年，我国国内生产总值年均实际增长 11.2%，不仅远高于同期世界经济年均增速，而且比"十五"时期年平均增速快 1.4 个百分点，是改革开放以来最快的时期之一。经济总量居世界位次稳步提升。2008 年，我国国内生产总值超过德国，位居世界第三位。2010 年，我国国内生产总值按平均汇率折算达到 58 791 亿美元，超过日本，成为仅次于美国的世界第二大经济体。如图 9-7 所示。

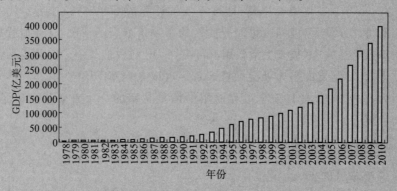

图 9-7　我国 1978—2010 年 GDP 变动趋势图

另外,"十一五"时期我国区域发展的协调性增强。中西部地区加快发展,经济总量和投资占全国的比重持续上升,区域发展呈现出协调性增强的趋势。2010年,东部地区国内生产总值占全国的比重为53.0%,比2005年下降2.5个百分点;中部地区、西部地区国内生产总值占全国的比重分别为19.7%、18.7%,分别比2005年提高0.9和1.6个百分点,东北地区基本持平。2010年,东部地区固定资产投资占全国的比重为41.7%,比2005年下降9.7个百分点;中部地区、西部地区、东北地区固定资产投资占全国的比重分别为22.6%、22.2%和11.0%,分别比2005年提高4.4、2.3和2.4个百分点。

资料来源:国家统计局

2. 国内生产总值的缺陷

国内生产总值表示一个国家的经济总量,这代表一国经济实力和财富,是人民福利增加的基础。没有国内生产总值的增长,绝不可能有福利增加。追求国内生产总值是各国政府的共同目标,这是没有错的。但国内生产总值并不是衡量一国经济和人民福利的完善指标,仍存在很多缺陷,主要表现在以下几个方面。

第一,GDP的统计并不是准确的,有重复或遗漏。由于GDP是计算物品与劳务的市场价值,不进入市场交易的物品与劳务就无法计算进去。如虽然合法但为逃税而产生的地下经济及相应的灰色收入,自我服务的家务劳动或自给自足的物品生产等。法制越不完善,市场化程度越低,GDP中遗漏的就越多。据经济学家估计,就全世界而言,这一部分占GDP的2%~7%。

第二,GDP没有反映出为增加GDP而付出的环境代价。例如,在GDP增长的同时环境恶化了,自然生态破坏严重,资源枯竭。这种代价无法计算到GDP中,但对人民福利有负面影响。基于这个原因,经济学家早就区分了反映生产水平的GDP和人民福利的净经济福利指数。

第三,GDP是一个总量指数,没有反映出人均收入状况。在经济发展的某一阶段,随着GDP的增长会出现收入分配差距扩大的现象。这时,GDP增加反而会引起人民福利的下降。GDP也好,人均GDP也好,都无法反映收入分配状况,从而出现"富裕中的贫困"这种不正常的现象。1978年以来,我国GDP在不断增长,但是贫富差距也在逐渐拉大。根据世界银行的报告,20世纪60年代,我国基尼系数(收入分配差异指标)大约为0.17~0.18,20世纪80年代为0.21~0.27,从2000年开始,我国基尼系数逐年上升,2009年已升至0.47,大大超出0.4的警戒线。另据专家学者测算,我国高低阶层居民收入差距达55倍。而所有的这些数据在GDP中是无法显现的。

第四,GDP的极端问题。人类在追求GDP增长的过程中,还会产生无效的GDP和消失的GDP。例如,近年来,我国各地都在搞工业园,省地县甚至乡镇一级也有,招商引资来的企业都在园区内跑马圈地,许多厂房建成以后并未投产就闲置起来,有的企业圈了一块地之后便杂草丛生,这些厂房与围墙的投资虽然也使当地产生了GDP,但周边的老百姓都非常痛心,认为这是极大的浪费。究其本质,这种方式产生的GDP也是一种徒有其表的无效的GDP。再如我国几乎所有的城市都在大兴土木,大马路、大广场、大公园层出不穷,有的学校斥资数千万修造一个大门,有的城市在几无人烟的郊区大道上通宵亮灯,这些远远超出实际需要的面子工程,也是无效的GDP。除了无效GDP外,还有消失的GDP,如某地遭受百年未遇的特大洪水,大量房屋被冲毁,大片庄稼被淹没,老百姓哭天喊地痛心疾首。次年,他们硬着头皮举债搞灾后重建,建筑运输等行业一片繁荣,这一年的GDP是往年的140%,但老百姓反倒感觉自己的生活质量比原来差了一大截。原因很简单,洪水使多年来的劳动成果毁于一旦,而劳动成果就是往年GDP的累积,这些GDP因为洪水而瞬间消失。还有很多地方的建设规划朝令夕改,房子是拆了建、建了拆、再拆再建、屡建屡拆,一次次的拆迁过程就是GDP的消失过程。

如果一边是GDP的增加,一边是GDP的消失;或者是GDP在不断地增加,但增加的却是一些无效的GDP,那么再高的GDP发展速度也并不能证明社会的财富在增加、经济在发展。只有积累下来并为人们所需要的有效的GDP才是人类真正的财富。所以我们对GDP的认识有待提高和完善。如果起用了GDP有效累积这个概念,我们对一地的经济发展状况以及财富拥有程度就能够作出更加准确的判断,此地GDP的总有效累积数值越大,表明这个地方越富有;当年的GDP有效累积越多,说明当年此地的经济发展速度越快。

【案例小品9-4】 "经济学家吃狗屎贡献GDP"的现实版

有这样一个笑话:俩经济学家打赌。师兄发现地上有一坨狗屎,就说:"师弟敢把这坨狗屎吃了,我给你1亿元!"师弟马上进行成本核算,发现合算,吃!吃过很难受,想报复,恰又发现一坨狗屎,便说:"师兄要是吃,我也给1亿元!"师兄正心疼着自己那1亿元,马上吃掉。事后两人齐悔,相拥大哭:我们俩一分钱也没挣到,却一人吃了一坨狗屎……这用经济学如何解释?于是去请教导师。老博导一听,激动得老泪纵横:"两个亿呀! 你们俩给国家贡献了两亿元的GDP啊!"

襄樊市更名为襄阳市,正是这个笑话的现实版。

千万元GDP增长由何而来?报道称:"城市更名后,各级机关、人民团体等社会机构的招牌、公章、财务章、文件头、信封、信纸、票据、证件、营业执照以及个人名片等,都不得不以旧换新……将给印刷业、制证制牌业带来千万元经济增长。"我们终于长见识了:原来GDP来源于社会资源浪费。可这种数字增长真的有实际意义吗?符合科学发展观吗?和高消耗的落后发展方式有何区别?和笑话中的博导算账方式有何区别?

襄樊改名,《人民日报》发表文章,指出在中国这样一个文明古国,如果都想要靠历史文化拉动城市旅游,需要改名的城市太多了——西安就改叫长安了,南京就改叫金陵了,开封也改叫汴梁了……如果改名成风,旅游收入不见得比原来增长多少,造成的浪费肯定是惊人的。

至于襄樊,既然已经更名为襄阳了,也别改回来了,不然还得再增加一千万"狗屎GDP"。

资料来源:元明清."经济学家吃狗屎贡献GDP"的现实版.载江城晚报,2010-12-07

3. 国内生产总值与国民生产总值

国内生产总值是地域(地理)概念,只要生产活动发生于一国法律意义的国境范围以内,就应计入国内生产总值。与之对应的国民生产总值则是国民概念，它是从生产要素所有权角度来核算的，即指一国所拥有的生产要素在一定时期内所生产出来的全部最终产品和劳务的市场价值总和，而不管这种生产发生于何地。

如图 9-8 所示，两个圆圈分别表示 GDP 和 GNP，中间重合部分表明要素所有权属于本国国民，同时生产发生于本国国境以内，如本国企业在本国生产；左边月牙形属于 GDP 但不属于 GNP，表明要素所有权属于外国，但在本国国境内生产，如美国企业在我国生产；右边月牙形属于 GNP 但不属于 GDP，表明要素所有权属于本国，但在本国国境以外生产，如我国企业在美国生产。

图 9-8 国内生产总值和国民生产总值的关系

核算得出 GDP 或 GNP，可以通过国外要素净收入或向国外要素的净支付的调整得到 GNP 或 GDP。其基本关系是：

GNP ＝GDP－国外要素从本国获得的收入＋本国要素从国外获得的收入

＝GDP＋（本国要素从国外获得的收入－国外要素从本国获得的收入）

＝GDP＋本国要素净收入

目前，世界大多数国家都以 GDP 作为衡量经济总量的基本指标。主要基于以下三点原因：一是联合国统计司要求使用国内生产总值，替代国民生产总值，这样越来越多的国家使用国内生产总值，并可以进行相互比较。二是在经济大融合的今天，纯粹的本国国民的企业在减少，而有外国人投资、参与的企业越来越多，而且本国国民在国外生产的情况很难完全摸清，而本国国内的情况则更容易统计掌握。三是本国的就业情况与国内生产情况更为息息相关，不管是谁的企业，只要在国内，用的基本上是本国的工人，繁荣的是本国的经济，所以国内生产总值更能反映本国的经济状况。

GDP 或 GNP 有助于了解一国的经济实力与市场规模，而要了解一国人民的富裕程度和生活水平，则需要用人均国内生产总值（或称人均 GDP）这个指标。联合国和世界银行一般是根据人均国内生产总值来衡量一国的发达程度的。所以，人均国内生产总值也是一个很重要的概念。将一个国家核算期内（通常是一年）实现的国内生产总值与这个国家的常住人口（目前使用户籍人口）相比进行计算，就得到人均国内生产总值，即：

$$人均国内生产总值 = \frac{国内生产总值}{常住人口数} \qquad (式 9\text{-}4)$$

【案例小品 9-5】 1978—2010 年我国经济发展成就（二）

改革开放以来，我国人均 GDP 从 1978 年的 381 元增长到 2010 年的 29 748 元，增长了 77 倍，如图 9-9 所示。城乡居民人均收入保持持续快速增长。1978 年城镇居民人均可支配收入仅有 343.4 元，2010 年城镇居民人均可支配收入 19 109 元，比上年增长 11.3%，扣除价格因素，实际增长 7.8%。是 1978 年的 55.6 倍。1978 年农村居民人均纯收入仅 133.6 元，2010 年农村居民人均纯

任务 9 了解国民收入核算

收入 5 919 元,比上年增长 14.9％,扣除价格因素,实际增长 10.9％。是 1978 年的 44.3 倍。

图 9-9   1978—2010 年我国人均 GDP 变化趋势图

资料来源:国家统计局

4. 实际国内生产总值与名义国内生产总值

由于 GDP 是用货币来计算的,因此,一国 GDP 的变动由两个因素造成:一是所生产的物品和劳务的数量的变动;二是物品和劳务的价格的变动。这时,即使知道 GDP 的数值,但当与过去的 GDP 相比时,人们也无法确定多少成分是由于物品和劳务的数量变化所带来的,多少是由价格变化所引起的。

为了弄清 GDP 变动究竟是由产量还是由价格变动引起的,需要区分名义 GDP 和实际 GDP。名义 GDP 又称货币 GDP,是用生产物品和劳务的当年价格计算的全部最终产品的市场价值。例如,如果把 2000 年作为基年,那么 2010 年的实际 GDP 是指 2010 年生产出来的全部最终产品用 2000 年的价格计算出来的市场价值,而名义 GDP 就是用 2010 年的价格计算出来的市场价值。

假定某一年的名义 GDP 增长了 10％,但同时该年的物价水平也增长了 10％,那么,该年的实际 GDP 并没有发生变动。由于名义 GDP 与实际 GDP 的差别可以反映出这一时期与基期相比价格变动的程度,所以我们把名义 GDP 与实际 GDP 的比率称为 GDP 折算指数,即:

$$GDP\ 折算指数 = \frac{名义\ GDP}{实际\ GDP}$$
(式 9-5)

若以 2000 年作为基年,某国 2010 年的名义 GDP 为 300 亿元,2010 年的实际 GDP 为 250 亿元,则 2010 年的 GDP 折算指数为 300/250＝120％。这表明,从 2000 年到 2010 年,该国价格水平上升了 20％。

知道了 GDP 折算指数,就可以将名义 GDP 折算为实际 GDP,其公式为:

$$实际\ GDP = \frac{名义\ GDP}{GDP\ 折算指数}$$
(式 9-6)

由于价格变动,名义 GDP 并不反映实际产出的变动。因此,我们说的 GDP 都是指实际 GDP。

9.2.2   其他经济总量指标

国内生产总值是国民收入核算体系中的最基本总量,但国民收入核算体系中还有其他总量,这些总量指标是:国内生产净值、国民收入、个人收入和个人可支配收入。上述几个总

经济学原理

量与国内生产总值共同构成国民收入核算体系,而且几个总量之间存在一定的数量关系。

1. 国内生产净值

国内生产净值(Net Domestic Product,NDP),表示一个国家在一年内新增加的产值。任何产品的价值中不但包含有消耗掉的原材料、能源等中间产品的价值,还包含有使用的厂房及设备的折旧,它们都不是企业新生产的价值。在计算国内生产总值时虽已从最终产品的价值中扣除了中间产品的价值,但并未扣除折旧,因而国内生产总值并不完全是新增加的产值。从国内生产总值中扣除掉折旧的国内生产净值才完全是新增加的产值。即:

$$NDP = GDP - 折旧 \tag{式 9-7}$$

2. 国民收入

国民收入(National Income,NI)的概念有广义和狭义两种用法。在宏观经济学中一般所说的"国民收入核算"、"国民收入决定"等都是指广义的国民收入,是将国民收入作为宏观经济总量指标体系来使用的。本章讲到的"国内生产总值"、"国内生产净值"、"国民收入"、"个人收入"、"个人可支配收入"都属于广义的国民收入范畴。

这里所要介绍的是狭义的国民收入概念。国民收入是指一个国家(或地区)在一定时间内(通常是一年)用于生产的各种生产要素所得到的全部收入,即工资、利息、地租、利润的总和。它是指按生产要素报酬计算的国民收入。

国民收入与国内生产净值的数量关系是:

$$NI = NDP - 间接税 - 企业转移支付 + 政府补贴 \tag{式 9-8}$$

企业转移支付包括企业对非营利组织的社会慈善捐款和消费者呆账,它和间接税一样,虽构成产品成本,是企业新增产值的一部分,应计入国内生产净值,但却不是任何生产要素的收入,故在计算国民收入时应将其从NDP中扣除。相反,政府由于各种原因给企业的补助金虽不是企业新创造的价值,不在NDP中体现,但却可以成为生产要素的收入,故应在计算国民收入时加入。

3. 个人收入

个人收入(Personal Income,PI)指一个国家在一定时期内个人从各种来源所得到的收入总和。国民收入,即工资、利息、地租、利润并不会完全成为个人收入。例如,利润的一部分要缴纳公司所得税,公司还要留下一部分不分配给个人,作为利润留存,只有一部分利润以红利和股息的形式分配给了个人。工资中也有一部分以社会保险费的形式上缴有关机构。另外,人们还会以各种形式从政府和企业那里得到转移支付,如失业救济金、职工养老金、社会最低生活保障金、退伍军人补贴、残疾人补贴等。转移支付虽不是生产要素报酬,不构成国民收入,却是个人收入的一部分。此外,购买公债的利息收入,也是生产要素收入以外的个人收入来源。因而,国民收入和个人收入的数量关系是:

$$PI = NI - 公司未分配利润 - 企业所得税 - 社会保险费$$
$$+ 政府和企业的转移支付 + 公债利息等 \tag{式 9-9}$$

4. 个人可支配收入

个人可支配收入(Personal Disposable Income,PDI),是指个人可以实际支配的全部收入。个人收入不能全归个人支配,因为要依法缴纳个人所得税,税后的个人收入才是个人可支配收入。个人可支配收入包括个人消费和个人储蓄两种用途。个人可支配收入与个人收入的数量关系是:

$$PDI＝PI－个人所得税＝个人消费＋个人储蓄 \qquad (式9-10)$$

归纳上面的分析,可以得到五个总量之间的关系。

$$NDP＝GDP－折旧$$

$$NI＝NDP－间接税－企业转移支付＋政府补贴$$

$$PI＝NI－公司未分配利润－企业所得税－社会保险费$$
$$＋政府和企业的转移支付＋公债利息$$

$$PDI＝PI－个人所得税$$

9.3 国民收入核算基本方法

先行案例　2010年国民生产总值相关数据

初步核算,2010年我国国内生产总值397 983亿元,比上年增长10.3%。其中,第一产业增加值40 497亿元,增长4.3%;第二产业增加值186 481亿元,增长12.2%;第三产业增加值171 005亿元,增长9.5%。第一产业增加值占国内生产总值的比重为10.2%,第二产业增加值比重为46.8%,第三产业增加值比重为43.0%。

资料来源:国家统计局

想一想:上例中的国内生产总值是采用什么方法核算的?还有其他核算方法吗?

在衡量一个经济社会的各种总量指标中,最基本的指标是国内生产总值。同时由于其他总量指标都可以从国内生产总值中推导出来,因此,下面以国内生产总值说明国民收入的核算方法。

前面提到,国内生产总值可以通过将所有的最终产品分别乘以各自的价格,然后加总得到。一个经济社会在一定时期内所生产的最终产品成万上亿,每种产品又有不同规格,不同的规格又有不同的市场价格,所以这种方法没有实际操作意义。国内生产总值一般是通过它的形成、形成以后的使用,以及所产生的收入分配的统计来测定的,分别称为生产法、支出法和收入法。下面分别予以介绍。

9.3.1 生产法

生产法又称部门法。这种方法是从生产角度计算国内生产总值的一种方法。从国民经济各部门一定时期内生产和提供的产品和劳务的总价值中,扣除生产过程中投入的中间产品的价值,从而得到各部门的增加值,各部门增加值的总和就是国内生产总值。计算公式为:

$$总产出-中间投入=增加值 \qquad (式\ 9\text{-}11)$$
$$GDP=各行业增加值之和 \qquad (式\ 9\text{-}12)$$

1. 总产出

总产出是指常住单位在一定时期内生产的所有货物和服务的价值总和,既包括新增价值,也包括转移价值,反映一定范围内各部门生产经营活动的总规模,也叫总产值。总产出按生产者价格计算。各主要部门总产出的计算方法如下。

农林牧渔业总产出就是农业总产值,按产品法计算,即以核算期农产品产量乘以单位产品价格求得,其中农产品产量包括生产者自产自用的农产品产量。

工业总产出采用工厂法计算,即以工业企业作为一个整体,按企业生产活动的最终成果来计算,同一企业内部产品价值不允许重复计算。它包括核算期内生产的成品价值、工业性作业价值和自制半成品、在制品期末期初差额价值。在实行增值税后,工业总产出等于工业总产值加销项税额。

建筑业总产出就是建筑业总产值,指建筑企业或自营施工企业单位在核算期内自行完成的工程价值。具体包括建筑工程产值、机器设备安装工程产值、房屋、构筑物修理产值、非标准设备制造价值。建筑业总产出一般按完成工程实物量或进度乘以预算单价计算。

交通运输仓储和邮政业总产出等于其营业收入,是核算期内各种运输邮电业务的总收入。具体包括公路、水路、航空、铁路、管道等运输总收入,电话、电报和传送邮件等邮电业务营业收入。

批发和零售业总产出等于商业附加费,也就是商品的销售收入净额减去商品销售成本,即通常所说的毛利。为了避免流通过程中的重复计算,保持商品购进价格的一致性,需要扣除对外支付的运输费和装卸搬运费。

住宿和餐饮业总产出等于其营业收入。

银行业总产出等于金融媒介服务活动的虚拟服务收入加实际服务费收入。

保险业总产出等于保费收入与理赔支出之差加其他营业收入。

房地产总产出包括房地产开发经营业总产出、物业管理总产出、房地产中介服务总产出和居民自有住房服务总产出。

其他服务业总产出,按营利性单位和非营利性单位两种情况分别计算。营利单位的总产出就是其营业(业务)收入,如社会服务业的营业收入。非营利单位主要是事业、行政单位和社会团体,一般没有经营收入,或有少量的经营收入但抵补不了支出,这些部门的总产出就是核算期内为社会提供服务发生的费用,按经常性业务支出加虚拟固定资产折旧,不计算营业盈余。

2. 中间投入

中间投入是常住单位一定时期内在生产过程中,消费和使用的非固定资产货物如原材料、燃料、动力和各种服务的价值。计算中间投入必须具备两个条件:一是与总产出的计算口径范围保持一致,即计算与总产出相对应的生产经营过程中所消耗的中间产品的价值。因此,各部门中间投入的计算方法是与其总产出的计算方法相对应的,如工业总产出按工厂法计算,工厂内部不允许重复计算,那么其中间投入就应该按生产中消耗的外购原材料、燃料动力和对外支付的服务费用计算;农业总产出按产品法计算,其中间投入既包括外购的也包括自产自用的中间产品(如种子、饲料)的价值。二是一般为本期一次性使用的,即本期消耗的不属于固定资产的非耐用品;低值易耗品则按本期摊销的部分计算。

3. 增加值

增加值是总产出减去中间投入后的余额,是生产单位生产的物质产品和服务的价值超过了在生产过程中所消耗的中间投入价值后的差额部分。反映一定时期内各部门、各单位生产经营活动的最终成果。表 9-1 是 2006—2008 年我国采用生产法核算的国内生产总值情况一览表。

表 9-1　以生产法核算的我国国内生产总值(2006—2008 年)

单位:亿元(本表按当年价格计算)

分行业增加值	2006 年	2007 年	2008 年
第一产业	24 040.0	28 627.0	33 702.0
农林牧渔业	24 040.0	28 627.0	33 702.0
第二产业	103 719.5	125 831.4	149 003.4
工业	91 310.9	110 534.9	130 260.2
采矿业	12 082.9	13 460.7	19 629.4
制造业	71 212.9	87 465.0	102 539.5
电力、燃气及水的生产和供应业	8 015.2	9 609.2	8 091.3
建筑业	12 408.6	15 296.5	18 743.2
第三产业	88 554.9	111 351.9	131 340.0
交通运输、仓储和邮政业	12 183.0	14 601.0	16 362.5
信息传输、计算机服务和软件业	5 683.5	6 705.6	7 859.7
批发和零售业	16 530.7	20 937.8	26 182.3
住宿和餐饮业	4 792.6	5 548.1	6 616.1
金融业	8 099.1	12 337.5	14 863.3
房地产业	10 370.5	13 809.7	14 738.7
租赁和商务服务业	3 790.8	4 694.9	5 608.2
科学研究、技术服务和地质勘察业	2 684.8	3 441.3	3 993.4
水利、环境和公共设施管理业	945.8	1 110.7	1 265.5
居民服务和其他服务业	3 541.7	3 996.5	4 628.0
教育	6 407.0	7 639.2	8 887.5
卫生、社会保障和社会福利业	3 326.2	4 013.8	4 628.7
文化、体育和娱乐业	1 362.7	1 631.3	1 922.4
公共管理和社会组织	8 836.6	10 830.4	13 783.7
总　计	216 314.4	265 810.3	314 045.4

资料来源:中华人民共和国 2010 年统计年鉴

9.3.2　收入法

收入法又称要素支付法或要素收入法。这种方法是从收入的角度出发,把生产要素在生产中所得到的各种收入相加来计算国内生产总值。一般认为包括以下几项。

1. 工资、利息和租金等主要生产要素的报酬

工资是广义的概念,包括所有对工作的酬金、津贴和福利费,也包括工资收入者应缴纳

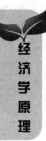

的所得税及社会保险税。利息是指家庭的储蓄在本期应得的净利息收入,即从家庭得到的利息中减去他们支付的利息,但是,政府公债利息及个人之间因借贷关系而发生的利息不包括在内,政府公债利息一般被作为转移支付。租金包括个人出租土地、房屋等租赁收入,也包括个人居住自己住宅的估算租金。虽然这部分租金,房主并不需要支付给自己,但也必须按照惯例计入 GDP 并按规定交纳租金税。个人居住自己住宅的估算租金计入 GDP 的意义是真实地反映一国人们的生活水平。

2. 非公司企业主收入

非公司企业收入是指合伙企业和个人经营企业的收入,例如个人从事农业生产的收入、合伙经营律师事务所、会计师事务所、诊所、杂货店以及个体工商户等。之所以将非公司企业单列一项进行核算,主要是为了节约核算成本。非公司企业收入往往是多种收入混合在一起,既有业主自己提供劳动应得的工资,也有自己提供资金应获得的利息、提供经营场所应获得的租金,还有作为所有者能够得到的利润。在实际核算中,如果将这些收入按四项收入类别分解开来会十分困难,因此一般将之单列一项计算。

3. 公司税前利润

公司税前利润包括公司利润税(所得税)、社会保险税、股东红利及公司未分配利润等。由于公司利润税和社会保险税是对公司利润无偿扣除部分,是公司经营活动中产生的利润的一部分。在经济学中这一项被称为是企业家才能的报酬。

4. 企业间接税和企业转移支付

间接税(indirect tax)是指对产品和劳务征收的税收,是与直接税(direct tax)相对的。间接税是对成本的一种征税,企业可以通过产品加价的形式全部或部分转嫁给消费者,即付税人(直接支付税收者,通常在间接税时由企业代收代缴)和税负人(承担税收方,在间接税情形下一般是消费者承受的)不一致。而直接税是直接对个人和企业的净收入征收的税收,个人和企业不能向外转嫁,付税人和税负人是一致的。由于间接税直接造成产品价格水平提高,而 GDP 又是市场价值概念,因此按收入法核算时必须将这一项加入。实际经济生活中的间接税形式主要有,货物税或销售税、流转税、营业税及其附加、增值税等。

企业转移支付可以看作是企业的一种非生产性费用,由于在支出法中这笔费用已作为产品销售收入计入国内生产总值之中,因此在收入法中也需加入这一项统计。

5. 资本折旧

资本折旧是企业从销售收入中预先提取出来以补偿资产损耗的收入部分,在国内生产总值的计算中也应当视为一种成本。

上述前面三项归纳一下就是四种要素收入:工资、利息、租金和利润,这些项目是生产要素所有者获得的净要素收入。由于 GDP 是总值(Gross,也可译为"毛值",意为未扣除损耗),那么在四项要素收入基础上加上间接税和折旧,就可以得到国内生产总值。表 9-2 列出了美国 2003 年和 2004 年的国民收入构成状况。

综上所述,用收入法计算国内生产总值的公式可以表示为:

$$GDP = 工资 + 利息 + 利润 + 租金 + 非公司企业主收入 + 企业间接税和企业转移支付 + 折旧$$

(式 9-13)

表 9-2　美国 2003 年和 2004 年的国民收入构成（收入法）　单位：10 亿美元

序　号	项　目	2003 年	2004 年
1	国民收入	9 679.6	
2	雇员报酬	6 289.0	6 616.6
3	工资薪金	5 103.6	5 342.6
4	政府	8 979	925.8
5	其他	4 205.6	4 416.7
6	工资和薪金补充	1 185.5	1 274.1
7	雇主为雇员缴纳的年金和保险基金	3 089	875.4
8	雇主缴纳的政府社会保险	3 766	398.7
9	非公司企业收入	8 341	902.4
10	农场	21.8	18.0
11	非农场	812.3	884.4
12	个人租金收入	153.8	165.6
13	公司利润	1 021.1	
14	公司利润税	2 349	
15	税后利润	7 862	
16	净股利	395.3	443.9
17	未分配利润	390.9	
18	净利息和杂项收入	543.0	548.2
19	间接税	798.1	840.1
20	减去：补贴	46.7	39.9
21	企业当前转移支付（净值）	77.7	81.7
22	向个人（净值）	28.9	32.7
23	向政府（净值）	46.6	48.8
24	向国外（净值）	2.2	0.2
25	政府企业当前盈余	9.5	6.7

资料来源：美国商务部经济分析局．www.bea.gov

【案例小品 9-6】　以收入法核算我国国内生产总值

　　我国采用收入法核算国内生产总值时，主要包括劳动者报酬、固定资产折旧、生产税净额和营业盈余四部分。计算公式为：

　　　　GDP＝劳动者报酬＋固定资产折旧＋生产税净额＋营业盈余

　　表 9-3 列出了 2009 年采用收入法核算我国各地区的生产总值构成情况。

　　1. 劳动者报酬

　　劳动者报酬指劳动者因从事生产活动所获得的全部报酬。包括劳动者获得的各种形式的工资、奖金和津贴，既包括货币形式的，也包括实物形式的；还包括劳动者所享受的公费医疗和医药卫生费、上下班交通补贴和单位支付的社会保险费等。对于个体经济来说，其所有者所获得的劳动报酬和经营利润不易区分，这两部分统一作为劳动者报酬处理。

表 9-3　2009 年收入法核算我国各地区的生产总值

单位：亿元（本表按当年价格计算）

地　区	地区生产总值	劳动者报酬	生产税净额	固定资产折旧	营业盈余
北京	12 153.03	6 141.60	1 953.53	1 707.72	2 350.18
天津	7 521.85	2 836.97	1 159.32	967.32	2 558.24
河北	17 235.48	9 533.07	2 034.75	2 061.94	3 605.72
山西	7 358.31	3 374.63	1 128.64	1 100.21	1 754.83
内蒙古	9 740.25	4 520.61	1 292.36	1 103.33	2 823.95
辽宁	15 212.49	7 493.57	2 457.96	2 288.02	2 972.94
吉林	7 278.75	2 924.57	1 089.43	1 213.41	2 051.34
黑龙江	8 587.00	3 487.49	1 099.49	1 113.91	2 886.11
上海	15 046.45	5 901.84	2 916.92	2 229.19	3 998.50
江苏	34 457.30	15 019.10	5 420.70	4 674.05	9 343.45
浙江	22 990.35	9 105.37	3 417.94	2 965.97	7 501.08
安徽	10 062.82	5 039.17	1 458.49	1 383.92	2 181.24
福建	12 236.53	6 510.05	1 553.20	1 412.19	2 761.08
江西	7 655.18	3 118.08	1 488.80	1 364.35	1 683.95
山东	33 896.65	15 200.40	4 956.33	4 780.47	8 959.46
河南	19 480.46	9 566.24	3 262.67	2 119.55	4 532.00
湖北	12 961.10	6 199.16	1 835.04	1 946.71	2 980.19
湖南	13 059.69	6 561.52	1 958.85	1 363.14	3 176.24
广东	39 482.56	17 849.91	6 020.88	5 524.55	10 087.22
广西	7 759.16	4 626.32	959.80	1 053.81	1 119.23
海南	1 654.21	863.14	251.63	275.60	263.84
重庆	6 530.01	3 308.46	912.54	685.50	1 623.51
四川	14 151.28	6 769.64	2 256.77	2 080.90	3 043.97
贵州	3 912.68	2 094.97	583.57	630.03	604.11
云南	6 169.75	3 058.20	1 263.65	740.68	1 107.22
西藏	441.36	281.86	32.10	66.07	61.33
陕西	8 169.80	3 691.49	1 377.59	912.20	2 188.52
甘肃	3 387.56	1 590.40	422.93	598.00	776.23
青海	1 081.27	581.69	158.49	180.66	160.43
宁夏	1 353.31	720.82	152.60	217.34	262.55
新疆	4 277.05	2 329.37	654.14	608.96	684.58

资料来源：国家统计局．中华人民共和国 2010 年统计年鉴

2. 固定资产折旧

固定资产折旧是常住单位在核算期内生产活动中所消耗固定资产而提取的价值。固定资产折旧并非本期生产活动新创造的价值，而是生产中消耗的固定资产的价值，是属于转移价值。GDP 之所以包括这部分转移价值，是由于固定资产折旧是从固定资产中游离出来作为折旧计入成本的，计入成本中的折旧也作为折旧基金被提出来用于新的固定资产投资，进入企业的资金循环运动，而不是像其他成本一样消耗完毕，从这个角度讲，它类似于增加值的劳动者报酬和营业盈余。另外，从收入的角度考虑，把折旧计算在增加值中，可以避免由于把折

旧计算在中间投入中,因折旧的大小不同而带来营业盈余的大小不一,从而造成增加值的波动。而如果把折旧计算在增加值中就会避免这个问题。因此,如果把折旧计算在增加值中,既可以提高 GDP 计算的准确性和一致性,也可以增强 GDP 的可比性。

3. 生产税净额

生产税净额指生产税减生产补贴后的差额。生产税指政府对生产单位从事生产、销售和经营活动以及因从事生产活动使用某些生产要素,如固定资产、土地、劳动力所征收的各种税、附加费和规费,包括销售税金及附加、增值税、管理费中开支的各种税、应交纳的养路费、排污费和水电费附加、烟酒专卖上缴政府的专项收入等。生产补贴与生产税相反,是政府对生产单位单方面的转移支付,因此视为负生产税处理,包括政策性亏损补贴、价格补贴等。

4. 营业盈余

营业盈余是指总产出扣除中间投入、固定资产折旧、劳动者报酬、生产税净额后的剩余部分,它是常住单位所创造的增加值在对固定资产进行了补偿,对劳动者进行了分配和上缴国家税金以后所余下的份额。

9.3.3 支出法

用支出法核算国内生产总值,就是通过核算在一定时期内整个经济社会购买最终产品和劳务的总支出来计量 GDP。对最终产品和劳务的支出,除了居民消费,还有企业投资、政府购买以及净出口。这样,使用支出法核算 GDP 就是核算经济社会(一个国家或地区)在一定时期内消费、投资、政府购买及净出口几方面支出的总量。

1. 个人消费

个人消费(Consumption,C)是指人们用于各类消费品的支出,主要包括三类支出即耐用品(如空调、汽车)、非耐用品(如食品、饮料)和劳务(如餐饮服务、医疗服务)。建造住宅的支出不属于消费。个人消费支出部分在按支出法核算的 GDP 中占有重要的地位,一般要占到 GDP 的三分之二到四分之三。各国在不同历史时期居民消费占 GDP 的比重有所不同。表 9-4 列出了 2006—2009 年我国居民消费支出结构情况。表 9-5 列出了 1978—2009 年我国居民消费支出情况及居民消费率(居民消费占 GDP 的比重)的演变趋势,从表中可以看出我国居民消费率一直比较低,而且近年来出现明显下滑。目前我国居民消费率不但低于世界中等收入国家平均水平的 60% 比重,甚至低于中低收入国家的平均水平 41% 的比重。2009 年我国居民消费率为 35%,仅相当于美国的一半,不及印度(54.7%)。

表 9-4　2006—2009 年我国居民消费支出构成情况

单位:亿元(本表按当年价格计算)

指　标	2006 年	2007 年	2008 年	2009 年
居民消费支出	82 103.5	95 609.8	110 594.5	121 129.9
农村居民	21 261.3	24 122.0	27 495.0	28 833.6
食品类支出	8 735.7	9 998.7	11 581.7	11 732.0

指　　标	2006 年	2007 年	2008 年	2009 年
衣着类支出	1 206.2	1 392.6	1 534.3	1 667.3
居住类支出	3 867.7	4 415.8	5 102.2	4 916.7
家庭设备、用品及服务类支出	9 08.5	1 073.5	1 260.4	1 468.7
医疗保健类支出	1 405.7	1 571.6	1 880.9	2 355.8
交通和通信类支出	2 072.7	2 364.0	2 609.2	2 889.3
文教娱乐用品及服务类支出	2 190.3	2 200.3	2 278.5	2 442.5
金融服务消费支出	303.1	4 05.5	505.4	474.9
保险服务消费支出	103.8	156.7	186.7	283.5
其他支出	467.6	543.4	555.6	603.1
城镇居民	60 842.2	71 487.8	83 099.5	92 296.3
食品类支出	17 725.2	21 239.4	25 568.6	27 152.2
衣着类支出	5 136.4	6 100.1	6 998.1	7 785.8
居住类支出	10 760.3	12 306.1	14 565.3	16 165.7
家庭设备、用品及服务类支出	2 839.3	3 523.1	4 152.4	4 770.8
医疗保健类支出	5 262.1	6 156.5	7 580.9	8 867.4
交通和通信类支出	6 533.9	7 946.6	8 505.9	10 335.6
文教娱乐用品及服务类支出	6 852.3	7 781.2	8 152.4	9 046.9
金融服务消费支出	1 397.2	1 711.2	2 132.9	1 995.8
保险服务消费支出	988.9	1 344.5	1 528.8	1 582.0
其他支出	3 346.6	3 379.0	3 913.9	4 594.0

资料来源：中华人民共和国 2010 年统计年鉴

2010 年，我国城镇居民人均消费性支出 13 471 元，比 2005 年增长了 69.6％，年均增长 11.1％；农村居民人均生活消费支出 4 382 元，比 2005 年增长 71.5％，年均增长 11.4％。城乡居民消费结构向发展性和享受性方向转变。一是食品支出比重持续下降。2010 年，城镇居民人均消费性支出和农村居民人均生活消费支出中食品比重为 35.7％和 41.1％，分别比 2005 年降低了 1.0 和 4.4 个百分点。二是交通通信支出大幅增加。2010 年，城镇居民人均用于交通通信的支出为 1 984 元，比 2005 年增长 99.0％，年均增长 14.8％；农村居民人均用于交通通信的支出为 461 元，比 2005 年增长 88.2％，年均增长 13.5％。三是主要耐用消费品拥有量成倍增长。2010 年底，城镇居民家庭平均每百户拥有家用汽车 13.1 辆，比 2005 年底增长 2.9 倍；拥有移动电话 188.9 部，增长 37.9％；拥有家用计算机 71.2 台，增长 71.6％；农村居民家庭平均每百户拥有电冰箱 45.2 台，增长 1.1 倍；拥有移动电话 136.5 部，增长 1.3 倍；拥有家用计算机 10.4 台，增长 3.2 倍。2010 年，全国电话普及率达到 86.5 部/百人，比 2005 年提高 51.2％。

2. 投资

投资（Investment，I）是指增加或更新资本资产（包括厂房、机器设备、住宅及存货）的支出。投资包括固定资产投资和存货投资两大类。固定资产投资指新造厂房、购买新设备、建筑新住宅的投资。为什么住宅建筑属于投资而不属于消费呢？因为住宅像别的固定资产一样是长期使用、慢慢地被消耗的。存货投资是企业掌握的存货（或称为库存）的增加或减少。如果年初全国企业存货为 2 000 亿美元而年末为 2 200 亿美元，则存货投资为 200 亿美元。

存货投资可能是正值，也可能是负值，因为年末存货价值可能大于也可能小于年初存货。企业存货之所以被视为投资，是因为它能产生收入。从国民经济统计的角度看，生产出来但没有卖出去的产品只能作为企业的存货投资处理，这样使从生产角度统计的 GDP 和从支出角度统计的 GDP 相一致。计入 GDP 中的投资是指总投资，即重置投资与净投资之和，重置投资也就是折旧。投资和消费的划分不是绝对的，具体的分类则取决于实际统计中的规定。图 9-10 显示了"十一五"时期我国全社会固定资产投资及其增长速度。2010 年全社会固定资产投资 278 140 亿元，比上年增长 23.8%，扣除价格因素，实际增长 19.5%。其中，城镇投资 241 415 亿元，增长 24.5%；农村投资 36 725 亿元，增长 19.7%。东部地区投资 115 970 亿元，增长 21.4%；中部地区投资 62 894 亿元，增长 26.2%；西部地区投资 61 875 亿元，增长 24.5%；东北地区投资 30 726 亿元，增长 29.5%。

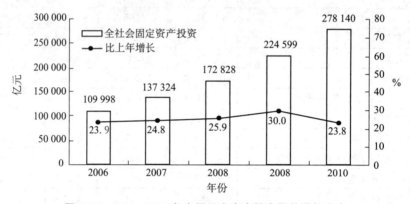

图 9-10　2006—2010 年全国固定资产投资及其增长速度

3. 政府购买

政府购买（Government Expenditure，GE）是指各级政府购买物品和劳务的支出，它包括政府购买军火、军队和警察的服务、政府机关办公用品与办公设施、举办诸如道路等公共工程、开办学校等方面的支出。政府支付给政府雇员的工资也属于政府购买。政府购买是一种实质性的支出，表现出商品、劳务与货币的双向运动，直接形成社会需求，成为国内生产总值的组成部分。政府购买只是政府支出的一部分，政府支出的另一部分如政府转移支付、公债利息等都不计入 GDP。政府转移支付是政府不以取得本年生产出来的商品与劳务的作为报偿的支出，包括政府在社会福利、社会保险、失业救济、贫困补助、老年保障、卫生保健、对农业的补贴等方面的支出。政府转移支付是政府通过其职能将收入在不同的社会成员间进行转移和重新分配，将一部分人的收入转移到另一部分人手中，其实质是一种财富的再分配。有政府转移支付发生时，即政府付出这些支出时，并不相应得到什么商品与劳务，政府转移支付是一种货币性支出，整个社会的总收入并没有发生改变。因此，政府转移支付不计入国内生产总值中。表 9-5 显示了 1978—2009 年我国政府消费支出变动情况。

表 9-5　1978—2009 年我国居民消费支出、政府消费支出及占 GDP 比重情况一览表

单位：亿元（本表按当年价格计算）

年　份	支出法国内生产总值	最终消费支出			
		居民消费支出	占 GDP 比重	政府消费支出	占 GDP 比重
1978	3 605.6	1 759.1	0.49	480.0	0.13
1979	4 092.6	2 011.5	0.49	622.2	0.15

年　份	支出法国内生产总值	最终消费支出			
		居民消费支出	占 GDP 比重	政府消费支出	占 GDP 比重
1980	4 592.9	2 331.2	0.51	676.7	0.15
1981	5 008.8	2 627.9	0.52	733.6	0.15
1982	5 590.0	2 902.9	0.52	811.9	0.15
1983	6 216.2	3 231.1	0.52	895.3	0.14
1984	7 362.7	3 742.0	0.51	1 104.3	0.15
1985	9 076.7	4 687.4	0.52	1 298.9	0.14
1986	10 508.5	5 302.1	0.50	1 519.7	0.14
1987	12 277.4	6 126.1	0.50	1 678.5	0.14
1988	15 388.6	7 868.1	0.51	1 971.4	0.13
1989	17 311.3	8 812.6	0.51	2 351.6	0.14
1990	19 347.8	9 450.9	0.49	2 639.6	0.14
1991	22 577.4	10 730.6	0.48	3 361.3	0.15
1992	27 565.2	13 000.1	0.47	4 203.2	0.15
1993	36 938.1	16 412.1	0.44	5 487.8	0.15
1994	50 217.4	21 844.2	0.43	7 398.0	0.15
1995	63 216.9	28 369.7	0.45	8 378.5	0.13
1996	74 163.6	33 955.9	0.46	9 963.6	0.13
1997	81 658.5	36 921.5	0.45	11 219.1	0.14
1998	86 531.6	39 229.3	0.45	12 358.9	0.14
1999	91 125.0	41 920.4	0.46	13 716.5	0.15
2000	98 749.0	45 854.6	0.46	15 661.4	0.16
2001	109 028.0	49 435.9	0.45	17 498.0	0.16
2002	120 475.6	53 056.6	0.44	18 759.9	0.16
2003	136 634.8	57 649.8	0.42	20 035.7	0.15
2004	160 800.1	65 218.5	0.41	22 334.1	0.14
2005	187 131.2	72 652.5	0.39	26 398.8	0.14
2006	222 240.0	82 103.5	0.37	30 528.4	0.14
2007	265 833.9	95 609.8	0.36	35 900.4	0.14
2008	314 901.3	110 594.5	0.35	41 752.1	0.13
2009	345 023.6	121 129.9	0.35	44 396.9	0.13

资料来源:中华人民共和国 2010 年统计年鉴

4. 净出口(Net Export,NX)

当一个经济社会是完全的封闭经济(Closed Economy)时,上述三个项目就是按支出法核算的 GDP。但现实中一国与其他国家之间不断进行着产品和劳务的交换活动,是开放经济(Open Economy)。这样前三个项目实际上存在着一定的重复计算和遗漏,需要进行调整。首先从消费支出来看,人们对各种耐用品、非耐用口和劳务的支出中有一部分来自国外,是其他国家生产出来的,应当减去。其次从投资支出来看,企业购买的新机器设备有一部分是国外生产的,也应当减去,再次政府购买中也有一部分来自国外,如政府部门购买的国外先进计算机设备,同样要减去。一般我们将本国从国外购买的产品和劳务部分称为进口(import,M)。与此同时,本国生产出来但是被国外消费者、企业和政府购买的产品和劳务并未包括在前三项中,需要把这部分加回来,一般将国外从本国购买的产品和劳务部分称为出口(export,X)。经过上述两项调整,应当计入 GDP 的就是进口与出口的净额,定义出口减去进口为净出口(NX＝X－M)。图 9-11 显示 1978—2010 年我国货物和服务净出口变动情况,从图中可以看到,自 2005 年开始,我国货物和服务净出口数额增长迅猛,成为名副其实的出口大国。2010 年,我国货物进出口总额 29 728 亿美元,比 2005 年增长了 1.09 倍,年均增长 15.9%。其中,出口总额 15 779 亿美元,比 2005 年增长了 1.07 倍,年均增长 15.7%;进口总额 13 948 亿美元,比 2005 年增长 1.11 倍,年均增长 16.1%。进出口贸易总额近年来一直位居世界前列,其中货物出口额在 2009 年超过德国跃居世界第一位;货物进口额仅次于美国,居世界第二位。

总结上述分析,按支出法核算国内生产总值就是消费、投资、政府购买和净出口之和,即:

$$GDP=C+L+G+(X-M) \tag{式 9-14}$$

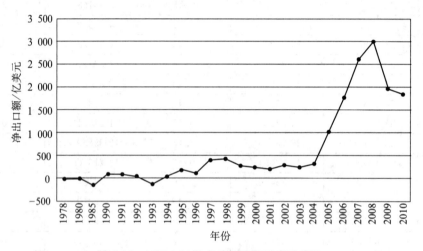

图 9-11　1978—2010 年我国净出口变动情况

从理论讲,通过生产法、收入法和支出法这三种不同方法计算出的 GDP 是相等的,即生产法计算的 GDP 等于收入法计算的 GDP,也等于支出法计算的 GDP,称为三面等值。也就是社会最终产品的生产及收入分配的结果与最终使用应是相等的,因此必须保持三种方法的计算口径一致。但在实际计算中,由于资料来源不同,计算结果会出现一些差异,称为统计误差,是正常的。三种方法各有特点,相互补充。

【案例小品 9-7】　支出法核算我国国内生产总值

我国采用支出法核算国内生产总值时,主要包括货物和服务的最终消费、资本形成总额和净出口三部分,号称拉动经济增长的"三驾"马车。其计算公式为:
　　　　GDP＝最终消费＋资本形成总额＋净出口
表 9-6 列出了 1978—2009 年采用支出法核算我国国内生产总值的情况。

表 9-6　支出法核算我国国内生产总值(1978—2009 年)

单位:亿元(本表按当年价格计算)

年　份	支出法国内生产总值	最终消费支出	资本形成总额	货物和服务净出口	资本形成率(投资率)/%	最终消费率(消费率)/%
1978	3 605.6	2 239.1	1 377.9	−11.4	38.2	62.1
1979	4 092.6	2 633.7	1 478.9	−20.0	36.1	64.4
1980	4 592.9	3 007.9	1 599.7	−14.7	34.8	65.5
1981	5 008.8	3 361.5	1 630.2	17.1	32.5	67.1
1982	5 590.0	3 714.8	1 784.2	91.0	31.9	66.5
1983	6 216.2	4 126.4	2 039.0	50.8	32.8	66.4
1984	7 362.7	4 846.3	2 515.1	1.3	34.2	65.8
1985	9 076.7	5 986.3	3 457.5	−367.1	38.1	66.0
1986	10 508.5	6 821.8	3 941.9	−255.2	37.5	64.9
1987	12 277.4	7 804.6	4 462.0	10.8	36.3	63.6
1988	15 388.6	9 839.5	5 700.2	−151.1	37.0	63.9
1989	17 311.3	11 164.2	6 332.7	−185.6	36.6	64.5
1990	19 347.8	12 090.5	6 747.0	510.3	34.9	62.5
1991	22 577.4	14 091.9	7 868.0	617.5	34.8	62.4
1992	27 565.2	17 203.3	10 086.3	275.6	36.6	62.4
1993	36 938.1	21 899.9	15 717.7	−679.5	42.6	59.3
1994	50 217.4	29 242.2	20 341.1	634.1	40.5	58.2
1995	63 216.9	36 748.2	25 470.1	998.6	40.3	58.1
1996	74 163.6	43 919.5	28 784.9	1 459.2	38.8	59.2
1997	81 658.5	48 140.6	29 968.0	3 549.9	36.7	59.0
1998	86 531.6	51 588.2	31 314.2	3 629.2	36.2	59.6
1999	91 125.0	55 636.9	32 951.5	2 536.9	36.2	61.1
2000	98 749.0	61 516.0	34 842.8	2 390.2	35.3	62.3
2001	109 028.0	66 933.9	39 769.4	2 324.9	36.5	61.4
2002	120 475.6	71 816.5	45 565.0	3 094.1	37.8	59.6
2003	136 634.8	77 685.5	55 963.0	2 986.3	40.9	56.9
2004	160 800.1	87 552.6	69 168.4	4 079.1	43.0	54.4
2005	187 131.2	99 051.3	77 856.8	10 223.1	41.6	52.9
2006	222 240.0	112 631.9	92 954.1	16 654.0	41.8	50.7
2007	265 833.9	131 510.1	110 943.2	23 380.6	41.7	49.5
2008	314 901.3	152 346.6	138 325.3	24 229.4	43.9	48.4
2009	345 023.6	165 526.8	164 463.5	15 033.3	47.7	48.0

　　注:资本形成率指资本形成总额占支出法国内生产总值的比重;最终消费率指最终消费支出占支出法国内生产总值的比重。

　　资料来源:中华人民共和国2010年统计年鉴

1. 最终消费

　　最终消费指常住单位在一定时期内对于货物和服务的全部最终消费支出,

也就是常住单位为满足物质、文化和精神生活的需要,从本国经济领土和国外购买的货物和服务的支出;不包括非常住单位在本国经济领土内的消费支出。最终消费分为居民消费和政府消费。

(1) 居民消费。指常住住户对货物和服务的全部最终消费支出。居民消费按市场价格计算,即按居民支付的购买者价格计算。购买者价格是购买者取得货物所支付的价格,包括购买者支付的运输和商业费用。居民消费除了直接以货币形式购买货物和服务的消费之外,还包括以其他方式获得的货物和服务的消费支出,即所谓的虚拟消费支出。居民虚拟消费支出包括以下几种类型:单位以实物报酬及实物转移的形式提供给劳动者的货物和服务;住户生产并由本住户消费了的货物和服务,其中的服务仅指住户的自有住房服务;金融机构提供的金融媒介服务;保险公司提供的保险服务。

(2) 政府消费。指政府部门为全社会提供公共服务的消费支出和免费或以较低价格向住户提供的货物和服务的净支出。前者等于政府服务的产出价值减去政府单位所获得的经营收入的价值,政府服务的产出价值等于它的经常性业务支出加上固定资产折旧;后者等于政府部门免费或以较低价格向住户提供的货物和服务的市场价值减去向住户收取的价值。

2. 资本形成总额

资本形成总额是指常住单位在一定时期内获得的减去处置的固定资产加存货的变动,包括固定资本形成总额和存货增加。

(1) 固定资本形成总额。指常住单位购置、转入和自产自用的固定资产,扣除固定资产的销售和转出后的价值,分有形固定资产形成总额和无形固定资产形成总额。有形固定资产形成总额包括一定时期内完成的建筑工程、安装工程和设备工器具购置(减处置)价值,以及土地改良,新增役、种、奶、毛、娱乐用牲畜和新增经济林木价值。无形固定资产形成总额包括矿藏的勘探、计算机软件、娱乐和文学艺术品原件等获得减处置。

(2) 存货增加。指常住单位存货实物量变动的市场价值,即期末价值减期初价值的差额。存货增加可以是正值,也可以是负值;正值表示存货上升,负值表示存货下降。它包括生产单位购进的原材料、燃料和储备物资等存货,以及生产单位生产的产成品、在制品等存货等。

3. 货物和服务的净出口

货物和服务的净出口是指出口总额减去进口总额的差额,如进口总额大于出口则用负数表示。出口是指常住单位向非常住单位出售及无偿提供的货物和服务总值;进口是指常住单位从非常住单位购买及无偿得到的货物和服务总值。地区净出口还包括流入和流出。

$$净出口 = 货物和服务出口总额 - 货物和服务进口总额$$

资料来源:国家统计局

任务拓展

国民经济统计之父——理查德·约翰·斯通

理查德·约翰·斯通(1913—1991),英国经济学家。出生于伦敦。1938年获剑桥大学硕士学位。1957年获剑桥大学博士学位。在第二次世界大战中曾先后在经济作战部和中央统计局任高级统计师。1945年,剑桥大学成立应用经济学系,任第一届系主任。以后还曾任剑桥大学君王学院研究员、会计审计协会名誉会长、美国科学院研究员。1955—1980年,任剑桥大学财务和会计学教授。1978年被封为爵士,并当选为英国皇家经济学会主席。1984年获诺贝尔经济学奖。

斯通在经济学许多领域,包括计量经济学、消费经济学方面都有建树。他最重要的贡献是首创国民收入账户体系,在国民账户体系的发展中做出了奠基性贡献,极大地改进了经济实践分析的基础。1940年,他把会计学的平衡原理和复式记账法引入国民收入与支出的统计工作当中。1941年,他与米德合著《国民收入与支出》,成为这方面的标准教科书。1945年他领导了一个国民账户研究小组,研究各国通用的国民收入账户原则。1950年,他建议把投入—产出表与国民账户结合起来。1953年,他领导一批专家制订了《国民账户体系及辅助表》,1968年他又主持为联合国制定了新的《国民账户体系》。著有《国民收入与支出》、《英国消费者支出和消费者行为的测量》、《社会科学中的数学和其他论文》、《经济中的数学模型和其他论文》、《人口统计计算与模型的建立》等。

自我测试

一、名词解释

国内生产总值　国民生产总值　国内生产净值　国民收入　个人收入　名义 GDP
个人可支配收入　实际 GDP　支出法　收入法　生产法

二、选择题

1. 下列各项中应计入 GDP 中的是（　　）。

　　A. 面包厂购买的面粉　　　　　　　　B. 购买 40 股股票

　　C. 家庭主妇购买的面粉　　　　　　　D. 购买政府债券

2. 下列各项中应计入 GDP 中的是（　　）。

　　A. 当年生产的拖拉机

B. 去年生产而在今年销售出去的拖拉机

C. 某人去年购买而在今年转售给他人的拖拉机

D. 以上都是

3. 在下列三种情况中作为最终产品的是（　　）。

　　A. 公司用于联系业务的小汽车　　　　B. 工厂用于运送物品的小汽车

　　C. 旅游公司用于载客的小汽车　　　　D. 以上都是

4. 社会保障支付用于（　　）。

　　A. 政府支出　　　　B. 转移支付　　　　C. 税收　　　　D. 消费

5. 对政府雇员支付的报酬属于（　　）。

　　A. 政府支出　　　　B. 转移支付　　　　C. 税收　　　　D. 消费

6. 一国的国内生产总值大于国民生产总值,则该国公民从国外取得的收入（　　）外国公民从该国取得的收入。

　　A. 大于　　　　B. 小于　　　　C. 等于　　　　D. 不能确定

7. 国内生产总值与国内生产净值之间的差别是（　　）。

　　A. 直接税　　　　B. 间接税　　　　C. 折旧　　　　D. 以上都不对

8. 国内生产净值与国民收入的差别是（　　）。

　　A. 间接税　　　　　　　　　　　B. 直接税

　　C. 公司未分配利润　　　　　　　D. 以上都不对

9. 下面不属于国民收入部分的是（　　）。

　　A. 租金收入　　　B. 福利支付　　　C. 工资　　　D. 利息净额

10. 下列选项中,（　　）不属于公司间接税。

　　A. 销售税　　　　　　　　　　　B. 公司利润税

　　C. 货物税　　　　　　　　　　　D. 公司财产税

11. 如果个人收入为 960 元,个人所得税为 100 元,消费等于 700 元,利息支付总额为 60 元,个人储蓄为 100 元,则个人可支配收入为（　　）。

　　A. 860 元　　　B. 800 元　　　C. 700 元　　　D. 760 元

12. 在一般情况下,国民收入核算体系中,数值最小的是（　　）

　　A. 国民生产净值　　　　　　　　B. 个人收入

　　C. 个人可支配收入　　　　　　　D. 国民收入

13. 按百分比计算,如果名义 GDP 上升（　　）价格上升的幅度,则实际 GDP 将（　　）

　　A. 小于;下降　　　　　　　　　B. 超过;不变

　　C. 小于;不变　　　　　　　　　D. 超过;下降

14. 下面不属于总需求的是（　　）。

　　A. 政府支出　　　B. 税收　　　C. 净出口　　　D. 投资

15. 在四部门经济中,GDP 是指（　　）的总和。

　　A. 消费、净投资、政府购买和净出口

　　B. 消费、总投资、政府购买和净出口

　　C. 消费、总投资、政府购买和总出口

　　D. 消费、净投资、政府购买和总出口

16. 在四部门经济中,一定有(　　　)。

    A. 家庭储蓄等于净投资

    B. 家庭储蓄等于总投资

    C. 家庭储蓄加折旧等于总投资加政府支出

    D. 家庭储蓄加净税收再加进口等于投资加政府购买再加出口

三、简答题

1. 对于 GDP 含义的理解,必须注意哪几个问题?

2. 试比较 GDP 核算的三种不同方法。

3. 国民收入中的基本总量有几个? 它们之间的关系如何?

4. 简要说明 GNP 与 GDP 的关系。

5. 试写出三部门和四部门经济中总需求与总供给的恒等关系。

四、计算题

1. 现有如下资料,见表 9-7。

表 9-7　产品价值表

生产阶段	产品价值	中间产品成本	增值
小麦	100		
面粉	120		
面包			30

要求:

(1) 计算后填写空格。

(2) 计算最终产品面包的价值是多少。

(3) 如果不区分中间产品与最终产品,按各个阶段的产值计算,总产值为多少?

(4) 在各个阶段上增值共为多少?

(5) 重复计算即中间产品成本为多少?

2. 设一经济社会生产五种产品,它们在 2006 年和 2008 年的产量和价格分别如表 9-8 所示。

表 9-8　产量价格表

产　品	2006 年产量	2006 年价格/元	2008 年产量	2008 年价格/元
A	25	1.50	30	1.60
B	50	7.50	60	8.00
C	40	6.00	50	7.00
D	30	5.00	35	5.0
E	60	2.00	70	2.50

要求:

(1) 计算 2006 年和 2008 年的名义国内生产总值。

(2) 如果以 2006 年作为基年,则 2008 年的实际国内生产总值为多少?

(3) 以 2006 年作为基年,计算 2008 年的国内生产总值折算数,2008 年的价格比 2006 年的价格上升了多少?

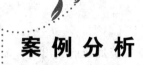

案 例 分 析

地下经济有多大

各国对地下经济规模的估计值非常巨大。当然,要得到准确的估计显然是不可能的,因为从本质上说,它们的详细情况是向政府当局隐瞒的。不过,经济学家一直在努力澄清地下经济规模的决定因素。

第一个决定因素是税收水平和管理制度。税收水平越高,管理制度越大,人们避开这种制度并"转入地下"的动力就越强。第二个决定因素是政府对逃避者进行的处罚以及对那些被发现者进行惩罚的严厉程度。第三个决定因素是服务部门与制造部门规模的相对大小。对于政府当局来说,发现汽车机修工、擦窗工的违法行为比发现汽车、肥皂生产的违法行为更加困难。另外一个决定因素就是个体经营者占人口的比重。个体经营者比那些拿工资的人更容易逃税。

地下经济规模的某种衡量指标可以说是经济中对现金的需求程度,因为大多数地下交易都是用现金进行的。在美国的某些地区,使用毒品的数量大增,银行也报告说现金需求增加了。

问题:

1. 随着失业水平的提高,地下经济的规模是下降还是上升?
2. 如果经济中使用的现金数量下降,这是否意味着地下经济的规模肯定下降了?

技 能 实 训

实训项目:2010 年我国 GDP 超过了日本,请查阅相关资料,谈谈对此的看法。

实训目标:通过案例分析使学生正确理解 GDP,正确对待我国经济实力与日本的比较。

实训组织:学生分为两组,查阅相关资料,然后开展辩论赛。

实训提示:教师提出活动前准备及注意事项,同时加强指导。

实训成果:教师对辩论结果进行讲评。

熟知国民收入决定

■ 能力目标

通过完成本项任务,应该能够:

◆ 了解简单国民收入决定模型

◆ 理解均衡国民收入概念

◆ 理解储蓄函数、消费函数及其相互关系

◆ 理解产品市场和货币市场均衡模型的含义

◆ 理解总需求和总供给模型对国民收入的决定

◆ 把握乘数理论的运用

■ 任务解析

10.1 简单国民收入决定模型

10.2 IS-LM 模型

10.3 总需求—总供给模型

■ 任务导入

我国每年的《政府工作报告》中,经常出现对下一年的 GDP 增长率的预测。这种预测的理论基础是什么?新中国成立以来,我国相当长的时期内经济处于短缺状态。但从 20 世纪 90 年代末期开始,我国经济进入了经济过剩阶段。判断一个时期经济发展的总体状态的理论基础是什么?2008 年我国政府投入 4 万亿拉动内需,缓解金融危机的影响。有人利用宏观经济学中的乘数原理解释这一经济现象。那么,乘数原理是什么?回答这些问题,必须掌握宏观经济学中的国民收入决定理论。国民收入决定理论是现代西方宏观经济学的核心问题,是由现代西方宏观经济学创始人凯恩斯提出的,主要研究国民收入如何决定——解决 GDP 为什么会这样的理论。凯恩斯采取的是短期数量分析,由于总供给短期不变,所以国民收入就取决于总需求或有效需求,从而建立了以需求为中心的国民收入决定理论。凯恩斯的国民收入决定理论涉及 4 个市场:产品市场、货币市场、劳动市场、国际市场,仅包括产品市场的理论称为简单的国民收入决定理论。我们的分析就从最简单的经济国民收入决定开始。

你可以对照能力目标,结合自我测试反复演练,有的放矢地依次完成各分项任务,直至完成本任务。

10.1 简单国民收入决定模型

先行案例　2011年消费将由表面刺激转向实质性调整

2010年12月12日闭幕的中央经济工作会议把2011年宏观经济政策基本取向定为"积极稳健、审慎灵活"。业内人士认为,八字方针基本确定了明年经济发展的总体方向,六项经济工作任务在推动新一年经济结构调整的同时,也将促使消费逐步转入实质性发展阶段。

消费作为拉动我国经济的"三驾马车"之一,为2010年经济的发展写下了浓墨重彩的一笔。全年社会消费品零售总额154 554亿元,比上年增长18.4%;扣除价格因素,实际增长14.8%。按经营单位所在地分,城镇消费品零售额133 689亿元,增长18.8%;乡村消费品零售额20 865亿元,增长16.1%。按消费形态分,餐饮收入17 636亿元,增长18.0%;商品零售136 918亿元,增长18.5%。其中,限额以上企业(单位)商品零售额58 056亿元,增长29.9%。热点消费快速增长。其中,金银珠宝类增长46.0%,家具类增长37.2%,汽车类增长34.8%,家用电器和音像器材类增长27.7%。

值得一提的是,相比于去年的会议内容,今年中央经济工作会议中没有再提"继续实施家电和汽车以旧换新"等内容,而是定调为"调整优化需求结构,增强消费拉动力,重点提升居民消费能力、改善居民消费条件、培育新的消费热点。"

诸建芳称,这意味着明年的消费增长将步入更为实质性和根本性的轨道,而非继续停留在由政府刺激带动的局域性消费增长上。同时,从6项经济工作任务中也可看出,"积极稳妥推进城镇化"、"研究制定收入分配改革方案,努力扭转收入差距扩大趋势"等对消费起到正面和实质性作用的政策,都已被提及。

余斌称,扩大消费的重点目标是提高居民消费能力、提升消费意愿、改善消费环境、促进消费升级,使居民"有更多钱可花"、"有钱更敢于花"、"有钱更方便花"。

资料来源:龚雯.明年经济步入稳健期 结构调整促消费实质性增长.新华网

想一想:

1. 结合案例谈谈如何提高我国居民的消费能力。

2. 结合案例谈谈影响居民消费的因素主要有哪些。

凯恩斯以前的传统经济学认为:供给会自动创造需求,利息率自动调节储蓄和投资,资本主义不可能出现生产相对过剩和经常性失业。而1929—1933年,资本主义世界发生了空前的经济危机。空前严重的危机和失业,从根本上动摇了传统西方经济学的宏观理论体系,新的理论应运而生。

一直关注美国罗斯福新政的英国经济学家凯恩斯从一则古老的寓言中得到了启示。这则寓言是这样说的：从前有一群蜜蜂过着挥霍、奢华的生活，整个蜂群兴旺发达、百业昌盛。后来，它们改变了原有的生活习惯，崇尚节俭朴素，结果社会凋敝、经济衰落，终于被敌手打败而逃散。凯恩斯从这则寓言中悟出了需求的重要性，建立了以需求为中心的国民收入决定理论，并在此基础上引发了经济学上著名的"凯恩斯革命"。这场革命的结果就是建立了现代宏观经济学。

凯恩斯在进行总需求分析时，有三点重要的假设：

第一，潜在的国民收入水平，即充分就业的国民收入水平是不变的。

第二，各种资源没有得到充分利用。因此，总供给可以随着总需求的增加而增加，也就是不考虑总供给对国民收入决定的影响。

第三，价格水平是既定的。

10.1.1　均衡的国民收入

在上述假定条件约束下，根据凯恩斯的理论，经济社会的产量或者说国民收入就决定于总需求。和总需求相等的国民收入称为均衡国民收入或均衡产出。在微观经济学中我们已经知道，均衡是指一种不再变动的情况。当总产出等于总需求时，企业生产就会稳定下来，既没有增加产出的冲动，也没有减少产出的欲望。如果总产出超过总需求，说明企业生产的商品或劳务，超过了人们想要购买的量，企业的产品卖不出去，就会使企业非意愿的存货投资增加，企业就会减少生产。如果总产出低于总需求，人们想要购买的商品或劳务超过企业生产的量，企业就会减少库存（存货投资），增加生产。因此，总供给与总需求的均衡是宏观经济稳定的基本条件，均衡的总产出或总收入水平也就是使经济稳定的总产出水平。在两部门经济中，总需求是由居民消费需求和厂商的投资需求构成的。因此，在两部门经济中均衡条件是总产出等于计划的总需求，即：

$$y = c + i \qquad\qquad (式 10\text{-}1)$$

式中，y，c，i 都用小写字母表示，分别代表剔除了价格变动的实际产出或收入、实际消费和实际投资，而不是本书任务 9 里用大写字母表示的名义产出、消费和投资。还要指出的是，上式中的和，代表的是居民和企业实际期望的消费和投资，即意愿消费和投资的数量，而不是国民收入构成公式中实际发生的消费和投资。例如，假定企业部门由于错误估计形势，生产了 1 200 亿元的产品，但市场实际需要的只有 1 000 亿元的产品，于是就有 200 亿元产品成为企业的非意愿存货投资或非计划存货投资。在国民收入核算中，实际产出就等于计划支出（或计划需求）加非计划存货投资。但在国民收入决定理论中，均衡国民收入指与计划需求相一致的产出。因此，在均衡国民收入水平上，计划支出和计划产出正好相等，非计划存货投资等于零。

10.1.2　消费函数和储蓄函数

根据均衡国民收入的定义可知，均衡国民收入是指与总需求相一致的国民收入，因此要分析均衡国民收入如何决定，就要分析总需求各个组成部分是如何决定的。在简单的两部门经济中，总需求 $E = c + i$，由于我们假定企业投资是自发的或外生的，即企业投资不随利率和产量的变动而变动，所以总需求由消费决定。下面我们重点讨论消费函数及与其相关的储蓄函数。

1. 消费函数

广义的消费函数是指影响居民户消费量的因素与消费量之间的关系。在现实经济生活中，影响居民消费的因素是很多的。如收入水平、利率水平、家庭财产状况、兴趣爱好、收入分配状况、消费信贷政策、价格水平、性别、年龄结构以及风俗习惯等，都会对消费产生影响，但是所有这些因素中对居民户影响最大的因素，应该是收入水平。凯恩斯认为收入对消费者的消费有决定性的意义。因此，狭义的消费函数就是分析消费与收入之间的关系。

一般来说，在影响消费的其他因素不变的情况下，收入水平越高，消费水平也越高，即可认为消费（c）与国民收入（y）之间有一个正比关系，这一关系可以简单地表示为：

$$c = a + by \qquad (式 10\text{-}2)$$

式 10-2 被称为短期消费函数。它表示消费 c 由两个部分组成：常数 a 和常数 b 与 y 的乘积。在此常数 a 称为自主性消费，即表示不随收入变化而变化的那一部分消费。这部分消费说明，即使收入为零时，人们仍然有为了生存而必需的消费，如食物、衣服、医疗等。by 称为引致性消费，即表示随着收入变化而变化的那部分消费。b 是一个大于 0 小于 1 的系数，它表示人们把收入中的多大一部分用于消费。

为了更好地说明消费与收入之间的关系，凯恩斯提出了两个概念，即边际消费倾向和平均消费倾向。

边际消费倾向（marginal propensity to consume，MPC）是指增加一单位收入中用于增加的消费部分的比例，用公式表示为：

$$MPC = \frac{\Delta c}{\Delta y} \quad 或 \quad MPC = \frac{dc}{dy} \qquad (式 10\text{-}3)$$

式 10-2 中的 b，即为边际消费倾向。

平均消费倾向（average propensity to consume，APC）是指任一收入水平上消费支出在收入中所占的比例，用公式表示为：

$$APC = \frac{c}{y} \qquad (式 10\text{-}4)$$

例如，王某每月收入 4 000 元，每月消费 3 000 元，那么他的平均消费倾向为：

$$APC = \frac{c}{y} = \frac{3\,000}{4\,000} = 0.75$$

说明王某每月收入中有 75％用于消费，或者说每 1 元收入中有 7 角 5 分是用于消费的。

如果王某每月收入从 4 000 元增加到 5 000 元，其消费也从 3 000 元增加到 3 600 元，那么王某的边际消费倾向为：

$$MPC = \frac{\Delta c}{\Delta y} = \frac{600}{1\,000} = 0.6$$

说明王某把增加的收入的 60％用于增加消费，或者说王某把每增加的 1 元收入中，有 6 角是用于增加消费的。

一般来说，随着收入增加，人们会增加消费，但人们不会把增加的收入全部消费掉，这表明边际消费倾向在一般情况下，是大于 0，又小于 1 的，即 $0 < MPC < 1$。

如果消费和收入之间呈线性关系，消费函数就是一条向右上方倾斜的直线，消费函数上每一点的斜率都相等，并且大于 0 而小于 1，如图 10-1 所示。

当消费函数为线性时，APC＞MPC，因为消费函数上

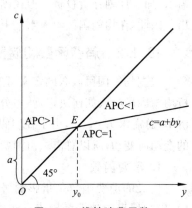

图 10-1　线性消费函数

经济学原理

任一点与原点相连所成射线的斜率都大于消费曲线(这里是直线)的斜率,而且从公式看,

$APC = c/y = (a+by)/y = \dfrac{a}{y}+b$,在这里 b 是 MPC,由于 a 和 y 都是正数,因此,$a/y>0$。

所以,$APC>MPC$,而且随着收入增加,a/y 之值越来越小,说明 APC 逐渐接近于 MPC。当消费函数为线性时,MPC 是固定的,而 APC 是变动的,且随着收入 y 的增加而下降。如图 10-1 所示,当收入为 y_0 时,$APC=1$,说明收支相抵,全部的收入都用于消费。当收入小于 y_0 时,$APC>1$,说明入不敷出,消费超过了收入。当收入大于 y_0 时,$APC<1$。

【案例小品 10-1】 1990 年以来我国城乡居民消费倾向演变趋势

  1990 年以来我国城乡居民平均消费倾向均呈现下降趋势。从表 10-1 可以看出,城镇居民的平均消费倾向,由 1990 年的 0.85 下降到 2009 年的 0.64;农村居民的平均消费倾向,由 1990 年的 0.85 下降到 2009 年的 0.77。边际消费倾向的波动幅度很大,说明边际消费倾向更易受到短期收入波动和预期的影响。城乡居民平均消费倾向的持续下降导致了我国最终消费率的持续走低,如表 10-1 所示。2009 年我国最终消费率延续了近 20 年来的持续低迷,降至历史最低水平 48.0%。1990—2009 年我国平均消费率为 57%,比世界平均消费率(78%左右)低 21 个百分点。最终消费由居民消费和政府消费组成,其中居民消费是主体,一般占最终消费的 70%以上。目前我国最终消费率过低,在很大程度上是由于居民消费持续走低造成的。另外,根据边际消费倾向递减规律,富裕阶层存在明显的高储蓄和低消费倾向,而低收入阶层尽管具有高消费倾向,但缺乏相应的购买力。这种"有钱不花"与"没钱可花"并存的消费格局严重抑制了主流中档商品消费的增长。

表 10-1　1990—2009 年我国城乡居民收入、消费支出、消费倾向及最终消费率一览表

年 份	农村居民				城镇居民				最终消费率(消费率)/%
	人均纯收入/元	人均消费支出/元	平均消费倾向	边际消费倾向	人均可支配收入/元	人均消费支出/元	平均消费倾向	边际消费倾向	
1990	686.3	584.6	0.85	0.58	1 510.2	1 278.9	0.85	0.50	62.0
1991	708.6	619.8	0.87	1.57	1 700.6	1 453.8	0.85	0.92	61.8
1992	784.0	659.8	0.84	0.53	2 026.6	1 671.7	0.82	0.67	61.7
1993	921.6	769.7	0.84	0.80	2 577.4	2 110.8	0.82	0.80	58.5
1994	1 221.0	1 016.8	0.83	0.83	3 496.2	2 851.3	0.82	0.81	57.4
1995	1 577.7	1 310.4	0.83	0.82	4 283.0	3 537.6	0.83	0.87	57.5
1996	1 926.1	1 572.1	0.82	0.75	4 838.9	3 919.5	0.81	0.69	58.5
1997	2 090.1	1 617.2	0.77	0.28	5 160.3	4 185.6	0.81	0.83	58.2
1998	2 162.0	1 590.3	0.74	−0.37	5 425.1	4 331.6	0.80	0.55	58.7
1999	2 210.3	1 577.4	0.71	−0.27	5 854.0	4 615.9	0.79	0.66	60.1
2000	2 253.4	1 670.1	0.74	2.15	6 280.0	4 998.0	0.80	0.90	61.1
2001	2 366.4	1 741.1	0.74	0.63	6 859.6	5 309.0	0.77	0.54	59.8
2002	2 475.6	1 834.3	0.74	0.85	7 702.8	6 029.9	0.78	0.85	58.2
2003	2 622.2	1 943.3	0.74	0.74	8 472.7	6 510.9	0.77	0.63	55.4
2004	2 936.4	2 185.0	0.74	0.77	9 421.6	7 182.1	0.76	0.71	53.6

年 份	农 村 居 民				城 镇 居 民				最终消费率（消费率）/%
	人均纯收入/元	人均消费支出/元	平均消费倾向	边际消费倾向	人均可支配收入/元	人均消费支出/元	平均消费倾向	边际消费倾向	
2005	3 254.9	2 555.4	0.79	1.16	10 493	7 942.9	0.76	0.71	52.1
2006	3 587	2 829	0.79	0.82	11 759	8 697.0	0.74	0.60	52.6
2007	4 140	3 224	0.78	0.71	13 786	9 994.9	0.73	0.64	50.6
2008	4 761	3 661	0.77	0.70	15 781	11 243	0.71	0.63	48.6
2009	5 153	3 993.45	0.77	0.85	17 175	12 264.55	0.64	0.73	48.0
2010	5 919	438 2	0.74	0.51	19 109	134 71	0.70	0.62	—

说明：边际消费倾向一般大于 0 小于 1。本表中出现大于 1 的情况是因为当年消费额中包含了非当年收入的部分，因此，严格来说，称之为当年的边际消费倾向是不准确的。

资料来源：国家统计局

2. 储蓄函数

居民的可支配收入最终无非是用于消费和储蓄，因此，储蓄就是收入中未被消费的部分。如上所述，消费随着收入的增加而增加，但增加的比率是递减的；储蓄也会随着收入的增加而增加，但增加的比率是递增的，储蓄与收入的这种关系就是储蓄函数。在短期中，如果消费函数为线性消费函数：$c = a + by$，那么，储蓄函数也是线性的，即：

$$s = y - c = y - (a + by) = -a + (1 - b)y \qquad \text{（式 10-5）}$$

为了进一步分析储蓄与收入之间的关系，我们引入边际储蓄倾向和平均储蓄倾向的概念。

边际储蓄倾向（marginal propensity to save，MPS）是指增加一单位收入中用于增加的储蓄部分的比例。用公式表示为：

$$\text{MPS} = \frac{\Delta s}{\Delta y} \quad \text{或} \quad \text{MPS} = \frac{ds}{dy} \qquad \text{（式 10-6）}$$

平均储蓄倾向（average propensity to save，APS）是指任一收入水平上储蓄在收入中所占的比例，用公式表示为：

$$\text{APS} = \frac{s}{y} \qquad \text{（式 10-7）}$$

用以上王某的数据来分析，每月收入 4 000 元，消费 3 000 元，则剩下的 1 000 元用于储蓄，这说明王某的平均储蓄倾向：

$$\text{APS} = \frac{s}{y} = \frac{1\,000}{4\,000} = 0.25$$

说明王某的每 1 元收入中有 2 角 5 分是用于储蓄的。

如果王某每月收入增加到 5 000 元，消费增加到 3 600 元，则意味着他的储蓄从每月 1 000元增加到 1 400 元，其边际储蓄倾向 $\text{MPS} = \frac{\Delta s}{\Delta y} = \frac{400}{1\,000} = 0.4$。说明王某每增加的 1 元收入中有 4 角是用于储蓄的。

公式 10-5 是线性的储蓄函数，储蓄曲线如图 10-2 所示。储蓄曲线上任一点与原点相连而成射线的斜率,就是平均储蓄倾向(APS),很显然,APS随着收入的增加而不断增加。

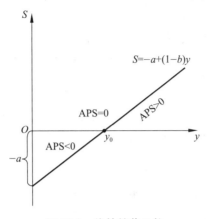

图 10-2　线性储蓄函数

当 $y = y_0$ 时,表明所有的收入全部用于了消费,储蓄为零,所以 APS$=0$;当 $y < y_0$ 时,表明入不敷出,储蓄为负值,所以 APS<0;只有当 $y > y_0$ 时,收入增加,储蓄才为正值,APS>0。

储蓄曲线上任一点的斜率是边际储蓄倾向,即$(1-b)$,是常数。

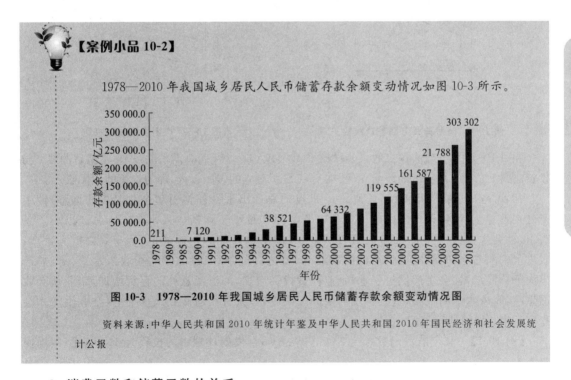

【案例小品 10-2】

1978—2010 年我国城乡居民人民币储蓄存款余额变动情况如图 10-3 所示。

图 10-3　1978—2010 年我国城乡居民人民币储蓄存款余额变动情况图

资料来源:中华人民共和国 2010 年统计年鉴及中华人民共和国 2010 年国民经济和社会发展统计公报

3. 消费函数和储蓄函数的关系

由于居民的可支配收入最终是用于消费和储蓄,即:$y = c + s$。因此,APC$+$APS$=1$,MPC$+$MPS$=1$。如图 10-4 所示。

10.1.3　均衡国民收入的决定

根据均衡国民收入的定义,均衡国民收入是和总需求相一致的产出,也就是经济社会的收入正好等于全体居民和企业想要有的支出。在两部门经济中,经济均衡条件为 $E=y$,总需求由居民消费和企业投资构成,即 $E=c+i$,因此 $y=c+i$。由于先假定计划净投资是一个给定的量,不随利率和国民收入水平而变化,同时根据凯恩斯的消费理论可知消费由收入决定,即 $c=a+by$,则可得均衡国民收入:

$$y=c+i$$
$$c=a+by$$

联立求解方程,就得到均衡国民收入:

$$y=\frac{a+i}{1-b} \tag{式 10-8}$$

在式 10-8 中,a 为自主性消费;b 为边际消费倾向;i 为投资。可见,如果知道了消费函数和投资量,就可得出均衡的国民收入。

以上函数分析过程可用图 10-5 进一步说明。

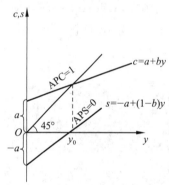

图 10-4　消费曲线与储蓄曲线的关系

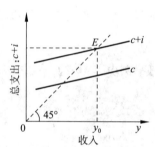

图 10-5　均衡国民收入决定

在图 10-5 中,y 代表国民收入,c 与 i 代表需求。$c+i$ 代表总需求曲线,它是消费曲线 c 与投资曲线 i 之和。总需求曲线与 45°线的交点 E 所对应的国民收入,即为均衡的国民收入。

45°线是一条收支相抵线,任何离开 E 点的总产出水平都将引起企业存货的调整,使生产处于不稳定状态,即使国民收入失衡。若实际产量小于均衡收入水平 y_0,总产出小于总需求,社会生产供不应求,企业存货投资减少,即出现意外的存货减少,企业就会扩大生产,收入水平向右移,直到实现均衡的国民收入;反之,若实际产量大于均衡收入水平 y_0,总产出大于总需求,社会生产供过于求,企业存货投资增加,即出现意外的存货增加,企业就会收缩生产,收入水平向左移,直到实现均衡的国民收入;只有在均衡收入水平上,企业生产才会稳定下来。详细计算见例 10-1。

【**例 10-1**】　假定消费函数 $c=1\,000+0.8y$,自发的计划中的投资为 600 亿元,则均衡收入为:

$$y=\frac{1\,000+600}{1-0.8}=8\,000(亿元)$$

10.1.4　乘数理论

一般来说,自发总需求的增加会引起国民收入的增加,但是,一定量自发总需求的增加会使国民收入增加多少,即总需求增加与国民收入增加之间量的关系如何,这正是乘数理论

经济学原理

所揭示的内容。

乘数又称为"倍数",指自发总需求的增加所引起的国民收入增加的倍数,常用 k 来表示。我们已经知道两部门经济中均衡国民收入为:

$$y = \frac{a+i}{1-b}$$

在上式中,若其他条件不变,只有投资支出 i 变动,则投资支出为 i_1 和 i_2 时的收入分别为:

$$y_1 = \frac{a+i_1}{1-b}$$

$$y_2 = \frac{a+i_2}{1-b}$$

$$y_1 - y_2 = \Delta y = \frac{i_1-i_2}{1-b} = \frac{\Delta i}{1-b}$$

$$\frac{\Delta y}{\Delta i} = k_i = \frac{1}{1-b} \qquad \text{(式 10-9)}$$

由于投资乘数是指收入的变化与带来这种变化的投资支出的变化的比率。因此式 10-9 为两部门经济投资乘数公式,其中 k_i 代表投资乘数。

根据消费函数 $c = a + by$ 可知 b 为边际消费倾向,因此式 10-9 也可转化为:

$$投资乘数 = \frac{1}{1 - 边际消费倾向}$$

或

$$k = \frac{1}{1 - \text{MPC}}$$

由于 $\text{MPS} = 1 - \text{MPC}$,因此

$$k = \frac{1}{1 - \text{MPC}} = \frac{1}{\text{MPS}}$$

可见,投资乘数大小和边际消费倾向有关,投资乘数与边际消费倾向呈同一方向变化,边际消费倾向的数值越大,投资乘数就越大;边际消费倾向的数值越小,乘数就越小。投资乘数与边际储蓄倾向呈反方向变化,边际储蓄倾向越大,投资乘数小;边际储蓄倾向越小,乘数越大。

 【案例小品10-3】 汽车产业:1∶10 乘数效应拉动经济

在"2009 中国汽车产业发展国际论坛"上,国家统计局总经济师姚景源曾表示,今年上半年国家出台了一系列利好政策,加之中国消费结构的升级,使得今年上半年汽车市场出乎意料地增长,作为支柱产业的汽车业为整个国民经济的平稳回升、平稳向好做出了重大贡献。

国务院发展研究中心的一项研究成果显示,汽车工业是一个 1∶10 的产业,即汽车工业 1 个单位的产出,可以带动整个国民经济各环节总体增加 10 个单位的产出。这巨大的乘数效应是任何其他产业都望尘莫及的。

汽车产业的振兴对相关产业的带动作用是十分有效的。以钢铁业为例,中信建投提供的数据显示,2009 年 1 月份宝钢公司热镀锌产品中汽车板的订单仅

有 2.3 万吨；而 5 月份，此类产品的订单已上升至 9 万吨。汽车产业的蓬勃发展带动了钢铁、石化、有色金属、塑料、橡胶、玻璃等上游原材料产业的发展；在中游生产制造环节，汽车产业给机械电子、数控机床、自动化生产线等行业带来了可观的收益；到下游产业，汽车产业又有效地拉动了物流、金融、保险、销售、广告等服务业，今年"黄金周"各地火爆的自驾游就极大地带动了旅游消费市场。除此之外，汽车保有量的增长，还拉动了高速公路的投资需求，从而带动水泥、建材等基建行业的发展。

据国家发改委统计数据显示，2002 年，我国汽车工业总产值跨过万亿元大关时占全国 GDP 的比重接近 2%；到 2008 年，汽车工业总产值占 GDP 的比重已超过 8%，如果再加上对整个上下游行业的带动，汽车工业对国民经济的拉动作用远远超过 10%。

资料来源：汽车产业：1∶10 乘数效应拉动经济．网易财经

【案例小品 10-4】 洗衣工、理发师与修鞋匠

故事说：一个村里有三个人，一个洗衣工，一个理发师，一个修鞋匠。村里经济不好，消费力越来越差，三个人的工作量越来越少。结果，大家都不敢花钱买东西。最后，这三个人都是一个样——头发长、衣服脏、连鞋穿破了都只敢将就使用。

眼看大家身上都长虫了，都快要饿死了。村长看不下去了，就借给了洗衣工 2 元钱。洗衣工给了理发师和修鞋匠各 1 元钱，请他们帮自己理发和修鞋，自己再把衣服洗干净了。很快，洗衣工变了一个样，清爽了。

理发师看到了，把赚来的 1 元钱给了修鞋匠，请他修鞋，自己再把头发整理一下。修鞋匠把 1 元钱给了理发师，请他理发，自己再把鞋子整理一下。唉！这两人也都变了样，而且他们手上都还剩了 1 元钱。他们把这 1 元钱给了洗衣工，请洗衣工洗衣服。

于是，三个人的衣服、头发和鞋子都是非常整洁干净的，生意也越来越好。村长出借的 2 元钱回到了洗衣工手上，洗衣工又还给了村长。

如果洗衣工、理发师、修鞋匠代表人民，村长代表政府，那 2 元钱就非常像"消费券"。

消费一动，百业兼活。在故事里，"2 元钱"发挥了四两拨千斤的功效。关键就是让大家都获得一种信心，得以放开手脚去消费，从而经济运作才得以正常运行。

资料来源：陈建民．"乘数效应"激活消费券．http://www.juece.net.cn/shownews.asp?id＝1473

10.2 IS-LM 模型

　　简单的国民收入决定理论研究了在利率和投资不变的情况下，总需求如何决定均衡的国内生产总值。但现实的经济社会中，利率和投资都是变动的，而且，其对总需求和国内生产总值的影响较大。

　　在 IS-LM 模型中，I 表示投资，S 表示储蓄，L 表示货币需求，M 表示货币供给。这一模型主要分析在利率与投资变动的情况下，总需求对国民收入的决定，以及利率与国民收入之间的关系。

10.2.1 IS 曲线

　　IS 曲线是产品市场达到均衡的条件下(I＝S)，利率与收入之间存在反方向变动的曲线。如图 10-6 所示。

　　其中，坐标横轴表示需求决定的收入或产出(y)，坐标纵轴表示利率 i。IS 曲线上的任何一点都是 I＝S，即产品市场实现了均衡。从图中可以看出，IS 曲线是一条向右下方倾斜的曲线，这表明在产品市场上实现均衡时，利率与国民收入之间存在反方向变动的关系。利率高则国民收入低，利率低则国民收入高。这种反方向变动的关系主要是因为在产品市场上，投资者一般要用贷款来投资，投资的目的是为了实现偿还利息后纯利润的最大化。这样，投资就取决于利润率和利率。利率越低，纯利润就越大，从而投资就增加；反之，利率越高，纯利润就越小，从而投资减少。因此，利率与投资呈反方向变动。投资增加，总需求增加;投资减少,总需求减少。总需求与国民收入同方向变动。因此,利率与国民收入呈反方向变动。

此外,自发总需求的变动,如自发消费、自发投资的变动会使 IS 曲线的位置平行移动,如图 10-7 所示。

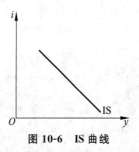

图 10-6　IS 曲线

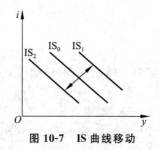

图 10-7　IS 曲线移动

当自发总需求增加时,IS 曲线向右上方移动,即从 IS_0 移动到 IS_1;当自发总需求减少时,IS 曲线向左下方移动,即从 IS_0 移动到 IS_2。

10.2.2　LM 曲线

利率是由货币市场上的供给和需求的均衡决定的,而货币的供应量是由政府规定的,因而可以看成是一个既定的量。在货币供应量稳定的情况下,货币市场的均衡只能通过调节货币的需求来实现。

LM 曲线是在货币市场均衡($L = M$)时,国民收入和利率之间存在着同方向变动关系的曲线。L 表示货币的需求,M 表示货币的供给,如图 10-8 所示。

其中,坐标横轴表示需求决定的收入或产出(y),纵轴表示利率 i。从图 10-8 中可以看出,LM 曲线是一条向右上方倾斜的曲线,这表明在货币市场上实现均衡时,利率与国民收入呈同方向变动,即利率越高,国民收入越高;利率越低,则国民收入越低。这一现象我们可以用凯恩思主义的货币理论来解释。根据这一理论,货币需求(L)由 L_1 与 L_2 组成。L_1 代表货币的交易需求与预防需求,它的大小取决于国民收入。人们为了日常生活的购买需要,必须在手中保持一定数量的货币。同时为了应付意外支出,或者是意料之外的购买机会,也会储存一定数量的货币,这些货币的需求数量是由收入水平决定的,收入增加,这项支出也会相应增加,因此可以把它看做收入的递增函数,表示为 $L_1 = L_1(y)$;L_2 代表货币的投机需求,它取决于利率,与利率反方向变动,记为 $L_2 = L_2(i)$。货币的供给(M)是指实际货币供给量,由中央银行的名义货币供给量与价格水平决定。货币市场的均衡条件是:

$$M = L = L_1(y) + L_2(i) \tag{式 10-10}$$

从上式可以看出,当货币供给既定时,如果货币的交易需求与预防需求(L_1)增加,为了保持货币市场均衡,则货币的投机需求(L_2)必然减少。L_1 的增加是国民收入增加的结果,而 L_2 的减少又是利率上升的结果。因此,当货币市场上实现均衡时,国民收入与利率之间必然是同方向变动的关系。

此外,货币供应量的变动会使 LM 曲线的位置发生平行移动,如图 10-9 所示。当货币供给量增加时,LM 曲线向右下方移动,即从 LM_0 到 LM_1;当货币供给量减少时,LM 曲线向左上方移动,即从 LM_0 到 LM_2。

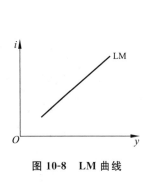

图 10-8　LM 曲线

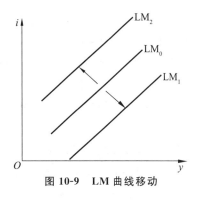

图 10-9　LM 曲线移动

10.2.3　IS-LM 模型

1. 均衡的利率和国民收入

如上所述,在 IS 曲线上的任一国民收入和利率组合,都满足产品市场储蓄与投资相等这一均衡条件;LM 曲线上任意一点国民收入和利率的组合,都满足货币市场货币供求相等这一均衡条件。为了找到能够使这两个市场同时达到均衡的国民收入和利率组合,将 IS 曲线和 LM 曲线放在同一坐标平面上。

如图 10-10 所示,IS 曲线与 LM 曲线交于 E 点,在其他条件不变的情况下,E 点所表示的国民收入和利率组合 y_0 和 i_0,显然可以同时满足这两个市场的均衡条件,即储蓄等于投资,货币供给等于需求。

2. IS 曲线变动对均衡利率和国民收入的影响

IS 曲线变动主要取决于政府的财政政策。当政府增加开支、扩大总需求规模,就会使 IS 曲线向右上方移动。如图 10-11 所示,在 LM 曲线不变的条件下,总需求增加 IS 曲线向右上方移动,从 IS_0 移动到 IS_1,一方面会使国民收入水平提高,从 y_0 增加到 y_1;另一方面又会导致利率上升,从 i_0 上升到 i_1,最终结果是在国民收入和利率水平都提高的条件下,宏观经济达到新的均衡。

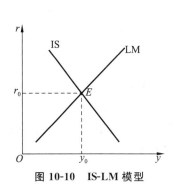

图 10-10　IS-LM 模型

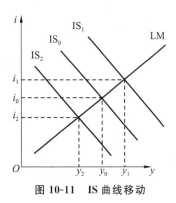

图 10-11　IS 曲线移动

相反,若采用紧缩性的财政政策,则使 IS 曲线向左下方移动,从 IS_0 移动到 IS_2,在 LM 曲线不变的条件下,国民收入水平减少;从 y_0 减少到 y_2,利率水平下降;从 i_0 下降到 i_2,宏观经济再一次达到均衡。

3. LM 曲线变动对均衡国民收入和利率的影响

LM 曲线变动主要取决于政府的货币政策。当政府采取扩张性的货币政策,增加货币供给量,就会使 LM 曲线向右下方移动,从 LM_0 移到 LM_1。如图 10-12 所示,在 IS 曲线不变的条件下,一方面会使国民收入水平提高,从 y_0 增加到 y_1;另一方面又会导致利率下降,从 i_0 下降到 i_1,最终结果是在国民收入水平提高、利率水平下降的条件下,宏观经济达到新的均衡。

相反,若采用紧缩性的货币政策,则使 LM 曲线向左上方移动,从 LM_0 移到 LM_2。在 IS 曲线不变的条件下,国民收入水平减少,从 y_0 减少到 y_2,利率水平上升;从 i_0 上升到 i_2,宏观经济再一次达到均衡。

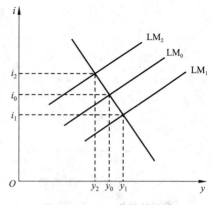

图 10-12　LM 曲线的移动

10.3　总需求—总供给模型

先行案例　2011 年 2 月的 CPI

国家统计局 2011 年 3 月 11 日公布,2 月份 CPI 同比上涨 4.9%,与 1 月份持平。其中,食品价格上涨 11.0%,非食品价格上涨 2.3%;消费品价格上涨 5.4%,服务项目价格上涨 3.8%。2 月份 CPI 环比上涨 1.2%。其中,食品价格上涨 3.7%,非食品价格上涨 0.1%;消费品价格上涨 1.5%,服务项目价格上涨 0.6%。对此,国家有关部门表示高点仍未来到,还得再忍忍。但仍有可能采取从紧的货币政策,以控制总需求的过快增长。

资料来源:国家统计局

想一想:总需求与物价之间存在怎样的相关关系?

在前面的总需求分析中,我们假定总供给可以适应总需求的增加而增加,以及价格水平不变,从而也就没有分析总供给和价格水平变动对国民收入决定的影响。然而,在现实经济中,总供给总是有限的,价格水平也是变动的,因此我们有必要把总供给与总需求结合起来,分析总需求与总供给的变动如何决定国民收入和价格水平。

10.3.1　总需求曲线

总需求曲线是表明产品市场和货币市场同时达到均衡时总需求与价格水平之间关系的曲线。可以用图 10-13 说明。在图 10-13 中,横轴 Oy 代表国民收入,纵轴 OP 代表价格水平。总需求曲线 AD 是一条向右下方倾斜的曲线,说明了总需求与价格水平呈反方向变动,即价格上升,总需求减少;价格下降,总需求增加。

自发总需求的变动会引起总需求曲线移动,如图 10-14 所示。当自发总需求增加时,总需求曲线向右上方移动。当自发总需求减少时,总需求曲线向左下方移动。在图 10-14 中,当自发总需求增加时,AD 曲线移动到 AD₁;自发总需求减少时,AD 曲线移动到 AD₂。

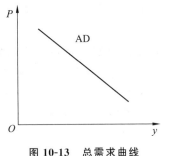

图 10-13　总需求曲线

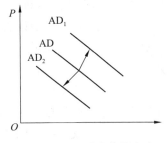

图 10-14　总需求曲线移动

10.3.2　总供给曲线

总供给曲线描述了在各个既定的价格水平上,厂商愿意供给的产出数量。按照价格在不同时期变动的情况,宏观经济学将总产出与价格水平之间的关系分为三种情况,即古典总供给曲线、凯恩斯总供给曲线和常规总供给曲线。

1. 古典总供给曲线

古典总供给曲线是一条垂直于横轴的直线,说明无论价格水平如何变化,总产出水平都不会变动,如图 10-15 所示。古典总供给曲线是基于这样的假定,即劳动市场处于劳动力充分就业的均衡状态。这是因为,在长期中,价格和货币工资具有完全的伸缩性。在不同的价格水平下,如果在劳动市场上存在超额劳动供给时,货币工资就会下降。反之,在劳动市场上存在超额劳动需求时,货币工资就会提高。最后会使实际工资调整到使劳动市场达到均衡的水平。这也就说明,在长期中,经济的就业水平并不随着价格水平的变动而变动,而始终处于充分就业的状态上。因此,总供给曲线是垂直的。y_f 表示充分就业的产出水平。

2. 凯恩斯总供给曲线

凯恩斯主义总供给曲线是一条水平的总供给曲线,这表明,在既定的价格水平下,厂商愿意供给社会所需求的任何数量产品。凯恩斯总供给曲线如图 10-16 所示。

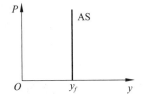

图 10-15　古典总供给曲线

图 10-16　凯恩斯总供给曲线

凯恩斯认为,在短期中,工资和价格具有刚性,从而不能根据需求的变动而调整。当社会上存在较为严重的失业时,厂商可以在现行工资水平下得到它们所需要的任何数量的劳动力。当仅仅把工资作为生产成本时,这就意味着生产成本不会随产量的变动而变动,从而价格水平也就不会随产量的变动而变动。厂商愿意在现行价格之下供给任何数量的产品。即在一定的价格水平下,厂商的供给是完全具有弹性的。

应该指出的是,这种情况仅仅存在于经济萧条、失业较为严重时期,例如,20 世纪 30 年代经济危机时期的情况,因此,它仅仅是一种特例。凯恩斯提出这种观点与他的理论产生于

20 世纪 30 年代经济危机时期和运用了短期分析方法是相关的。

3. 短期总供给曲线

西方经济学学者认为,古典的和凯恩斯的总供给曲线分别代表着关于劳动力市场的两种极端的说法。

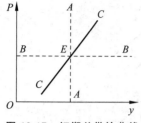

图 10-17 短期总供给曲线

在现实中,工资和价格的调整经常地介于两者之间。如图 10-17 所示。在短期内,由于资源接近于充分利用,产量增加导致生产要素价格上升,成本增加,最终使价格水平上升。这种情况是短期的,同时又是经常出现的,因此称为"短期总供给曲线"或"常规总供给曲线"。

10.3.3 总需求—总供给模型

1. 总需求—总供给模型

把总供给与总需求曲线放到一起,就可以得到图 10-18 表示的总供给—总需求模型。纵轴表示物价总水平(P),横轴表示总产出或总收入(y)。总供给曲线表示在不同的物价水平下,厂商能够并愿意销售的物品和劳务总量。总需求曲线表示在不同的物价总水平下,居民户、企业和政府想要购买的物品与劳务总量。总供给曲线与总需求曲线的交点 E,决定均衡的产出水平和均衡的价格水平 P_e。

总需求—总供给模型说明,短期中,总产出和物价总水平是由总需求和总供给共同决定的,总需求重要,总供给同样也重要。任何影响总需求或总供给的因素,都会对总产出和物价总水平产生影响。

总供给与总需求相等决定了均衡的国民收入水平和价格水平。但是,均衡的国民收入(产出)并不意味着充分就业(潜在)的产出,均衡的产出有可能小于或大于潜在的产出,当实际的均衡产出水平与潜在的产出水平相背离时,经济中就会出现短期的周期波动。这时,总供给

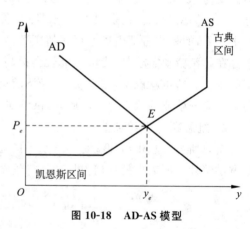

图 10-18 AD-AS 模型

和总需求的任何变动都可能对均衡产出和价格水平产生影响。

下面我们分别来分析总需求或总供给曲线变动对均衡总产出和价格水平的影响。

2. 总需求曲线变动对均衡产出和价格水平的影响

影响总需求曲线变动的因素很多,如居民消费支出、厂商投资支出、国外净出口以及政府的财政政策和货币政策等都会影响总需求。这里我们主要以政府的宏观经济政策的变动对总需求曲线的影响来进行分析。政府实施扩张性的财政政策或扩张性的货币政策会使总需求曲线右移;相反,紧缩性的财政政策或货币政策会使总需求曲线左移。总需求曲线变动对均衡产出和价格水平的影响取决于总供给曲线的形状。

(1)总供给曲线呈水平状态:凯恩斯情形。图 10-19 说明了当总供给曲线呈水平状态,即处于凯恩斯情形时,总需求曲线变动对均衡产出和价格水平的影响。设经济的初始均衡

位于 E_1 点,对应的均衡产出为 y_1,价格水平为 P_0。如果政府采取扩张性的财政政策(如增加政府购买),或扩张性的货币政策(如增加货币供给),使总需求曲线右移,即从 AD_1 右移至 AD_2。这时经济中的均衡点从 E_1 移至 E_2,均衡产出增加,从 y_1 增加到 y_2,价格不变。这说明处在凯恩斯情形时,总需求曲线的移动,只对产出和就业产生影响,对价格不产生影响。需求管理政策是非常有效的。

(2)总供给曲线呈垂直状态:古典情形。图 10-20 说明了当总供给曲线呈垂直状态,即古典情形时,总需求曲线变动对均衡产出和价格水平的影响。设经济的初始均衡位于 E_1 点,对应的均衡产出,也是充分就业的产量水平 y_f,均衡物价水平为 P_1。如果政府采取扩张性财政政策(或货币政策),使总需求曲线右移,从 AD_1 移动到 AD_2,均衡点就会从 E_1 移动至 E_2。这时均衡的产出,仍为充分就业的产出 y_f,均衡的价格水平上升,从 P_1 上升到 P_2。这说明处在古典情形时,总需求曲线的移动只对价格水平产生影响,对产出和就业没有影响。需求管理政策完全无效。

(3)总供给曲线向右上方倾斜:一般情形。图 10-21 说明了当总供给曲线呈正斜率状态(向右上方倾斜),即一般情形时,总需求曲线变动对均衡产出和价格水平的影响。设经济的初始均衡位于 E_1 点,此时对应的均衡产出为 y_1,均衡价格水平为 P_1。如果政府采取扩张性财政政策(或货币政策),会使总需求曲线右移,从 AD_1 右移至 AD_2,均衡点也从 E_1 移动至 E_2。这时,均衡的产出增加,从 y_1 增加到 y_2;均衡价格水平上升,从 P_1 上升到 P_2。这说明在一般情形下,总需求曲线的移动,不仅对均衡产出产生影响,而且对均衡价格水平也会产生影响。总需求曲线右移,会使均衡产出和价格水平同时增加;总需求曲线左移,会使均衡产出和价格水平同时下降。由于总产出与总就业量是同向变动,与总失业量反向变动。总产出的增加意味着失业量的下降,总产出的下降意味着失业量的增加。因此,总供求模型中横轴总产出 y,也可表示总就业量或总失业量的变化。纵轴物价水平的变动意味着通货膨胀的变动。在面对总供给曲线向右上方倾斜时,总需求曲线的变动,就会引起失业与通货膨胀之间存在彼此替代的关系,即失业率越高,通货膨胀率越低;相反,失业率越低,通货膨胀率越高。这意味着需求管理政策可以在失业与通货膨胀两者之间作出抉择。

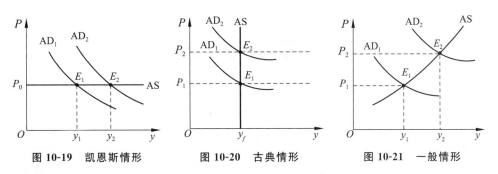

图 10-19　凯恩斯情形　　　图 10-20　古典情形　　　图 10-21　一般情形

3. 总供给曲线变动对均衡产出和价格水平的影响

总供给曲线分为短期总供给曲线、凯恩斯总供给曲线和古典总供给曲线。这里我们主要分析短期总供给曲线变动对均衡产出和价格水平的影响。短期总供给曲线的变动主要取决于生产成本或生产要素价格的变动,企业的生产成本下降,总供给增加,短期总供给曲线右移。否则,左移。

图 10-22 说明了短期总供给曲线变动对均衡产出和价格水平的影响。设经济的初始均

衡位于点 E_0，此时，对应的均衡产出为 y_0，均衡价格水平为 P_0。如果厂商生产成本下降（例如信息高速公路的使用大大降低了厂商的生产成本），供给增加，短期总供给曲线向右下方移动。如图 10-22，从 AS_0 右移到 AS_1，在总需求曲线不发生变动的情况下，均衡点从 E_0 移至 E_1。这时均衡产出增加（失业率下降），从 y_0 增加到 y_1；价格水平下降（通货膨胀下降），从 P_0 下降到 P_1。这说明，总供给增加，总供给曲线右移，会使产出增加，价格水平下降，即出现失业率与通货膨胀同时双低的情形。这种状态在 20 世纪 90 年代美国出现，这种高增长、低失业率、低通货膨胀率同时出现的情形，称为美国的"新经济"。

相反，如果厂商生产成本上升（例如石油价格上涨，使厂商的生产成本上升），厂商削减生产，总供给减少，总供给曲线向左上方移动。如图 10-23 所示，从 AS_0 左移至 AS_2，在总需求曲线不发生变动的情况下，均衡点 E_0 从移至 E_2。这时，均衡产出减少（失业率上升），从 y_0 减少到 y_2；价格水平上升（通货膨胀上升），从 P_0 上升到 P_2。这说明，总供给减少，总供给曲线左移，会使产出减少，价格水平上升，即出现高失业率和高通货膨胀率并存的情形，这种情形称为"滞胀"。20 世纪 70 年代的石油大危机导致的直接后果就是"滞胀"，即高失业率与高通货膨胀率同时并存。

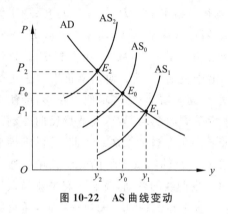

图 10-22　AS 曲线变动

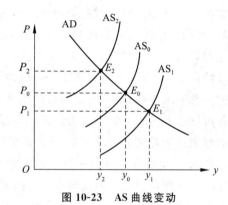

图 10-23　AS 曲线变动

任务拓展

米尔顿·弗里德曼

米尔顿·弗里德曼（Milton Friedman，1912—2006）1912 年生于纽约市，其父母是俄罗斯犹太移民。他 1933 年获芝加哥大学文学硕士学位，1946 年获哥伦比亚大学哲学博士学位。1963—1981 年，他又陆续获哈佛大学等国内外近 20 所大学的法学、理学、人文科学和商学博士及名誉博士学位。他在世期间还担任多个政府机构的顾问，其学术思想对美国几届政府的经济政策都产生过重要影响。

弗里德曼是美国经济学家，以研究宏观经济学、微观经济学、经济史、统计学及主张自由放任资本主义而闻名。1976 年获得诺贝尔

经济学奖,以表扬他在消费分析、货币供应理论及历史、稳定政策复杂性等范畴的贡献。

弗里德曼被看成是货币主义经济理论的宗师,他最出名的口头禅便是"天下没有白吃的午餐"。他的理论深深地影响了20世纪80年代的两位国家领袖——美国总统里根和英国首相撒切尔夫人。弗里德曼认为,货币的供应量是决定经济增长与通货膨胀率的主要因素,此一论点深受里根和撒切尔夫人的认同。

附:弗里德曼三大理论贡献

1. 现代货币数量论

弗里德曼在理论上有三大贡献,首先是提出现代货币数量论,即通货膨胀起源于"太多的货币追逐太少的商品"。政府可以通过控制货币增长来遏制通胀。这被视为现代经济理论的一场革命。

2. 消费函数理论

弗里德曼创立了消费函数理论,对凯恩斯经济理论中的边际消费递减规律进行驳斥。凯恩斯认为,随着社会财富和个人收入的增加,人们用于消费方面的支出呈递减趋势,与此同时储蓄则越来越多。因此政府可以通过增加公共支出来抵消个人消费的减少,从而保证经济的持续增长。弗里德曼指出,这一理论站不住脚,因为人们的欲望实际上永无止境,原有的得到满足后,新的随即产生。

3. "自然率假说"理论

1968年,弗里德曼与美国哥伦比亚大学经济学家菲尔普同时提出"自然率假说"理论。他们发现,长期来看,失业率与通货膨胀并没有必然联系。自然失业率永远存在,是不可消除的。因此政府的宏观调控政策长期来看是不起任何作用的。

自我测试

一、名词解释

均衡产出　消费函数　边际消费倾向　平均消费倾向　投资乘数　IS曲线　LM曲线
总需求曲线　总供给曲线

二、选择题

1. 边际消费倾向与边际储蓄倾向之和(　　　)。

　　A. 大于1　　　　　　B. 小于1　　　　　　C. 等于1　　　　　　D. 小于零

2. 引导消费取决于(　　　)。

　　A. 自发消费　　　　　　　　　　　B. 边际储蓄倾向

　　C. 边际消费倾向　　　　　　　　　D. 收入和边际消费倾向

3. 依据消费函数,引起消费增加的因素是(　　　)。

　　A. 价格水平下降　　　　　　　　　B. 收入增加

　　C. 储蓄增加　　　　　　　　　　　D. 收入减少

4. 根据简单国民收入的决定,引起国民收入增加的原因(　　　)。

A. 消费减少　　　　B. 消费不变　　　　C. 消费增加　　　　D. 储蓄增加

5. 根据以下数据,乘数最大的是(　　)。

A. 边际消费倾向为 0.6　　　　　　　　B. 边际消费倾向为 0.4

C. 边际消费倾向为 0.75　　　　　　　　D. 边际储蓄倾向为 0.1

6. IS 曲线上的每一个点都表示(　　)。

A. 投资等于储蓄的国民收入和利率的组合

B. 投资等于储蓄的均衡货币量

C. 货币需求等于货币供给的均衡货币量

D. 产品市场和货币市场同时均衡的收入

7. 自发总需求增加使 IS 曲线(　　)。

A. 向左移动　　　　B. 向右移动　　　　C. 保持不变　　　　D. 斜率增大

8. LM 曲线上的每一点都表示(　　)。

A. 货币供给等于货币需求的国民收入和利率的组合

B. 货币供给大于货币需求的国民收入和利率的组合

C. 货币供给小于货币需求的国民收入和利率的组合

D. 产品需求等于产品供给的国民收入和利率的组合

9. 一般来说,LM 曲线的斜率(　　)。

A. 为正　　　　　　B. 为负　　　　　　C. 为零　　　　　　D. 可正可负

10. 货币供给量增加使 LM 曲线右移,表示(　　)。

A. 同一利率水平下国民收入增加

B. 利率不变国民收入减少

C. 同一国民收入水平下利率提高

D. 国民收入不变利率下降

11. 在 IS 曲线和 LM 曲线相交时,表示(　　)。

A. 产品市场均衡而货币市场不均衡

B. 产品市场不均衡而货币市场均衡

C. 产品市场和货币市场都处于不均衡

D. 产品市场和货币市场都处于均衡

12. 利率降低时,货币的投机需求将(　　)。

A. 增加　　　　　　B. 减少　　　　　　C. 不变　　　　　　D. 无法确定

13. 在 IS 曲线不变的条件下,货币供给量减少,引起(　　)。

A. 国民收入增加,利率下降　　　　　　B. 国民收入下降,利率上升

C. 国民收入增加,利率上升　　　　　　D. 国民收入下降,利率下降

14. 价格一定,总供给可以增加的总供给曲线是(　　)。

A. 短期总供给曲线　　　　　　　　　　B. 长期总供给曲线

C. 凯恩斯总供给曲线　　　　　　　　　D. 整条总供给曲线

15. 在资源未被充分利用时,对付通货膨胀的最佳方法是(　　)。

A. 刺激总需求　　　　　　　　　　　　B. 抑制总需求

C. 刺激总供给　　　　　　　　　　　　D. 抑制总供给

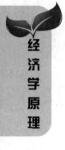

三、计算题

1. 已知消费函数为 $C=150+0.5Y$，计算自发总需求增加 100 亿元，国民收入会增加多少？若自发总需求减少 80 亿元，国民收入又会减少多少？

2. 社会收入为 2 000 亿元，储蓄为 800 亿元，收入增加为 3 000 亿元时，储蓄为 1 200 亿元。计算边际消费倾向、边际储蓄倾向和乘数。

3. 一个经济消费需求为 8 000 亿元，投资需求为 1 800 亿元，出口为 1 000 亿元，进口为 800 亿元。计算该经济的总需求，并计算各部分在总需求中所占的比例（注意要把进口与出口算成净出口一项）。

4. 已知一个经济的消费函数为：$C=60+0.7Y$，试求：

（1）该经济的乘数；

（2）若投资增加 100 亿元，求国民收入和消费的增加量。

四、简答题

1. 在不同的总供给曲线下，总需求变动对国民收入和价格水平有什么不同的影响？

2. 什么是总需求曲线？总需求曲线与商品的需求曲线有何不同？

3. 什么是边际消费倾向？简述边际消费倾向与乘数的关系以及乘数在经济发展中的作用。

4. 用总需求—总供给模型说明经济中由于总需求不足引起的小于充分就业的均衡。这种情况下如何实现充分就业均衡？用图形说明。

5. 什么是 IS 曲线？什么是 LM 曲线？

五、讨论题

用本章理论分析 2008 年奥运会对我国经济的影响。

案 例 分 析

骆明和小欣是一对感情不错的情侣，今年同时从一所名牌大学毕业，骆明进了某国家机关，待遇很是不错，每个月可以拿 1 500 元左右工资。可惜，随着住房政策的改革，不能分到房子了，这真是美中不足。而小欣进了一家国际贸易公司，做对外贸易工作，她的工资和奖金加在一起，每个月大概有 4 000 元。看来这对情侣的前途一片光明。不过前几天，他们为了将来存钱的问题着实大吵了一架。

骆明认为现在他们刚刚大学毕业，虽然单位都不错，工资也不低，但将来用钱的地方还很多，所以要从毕业开始，除了留下平常必需的花费以及预防发生意外事件的钱外，剩下的钱要定期存入银行，不能动用，这样可以获得稳定的利息收入，又没有损失的风险。而小欣大概是受外企工作环境的影响，她认为，上学苦了这么多年，一直过着很节俭的日子，现在终于自己挣钱了，考虑那么多将来干什么，更何况银行利率那么低。她说发下工资以后，先要买几件名牌服装，再美美地吃上几顿，然后她还想留下一部分钱用来炒股票，等着股市形势一好，立即进入。大学时看着别人炒股票她一直很羡慕，这次自己也要试试。但骆明却认为中国股市行情太不稳定,运行不规范,所以最好不进入股市,如果一定要做,那也只能投入很少的钱。

资料来源:货币需求动机.中华经济学习网

问题:

1. 根据上面两个人的争论,说明有哪些货币需求动机。

2. 分析上述三种动机导致的货币需求的决定因素,并给出货币的总需求函数。

技 能 实 训

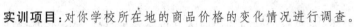

实训项目:对你学校所在地的商品价格的变化情况进行调查。

实训目标:通过调查,了解价格波动的事实,并能够分析影响物价的因素。

实训目标:学生每6人分为一组,分别对户外市场、超市及商场等经营场所进行调查。

实训目标:教师提出活动前准备及注意事项,同时随队指导。

实训目标:调研报告。

任务 **11**

失业与通货膨胀——国家经济的"难隐之痛"

■ **能力目标**

通过完成本项任务,应该能够:

◆ 运用失业与通货膨胀理论分析二者产生的原因、相互关系和治理对策

◆ 运用失业与通货膨胀理论分析当前我国的各项经济政策的含义和作用

■ **任务解析**

11.1 失业理论

11.2 通货膨胀

11.3 失业与通货膨胀的关系

■ **任务导入**

大学生就业问题已经困扰我们好几年了。根据《2010 年中国大学生就业报告》的调查结果显示,2009 届大学毕业生(211 院校)半年后的就业率约为 86.6%,而同期城镇登记失业率为 4.3%,也就是说大学生的失业率是城镇登记失业率的 3 倍。随着大学生失业率的居高不下,"漂族"、"蚁族"越来越成为网络热门词汇,给社会及个人带来了极大的负面影响。失业既是一个重要的宏观经济问题,又是一个重要的社会问题。

另外,通货膨胀对经济增长与发展的破坏人所共知。尤其是发展中国家的经济增长总是伴随着通货膨胀,从而使经济的长期增长受阻。巴西 20 世纪 60 年代的高速经济增长毁于恶性通货膨胀(galloping inflation);不少东欧国家的改革成果也毁于通货膨胀。因此,反通货膨胀已成为宏观经济研究的一个重要问题。

失业与通货膨胀是不断困扰各国经济的两大难题,也是宏观经济学中的两个重要的研究课题。本任务将对失业与通货膨胀理论的相关研究成果进行最基本的介绍。你可以对照能力目标,结合自我测试反复演练,有的放矢地依次完成各分项任务,直至完成本任务。

11.1 失业理论

先行案例 中国正面临世界上最大的就业问题

国情问题专家、清华大学教授胡鞍钢曾说,"中国正面临世界上最大的就业战争"。把就业视作一场战争,当然不只是一个简单的比喻,而是有事实依据的。据他计算,中国以世界上 9.6% 的自然资源,9.4% 的资本资源,1.85% 的知识技术资源,以及 1.83% 的国际资源等,来为占世界人口 26% 的劳动力创造就业机会。换句话说,世界上还没有哪个国家要像中国这样提供 7 亿多个工作岗位,整个西方发达国家才不过提供 4.3 亿。因此,说中国正面临世界上最大的就业战争是一点也不为过的。至少在未来 10 年,中国的人口还呈增加的趋势,劳动力供大于求的矛盾将长期存在。据人力资源和社会保障部统计,2010 年,全国城镇新增就业 1 168 万人,为全年目标 900 万人的 130%;下岗失业人员再就业 547 万人,为全年目标 500 万人的 109%;就业困难人员就业 165 万人,为全年目标 100 万人的 165%。2010 年末,全国实有城镇登记失业人员 908 万人,城镇登记失业率为 4.1%,比上年底降低 0.2 个百分点。

可以说,在以后的若干年,中国将进入严酷的高失业和就业结构大调整时期,这是一个已经超越了经济范畴的严峻挑战,世界上没有任何一个国家面临着像中国这样的就业挑战。就业问题值得重点关注和谨慎对待。

资料来源:中国正面临世界上最大的就业问题. 中华经济学习网

想一想:

1. 失业与就业的含义是什么?

2. 失业率衡量标准是什么?

3. 我国目前失业率居高不下的原因是什么?

11.1.1 失业的含义

1. 失业的概念

失业是指有劳动能力并愿意就业的劳动者找不到工作这一社会现象。其实质是劳动者不能与生产资料相结合进行社会财富的创造,是一种经济资源的浪费。失业的定义当中包含了失业主体必须具备的三个条件:第一,有劳动能力。我们可以将劳动年龄人口等同于有劳动能力的人。世界上大多数国家把 16~65 周岁的人口规定为劳动年龄人口。我国的法定劳动年龄是男性为 16~60 周岁,女性为 16~55 周岁。第二,愿意就业。从劳动年龄人口中减去不愿工作的人就构成劳动力人口,这些不愿工作的人称为不在劳动力人口。不在劳动力人口包括:①在校学生;②从事家务劳动的人员;③因病退职人员以及丧失劳动能力、服刑犯人等不能工作的人员;④不愿工作的人员;⑤家庭农场或家庭工场中每周工作少于一定时间的人。第三,没有工作。从劳动力人口中减去有工作的人就是失业人口。有工作包括处于受雇状态和自我雇用即自己从事有收入的工作。因而,我们可以得出下面的关系式:

$$劳动力人口 = 劳动年龄人口 - 不在劳动力人口$$

$$劳动参与率 = \frac{劳动力人口}{劳动年龄人口} \times 100\%$$

$$失业人口 = 劳动力人口 - 就业人口$$

$$失业率 = \frac{失业人口}{劳动力人口} \times 100\%$$

2. 失业的统计方法

目前,获得失业人数这一数据的方法有两个:一种方法是集中失业者在劳动部门的申报。由于申报失业可以获得失业救济金、就业信息等好处,所以绝大多数失业者愿意去劳动行政部门申报。但这种方法可能漏掉某些失去了工作却由于种种原因而不愿意去劳动行政部门申报的人,而且还可能将某些不愿意工作却为了获得失业救济而申报的人即伪装的失业者统计进去了。另一种方法是通过定期的抽样调查来估算失业人口。政府有关部门定期抽取一部分家庭作为样本,然后对这些家庭成员进行调查。此方法的缺陷是样本数可能太少,难以反映整个国民的情况。

【案例小品 11-1】 我国迫切需要施行调查失业率制度

我国从 20 世纪 80 年代开始建立登记待业制度,1994 年党的十四大提出从计划经济转向市场经济,政府不再统一分配工作,用人单位和劳动者开始双向选择。于是 1994 年将待业登记更名为"失业登记","城镇登记失业率"的概念也由此开始。

但是由于失业的城镇居民不一定会去登记,而且该制度并不包含统计农村居民的失业情况,因此多年来专家和百姓纷纷质疑按年公布的城镇登记失业率数字是否能真实反映国内失业状况。

人力资源社会保障部公布 2008 年我国城镇登记失业率为 4.2%。而中国社科院蓝皮书显示 2008 年中国城镇失业率为 9.4%,已超过 7%的国际警戒线。

21 世纪经济报道称,国家统计局从 2005 年就开始探索城镇调查失业率,目前每半年进行一次统计,但是该数字没有正式对外公布。未来的调查失业率将不仅涵盖城乡的全口径调查失业率,也会有城镇和农村的分项调查失业率。

报道称官方就施行新的调查失业制度已有铺垫,比如国家统计局局长马建堂在 2010 年 1 月 28 日举行的全国统计工作会议上指出,2010 年将建立 31 个大城市劳动力调查制度,按月反映全国重点城市劳动力供求状况。

资料来源:兰天. 我国迫切需要施行调查失业率制度. 载中国日报,2010 年 2 月 5 日

11.1.2 失业的种类和原因

在经济学理论中,失业有两种不同的划分方法,根据失业者的主观意愿,可以分为自愿

失业和非自愿失业；非自愿失业又可以分为摩擦性失业、结构性失业和周期性失业。经济学中的失业通常指的是非自愿失业。下面重点介绍非自愿失业的三种类型。

1. 摩擦性失业

摩擦性失业是指在生产过程中由于难以避免的摩擦，如劳动力流动性不足、信息不畅通等造成的短期、局部性失业。这是因正常的劳动力流动引起的失业，在一个动态经济中，各行业、各部门与各地区间劳动需求的变动是经常发生的。摩擦性失业由以下两方面原因产生。第一，由于劳动市场的动态属性，即使劳动力规模不变，每个时期都会有人进入劳动市场寻求就业，也会有一些就业者或失业者退出劳动力市场，也有人辞职寻找其他工作。所以，在劳动力的流动过程中总有部分工人处于失业状态。第二，劳动力市场信息不完善。企业之间需求的随机波动引起一些企业解雇工人，而同时另一些企业增雇工人，由于不可能迅速获悉或评价有关求职者特征和职位空缺性质的信息，导致求职者寻求工作需要一定时间。因此，摩擦性失业是一种正常性失业，是竞争性劳动力市场的一个自然特征，它的存在与充分就业不相矛盾。

2. 结构性失业

结构性失业指由于经济结构变化而导致劳动的供给结构与劳动的需求结构不一致而产生的失业，其特点是既有失业，又有职位空缺。当经济结构发生变化时，如有些新兴产业发展迅速，传统产业正在收缩，有些地区正在开发，有些地区已经衰落，对劳动的需求发生了变化。当劳动力因技术、性别、心理等原因而不能适应劳动需求的变化时，就会出现工作岗位与劳动人口的非均衡，从而形成结构性失业。在结构性失业出现后，劳动的供给结构必须根据产业结构和产品结构进行调整。在这种调整中，在接受新知识的主动性及经济行为的灵活性上，年长者低于年轻者。所以，结构性失业人口中，年长者高于年轻者。

 【案例小品 11-2】 铜都大冶资源枯竭   黄石失业者中八成为矿业职工

铜都大冶，被称作"百里黄金地，江南聚宝盆"，是全国六大铜矿基地之一、十大铁矿之一、硅灰石储量世界第一。而如今，与它紧密相连的是——资源枯竭。它与它的上级市黄石，先后被国务院确定为资源枯竭城市。

黄石市在 2008 年向国务院申报"资源枯竭"审批的报告中称，目前市区 142 家矿山企业，相继闭坑 22 家，关停非金属矿山 33 家，无法正常生产亟待关闭的 17 家。在现存生产的 70 家矿山中，14 座矿山保有储量在累计探明储量 30% 以下，50% 以上的矿山剩余服务年限不足 10 年。

当黄石赖以生存的经济支柱倒塌，当单一的经济结构链条断裂，资源枯竭的负面效应开始显现。

20 世纪 90 年代末，大冶钢厂、大冶铁矿等一批国有大中型企业被动转型。当时黄石关停许多"五小"企业，全市 300 多家大小矿井合并成 34 家。这一时期，失业人口大批开始涌现，而因长期轻重工业严重失调，他们难以找到和适应新的工作。数字显示，该阶段，黄石下岗分流隐性失业率高达 20%～25%。

2007 年，黄石采掘业及初级产品加工业从业人员 7.59 万人，占全市工业从业人员比重的92.5%。而截至2007年，黄石市区下岗职工10.8万人，其中来自采掘业及加工业的职工占80%。

资料来源：铜都大冶资源枯竭 黄石失业者中八成为矿业职工．凤凰财经

 【案例小品11-3】 大学生结构性失业问题凸显

根据全国普通高校毕业生统计数据来看，从2005年到2010年，全国普通高校毕业生分别为338万、413万、495万、559万、611万、652万，而今后几年还要以每年几十万人的数量增加。据报道，2005年全国新增就业岗位900万，其中的500万要确保用于下岗失业人员再就业，只剩下400万，而每年城镇的新增劳动力数量还很大，更不用说还有大量的农村剩余劳动力也要转移了。在中国人民大学举行的2005"关注中国大学生就业"系列活动启动仪式上，劳动和社会保障部职业技能鉴定中心主任陈宇道出了自己对大学生就业难态度上的转变：2003年的时候，我觉得大学生就业问题可能是大学生的胃口太大，主要是摩擦性失业；但现在来看不是那样的，大学生失业是一种新型的结构性失业。当前，45%的企业找不到合适的人，而50%的人找不到合适的工作。可见，大学生"毕业即失业"是一种典型的结构性失业。

资料来源：白清平，黄天柱．当前我国结构性失业的现状分析．载商业时代，2010(30)

3. 周期性失业

周期性失业是指经济周期中的衰退或萧条时因需求下降而造成的失业。经济增长具有周期性，当经济增长处于高涨阶段时，就业量增加，失业量减少；经济增长处于下降阶段时，就业量减少而失业量增加。按照凯恩斯的说法，当实际的总需求小于充分就业的总需求时，消费疲软，市场不旺，造成企业投资减少，从而减少雇用人员而形成周期性失业。通货紧缩时期的失业也可看作是周期性失业。2008年我国城镇登记失业率达4.2%，是2006年以来的最高水平。2008年末，人保部监测的513家企业，岗位年净流失达8.05%。专家认为，2008年开始的失业率提高，是由于我国实体经济受到国际金融危机影响而导致的周期性失业现象。这是我国改革开放以来经历的第一次周期性失业。

除了上述失业类型外，经济中往往还存在另一种失业：隐蔽性失业。隐蔽性失业也叫隐形失业，是指劳动者表面上就业而实际上从事与其教育水平或能力不相符的工作的一种社会现象。在市场经济社会中，由于经济衰退等原因，熟练工人被迫去做半熟练的工作，或半熟练的工人被迫去做无需任何技能的工作，受过高等教育的人员找不到相应的工作的情况更为常见。不发达国家的隐蔽性失业现象要比发达国家严重得多。隐蔽性失业的概念是西方经济学家琼·罗宾逊针对发达国家20世纪30年代经济大萧条时期大批熟练工人不得不从事非熟练工作，其生产率远低于潜在的生产率，因而存在着一个隐蔽的劳动潜力这一现象而首先提出来的。后来发展经济学家阿马蒂亚·森把劳动和劳动力区别开来，他认为隐蔽性失业的产生，"并不是在生产过程中花费了太多的劳动，而是使用了太多的劳动力。隐蔽

性失业通常采取每人工作较短时间的形式",“是劳动力的边际生产力在一个相当大范围内为零"。著名美国发展经济学家阿瑟·刘易斯曾指出,发展中国家的农业部门存在着严重的隐蔽性失业。据测算,我国的这种隐蔽性失业人员接近 1 亿。

11.1.3　充分就业

充分就业几乎在任何时期都是各国政府头号宏观经济目标。怎样才算充分就业？首先需要弄清的是,充分就业并不是百分之百就业,因为即使有足够的职位空缺,失业率也不会等于零,也仍然会存在摩擦性失业和结构性失业。在一个日新月异的经济中,永远会存在职业流动和行业的结构性兴衰,所以总有少部分人处于失业状态。

有关充分就业的定义,西方经济学家曾提出几种说法。凯恩斯认为,如果“非自愿失业"已消除,失业仅限于摩擦性失业和自愿失业的话,就是实现了充分就业。有的经济学家认为,如果空缺职位总额恰好等于失业人员的总额即需求不足型失业等于零的话,就是实现了充分就业。还有些经济学家认为,如果再要提高就业率,必须以通货膨胀为代价的话,那么就已实现了充分就业。

实现充分就业时的失业率称为自然失业率,它等于摩擦性失业和结构性失业的总和,也就是说消灭了周期性失业就实现了充分就业。大多数经济学家认为存在 4%～6% 的失业率是正常的,此时社会经济处于充分就业状态。自然失业率的高低,取决于劳动市场的完善程度、经济状况等各种因素。自然失业率是失业率围绕其波动的平均水平。任何一个特定年份的自然失业率可以根据前后平均 10 年的所有失业率估算出来。充分就业率是由各国政府根据实际情况估算的,各国在各个时期所确定的充分就业率都不同。第二次世界大战后各国自然失业率有不断上升的趋势。从美国来看,20 世纪五六十年代的自然失业率为 3.5%～4.5%;70 年代为 4.5%～5.5%;而 80 年代为 5.5%～6.5%。即有 93.5%～94.5% 的劳动人口就业,就是实现了充分就业。

11.1.4　失业的损失和治理

1. 失业的损失

从整个经济来看,失业在经济上最大的损失就是实际国民收入的减少。美国经济学家奥肯在 20 世纪 60 年代所提出的奥肯定理,正是说明失业率与实际国民收入增长率之间关系的经济统计规律。这一规律表明,失业率每增加 1%,则实际国民收入减少 2%;反之,失业率每减少 1%,则实际国民收入增加 2%。失业的变动引起经济增长的变动,同样,经济增长的变动也引起失业的相应变动。从失业增加引起经济增长减少的角度看,奥肯定理其实说明了失业给经济带来的损失。

对于个人来说,如果是自愿失业,则会给他带来闲暇和享受;如果是非自愿失业,则会使他的收入减少,生活水平下降。对于社会来说,失业增加了社会福利支出,造成财政困难,同时失业率过高又会影响社会的安定,带来其他严重的社会问题。

失业对个人与家庭来说,会带来极为不幸的后果,以各种借口被雇主解雇的非自愿失业者不仅收入减少,而且还会使生活恶化,身心也会受到伤害。失业者常常会自暴自弃,感到无用,自信心崩溃。如果失业持续下去,工作技能就会丧失,失业者还会失去对技术与技能的学习兴趣。失业成本不仅要由本人承担,还会直接影响他的家庭,造成家庭关系的紧张与离婚率的提高。

2. 失业的治理

失业的治理已经成为当今世界一个热点和难点问题,治理失业的对策通常包括以下几项内容。

(1) 加速经济增长,扩大劳动力需求。这类对策主要用来解决周期性失业问题,这也是社会经济中最重要、最常见的失业问题。由于周期性失业问题是由于对劳动力的需求不足而产生的,因此,治理这类失业问题的关键就是刺激需求,促进投资,扩大生产,繁荣经济,促进就业。

(2) 完善劳动力市场。产生失业的一个重要原因是劳动力市场的不完善,如劳动供求的信息不对称、劳动力资源流动受到制约等。因此,政府应该不断完善和增加各类就业中介机构,如各类人才市场的建设、各种职业介绍中介机构、各类网上就业平台等建设。为劳动供求双方提供迅速、准确和完整的信息,是劳动者找到满意的工作,厂商也能得到所需要的劳动者。这个措施对于解决摩擦性失业比较有效,进而降低自然失业率。

(3) 调整劳动力资源结构和产业结构。结构性失业是指由于经济结构、体制、增长方式等的变动,使劳动力在包括技能、经验、工种、知识、年龄、性别、主观意愿、地区等方面的供给结构与需求结构不相一致而导致的失业。存在的结构失衡有很多表现,如劳动力供求地区不对称,劳动力的知识技能与需求不对称,就业观念滞后导致的供求失衡,产业结构的变化导致的劳动力供求失衡等。由于这些失衡的存在,产生了大量的结构性失业。为了降低结构性失业,可以采用加强人力资源教育和培训、为人力资源的有效流动创造条件、尽量使人力资源结构与产业结构相协调等措施。

11.1.5 我国失业的现状及其严峻性

我国是个发展中的人口大国,又处于经济体制转型期和就业高峰期,现阶段就业压力可以说超过世界上任何一个国家,失业问题也是世界上最复杂的。根据人力资源和社会保障部统计,1995年以来我国城镇登记失业人员的数量及失业率如表11-1所示。从表中可以看出,近几年来我国城镇登记失业人数和失业率基本上呈一种增加和上升的趋势,尽管幅度不是很大。1995年全国城镇登记失业人数为520万人,失业率为2.9%;到2010年,城镇登记失业人数增加为908万人,失业率为4.1%。

表 11-1　1995—2010 年我国城镇登记失业人数及失业率

年　份	失业人数/万人	失业率/%
1995	520	2.9
1996	552.8	3.0
1997	576.8	3.1
1998	571.0	3.1
1999	575.0	3.1
2000	595.0	3.1
2001	681.0	3.6
2002	770.0	4.0
2003	800.0	4.3
2004	827.0	4.2
2005	835.0	4.2
2006	839.0	4.1

年　份	失业人数/万人	失业率/%
2007	830.0	4.0
2008	886.0	4.2
2009	921.0	4.3
2010	908.0	4.1

资料来源：人力资源和社会保障部官方网站

尽管目前我国城镇登记失业率为4.1%，但另有600多万下岗职工尚未找到工作。若把下岗职工也算作失业，则城镇总的失业率超过7%。实际上还有不少没有登记的失业人员。若把没有登记的失业者和下岗职工都计算在内，按照国家统计局提供的数据可以推算目前我国的城镇失业率（按照登记失业人数＋下岗人数＋未登记的失业人数计算）接近12%，已经超过了7%的国际警戒线。

此外，我国尚有大量农村剩余劳动力需要转移。据统计，目前，我国农村劳动力已由1952年的18 243万人增长到2009年的50 117万人，增长了2.75倍。根据工业化国家的发展经验，即使保持目前农村劳动力人数不变，如果我国农村劳动力占社会劳动力总人数的比例达到工业化国家重工业化前期平均40%的水平，也有1.98亿过剩劳动力；如果达到目前工业化国家平均20%的水平，则将产生3.44亿剩余劳动力。如此庞大的农村劳动力转移，在世界上是史无前例的。

11.2　通货膨胀

先行案例　旧中国的通货膨胀

　　1935年国民党反动政府实行了"法币改革"，规定自1935年11月4日起，以伪中央、中国、交通三银行所发行的钞票为"法币"（1936年又增加了伪中国农民银行。从1942年7月1日起，法币的发行权统一于伪中央银行）；并宣布所有白银和银元的持有人，应即将其缴存政府，照面额换领法币。从法币改革到抗日战争前夕，法币的发行额增加到三倍以上。截至1936年6月，搜刮人民的白银就达二亿二千五百万元。

　　抗日战争期间，法币的发行额迅速增长起来。1945年8月抗日战争结束时，法币的发行额为1937年7月抗日战争发生时的三百四十余倍，同一时期的物价至少上涨了二千倍左右。

　　抗日结束后，国民党反动派又发动了反人民的国内战争，这就不能不更加大量地增发纸币。从1937年6月至1948年8月21日法币崩溃为止，法币发行量上升到四十七万倍，同一时期上海的物价上涨了四百九十二万七千倍。大量发行的结果,法币急剧地贬值,1948 年 8 月法币的购买力只有战前币值的五百分之一。

1937—1949 年一百元伪法币的购买力变化如下:

1937 年　　可买黄牛二头;

1938 年　　可买黄牛一头;

1939 年　　可买猪一口;

1941 年　　可买面粉一袋;

1943 年　　可买鸡一只;

1945 年　　可买鸡蛋两个;

1946 年　　可买固体肥皂六分之一块;

1947 年　　可买煤球一个。

1948 年 8 月 19 日可买大米 0.002 416 两(按每斤十六两算);1949 年 5 月可买大米 0.000 000 000 185 两(即一粒大米的 24.5‰)。

资料来源:易纲. 货币银行学. 上海:上海人民出版社,1999

想一想:什么是通货膨胀?

通货膨胀是一种纸币现象,凡是实行纸币制度的国家,都有可能发生通货膨胀。由于现在世界各国实行的都是纸币制度,因而通货膨胀又是一个世界性的问题,而且也是宏观经济中最令人困惑、争论最多的问题之一。

11.2.1　通货膨胀的含义与类型

1. 通货膨胀的含义

通货膨胀的一般定义是:通货膨胀是在纸币流通制度下,由于纸币的发行量超过了商品流通中的实际需要量,由此引起的货币贬值以及一般物价水平持续普遍上涨的现象。

根据定义,通货膨胀的含义应包括三方面。

(1)通货膨胀是指一般物价水平持续普遍上涨,即所有商品和劳务的价格都上涨。因此,局部的或个别的商品和劳务价格上涨,以及季节性、偶然性和暂时性的价格上涨都不能称为通货膨胀。

(2)通货膨胀是与纸币发行过多联系在一起的。物价上涨可以由多种原因引起,如资源短缺、结构失调、商品质量提高等,但仅仅是这些原因引起的价格上涨,不能算作通货膨胀,只有当纸币发行量超过了客观经济过程的实际需要量,才能称为通货膨胀。

(3)通货膨胀的形式可以是公开的,也可以是隐蔽的。如实行配给制或价格管制时,看起来物价没有上涨,但一旦取消配给制或放开物价,价格水平就会普遍上涨。

2. 通货膨胀的类型

经济学家从不同的角度对通货膨胀进行了分类。

(1)按照市场机制是否发挥作用,通货膨胀分为两种类型:显性通货膨胀和隐性通货膨胀。显性通货膨胀(evident inflation)表现为一般物价水平持续显著上升。隐性通货膨胀(hidden inflation)是指在计划经济体制下,由于物价受到管制不能随货币数量变动而自发波动,商品供给短缺不能由物价上涨来反映,表现为商品紧缺,排队购物,凭证供应,黑市猖獗,居民实际消费水平下降。一旦政府撤销管制,物价上涨就会公开暴露出来。苏联、东欧和我国都曾出现过这样的通货膨胀。

(2) 按照价格上涨的速度,通货膨胀可以分为爬行式通货膨胀、温和式通货膨胀、奔腾式通货膨胀和恶性通货膨胀。事实上,关于这四种通货膨胀并没有一个严格的界定,通常认为,爬行式通货膨胀(creeping inflation)是指年通货膨胀率不超过 2%～3%,不会对社会经济生活产生影响;温和式通货膨胀(moderate inflation)的通货膨胀率高于爬行式通货膨胀,通常小于 10%;奔腾式通货膨胀(runaway inflation)是指年通货膨胀率达到两位数字,且发展较快,人们会明显感觉到通货膨胀,而采取抢购商品或其他保值措施;恶性通货膨胀(hyper inflation)则是物价水平最为猛烈的上升,一般而言年通货膨胀率在 100% 以上,并且有不断加速的趋势。世界史上有所记载的恶性通货膨胀都发生在 20 世纪。20 世纪的恶性通货膨胀出现在三个时期:第一次世界大战和第二次世界大战后以及 20 世纪 80 年代的债务危机时期。第一次世界大战后,欧洲的 5 个国家奥地利、德国、匈牙利、波兰和苏联陷入恶性通货膨胀中。1922—1923 年间的德国最高通货膨胀率甚至达到 29 000%。另一轮恶性通货膨胀发生于第二次世界大战后,旧中国、希腊和匈牙利都陷入了货币混乱中,它创下了世界史上最严重的恶性通货膨胀的纪录——连续一年多物价平均每月通货膨胀率达19 800%。据统计,上海从 1937 年到 1949 年 5 月,物价上涨 3.68×10^{13} 倍,每月平均上涨24.5%,每年平均上涨近 14 倍。第三轮恶性通货膨胀发生于 20 世纪 80 年代,阿根廷、玻利维亚、巴西、秘鲁等国的外债危机导致了金融混乱。

(3) 按照通货膨胀的成因,通货膨胀可分为需求拉动的通货膨胀、成本推进的通货膨胀和结构性通货膨胀三类。把通货膨胀看成由实际因素或货币因素造成的过度需求拉动的,这是需求拉动的通货膨胀;假如认为通货膨胀是由于生产成本或企业利润提高所引发的,这属于成本推进的通货膨胀;如果在供求基本平衡条件下,由于个别关键性商品供求比例失调或者由于经济部门发展不平衡等引起的,属于结构性通货膨胀。

11.2.2 通货膨胀的衡量

通货膨胀的主要标志就是物价总水平上涨。因此,世界各国都用物价指数测量通货膨胀率。通货膨胀率就是一个时期的价格指数比另一个时期的价格指数增加的百分比。

世界上大多数国家都是通过以下几种物价指数来表示通货膨胀率。

1. 居民消费价格指数(CPI)

居民消费价格指数,又称为消费者物价指数(consumer price index,CPI),是反映居民购买并用于消费的一组代表性商品和服务项目价格水平的变化趋势和变动幅度的统计指标。其目的在于观察居民生活消费品及服务项目价格的变动对城乡居民生活的影响,为国家和各级政府分析和制定货币政策、价格政策、居民消费政策、工资政策以及统计部门进行地区经济核算提供科学依据。居民消费价格指数是反映通货膨胀(或紧缩)的重要指标。

2. 生产者物价指数(PPI)

生产者物价指数(producer price indexes,PPI)是衡量工业企业产品出厂价格变动趋势和变动程度的指数,是反映某一时期生产领域价格变动情况的重要经济指标,也是制定有关经济政策和国民经济核算的重要依据。目前,我国 PPI 的调查产品有 4 000 多种(含规格产品 9 500 多种),覆盖全部 39 个工业行业大类,涉及调查种类 186 个。

3. 国内生产总值折算数

国内生产总值折算数在本书任务 9 中已有所介绍,在此略过。

有了物价指数这一概念之后,我们可以利用物价指数来描述通货膨胀的程度,一般用通货膨胀率来表示。若用 P 表示价格指数,表示通货膨胀率,则通货膨胀率可定义为:

$$\pi = \frac{P_t - P_{t-1}}{P_{t-1}} \times 100\%$$　　　　　　（式 11-1）

假定消费品基期价格指数为 130,本期消费品价格指数为 136,则通货膨胀率为:

$$\pi = \frac{136 - 130}{130} \times 100\% = 4.6\%$$

【案例小品 11-4】　2 月涨 4.9%CPI 高位持平　PPI 创 28 月以来新高

2011 年 3 月 11 日,国家统计局公布的 1～2 月份国民经济主要指标数据显示,2 月份居民消费价格(CPI)同比上涨 4.9%,涨幅与 1 月份持平。

从居民消费八大类看,食品价格依然领涨,同比上涨 11%;其次是居住价格,同比上涨 6.1%。此外,烟酒及用品类价格同比上涨 1.9%,衣着类价格同比上涨 0.4%,家庭设备用品及维修服务价格同比上涨 1.4%,医疗保健及个人用品类价格同比上涨 3%,娱乐教育文化用品及服务类价格同比上涨 0.3%,交通和通信类价格同比下降 0.3%。

与此同时,2 月份工业品出厂价格(PPI)同比上涨 7.2%,涨幅比 1 月份扩大 0.6 个百分点,已经创下自 2008 年 10 月份以来新高。

资料来源:2 月涨 4.9%CPI 高位持平 PPI 创 28 月以来新高. http://news.dg.sou-fun.com/2011-03-12/4661987.htm

【案例小品 11-5】　津巴布韦通货膨胀失控　大妈怀抱 3 万亿买车票

中新网 2009 年 8 月 17 日电　据中国香港星岛环球网报道,非洲南部的津巴布韦共和国是全世界恶性通胀最严重的国家。最近在首都哈雷拉,一位大妈抱着总值 3 万亿津巴布韦元的钞票搭公车,只为了支付约合 3.5 元人民币的车费。更有意思的是,司机大叔根本懒得清点,收下就对了。

据报道,津巴布韦 2008 年 7 月的通胀率写下天文数字:2.31 亿%。2009 年 1 月,央行发行 100 万亿津巴布韦元的大钞,1 的后头有 14 个 0,也算是一项世界纪录。为了抑制有如脱缰野马般的通胀,津巴布韦政府在 4 月正式废掉国币,宣布以美元和南非币为流通货币,不过旧津巴布韦元还是在民间继续流通。

在津巴布韦,一旦出了大都市,强势货币一文难求。城市的巴士司机有小额美元或南非币可找零,乡下商店虽然没有,但山不转水转,店家会给顾客糖果、巧克力,或是在收据上注明下次消费可享折扣。

11.2.3 通货膨胀的成因分析

造成通货膨胀的原因是多种多样的,投资或消费过多可能造成通货膨胀,战争或饥荒也会使价格上升。概括起来,通货膨胀的成因主要有以下几个方面。

1. 需求拉动型的通货膨胀

需求拉动型的通货膨胀是 20 世纪五六十年代流行的第一代通胀理论。需求拉动的通货膨胀,又称超额需求通货膨胀,是指总需求超过总供给所引起的一般价格水平的持续显著的上涨。需求拉动的通货膨胀理论是一种比较传统的通货膨胀理论,这种理论把通货膨胀解释为"过多的货币追求过少的商品"。

对于引起总需求过大的原因又有两种解释:一是凯恩斯主义的解释,强调实际因素对总需求的影响;二是货币主义的解释,强调货币因素对总需求的影响。

凯恩斯认为,当经济中实现了充分就业时,表明资源已得到充分利用,这时如果总需求仍然增加,就会由于总需求过度而引起通货膨胀,可以用膨胀性缺口这一概念来说明这种通货膨胀产生的原因。膨胀性缺口是指实际总需求大于充分就业总需求时,实际总需求与充分就业总需求之间的差额,可用图 11-1 说明。

在图 11-1 中,AD_3 为充分就业的总需求,这时决定的国民收入 y_f 为充分就业的国民收入,但这时实际总需求为 AD_4。尽管总需求是 AD_4,但因为国民收入已经达到了充分就业的水平,无法再增加,所以实际总需求 AD_4 与充分就业总需求 AD_3 之间的差额 E_3E_4 就形成了膨胀性缺口。当总需求增加到 AD_4 时,国民收入已无法增加,价格水平上升到 P_4,这样就由于总需求过度而引起了通货膨胀。

凯恩斯强调了通货膨胀与失业不会并存,通货膨胀是在充分就业实现后产生的。但实际上,在经济中未实现充分就业时,也可能产生通货膨

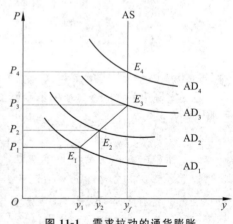

图 11-1 需求拉动的通货膨胀

胀。这就是由于在产量增加的同时总需求增加,也会引起通货膨胀,可用图 11-1 说明这种情况。

图 11-1 中,当总需求为 AD_1 时,决定了国民收入水平为 y_1,价格水平为 P_1。这时国民收入并没有达到充分就业的水平 y_f。当总需求增加到 AD_2 时,国民收入增加到了 y_2,这时国民收入仍没有达到充分就业的水平 y_f;但伴随着国民收入的增加,价格水平上升到 P_2,于是,由于总需求的增加而发生了通货膨胀。这是因为当总需求增加后,总供给的增加并不能

经济学原理

迅速满足总需求的这种增加，产生暂时的供给短缺，价格水平上升。但这时经济中并未实现充分就业，价格水平的上升刺激了总供给，使国民收入增加。

现代货币主义对于需求拉动型通货膨胀，着重从货币因素的角度来进行说明。他们认为，当货币供给量增加，引起社会总需求扩大时，需求拉动的通货膨胀就是货币因素引起的。其道理是：货币供给量的增加必然会扩大社会对商品和劳务的需求，但一旦达到充分就业以后，商品和劳务的供给就达到了极限，只能通过提高价格的办法来抑制总需求。

总之，无论上述哪一种对需求拉动的通货膨胀的解释，都必须由金融市场提供额外的大量货币资金，即需求拉动的通货膨胀的实质在于：过多的货币支出追逐在充分就业条件下可生产出来的有限的物品供给。

2. 成本推动型通货膨胀

成本推动型通货膨胀是 20 世纪 70 年代流行的第二代通胀理论，被用于解释 AD 拉动所不能解释的"滞胀"现象。如图 11-2 所示，当面临像石油价格上涨所推动的成本上升冲击时，AS 线向左上方平移，经济陷入失业和物价同时上涨的"滞胀"困境，这正是西方发达国家 20 世纪 70 年代所遇到的难题。成本推动型通胀弥补了需求拉动型通胀理论的不足，被认为是凯恩斯主义理论的一个重要发展。

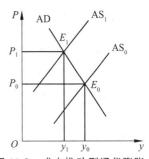

图 11-2　成本推动型通货膨胀

在我国现阶段，引起短期中成本突然上涨的因素，除了石油等原材料价格上涨以外，还可能有农产品价格的突然上升，工资水平上升过快，人民币突然大幅升值引起进口品价格上升等因素。如果企业不能通过生产率的提高来消化这些使成本上涨的因素，又不能相应地提高产品卖价，那么就有一些企业因此而亏损甚至破产，就会出现"滞胀"的情况。

3. 结构性通货膨胀

1959 年，美国经济学家舒尔茨针对通货膨胀到底是"需求拉动"还是"成本推进"的争论，提出了被称为"部门需求移动"的通货膨胀理论。他说，1955—1957 年美国货币支出每年增长 5%，物价上涨 3.5%，产量增加 1.5%。在他看来，这期间的物价上涨既不能用成本推进论来解释，也不能认为是总需求过大。如果按需求拉动论，物价水平的提高应该是由于总需求过大，及总需求超过充分就业所能提供的产量。但若有些部门有超额需求，另一些部门需求不足，则前者的价格会提高，后者的价格会降低，不会出现总需求过多引起的物价水平的上升，故在总需求并不过大的条件下，通货膨胀不能用需求拉动来解释。舒尔茨也反对用"成本推进"来解释当时美国的通货膨胀。"成本推进"的基本论点是工资与物价的变动在相当程度内与总需求无关。在接近充分就业条件下，工会的力量如此强大以至于完全能自主提高工资与物价。事实上，近年来工资的增长超过劳动生产率的增长，常被作为"成本推进"的依据，但在纯粹需求拉动型通货膨胀中，工资的增长也可能超过劳动生产率的增长。引起物价水平上升的因素很多：物价水平上升，工资随着上涨，由此再引起物价上升，而初始的物价上升也可能是由于需求过大引起的，因此"需求拉动"与"成本推进"往往难以区分。

到了 20 世纪六七十年代，西方学者提出即使经济实现了总量平衡，由于在经济发展过程中，经济结构方面的因素会发生变动，进步的或先进的经济部门与保守的或落后的经济部门的劳动生产率存在较大的差异，但对货币工资的增长要求却趋于一致。在需求扩大的先进部门,工资与物价上升,这些部门的产品价格作为其他部门的产品成本因素,带动物价一个部门接着一个部门地上升,但落后部门的工资却不会因为需求减少而下降,使工资向上富有弹性而向下却呈刚性。这种经济部门结构进而需求结构的变化,使物价呈持续上升的长期趋势。这一解释通货膨胀的理论,称为结构性通货膨胀理论。

11.2.4　通货膨胀的影响

通货膨胀对经济运行的影响主要有以下两个方面。

1. 收入和财富的再分配效应

通胀由于其不可准确预见性,会引起收入在不同社会群体之间的再分配。它不利于拿固定收入的工薪阶层,而有利于雇主阶层;它不损于债权人,而有利于债务人;它有利于政府,而不利于公众;它有利于对价格有控制权的大企业,而不利于只能接受价格的小企业。总之,通胀不利于社会大众阶层,它像一个看不见的"小偷",把绝大多数人的实际收入转移到少数有权有钱的人手中,因此而引起社会大众的不满。如果政府和企业把因通胀而获得的额外收入用于投资和扩大生产,则通胀起到了把人们手中本来用于消费的收入转化为投资的作用,这就是通胀的强制性储蓄效应或资本形成效应。在发展中国家,人们的收入水平低,储蓄率也低,通胀具有这种提高储蓄率,促进资本形成的特殊作用,这往往成为政府实行通胀政策的一个意图。

通货膨胀还会改变人们对财富特有形式的选择,即具有财富再分配效应。当物价水平上涨时,人们为了保值,一般会减少货币金融资产的持有,而增加能保值的实物资产(如房产、黄金)或外汇资产的持有。例如,我国在 20 世纪 80 年代后期的高通胀时期,就曾经出现大规模地取出银行存款而抢购消费品的风潮,那时,存款被认为是"笼中虎"出笼了,物价水平会因此而进一步上涨。

2. 通货膨胀的产出效应

通货膨胀由于其不可准确预见性,在短期中工资、利息、租金等成本有刚性或黏性,暂时不会随物价而相应上涨,因此生产涨价产品的企业会从中得利,从而刺激其扩大投资和生产,所以短期 AS 曲线是正斜率的,即物价上涨在短期中能刺激生产的增加,这正是"通胀有益论"的理由。但是,在长期中,由于通胀的不确定性,在高通胀时,货币贬值的风险大,人们不敢进行长期的投资活动,而热衷于短期的投机活动,因此对资本形成和长期经济增长是不利的。

通货膨胀由于其不平衡性,造成了价格信号的失真,并引导错误的投资和生产,造成资源配量的浪费。当某种商品的价格上升时,人们分不清是总需求和总价格水平的上升还是对这种商品的特定需求和其价格的上升,只能根据价格上升的信号而扩大投资和生产,哪种商品价格上涨快,企业便一哄而上,扩大生产,当生产能力的扩张超过对该商品的真实需求时,就会出现其产品过剩和企业亏损破产。例如,我国在 20 世纪 80 年代后期和 90 年代初期的高通胀时期,彩电、冰箱、洗衣机等家用电器最紧俏,其价格上涨最快,引致许多地区和企业竞相扩大投资和产能,后来这些产品过剩时,绝大多数企业陷入亏损和倒闭的困境,造成资金和资源的大量浪费。近些年来,我国的房地产、汽车、钢铁、水泥等行业再次面临着同样的问题。古典学派和新古典学派之所以坚决反对通货膨胀,就是因为他们认为不平衡的和不确定的通胀,干扰了价格信号的真实性,破坏了它对资源配置的引导作用,因此,他们把价格总水平和币值的稳定看作是市场机制有效运行的根本前提条件,因而坚定地主张通货和物价总水平的稳定。

通货膨胀对经济的长期危害还表现在治理通胀的痛苦上。当通胀率上升,社会无法忍受时,只能通过紧缩性的财政和货币政策来治理。其结果,经济增长率必然下降,失业率必然上升,经济必然出现衰退,甚至可能引发金融危机。也就是说,要治理通货膨胀,必须以经济衰退为代价。

总之,一定的通胀虽然在短期中对经济增长有刺激作用,但长期中是不利于经济持续增长的,较严重的通胀对经济的有效运行和持续增长乃至社会政治的稳定,则起着破坏性的作用。

3. 通货膨胀的皮鞋成本和菜单成本

一般情况下,较高的通货膨胀引起较高的名义利率,而名义利率又减少了实际货币余额需求。如果人们平均而言减少了所持有的货币余额,他们就必然更频繁地跑到银行取款。例如,他们会一周两次各取 50 美元,而不是每周一次取 100 美元。这种减少货币持有量的不方便即是通货膨胀的皮鞋成本(boot leather cost),因为更经常地去银行使皮鞋磨损更快。

通货膨胀还会产生菜单成本,因为高通货膨胀使企业更经常地改变自己的报价,而改变价格是有成本的,比如,它要求印刷并运发新目录。这种调整价格的成本被形象地称为菜单成本(menu cost),因为通货膨胀率越高,餐馆越要经常地印刷新菜单。

通货膨胀增加了居民和企业的皮鞋成本和菜单成本。在恶性的通货膨胀期间,频繁地进出银行和更新价格会使人们疲于应付,而难以将精力集中在正常的工作和经营上,从而造成社会资源的浪费和经济效率的低下。

11.2.5 我国改革开放以来的通货膨胀及其治理

改革开放以来,我国经历了六次较大幅度的物价上涨,分别是 1980 年、1984—1985 年、1988—1989 年、1993—1996 年、2007—2008 年和 2010 年。如图 11-3 所示。

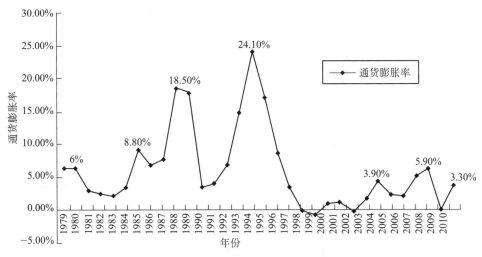

图 11-3 1979—2010 年我国通货膨胀率

1. 第一次通胀:1980 年

改革开放初期,由于"文化大革命"对经济的冲击,中国百业凋零,经济严重滞后。因为急于摆脱远远落后于世界经济增长较快速度的局面,当时领导人华国锋提出了"一年初见成效,三年大见成效"的口号,中国一年中大量进口国外机器设备,"大干快上"了若干项目,急于实现"四个现代化"。结果,所购洋机器设备的资金相等于"文革"前 17 年的总和。短期内进口了大量的洋机器、洋设备造成了很大的财政赤字,1979—1980 年我国两年财政赤字都达 170 亿元以上,国家不得不增发货币 130 亿元来弥补国库亏损。1980 年底,全国市场货币流通量比 1978 年增长 63.3%,大大超过同期工农业生产总值增长 16.6%和社会商品零售总额增长 37.3%的幅度,自然引发了改革开放后的第一次通货膨胀,使商品价格上涨率达到波峰的 6%,已经到了经济危机的临界点。中国政府高度重视这次通胀,在当时中国共产党老一辈领导中的经济学家陈云的领导下采取一系列紧急措施,压缩基础建设、收紧银根、继续沿用计划经济时期物价管制等强硬措施,对其进行了强有力的干预、支持。通胀迅速得到了平抑。中国此时才正式迈进健康正常的改革开放快车道。

2. 第二次通胀:1984—1985 年

1984 年,中国共产党的十二届三中全会召开,这次极其重要的会议通过了对中国城市体制进行全面改革的决定。中央决定从几个方面同时进行重大改革,即实行财政承包;对地方与企业放权让利;将原来的投资建设由财政拨款改成由商业银行贷款(即"拨改贷");并狠下决心进行最关键的一场改革,即价格体制以"双轨制"形式全面推开、进行。

1984 年,中国领导层心中对价格改革前景作了比较乐观的估计,认为我国的价格改革有农村改革完全成功之经验,有多年来城市改革的许多试点及经验,国民经济发展势头很好,工农业生产持续增长,粮油等生活资料及多数生产资料库存丰实。外贸连续顺差,并有 90 亿美元外汇结存,城乡人民生活水平提高很快,改革开放政策深入人心……在这种情况下,中国决定大跨步地进行全面的价格改革,例如:放开生猪和主要副食品价格;提高短途铁路运价;调整农村粮食收购价;对"倒三七"进行改革,相当一部分农村的粮食到市场上随行就市;对优质煤价有所提高;对钢铁、煤、木材、水泥等重要产品实行价格"双轨制";浮动价之 20%上限被取消,每吨从 650 元猛涨到 1 800 元。

后来人们发现这场改革的心理预期过度乐观。由于企业热情极高,基建、技术改造投资迅速扩张,加之后来的货币工资改革,结果货币投放量失控,原材料、采掘业产品等涨价又推动最终消费品价格大涨,导致 1985 年全国零售物价指数平均涨 8.8%;城镇零售物价总指数平均上升 12.2%,农村上升 7%。1986 年涨幅达 6.4%;1987 年上涨到 7.3%。大大超过了 1951—1978 年的 28 年中的年均 1.3%涨幅,也超过了 1979—1984 年 6 年间的年均上涨 3.4%的涨幅。实际形成了继抗美援朝时期(上涨为 12.2%)和 1961 年三年经济困难最艰苦时的 16.2%之后,新中国成立以来的第三个物价高峰。面对这种突然的改革"转轨型"通胀,群众意见很大。

全国出现了大批钻"双轨制"空子的"倒爷",以国家计划将商品购来,又以开放价(市场议价)售出的食利者阶层,并引发了大批行贿、受贿等贪污腐败的司法案子,各地还出现为此执行死刑的重案。

为抑制通胀,国务院明确规定:严格控制消费基金,开征奖金税;控制银行信贷,调整银行领导班子成员;压缩基建投资;清查加价皮包公司;将不少定价权又收归上级主管部门,加强物价检查。使得这轮物价改革型通胀一度缓解,由此引发的社会矛盾也得以缓解。改革可以在更多人民的支持下进行,同时可以让企业有时间有能力消化掉成本上涨部分。但物价内在的上涨冲动一直存在,1987 年年终,零售物价指数又达到了 7.3%。继而引发了后来的第三次通胀。

3. 第三次通胀:1988—1989年

1988年的通货膨胀比较严重,居民消费价格涨幅达到18.8%,创造了新中国成立40年以来上涨的最高纪录。此次通货膨胀的主要原因依然是政府为了满足社会固定资产的投资增长要求和解决企业的资金短缺问题,从1986年开始加大政府财政支出,不断扩大政府财政赤字,特别是1988年实行财政的"包干"体制以后,社会的需求进一步猛增。与此同时,为了解决政府赤字问题,货币连年超经济发行,到1988年第四季度,市场中的货币流通量为2 134亿元,比上年同期上涨46.7%。由于货币的超量发行,市场货币的流通量剧增,引发了物价的猛烈上涨,货币贬值。同年5月政府宣布物价补贴由暗补转为明补,6月份政府一再表示要下决心克服价格改革的障碍,要进行价格闯关;7月份政府尝试着开放了名牌烟酒的价格,20元的酒一下子就变成200元,涨了10倍,香烟差不多也涨了这么多倍。于是老百姓就得出一个简单公式,价格放开就等于物价涨10倍。所以人们一听价格要改革,就先把下个月的米买回来再说。于是谁也没料到,1988年那次《中共中央关于改革物价工资体系的决定》一发表,竟变成了一个抢购动员令。这一系列措施加剧了居民的不确定性心理预期,引发了1988年8月中旬的抢购风潮和挤兑银行存款的现象。1988年第四季度末的零售总额比上年同期上涨20.3%,8月份银行存款减少了26亿元,官方宣布的通货膨胀率达到18.5%。为了整顿严重的通货膨胀,中央对经济实行全面的"治理整顿",其措施之严厉堪称改革开放以来之最。1988年9月国务院提出暂停"闯关",两年内不搞大的物价改革,紧缩财政和信贷,整顿经济秩序、治理经济环境、治理通胀,并且提出来加快股份改革。经过一系列的治理,通货膨胀问题得到了有效治理,物价指数一路下跌,到了1990年跌到了3%。但由于力度过大和其他因素影响,随后出现了市场疲软和经济大幅下滑。

4. 第四次通货膨胀:1993—1996年

1992年随着邓小平南巡讲话,中国经济进入高速增长的快车道,起因主要是固定资产投资规模扩张过猛与金融持续的混乱。有人形象地总结为"四热"(房地产热、开发区热、集资热、股票热)、"四高"(高投资膨胀、高工业增长、高货币发行和信贷投放、高物价上涨)、"四紧"(交通运输紧张、能源紧张、重要原材料紧张、资金紧张)和"一乱"(经济秩序特别是金融秩序混乱)。与此同时外汇市场上,人民币大幅度贬值,人民币兑美元比率由1:5.64骤然下降到1:8.27,国际收支恶化。由于国内巨大的需求压力,在高涨的投资需求下,财政赤字和货币供应超常增长,1994年货币供应量增长高达34%,居民消费物价涨幅高达24.1%,都是改革开放以来的最高水平,新一轮通胀来临。

此次通胀的治理以1993年6月《中共中央、国务院关于当前经济情况和加强宏观调控的意见》提出紧缩货币和财政、保值储蓄、整顿金融秩序、实行分业经营等16条措施进行调控为起点。与前三次相比,这次调控的市场化手段明显增强,既治理了恶性通货膨胀,又没有出现以往一放就乱、一收就死的大起大落,国民经济运行成功实现了"软着陆"。

5. 第五次通货膨胀:2007—2008年

与前四次相比,这次通胀发生在我国加入世贸组织、国际收支持续大幅顺差的背景之下,外部冲击对国内物价波动的影响非常突出。从需求看,除表现为投资增长过快这一老问题外,2005年以来,外贸顺差持续大幅增长是当时需求拉动的主要特征。从货币供应看,由国际收支持续大幅顺差引发的货币供应也是主要渠道。从供给方面看,2007年国际粮食、石油等初级产品价格持续上涨,导致国内输入型通胀压力迅速上升。从治理措施看,主要特点是内外兼治。对内采取上调存款准备金率等措施大幅对冲顺差投放的货币,对外采取加快人民币升值的办法对冲国内涨价。2007年1月份起,中国人民银行连续调高利息6次、存款准备金率10次,但是,中国的物价并未因调控而下降,一路上扬,直至2008年1月份,居民消费价格比上年同期上涨7.1%,创11年来最高纪录。2008年,国际大宗商品价格剧烈变化,全球金融危机持续恶化,与全球经济联系日益紧密的中国经济遭遇了外部环境"过山车"般的巨大波动。

6. 第6次通货膨胀:2010年

2010年下半年,国内居民明显感觉到"通胀来敲门",自7月份以来,内地消费者物价指数(CPI)连续6个月超过3%的通胀警戒线,11月CPI同比上涨更是达到5.1%创28个月新高。发展改革委价格司副司长周望军接受中国政府网专访时认为,本轮物价上涨主要有四个原因:一是货币发行过量,这是全世界普遍存在的问题。特别是最近美国实行量化宽松的货币政策之后,国际市场大部分商品价格在急剧上涨。二是气候原因,比如今年的蔬菜价格上涨就是因为今年的灾害天气导致的。三是我国在工业化、城镇化的发展过程中,劳动力、资本、土地资源快速向城市流动,农村的生产资源相对地减少,今年农村的劳动力成本也上升了,如新疆的采摘棉花报酬现在是按公斤算,采摘一公斤皮棉付给采摘者3块钱。从而推动了物价上涨。四是热钱炒作的因素。今年上半年绿豆、大蒜、棉花等都出现了价格上涨,棉花每吨涨到了3.3万元,这就是资金在里面炒作。郑州交易所11月8号棉花期货一天成交300多亿元,大大地超过了正常的范围,换手率很高。上半年绿豆和大蒜也出现了囤积居奇、恶意炒作的企业,总而言之,这四种原因导致了2010年的物价上涨过快。为了治理此次通货膨胀,2010年1月至2011年3月,中国人民银行已经连续九次上调存款准备金率,目前,大型金融机构存款准备金率已达到20.0%的历史高位。同时,2010年10月—2011年2月连续加息三次。此外,2010年11月20日,国务院出台了16条措施稳定物价、平抑通胀。

11.3 失业与通货膨胀的关系

先行案例 "新经济"使菲利普斯曲线失灵

传统经济学认为,经济增长会导致工资提高,工资提高会引起物价上涨,从而引起通货膨胀率上升。著名的菲利普斯曲线是一条向右下方倾斜的曲线,它显示了失业率和通货膨胀率之间存在的反相关关系,即如果失业率较低,通货膨胀率就会较高;如果通货膨胀率较低,失业率就会较高。因此,一个国家要保持较低的通货膨胀率,就必须接受较低的经济增长率。要保持较高的经济增长速度,就必须付出高通货膨胀的代价。在20世纪70年代"滞胀"时期,高的通货膨胀率和高的失业率并存,这时的菲利普斯曲线变为一条垂直的曲线,这是菲利普斯曲线第一次失灵。而伴随西方国家缓慢脱离"滞胀"的泥潭,菲利普斯曲线又重新开始发挥作用。基于此,美国经济学家把2.5%的国内生产总值年增长率和5%的失业率作为美国经济潜在的经济增长率和自然失业率,并作为宏观调控的一个临界点。而事实上,美国的经济增长率从1996年至今已连续四年保持在4%左右,失业率从1992年的7.5%降至目前4.1%,而同期的通货膨胀率则在3%以下。"新经济"使高增长率、低失业率、低通胀率三者之间的兼容度前所未有地增大,传统经济理论中的菲利普斯曲线又一次失灵了。

想一想:什么是菲利普斯曲线?

前面我们研究了通货膨胀和失业两个经济现象,那么通货膨胀和失业之间存在什么关系呢?

20世纪30年代,凯恩斯认为失业与通货膨胀不会并存,因为在未实现充分就业时,即存在闲置资源的情况下,总需求的增加只会使国民收入增加,而不会引起价格水平的上涨。也就是说,在未实现充分就业的情况下,不会发生通货膨胀。而在充分就业的情况下,即资源得到充分利用之后,总需求的增加将无法使国民收入再增加了,所以这时只会引起物价上升,形成通货膨胀。也就是说,在发生通货膨胀时一定已经实现了充分就业。但是"二战"后的现实恰恰相反,在50年代后期,西方各国出现了失业与通货膨胀并存的现象。正是在这种情况下,出现了菲利普斯曲线。

菲利普斯曲线是西方经济学家用来表示失业率与通货膨胀率之间相互交替关系的曲线。1958年,在英国伦敦经济学院工作的新西兰经济学家菲利普斯(A. W. Phillips)通过整理英国1861—1957年的近百年的统计资料,发现在货币工资增长率和失业率之间存在一种负相关的关系,把这样一种关系用曲线的形式反映出来就是菲利普斯曲线(Phillips curve)。如图11-4,横轴表示失业率U,纵轴表示货币工资增长率W。菲利普斯曲线自左上方向右下方倾斜,表明货币工资增长率越低,失业率越高。

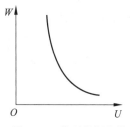

图11-4　菲利普斯曲线

1960年,萨缪尔森(P. A. Samuelson)和索罗(R. M. Solow)在AER发表文章"反通货膨胀政策的分析",在菲利普斯研究成果的基础上,使用通货膨胀率代替工资变动率来描述通货膨胀率和失业率之间的替代关系,也就是将菲利普斯提出的"失业—工资"型的菲利普斯曲线发展为"失业—物价"型的菲利普斯曲线。众所周知,工资是成本的主要构成部分,从而也是产品价格的主要构成部分,工资的增长直接导致了物价的上涨即通货膨胀率的上涨,所以,可以用通货膨胀率来代替货币工资增长率,两者的关系可以表示为:通货膨胀率=货币工资增长率-劳动生产率的增长率。一般来说,劳动生产率的增长率比较稳定,设为常数K,通货膨胀率=货币工资增长率-K,这样,将原来的菲利普斯曲线垂直下移K个单位,就可以得到表示通货膨胀率与失业率之间关系的新的菲利普斯曲线,如图11-5所示。它表明,失业率高时,通货膨胀率就低;失业率低时,通货膨胀率就高。

菲利普斯曲线提供的失业率与通货膨胀率之间的关系为政府进行宏观经济管理提供了一份可供选择的菜单。它意味着可以用较高的通货膨胀为代价,来降低失业率或实现充分就业;而要降低通货膨胀率和稳定物价,就要以较高的失业率为代价。

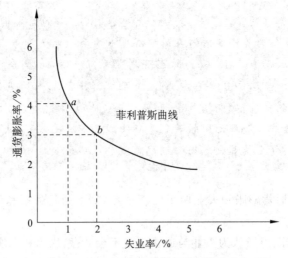

图 11-5　简化后的菲利普斯曲线

　　但是,20 世纪 70 年代初,以美国为代表的资本主义国家出现了高通货膨胀率和高失业率并存的滞涨,使经济学家对菲利普斯曲线产生了疑虑。1969 年新上任的尼克松政府为了治理通货膨胀采取了紧缩性的财政政策和货币政策,希望以一定的失业为代价,降低通货膨胀。结果通货膨胀率没有沿菲力普斯曲线滑动,而是向右移动;剧烈的失业增加,通货膨胀仍维持在原较高的水平。面对这一新的挑战,美国经济学家弗里德曼和费尔普斯重新解释了菲利普斯曲线,他们认为在短期中存在菲利普斯曲线所表示的关系。但在长期中,人们可以通过预期来改变货币工资增长率,使得通货膨胀提高并没有降低失业率,因此,长期中并不存在菲利普斯曲线所表示的关系,即失业率与通货膨胀率有可能同时提高。

任 务 拓 展

埃德蒙·费尔普斯

　　瑞典皇家科学院(Royal Swedish Academy of Sciences)将 2006 年度诺贝尔经济学奖(1 000万瑞典克朗,约 137 万美元)授予了现年 73 岁的哥伦比亚大学(Columbia University)教授埃德蒙·费尔普斯(Edmund S. Phelps),以表彰他在 20 世纪 60 年代末取得的成果,该成果推翻了通胀与失业之间存在稳定关系的传统观念。

　　第二次世界大战以后,实用统计学家和经济学家们注意到,失业与通胀之间存在着一种稳定的关系——就业水平越高,价格上涨越快,这就是著名的"菲利普斯曲线"(Phillips curve)。20 世纪 60 年代的政治家们由此认为,他们可以从曲线上选择一个可接受的失业与通胀水平。如果出现偏差,他们可以像操纵汽车一样,通过调整税收、公共支出或利率等方式对经济进行微调。

　　费尔普斯和 1976 年诺贝尔经济学奖获得者米尔顿·弗里德曼(Milton Friedman)一起

经济学原理

挑战了"可以对经济进行微调"的观念。他们提出了这样一个观点：通胀不仅取决于失业水平，而是取决于企业和家庭对价格与工资上涨速度的预期。20 世纪 70 年代初通胀水平的大幅上升，部分原因在于决策者不明白：由于生产率增长放缓和石油危机的冲击，均衡失业率（自然失业率）已经上升，因此他们继续放宽货币和财政政策以降低失业水平，结果导致越来越高的通胀水平，而失业率却没有被降低多少。

自 我 测 试

一、名词解释

失业　充分就业　摩擦性失业　结构性失业　周期性失业　通货膨胀　菲利普斯曲线

二、选择题

1. 失业率是指（　　）。

　　A. 失业人口与全部人口之比

　　B. 失业人口与全部就业人口之比

　　C. 失业人口与全部劳动人口之比

　　D. 失业人口与就业人口和失业人口之和的比

2. 由于经济衰退而形成的失业属于（　　）。

　　A. 摩擦性失业　　　　B. 结构性失业　　　　C. 周期性失业　　　　D. 自然失业

3. 充分就业的含义是（　　）。

　　A. 人人都有工作，没有失业

　　B. 消灭了自然失业时的就业状态

　　C. 消灭了周期性失业时的就业状态

　　D. 消除了非自愿失业时的就业状态

4. 通货膨胀对经济的影响包括（　　）。

　　A. 鞋底成本

　　B. 菜单成本

　　C. 收入和财富的再分配

　　D. 通货膨胀一定对债务人有利对债权人不利

5. 货币主义者认为，菲利普斯曲线所表示的失业与通货膨胀之间的交替关系（　　）。

　　A. 只存在于短期　　　　　　　　　　B. 只存在于长期

　　C. 在长期与短期均存在　　　　　　　D. 长期与短期均不存在

6. 下列关于自然失业率的说法正确的是（　　）。

　　A. 自然失业率是历史最低限度水平的失业率

　　B. 自然失业率与一国的经济效率之间关系密切

　　C. 自然失业率恒定不变

　　D. 自然失业率包含摩擦性失业

7. 短期菲利普斯曲线说明（　　）。

　　A. 通货膨胀导致失业

　　B. 通货膨胀是由行业工会引起的

　　C. 通货膨胀率与失业率之间呈负相关

　　D. 通货膨胀率与失业率之间呈正相关

8. 抑制需求上拉的通货膨胀，应该（　　）。

　　A. 控制货币供给量　　　　　　　　B. 降低工资

　　C. 减税　　　　　　　　　　　　　D. 以上都不是

三、简答题

1. 失业类型有哪些？

2. 失业的社会经济损失有哪些？

3. 通货膨胀的类型有哪些？

4. 衡量通货膨胀的指标有哪些？

5. 未预期到的通货膨胀的影响有哪些？

6. 治理通货膨胀的对策有什么？

7. 对于通货膨胀与失业之间的关系，有哪些有代表性的观点？

四、讨论题

失业率与通货膨胀率之间是否存在替代关系？你支持哪种观点？组织学生进行辩论。

案 例 分 析

美国失业率居高不下影响经济复苏

　　据美国劳工部统计数字显示，截至 2010 年 2 月 20 日的一周内，美国初次请领失业救济金的人数较前一周修正后的 47.4 万人增加 2.2 万人，达到 49.6 万人。如此发展不但比道·琼斯新闻社调查经济学家所预期的 1.3 万人跌幅更为严重，甚至创下 2009 年 11 月 14 日当周以来最高人数。同一期间，失业救济金请领人数的 4 周平均值也较前一周增加 6 000 人，达 47.4 万人。

　　美国劳工部最近表示，失业救济金请领人数最近之所以增加，主要是因为 2 月初美国部分地区因暴风雪而暂停办公，以致申请文件囤积。此外，暴风雪造成的灾情也影响商业活动，间接造成部分劳工暂时失业。尽管近期资料显示美国企业减少裁员，但经济学家普遍推测就业市场短期内无法复兴，甚至需要数年时间才能恢复到经济衰退前的景象。

　　美国请领失业救济金人数意外攀升，创下过去 3 个月以来最高。在此同时，1 月份耐久财订单则受到航空需求激励成长 3％。由此显示，尽管美国经济持续复苏，但就业市场依然仍未摆脱衰退。美国 2 月下旬失业救济人数意外大增，对此美联储主席柏南克在国会作证时表达对就业市场的忧虑，显示美国失业问题严重，受此打击，美股重挫，欧洲股市也是全面走跌。

　　资料来源：人民网，2010-02-27

　　问题：试分析失业如何影响经济发展？

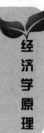

经济学原理

技 能 实 训

实训项目：以失业或通货膨胀为主题进行相关的讨论。

实训目标：通过实训让学生了解我国失业和通货膨胀现象，并能对以后的生活起一定指导作用。

实训组织：通过互联网、图书馆等渠道收集我国某一时间内通货膨胀或通货紧缩以及失业等方面的资料，确定本组的基本观点，准备辩论材料，进行多角度辩论。

实训提示：教师提出活动前准备及注意事项，同时随队指导。

实训成果：各组汇报，教师讲评。

269

经济周期与经济增长

■ 能力目标

通过完成本项任务,应该能够:

◆ 判断并分析一国所处的经济周期阶段

◆ 收集相关数据做各国经济增长比较分析

◆ 叙述经济增长的源泉

■ 任务解析

12.1　经济周期

12.2　改革开放以来我国经济周期波动与宏观调控

12.3　经济增长理论

12.4　改革开放以来中国经济增长的基本特征

■ 任务导入

诺贝尔经济学奖获得者托宾说:"宏观经济学有两个不变的基本命题。其一是说明经济活动中的短期波动,有些人将这种变动称为周期,这种年复一年,月复一月的变化,总合起来形成繁荣或衰退,通货膨胀或通货紧缩。其二是说明长期经济趋势,即某一经济在几十年内的增长率。"任何一个国家的宏观经济运行均回避不了经济周期波动与经济增长两大现实问题,因而它成为宏观经济学研究的中心问题。

为了深入分析经济波动与增长的规律,理解我国改革开放以来经历的经济周期与增长,你可以对照能力目标,结合自我测试反复演练,有的放矢地依次完成各分项任务,直至完成本任务。

12.1 经济周期

先行案例 美国在 20 世纪 30 年代萧条与 40 年代繁荣原因

　　20 世纪 30 年代初的经济灾难称为大萧条,而且是美国历史上最大的经济下降。从 1929 年到 1933 年,实际 GDP 减少了 27%,失业率从 3% 增加到 25%。同时,在这 4 年中,物价水平下降了 22%。在这一时期,许多其他国家也经历了类似的产量与物价下降。经济史学家一直在争论大萧条的原因,但大多数解释集中在总需求的大幅度减少上。

　　许多经济学家主要抱怨货币供给的减少:从 1929 年到 1933 年,货币供给减少了 28%。另一些经济学家提出了总需求崩溃的其他理由。例如,在这一时期股票价格下降了 90% 左右,减少了家庭财富,从而也减少了消费者支出。此外,银行的问题也阻止了一些企业获得它们想为投资项目进行筹资,而且,这就压抑了投资支出。当然,在大萧条时期,所有这些因素共同发生作用紧缩了总需求。

　　第二个重大时期 20 世纪 40 年代初的经济繁荣是容易解释的。这次事件显而易见的原因是第二次世界大战。随着美国在海外进行战争,联邦政府不得不把更多资源用于军事。从 1939 年到 1944 年,政府的物品与劳务购买几乎增加了 5 倍。总需求这种巨大扩张几乎使经济中物品与劳务的生产翻了一番,并使物价水平上升了 20%。失业从 1939 年的 17% 下降到 1944 年的 1%,这是美国历史上最低的失业水平。

　　资料来源:美国在 30 年代萧条与 40 年代繁荣原因.中华经济学习网

　　想一想:

　　1. 什么是经济周期?

　　2. 经济周期性波动的主要原因是什么?

12.1.1 经济周期的含义

1. 经济周期的定义

　　所谓经济周期,又称商业周期或经济波动,是指在一定生产能力下经济活动沿着经济发展的总体趋势所经历的有规律的扩张和收缩,是指总体经济活动的扩张和收缩反复交替出现的过程。对此,有两种不同的解释,古典经济学的经济周期是指实际 GDP 或总产量绝对量上升和下降的交替过程。但是现代经济发展的实际情况告诉我们,实际 GDP 或总产量的绝对量下降的情况是很少见的,所以现代宏观经济学中认为经济周期是经济增长率上升或下降的交替过程。根据这一定义,衰退不一定表现为 GDP 绝对量的下降,而主要是 GDP 增长率的下降,即使其值不是负值,也可以称之为衰退,经济学中称之为增长性衰退。

2. 经济周期的阶段

传统的经济周期理论认为,一个经济周期大致可以分为繁荣、衰退、萧条和复苏四个阶段,如图 12-1 所示。图中向右上方倾斜的直线代表经济的长期稳定增长趋势,曲线部分则用来表示经济活动围绕"长期趋势"上下波动的实际水平。按照阿瑟·刘易斯(W. Arthur Lewis)的说法,确定一次完整的经济波动,可以从一个波峰到另一个波峰,也可以从一个波谷到另一个波谷。按照"峰—峰"法划分,图中 A—E 部分代表了一个完整的经济周期,其中 A—B 为繁荣阶段,B—C 为衰退

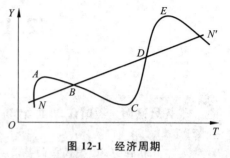

图 12-1　经济周期

阶段,C—D 为萧条阶段,D—E 为复苏阶段,B 点为扩张阶段到收缩阶段的转折点,D 点为收缩阶段到扩张阶段的转折点。各阶段的经济活动特征如下。

(1)繁荣。繁荣是经济发展处在整个经济周期的顶峰阶段。该阶段经济活动处于相当活跃的水平,经济增长率也处于相当高的水平。企业的产能得到充分的利用,产品产销衔接良好,甚至有相当部分商品供不应求,商品价格普遍上扬,导致物价指数不断走高,企业账面利润不断高速增长,企业投资意愿强烈,投资品的需求强劲;利率不断走高,银行贷款余额快速增长,金融部门的账面利润也因此大幅度增加;人们对经济前景充满信心,消费支出不断地扩大,形成庞大的消费需求,这又进一步拉动了物价水平上扬。此阶段让社会各方难以接受的便是物价的不断上扬而形成的通货膨胀。为了抑制通货膨胀,政府往往会采取紧缩性宏观经济政策来使经济降温。

(2)衰退。随着繁荣阶段过度投资所产生的产能过剩的问题逐渐暴露,政府紧缩性宏观经济政策的不断采用和效果的显现,经济活动水平开始不断下降,经济增长率也从高点往下走。企业的产能出现过剩,产品产销衔接开始并不断变差,商品价格特别是投资品的价格开始并不断下跌,导致物价指数不断走低,企业账面利润不断快速下降,企业投资意愿淡薄,投资品的需求极度萎缩。利率不断走低,银行贷款余额增长缓慢,甚至减少,金融部门的账面利润也因此大幅度减少。

(3)萧条。萧条是经济从衰退急剧下滑至最低点的阶段。该阶段经济活动水平处于低水平。此时,企业开工不足,工人被大量解雇,商品价格普遍下跌,商品库存上升,企业利润普遍下降,甚至大量的企业发生亏损和倒闭。利率降到相当低的水平,但银行仍然贷不出款项,同时也有大量的贷款收不回来,大量的银行因此而陷入经营困境,严重时甚至有大量的银行及其他金融机构倒闭,引起金融混乱和社会动荡。为了摆脱经济困境,政府往往会采取相当积极的宏观经济政策促使经济摆脱萧条。

(4)复苏。复苏是经济逐渐摆脱了极度萧条,从低谷走向扩张的阶段。该阶段经济活动逐渐摆脱低水平,经济增长率逐步提高,企业开工率开始回升并不断上升,非自愿失业人口在大量地减少,商品库存水平下降,工业企业产品的产销率不断提高,商品价格不再下降并有所回升,企业利润摆脱下降走向回升,新开工企业不断增加,厂商对设备更新的态度也越来越积极。利率不再下降并开始上升,到银行贷款的企业逐渐增多,贷款收不回来的现象越来越少,银行的经营也因此而逐步摆脱经营困境,人们的生活水平不断地好转。这种不断好转的迹象令社会各方既感到欣慰又感到并不十分放心,因此政府往往会继续采取积极的

宏观经济政策,以期促使经济完全摆脱萧条。当复苏达到经济普遍高涨时,经济就会加快马力走向扩张的顶峰——繁荣,从此开始新一轮的周期循环。

12.1.2 经济周期的类型

19 世纪中叶以来,人们在探索经济周期问题时,根据各自掌握的资料提出了不同长度和类型的经济周期。

1. 朱格拉周期(Juglar cycles)

自从世界上第一次生产过剩性危机于 1825 年发生于英国以来,经济的波动起伏就成为经济学家研究的重要问题。1860 年,法国经济学家朱格拉(C. Juglar)在他的《论法国、英国和美国的商业危机及其发生周期》一书中提出,危机和恐慌并不是一种独立的现象,而是经济中周期性波动的三个连续阶段(繁荣、危机、清算)中的一个。这三个阶段反复出现,形成周期性现象。他对较长时期的工业经济周期进行了研究,并根据生产、就业人数、物价等指标,确定了经济中存在一个长度约为 9～10 年的经济周期,美籍奥地利经济学家熊彼特把这种周期称为中周期或朱格拉周期。美国经济学家汉森则把这种周期称为"主要经济周期",并重新分析了美国 1795—1937 年的统计资料,认为这些年间共有 17 个朱格拉周期,其平均长度为 8.35 年。

2. 基钦周期(Kitchen cycles)

基钦周期也叫短周期。1923 年,英国经济学家基钦(J. Kitchen)在《经济生活中的周期与趋势》中研究了美国的物价、银行结算、利息率等指标,提出了经济周期实际包括主要周期和次要周期的观点。主要周期即中周期,次要周期是长度为 3～4 年(约 40 个月)一次的短周期。美国经济学家汉森根据统计资料计算出美国 1807—1937 年间共有 37 个这样的周期,其平均长度为 3.51 年。

3. 康德拉季耶夫周期(Kondratieff cycles)

1925 年,俄国经济学家康德拉季耶夫(N. D. Kondratieff)研究了美国、英国、法国和其他一些国家长期的时间序列资料,出版了《经济生活中的长期波动》一书,书中提出了著名的"长波理论"。他认为经济中有一种平均长度约为 50 年左右的长期循环,也称长周期。

康德拉季耶夫根据美国、英国、法国一百多年内批发物价指数、利率、工资率、对外贸易量、煤铁产量与消耗量等的变动,认为从 18 世纪末期以后,经历了三个长周期。第一个长周期从 1789 年到 1849 年,上升部分 25 年,下降部分 35 年。第二个长周期从 1849 年到 1896 年,上升部分为 24 年,下降部分 23 年。第三个周期从 1896 年起,上升部分 24 年,1920 年以后进入下降时期。

4. 熊彼特周期(Schmpeter cycles)

美籍奥地利经济学家熊彼特(J. Schmpeter)在 1939 年出版的两大卷《经济周期》第一卷中,对上述三种经济周期作了高度综合与概括。他认为上述三种周期尽管划分方法不一样,但并不矛盾。每个长周期中套有中周期,每个中周期中套有短周期。熊彼特认为每个长周期包括六个中周期,每个中周期包括三个短周期。熊彼特还把不同的技术创新与不同的周期联系起来,以三次重大创新为标志,划分了三个长周期:第一个长周期,从 18 世纪 80 年代到 1842 年,是"产业革命时期";第二个长周期,从 1842 年到 1897 年,是"蒸汽和钢铁时期";第三个长周期是 1897 年以后,是"电气、化学和汽车时期"。在每个长周期中仍有中等创新所引起的波动,这就形成若干个中周期。在每个中周期中还有小创新所引起的波动,这就形成若干个短周期。

5. 库兹涅茨周期(Kuznets cycles)

库兹涅茨周期又叫建筑业周期。库兹涅茨(S. Kuznets)是美国经济学家,对经济周期和增长都颇有研究,他在1930年出版的《生产和价格的长期变动》一书中分析了美国、英国、德国、法国和比利时从19世纪末到20世纪初60种工、农业主要产品的产量和35种工、农业主要产品的价格变动的长期时间数列资料。他剔除了其间短周期与中周期的变动,着重分析了有关数列资料中反映出的长期消长过程,认为经济中存在着长度为15～25年不等长期波动。他把1873年、1890年和1913年作为这种周期的顶点,而1878年和1896年则是谷底。这种波动在美国的建筑业中特别明显,所以又称"建筑业周期"。

【案例小品12-1】 世界历史历次金融危机简介(1637—2008年)

1. 1637年郁金香狂热

在17世纪的荷兰,郁金香是一种十分危险的东西。1637年的早些时候,当郁金香依旧在地里生长的时候,价格已经上涨了几百甚至几千倍。一棵郁金香可能是二十个熟练工人一个月的收入总和。现在大家都承认,这是现代金融史上有史以来的第一次投机泡沫。而该事件也引起了人们的争议——在一个市场已经明显失灵的交换体系下,政府到底应该承担怎样的角色?

2. 1720年南海泡沫

1720年倒闭的南海公司给整个伦敦金融业都带来了巨大的阴影。17世纪,英国经济兴盛。然而人们的资金闲置、储蓄膨胀,当时股票的发行量极少,拥有股票还是一种特权。为此南海公司觅得赚取暴利的商机,即与政府交易以换取经营特权,因为公众对股价看好,促进当时债券向股票的转换,进而反作用于股价的上升。

1720年,为了刺激股票发行,南海公司接受投资者分期付款购买新股的方式。投资十分踊跃,股票供不应求导致了价格狂飙到1 000英镑以上。公司的真实业绩严重与人们预期背离。后来因为国会通过了《反金融诈骗和投机法》,内幕人士与政府官员大举抛售,南海公司股价一落千丈,南海泡沫破灭。

3. 1837年恐慌

1837年,美国的经济恐慌引起了银行业的收缩,由于缺乏足够的贵金属,银行无力兑付发行的货币,不得不一再推迟。这场恐慌带来的经济萧条一直持续到1843年。恐慌的原因是多方面的:贵金属由联邦政府向州银行的转移,分散了储备,妨碍了集中管理;英国银行方面的压力;储备分散所导致的稳定美国经济机制的缺失,等等。

4. 1907年银行危机

1907年10月,美国银行危机爆发,纽约一半左右的银行贷款都被高利息回报的信托投资公司作为抵押投在高风险的股市和债券上,整个金融市场陷入极度投机状态。首先是新闻舆论导向开始大量出现宣传新金融理念的文章。当时有一篇保罗的文章,题目是"我们银行系统的缺点和需要",从此保罗成为美国倡导中央银行制度的首席吹鼓手。此后不久,雅各布·希夫在纽约商会宣称:"除非我们拥有一个足以控制信用资源的中央银行,否则我们将经历一场前所未有而且影响深远的金融危机。"

5. 1929 年大崩溃

华尔街有史以来形势最为严峻的时刻。1922—1929 年,美国空前的繁荣和巨额报酬让不少美国人卷入到华尔街狂热的投机活动中,股票市场急剧升温,最终导致股灾,引发了美国乃至全球的金融危机。

6. 1987 年黑色星期一

1987 年,因为不断恶化的经济预期和中东局势的不断紧张,造就了华尔街的大崩溃。这便是"黑色星期一"。标准普尔指数下跌了 20%,无数的人陷入了痛苦。

7. 1994 年的墨西哥金融危机

1994—1995 年,墨西哥发生了一场比索汇率狂跌、股票价格暴泻的金融危机。不仅导致拉美股市的暴跌,也让欧洲股市指数、远东指数及世界股市指数出现不同程度的下跌。

8. 1997 年亚洲金融危机

1997 年 7 月,泰国宣布放弃固定汇率制,实行浮动汇率制,从而引发了一场遍及东南亚的金融风暴。中国香港恒生指数大跌,韩国也爆发金融风暴,日本一系列银行和证券公司相继破产。东南亚金融风暴演变为亚洲金融危机。

9. 2008 年 9 月美国次贷风暴

雷曼兄弟破产、美林银行贱卖、摩根斯坦利寻求合并,美国次贷风暴掀起的浪潮一波高过一波,美国金融体系摇摇欲坠,世界经济面临巨大压力。

资料来源:张廷伟. 经济的坏脾气(1637—2008 全球经济危机史). 北京:金城出版社.2009

12.1.3　经济周期理论

1. 凯恩斯主义前的经济周期理论

从第一次经济危机(1825 年)到第二次世界大战以前的长时期中,西方学者曾经提出许多理论对经济周期产生的原因进行解释。这些理论的数量是如此之多,以至联合国("二战"前为国际联盟)指定当时著名的学者哈勃勒撰写了一本名为《繁荣与萧条》的著作来把以往的各种理论进行总结。这本权威性的著作把凯恩斯主义以前的各种经济周期的理论区分为六个大的类别,分别如下。

(1)纯粹货币论(代表人物是英国的霍特里)。这种理论认为,经济周期纯粹是一种货币现象,货币数量的增减是经济发生波动的唯一原因。如果货币增加过多,就会使银行利息率降低,信贷放宽,从而使投资增加和经济繁荣,即进入扩张阶段。另一方面,经济的繁荣又会使货币短缺,这样又会引起利息率的提高,抑制投资,使经济进入萧条。随着货币的增减,国民经济处于周期性的波动中。

（2）投资过度理论（代表人物是瑞典的卡塞尔、威克塞尔和德国的斯皮托夫等）。这种理论认为，投资的增加首先引起对投资品需求的增加以及投资品价格的上升，这样就更加刺激了投资的增加，形成繁荣。但是另一方面，由于需求与价格的上涨首先表现在资本品上，因此，如果过度地投资，会造成生产资本品产业的过度增长，与消费品资料部门的发展不平衡，造成产业结构的失调。这种生产结构的失调最终会引起萧条而使经济发生波动。

（3）消费不足理论（代表人物是马尔萨斯、西斯蒙弟、霍布森）。这种理论认为，经济中出现萧条的原因是因为社会对消费品的需求赶不上消费品的增长，而这种消费不足的根源主要在于国民收入分配不平均所造成的富人储蓄过度。所以解决的办法是实行收入分配均等化的政策。

（4）心理理论（代表人物是凯恩斯、庇古）。这种理论用资本家的心理变化来解释经济变动，认为某种原因刺激了投资活动，引起经济高涨，会使其对未来预期过分乐观。这种乐观心理会导致过多的投资，形成经济的过分繁荣。而在过分繁荣中资本家会发现预期乐观的错误，转过来变成对未来的悲观预期，从而减少投资，结果经济出现萧条。

（5）黑子论或农业收获论（代表人物是英国的杰文斯）。这种理论认为，黑子的出现引起农业减产，又影响工业、商业、工资和购买力、投资等方面，从而引起整个经济的萧条。并且还以太阳黑子每 9～10 年有一次变动，而经济周期亦为 9～10 年一次波动，从而认为太阳黑子是经济周期波动的原因。

（6）创新论。熊彼特把经济周期归因于各种巨大的发明和创新。某些企业采用了新技术和新发明而获得厚利，其他企业争相效仿，投资急剧增加。需求迅速增加，价格普遍上升，造成经济繁荣。一旦创新中断，繁荣便走向萧条。当新的"创新浪潮"形成，经济再次出现繁荣。

上述六种类型的理论又可以分为外部因素论和内部因素论两个类别。外部因素论认为，造成经济周期的原因来自经济制度之外，如战争、科技创新发明等。内部因素论则强调经济制度的内部原因，如投资的波动、利息率的高低、货币流通速度的快慢等。当然，西方学者承认：严格区别外部因素和内部因素是很困难的，例如，投资的波动很难被认为是纯粹外部因素或纯粹内部因素。

第二次世界大战以后，对经济周期研究的经验已使西方学者放弃了用单一因素去解释经济周期的做法。他们趋向于把外部因素和内部因素结合在一起对经济周期作出综合性的解释。萨缪尔森曾以小孩的玩具木马的摆动为例来说明这一新的解释方法。木马的摆动可以来自外界的力量，然而，使木马作出周期性的摆动不是别的运动形式却是由内部因素所造成的。

虽然西方学者趋于使用综合性的解释，但他们在凯恩斯主义影响下又在解释中强调投资变动的因素。他们发现，投资不仅会引起国民经济的乘数变动；反过来，收入或消费的变动又会引起投资的变动。前者被称为投资乘数，后者被称为加速原理，以此作为对凯恩斯乘数理论的补充，并用乘数—加速原理的相互作用说明国民收入周期性波动的原因。

2. 乘数—加速原理

在本书任务 10 中，乘数原理说明，由于经济中各部门之间存在密切的联系，某一部门的一笔投资不仅会使本部门的产量增加，而且会对其他部门产生连锁反应，引起这些部门

经济学原理

投资与产量的增加,从而使最终产量(国民收入或国内生产总值)的增加数倍于原来投资的增加。

加速原理是指产量变动(国内生产总值或消费量变动)与投资变动之间的关系,产量或收入量较小幅度的增加或减少,都会引起总投资较大幅度的增加或减少。

西方经济学家认为,经济中之所以会发生周期性波动,其根源正在于乘数原理与加速原理的相互作用。具体来说,乘数—加速原理所说明的是:

第一,在经济中,投资、国内生产总值、消费相互影响,相互调节。如果政府支出为既定的(即政府不干预经济),只靠经济本身的力量自发调节,那么就会形成经济周期。经济周期中各阶段的出现,正是乘数—加速原理相互作用的结果。而在这种自发调节中,投资是关键的,经济周期主要是投资引起的。

第二,乘数—加速原理相互作用引起经济周期的具体过程是,投资增加通过乘数效应引起国内生产总值的更大增加,国内生产总值的更大增加又通过加速效应引起投资的更大增加,这样,经济就会出现繁荣。然而,国内生产总值达到一定水平后由于社会需求与资源的限制无法再增加,这时就会由于加速原理的作用使投资减少,投资的减少又会由于乘数的作用使国内生产总值继续减少。这两者的共同作用又使经济进入衰退。衰退持续一定时期后,由于固定资产更新,即大规模的机器设备更新又使投资增加,国内生产总值再增加,从而经济进入另一次繁荣。正是由于乘数—加速原理的共同作用,经济中就形成了由繁荣到衰退,又由衰退到繁荣的周期性运动。

第三,政府可以通过干预经济的政策来减轻,甚至消除经济周期的波动。

乘数—加速原理表明国内生产总值的变化会通过加速数对投资产生加速作用,而投资的变化又会通过投资乘数使国内生产总值成倍变化,加速数和投资乘数的这种交织作用便导致国内生产总值周而复始地上下波动。

12.2 改革开放以来我国经济周期波动与宏观调控

改革开放以来,我国经济取得了举世瞩目的成就。随着我国经济融入全球化趋势不断加强,西方经济学对我国的学术界产生了很大影响。我国学者对经济周期的研究也逐渐深入,提出了很多理论和思想。

12.2.1 改革开放以来我国的宏观经济波动分析

根据国内外研究经济周期的历史来看,在描述一个经济总体的经济总量的周期波动状态时,一般采用国际通用的、具有较强的可比性的、能全面反映总体经济活动水平的总量指标。目前,国内生产总值(GDP)是各国普遍采用的,并能够比较全面地反映一国经济活动水平的总量指标。我们也从国内生产总值的变化来了解一下中国自改革开放以来的宏观经济波动状况。表12-1显示了我国自1977年以来的GDP及GDP增长率变化情况。

表 12-1　1977—2010 年我国 GDP 及其增长率变化

年份	GDP/亿元	GDP 增长率/%	年份	GDP/亿元	GDP 增长率/%	年份	GDP/亿元	GDP 增长率/%
1977	3 201.9	7.6	1989	16 992.3	4.1	2001	109 655.2	8.3
1978	3 645.2	11.7	1990	18 667.8	3.8	2002	120 332.7	9.1
1979	4 062.6	7.6	1991	21 781.5	9.2	2003	135 822.8	10.0
1980	4 545.6	7.8	1992	26 923.5	14.2	2004	159 878.3	10.1
1981	4 891.6	5.2	1993	35 333.9	14.0	2005	183 868.0	10.4
1982	5 323.4	9.1	1994	48 197.9	13.1	2006	211 923.5	12.7
1983	5 962.7	10.9	1995	60 793.7	10.9	2007	257 306.0	14.2
1984	7 208.1	15.2	1996	71 176.6	10.0	2008	314 045.0	9.6
1985	9 016.0	13.5	1997	78 973.0	9.3	2009	340 903.0	9.2
1986	10 275.2	8.8	1998	84 402.3	7.8	2010	397 983.0	10.3
1987	12 058.6	11.6	1999	89 677.1	7.6			
1988	15 042.8	11.3	2000	99 214.6	8.4			

资料来源：国家统计局

根据表 12-1 中 GDP 增长率的数据，我们可以绘制 1977 年至 2010 年中国经济周期波动趋势图，如图 12-2 所示。在图 12-2 中，坐标的横轴是以年为单位表示的时间，起点是 1977年，终点是 2010 年。纵轴表示 GDP 增长率。图 12-2 表明，自 1977 年以来，中国的经济运行具有明显的周期性。经济增长率最高的波峰年分别是 1978 年（11.7%）、1984 年（15.2%）、1992 年（14.2%）和 2007 年（14.2%）。经济增长率最低的波谷年分别是 1981 年（5.2%）、1990 年（3.8%）和 1999 年（7.6%）。如果将 1977 年视为经济波动的波谷，以经济增长的"谷—谷"法来划分经济周期，自 1977 年以来我国经历了如下六个经济周期。

第一个经济周期：1977—1981 年。"文化大革命"结束之后，1977 年、1978 年，全国上下"大干快上"的热情很高。1978 年 2 月，中共中央转发国家计委《关于经济计划的汇报重点》，提出在 1980 年全国基本实现农业机械化，钢产量达到 3 600 万吨，在全国建成独立的、比较完整的工业体系和国民经济体系。1978 年 9 月后的几个月的投资高达 760 多亿元，刺激了经济的飞速发展，该年度经济增长为 11.7%。形成了我国改革开放后第一次经济过热。1979 年财政赤字达到了 206 亿元，占国内生产总值（GDP）的 5.2%。1979 年 3 月，国务院出台了"调整、改革、整顿、提高"的八字方针，经济随即进入收缩期。这是我国改革开放后第一次紧缩型宏观调控。1981 年进一步大调整，1981 年 3 月，国务院作出《关于加强基本建设计划管理、控制基本建设规模的若干规定》，该年经济继续走低，并成为第一个经济周期的谷底。从 1978 年的高峰到 1981 年的低谷，经济增长率波动的落差为 6.5 个百分点。上升阶段 2 年，下降阶段 3 年，共 5 年。

第二个经济周期：1982—1986 年。1982 年 9 月召开了党的十二大，提出了到 20 世纪末使国民生产总值翻两番的目标。1983—1985 年，根据中央提出的目标，政府实施了积极的货币政策，这 3 年基础货币供应量（M0）分别增加了 20.7%、49.5% 和 24.7%，经济增长率分别达到 10.9%、15.2%、13.5%。形成了我国改革开放后的第二次经济过热。随着货币供给量的快速增加，经济的高速发展，通货膨胀随之而来。1985 年的通货膨胀率达到了9.3%，高通货膨胀影响了社会、经济秩序的稳定。1986 年 4 月，国务院发出《关于加强预算外资金管理的通知》（以下简称《通知》）指出，全社会固定资产投资根据不同情况，分别实行指令性计划和指导性计划,全民所有制单位固定资产投资中,基本建设投资要严格控制,更新改造投资要加强引导和管理。1986 年 7 月,国务院发布《关于控制固定资产投资规模的若干规定》,进一步强调了《通知》中关于控制固定资产投资规模的要求。虽然当年 M0 增长了 23.3%,但狭义货币供应量(M1)增长率仅为 18.3%,比上年的 32.7% 下降了 14.4 个百分点,有效控制了货币供给量,该年经济增长率也随之下降到 8.8%。经济增速下降,该年也成为第二个经济周期的谷底。这是我国改革开放后第二次紧缩型宏观调控。从 1982 年的高峰到 1986 年的低谷,经济增长率波动的落差为 6.4 个百分点。上升阶段 3 年,下降阶段 2 年,共 5 年。

第三个经济周期:1987—1990 年。1986 年进行的宏观调控没有到位,潜伏着进一步引发新的过热的可能性。1987 年 3 月,国务院发出《关于放宽固定资产投资审批权限和简化审批手续的通知》,经济增速随即上升,构成了第三个经济周期的上升期。形成了我国改革开放后的第三次经济过热。1988 年通货膨胀率高达 18.8%,通货膨胀的主要原因依然是政府为了满足社会固定资产的投资增长要求和解决企业的资金短缺问题,从 1986 年开始加大政府财政支出,不断扩大政府财政赤字。为了解决政府赤字问题,货币连年超经济发行,到 1988 年第四季度,市场中的货币流通量为 2 134 亿元,比上年同期上涨 46.7%。由于货币的超量发行,市场货币的流通量剧增,引发了物价的猛烈上涨,货币贬值。1989 年 3 月,李鹏在七届人大二次会议上作《坚决贯彻治理整顿和深化改革的方针》的政府工作报告,提出各项改革要紧密围绕治理整顿这个中心,做到有利于压缩需求,调整结构,还要加强和改善宏观经济管理,控制货币发行,调节信贷规模和结构,引导经济健康运行。8 月,国务院发出《关于进一步抓紧抓好清理固定资产投资项目的通知》,经济急剧收缩;11 月国务院还转发了党中央的《中共中央关于进一步治理整顿和深化改革的决定》指出:要坚决控制社会总需求,继续压缩投资总规模,坚决调整投资结构,坚持实行从紧的货币财政政策。这是我国改革开放后第三次紧缩型宏观调控。从 1987 年的高峰到 1990 年的低谷,经济增长率波动的落差为 7.8 个百分点。上升阶段 1 年,下降阶段 3 年,共 4 年。

第四个经济周期:1991—1999 年。1991 年 2 月,国务院召开全国经济体制改革工作会议,制定了《经济体制改革"八五"纲要和十年规划》,指出国民生产总值按不变价格计,20 世纪末要比 1980 年翻两番,从 1991 年到 2000 年,平均每年经济增长速度在 6% 左右。当年的经济增长率达到了 9.2%,成为第四个经济周期的起点。1992 年 9 月,中共召开十四大。江泽民作了题为《加快改革开放和现代化建设步伐,夺取有中国特色社会主义事业的更大胜利》的报告。指出我国经济每年增长 8%～9% 是可能的,我们应该向这个目标前进。当年举国上下掀起了改革开放的新浪潮,国民经济飞速发展,经济增长率达到了 14.2%,构成了第四个经济周期的波峰,形成了我国改革开放后的第四次经济过热。1993—1995 年,在国内巨大的需求压力、高涨的投资需求下,财政赤字和货币供应超常增长,使得通货膨胀全面爆发,通货膨胀率分别高达 13.0%、21.7% 和 14.8%。1993 年上半年,国内金融业陷入无序状态,为房地产业大量融资,使得货币量超量投放,信贷规模一再突破计划。外汇市场上,人民币大幅度贬值,人民币兑美元比率由 1:5.64 骤然下降到 1:8.27,国际收支恶化。针对 1992—1993 年我国经济中出现的严重的泡沫现象和高通货膨胀率以及潜在的金融风险,中央从 1993 年夏开始实施"软着陆"的攻关调控,在货币政策方面出台了 13 条压缩银行信贷规模的措施,使新增货币供应量 M0 从 1993 年的 1 528.7 亿元减少到 1995 年的 596.8 亿元,经济步入收缩。1996年1月,全国金融工作会议在京召开,提出继续实施适度从紧的货币政策,经济继续回落,成功实现"软着陆"。这是我国改革开放后的第四次紧缩型宏观调控。从高峰(1992年)到最低谷(1999年),经济增长率波动的落差为7.1个百分点。上升阶段1年,下降阶段8年,共9年。

第五个经济周期:2000—2009年。从2000年起,到2007年,经济增长率连续8年处于8%以上至14%的上升通道内。2007年形成了我国改革开放后的第五次经济过热。中国2001年11月10日加入世界贸易组织(WTO),外资进入增加与出口增长良性互动,宏观调控发生了实质性的变化。这一阶段宏观调控的特点是针对不同阶段经济运行中出现的新情况、新问题,适时、适度地多次进行相应的调整,突出针对性和有效性。如2002年针对我国多年经济增长缓慢现象提出了扩大内需,增加农民收入的工作重点。2005年则针对非公有制经济发展中的突出问题,提出了放宽市场准入、加大财税支持七个方面的政策措施。2007年,针对偏热的经济形势及高企通货膨胀,政府采取了多种经济政策进行治理,2007年央行共上调了10次存款准备金率,加息6次。面对国内外复杂的形势,2008年上半年,我国的宏观调控重心发生了三次重大转变:年初,"一防"到"二防",一防即防止经济增长由偏快转为过热,二防即防止经济增长由偏快转为过热,防止价格由结构性上涨演变为明显通货膨胀;6月,"二防"到"两大任务",即一手抓抗灾救灾,一手抓经济社会发展;7月,"两大任务"到"三目标",即压通胀,保增长,促平稳。仅仅半年时间,我国宏观调控目标就发生了重大转向,由"压通胀"变成了"保增长"。2008年下半年,美国爆发了金融危机,为了应对美国金融危机对我国经济的影响,央行4次下调存款准备金率,百天内5次降低银行存贷款利率。2009年初,面对外围经济的一片肃杀,政府制定出台了十大产业振兴规划以及两年4万亿元的刺激经济方案,而这一切逐渐拉开了中国有史以来最大规模投资建设的序幕。从高峰(2007年)到最低谷(2002年),经济增长率波动的落差为5.9个百分点。上升阶段7年,下降阶段3年,共10年。

第六个经济周期:2010年中国经济再次进入快速增长通道。据国家统计局公布,2010年,我国国内生产总值经初步测算397 983亿元,按可比价格计算,比上年增长10.3%,增速比上年加快1.1个百分点。随着国内经济的复苏回暖,通货膨胀也随之而来,2010年中国CPI有7个月超过3%的通胀警戒线,11月CPI同比上涨更是达到5.1%,创28个月新高。针对越演越烈的通货膨胀现象,央行2010年6次上调存款准备金率,两次提高存贷款利率。2011年1月20日存款准备金率再次上调,达到创历史新高的19%。2月9日年内首次加息。这一切都昭示着中国经济进入了新一轮经济周期的上升阶段。

综上所述,1977—2010年,中国经济经历了五个完整的经济周期,经济增长与波动呈现出一种"高位平稳型"的新态势。如果按五个完整的经济周期计算,自1977年以来,我国经济周期的平均长度是6.6年,与朱格拉周期的时间长度接近。

12.2.2 改革开放以来我国经济波动的特点

经济的周期性波动是植根于现代社会经济运行中的普遍现象,从20世纪30年代以来,没有哪个已经实行现代市场经济制度的国家能够消灭或熨平经济周期,只是在不同的国家或同一国家的不同时期,经济周期具有不同的特征而已。改革开放以来我国宏观经济波动的特点(参见图12-2)主要体现在以下几个方面。

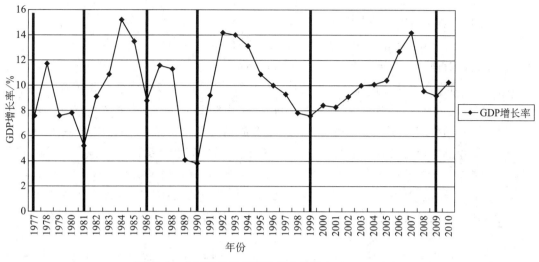

图 12-2　中国经济增长率波动曲线图（1977—2010 年）

1. 经济周期性波动的路径上移，表现为高位波动

根据可比价格推算，从 1958 年到 1978 年，我国 GDP 的平均增长率不到 5.2%；从 1978 年到 2010 年，平均增长率上升为 9.85%；1978 年以后，中国经济长期增长的路径已经上移，并且一直在一个较高的水平上波动。

2. 经济周期性波动的波幅减小

1978 年我国实行市场化的经济体制以来，经济波动的幅度不断减小；从 1958 年到 1964 年的第一个经济周期，经济增长率最高为 21.3%，最低为 -27.3%，波幅高达 48.6 个百分点；1964 年到 1970 年的第二个经济周期，经济增长率从 18.3% 跌至 1967 年的 -5.7%，波幅仍高达 24 个百分点；而从 1970 年到 1978 年的第三个经济周期，经济增长率从 19.4% 跌至 -1.6%，落差仍高达 21 个百分点。同时，我们注意到，1978 年以前，每当经济跌入波谷时，经济都为负增长，表现为古典型周期，用"高台跳水"、"大起大落"来形容 1978 年以前周期的波动幅度一点都不过分。然而，1978 年以后，经济周期的波动幅度明显缩小，并且无论是哪一次周期，经济运行到谷底时都再也没有出现过负增长。这就是说，经济周期不再表现为古典型周期，而是表现为增长型周期。经济波动幅度的缩小意味着我国的经济运行更加稳定。

3. 市场经济体制下，经济运行更为平稳

在计划经济时期，经济波动较为频繁，经济从波谷到波峰的扩张期时间都比较短，如 1977 年至 1990 年，我国经历了三次经济周期，平均长度为 4.67 年；而 1991 年至 2010 年，我国共经历了两次经济周期，平均长度为 10 年，表明我国经济的增长在扩张期有了更强的持续性。

 【案例小品 12-2】　软着陆

1993 年下半年以来，我国实施了以治理通货膨胀为首要任务的宏观调控。经过三年多的努力，宏观调控基本上达到了预期目标，国民经济的运行成功地实

任务12　经济周期与经济增长

现了"软着陆"。

什么是"软着陆"呢？"软着陆"是对经济运行状态的一种形象性比喻，即好比飞机经过一段飞行之后，平稳地降落到陆地上。"软着陆"的基本经济含义则是：国民经济的运行经过一段过度扩张之后，平稳地回落到适度增长区间。所谓"适度增长区间"是指：在一定时期内，由社会的物力、财力、人力即综合国力所能支撑的潜在的经济增长幅度。国民经济的运行是一个动态的过程，各年度间经济增长率的运动轨迹不是一条直线，而是围绕潜在增长能力上下波动，形成扩张与回落相交替的一条曲线。国民经济的扩张，在部门之间、地区之间、企业之间具有连锁扩散效应，在投资与生产之间具有累积放大效应。当国民经济的运行经过一段过度扩张之后，超出了其潜在增长能力，打破了正常的均衡，于是经济增长率将回落。"软着陆"即是一种回落方式。

"软着陆"是相对于"硬着陆"即"大起大落"方式而言的。"大起大落"由过度的"大起"而造成。国民经济的过度扩张，导致极大地超越了其潜在增长能力，严重地破坏了经济生活中的各种均衡关系，于是用"急刹车"的办法进行"全面紧缩"，最终导致经济增长率的大幅度降落。

成功的"软着陆"是相对于不成功的"软着陆"而言的。当国民经济过度扩张之后，为了避免"硬着陆"带来的损失，试图用"软着陆"的办法使经济降温，但经济增长率的回落尚未在适度区间落稳，在各种压力下，就重新快速起飞，最终还要导致"硬着陆"。

资料来源：刘国光，刘树成. 论"软着陆". 载人民日报，1997－01－07(9)

12.3　经济增长理论

12.3.1　经济增长的含义

在经济学界，对经济增长的理解并不完全一致。美国经济学家西蒙·史密斯·库兹涅茨(Simon Smith Kuznets)在 1971 年接受诺贝尔经济学奖时所作的演说《现代经济增长：发现和反映》中，给经济增长下了一个经典的定义："一个国家的经济增长，可以定义为给居民提供种类日益增多的经济产品的能力长期上升，这种不断增长的能力是建立在先进技术及所需的制度和思想意识的相应调整基础之上的。"

这个定义包含了以下三层含义。

第一，经济增长集中表现在经济实力的增长上，而这种经济实力的增长就是商品和劳务总量的增加，即国内生产总值的增加。如果考虑到人口的增加和价格的变动，也可以说是人均实际国内生产总值的增加。所以，经济增长最简单的定义就是国内生产总值的增加。

第二，技术进步是实现经济增长的必要条件。即只有依靠技术进步，经济增长才是可能的。在影响经济增长的各种因素中，技术进步是第一位的。从历史的经验看，经济增长中有一半以上要归功于技术进步,生产率的提高 80% 来自技术进步。

第三,经济增长的充分条件是制度与意识的相应调整。即只有社会制度与意识形态适合于经济增长的需要,技术进步才能发挥作用,经济增长才是可能的。美国经济学家道格拉斯·诺斯强调"增长的路径依赖",即一个国家只有选择了一条正确的道路才能走上增长之路。实践证明,这条正确的增长之路就是市场经济。

12.3.2 经济增长的源泉

实现经济增长的途径多种多样。例如,英国最先开始工业革命,并在 19 世纪成为世界经济的领导者。而日本,虽然起步较晚,但通过模仿国外先进技术,限制进口,保护国内工业等措施,也成功地发展了本国经济,成为世界经济强国之一。

虽然发展经济的途径不尽相同,但经济增长的基本机制都是相同的。无论是发达国家还是发展中国家,经济增长不外乎于四大要素的贡献:一是人力资源,包括劳动力的供给、教育、纪律和激励;二是自然资源,包括土地、矿产、燃料和环境质量;三是资本,包括机器、工厂和道路;四是科学技术,包括科学、工程、管理和企业家才能。这四大要素,像四个轮子推动经济滚滚向前发展。以下,我们对这四大要素分别加以讨论。

1. 人力资源

人力资源要素包括劳动力的数量和劳动队伍的技术水平。一个国家可以购买最先进的设备装置,但这些设备和装置需要那些有技术的受过训练的劳动力来使用,并使其发挥真正的效用。提高劳动力的阅读能力、健康程度、纪律意识以及适应新技术发展的操作能力,都将极大地提高劳动生产率。因此劳动力的质量是一国经济增长的最重要因素。

2. 自然资源

自然资源要素是指耕地、石油天然气、森林、水力和矿产资源等,发达国家凭借其丰富的资源在农、林、渔业方面获得了发展的后劲。但当今经济自然资源的拥有量并不是经济获得发展的必要条件。例如,美国纽约的繁荣主要源于它高度发展的服务业;自然资源稀缺的日本,通过大力发展劳动密集型和资本密集型的产业,获得了国富民强和经济昌盛;弹丸之地的中国香港,依靠贸易自由港的优势,发展成为国际贸易份额很大的地区。

3. 资本

积累资本是需要牺牲许多当前消费的,经济快速增长的国家一般都在新资本品上大量投资。在大多数经济高速发展的国家,10%~20% 的产出都用于净资本的形成,20 世纪对汽车、公路和电厂的投资浪潮大大提高了生产率。资本的形成还包括那些由政府承担的为新兴的私人投资部门提供基础设施的社会基础投资,如引水工程、公众医疗保健事业等。应该说明的是:这些投资先于贸易和商业,为生产率的提高创造了条件。但这些投资私人公司是无法进行的,只有依靠政府,使这些投资能有效进行。

4. 科学技术

科学技术进步对于提高生产率是十分重要的。增长不是一种简单的复制过程,像欧洲、北美和日本那样生产潜力获得具有提高的原因所在就是持续不断的发明和技术创新。技术进步更主要的是以一种不为人察觉的方式,微小地、不断地提高产品和质量和产出的数量。当然也有划时代的技术变革,如蒸汽机的发明等。技术进步并不只停留在找到更好的产品和工艺流程,更重要的是要培育一种企业家精神,这种制度的创新也将推动经济不断攀向新的高度。

通常经济学家用宏观生产函数来表明这些因素之间的关系。宏观生产函数将国民总产出、总投入和技术联系在一起。它的数学表达式是:

$$Y_t = A_t f(L_t, K_t, R_t) \qquad \text{（式 12-1）}$$

式 12-1 中，Y_t，L_t、K_t 和 R_t 依次为 t 时期的总产出、投入的劳动量、投入的资本量和投入的自然资源，A_t 代表 t 时期的技术状况。它们同时也都是时间的变量，从而能反映出这些变量随时间而变化的动态。

12.4　改革开放以来中国经济增长的基本特征

改革开放以来，中国经历了一个持续 30 年的经济高速增长期。1979—2010 年国内生产总值年均增长 9.92%，明显高于发展中国家经济平均增速，也一直高于国际组织最乐观的预期。世界银行 1997 年发表的研究报告《中国 2020》预计，中国经济年均增长率将从 1985—1995 年的 9.8% 降低至 2001—2010 年的 6.9%。但事实上，中国 2001—2010 年的年均增长率达到了 10.1%。过去 30 年中国经济增长呈现出三次大的上升期，特别是 2001—2007 年第三轮上升期持续了 7 年，经济增速从 2001 年的 8.3% 稳步上升到 2007 年的 13%。这一轮上升期持续时间之长、运行之平稳，都是改革开放以来前所未有的。这一时期，中国综合经济实力和国际竞争力大幅提升。2006 年国内生产总值超过英国；2007 年超过德国；2010 年经初步测算，我国国内生产总值达 397 983 亿元，超过日本，成为全球第二大经济体。按人民币对美元年平均汇价计算，2009 年人均国内生产总值约为 3 700 美元，即将由中低收入国家进入中高收入国家行列。按国际收支统计口径，2010 年中国货物贸易进出口总额为 29 090 亿美元，高于德国 5 912 亿美元。其中出口 15 815 亿美元，高于德国 3 204 亿美元；进口 13 275 亿美元，高于德国 2 707 亿美元；顺差 2 540 亿美元，高于德国 497 亿美元，成为全球第一大出口国。2009 年的国内生产总值占全球 8.5%，贸易总量占全球近 10%。中国在全球经济的地位发生了明显提升，对全球经济增长的贡献和影响力明显提高。

改革开放 30 年以来中国经济的持续快速增长，既有"东亚模式"的一般特征，包括拥有以世界最大规模人口为基础的低成本劳动力充分供给，"人口红利"形成的高储蓄率和高投资率，重视基础教育和宏观经济稳定等，也有许多特有的条件和特征，如渐进改革和增量改革模式，积极主动参与经济全球化进程，消费结构升级推动"消费革命"，大规模工业化形成的规模经济优势，城镇化带动的大规模基础设施建设，以及政府积极有效地参与发展进程等。过去 30 年，中国作为一个发展中大国，在人口众多、人均资源占有较少、经济基础薄弱的情况下，实现了"经济起飞"，走出了一条有中国特色的工业化城镇化道路，与此同时，作为一个社会主义大国，通过改革开放，实现了社会主义与市场经济的有效结合，建立了社会主义市场经济体制，在世界多样化发展中，形成了具有中国特色的发展模式。

罗伊·福布斯·哈罗德（Roy Forbes Harrod，1900—1978）是 20 世纪英国有名的经济

学家。他早年毕业于牛津大学,获文学学士学位。1922 年受聘于牛津大学基督学院,任讲师和研究员。他在相当长的时期中,任《经济学杂志》的副主编。在经济学领域中,哈罗德对不完全竞争理论、国际贸易理论和经济周期理论进行了深入的探索并做出了重大的贡献。最使他驰誉西方经济学界的是他在 1948 年与美国经济学家多马(Evesey D. Domar)同时提出的经济增长模式,这个模式被人们称为"哈罗德—多马增长模式"(Harrod-Domar Growth Model)。

在凯恩斯的《就业、利息和货币通论》出版后不久,哈罗德就提出一个论点:在经济学说史中,以亚当·斯密和李嘉图为代表的古典学派所作的经济分析是动态分析,到了马歇尔,动态分析不复存在。他指出,凯恩斯的伟大之处在于创立了宏观经济体系,但是,凯恩斯的理论是一种"宏观—静态经济学",是以未来的不确定性和人们心理预期的无理性为依据来论证经济的"稳定",而不是动态地、长期地分析经济的"增长"问题。

哈罗德以凯恩斯的收入决定论为基础进而论证道:为了维持某一时期的充分就业,必须如凯恩斯所说以投资提高有效需求,但是,在一个时期足以维持充分就业的有效需求,将不足以保证下一时期的充分就业,因为前一时期由于投资而形成的生产能力,将在下一时期提供比前一时期较多的产出(即增加供给),从而为了维持下一时期的充分就业,就必须扩大投资以增加有效需求。这样,由于投资年复一年地扩大,产出将年复一年地增长;反过来,要产出年复一年地增长,投资就必须年复一年地扩大。由此可见,资本的不断形成是经济持续增长的决定因素。基于上述论证,哈罗德建立起他的有名的并被广泛采用的经济增长模式,即增长率=储蓄率/(资本—产出比),这个模式的含义是简单而又明白的,资本—产出比在相当长的时期中可以视为常数,因此,经济增长率决定于储蓄率。

西方经济学界对哈罗德增长模式赞扬备至,认为它的建立具有两点重大的意义:第一,哈罗德在他的模式中继承了凯恩斯的基本思想而又加以发展,使静态的理论动态化、使短期的理论长期化,他由此被视为后凯恩斯主义的一位代表人物;第二,这个模式在一门新兴经济学科——发展经济学中产生了巨大影响,不少人认为模式与其说适合于发达资本主义国家,不如说更适合于发展中国家,因为它不只是消极地显示发展中国家经济的要害——资本的匮乏阻碍了经济的增长,而且更积极地指明,只要有持续的资本形成,就会有持续的经济增长。

自 我 测 试

一、名词解释

经济增长　经济周期　加速数

二、选择题

1. 经济周期的中心是(　　)。

A. 价格的波动　　　　　　　　B. 利率的波动

C. 国民收入的波动　　　　　　D. 就业率的波动

2. 经济周期的四个阶段依次是( )。

    A. 繁荣、衰退、萧条、复苏   B. 繁荣、萧条、衰退、复苏

    C. 复苏、萧条、衰退、繁荣   D. 萧条、衰退、复苏、繁荣

3. 中周期的时间大约为( )。

    A. 5～6 年   B. 9～10 年   C. 20 年左右   D. 3～4 年

4. 50～60 年一次的经济周期称为( )。

    A. 基钦周期   B. 朱格拉周期

    C. 康德拉季耶夫周期   D. 库兹涅茨周期

5. 在经济增长中起最大作用的因素是( )。

    A. 资本   B. 劳动   C. 技术进步   D. 储蓄率

6. 经济增长的核心是( )。

    A. 资本   B. 土地   C. 劳动   D. 技术进步

7. 经济周期包括的主要阶段有( )。

    A. 繁荣   B. 复苏   C. 衰退   D. 萧条

三、简答题

1. 西方经济学家把经济周期划分为哪几种类型？

2. 什么是经济增长？经济增长的源泉是什么？

四、讨论题

用技术进步在经济增长中的作用解释"科技是第一生产力"的道理。

案 例 分 析

次 贷 危 机

随着雷曼兄弟的破产，美林证券的被收购，已经快被人们所淡忘的次贷危机又起波澜，强势"余震"席卷美国。

2007 年是黄金大涨的一年，是美元快速贬值的一年，同样也是世界经济遭受沉痛打击的一年，这一年美国次贷危机爆发并开始泛滥。

次贷危机又称次级房贷危机，指一场发生在美国，因次级抵押贷款机构破产、投资基金被迫关闭、股市剧烈震荡引起的风暴。危机致使全球主要金融市场出现资金流动性严重不足。

次级贷款是指那些放贷给信用品质较差和收入较低的借款人的贷款。由于信用和收入不足，这些人往往没有资格获得要求借款人有优良信用记录的优惠贷款。放贷机构之所以愿意为这些人发放贷款，是因为次贷利率通常远高于优惠贷款利率，回报较高。这种贷款通常不需要首付，只是利息会不断提高。次级市场的贷款利率通常比优惠级抵押贷款高 2%～3%。

放出这些贷款的机构，为了资金尽早回笼，于是就把这些贷款打包，发行债券，类似地，次贷的债券利率当然也肯定比优贷的债券利率要高。因为回报高，这些债券就得到了很多投资机构，包括投资银行、对冲基金的青睐。

2006 年开始，美国楼市开始萎靡，房价下跌，购房者难以将房屋出售或通过抵押获得融资。由于贷款不能按期收回，放贷机构以及购买次贷债券的投资银行和对冲基金等开始出现大额亏损。随着 2007 年 8 月 2 日，贝尔斯登表示，美国信贷市场呈现 20 年来最差状态，欧美股市全线暴跌开始，次贷危机全面爆发，并迅速席卷美国、欧洲和日本等世界主要金融市场。

有数据显示，在上一波危机中，美联储共向市场注入资金超过 1 300 亿美元，欧洲央行也有超过 3 434 亿美元的注资。房市上的低迷很快殃及到了其他领域，为防止本国经济进一步下滑，美联储立刻采取降息手段来提振经济发展，美国联邦基金利率从 2007 年 9 月 18 日的 5.25％，经过 7 次下调利率，共降息 325 个基点至现在的 2.0％。其中更有美国国会通过的减税 1 500 亿美元的刺激消费政策。当前，7 000 亿美元的救援资金也正等待国会批准。

虽然现在距次贷危机爆发已经过去多时，但其威力仍不可小视。当前整体金融市场仍处在次贷危机的阴影下运行，经过此次华尔街动荡，整个世界货币市场无疑会变得更加紧张。

因为中国的资本市场还并没有完全对外开放，次贷危机对于中国的直接影响有限。但要注意的是，次贷导致的美元贬值、消费低迷和全球资金流动性的收紧，对我国对外贸易影响不容低估。

资料来源：http://www.bankrate.com.cn

问题：分析一下次贷危机与经济周期是否有关系。

技 能 实 训

实训项目：对不同地区的经济增长情况进行调查分析。

实训目标：通过实地调研，了解经济增长的表现和原因。

实训组织：学生每 6 人分为一组，选择不同的地区进行调查。

实训提示：教师提出活动前准备及注意事项，同时随队指导。

实训成果：各组汇报，教师讲评。

宏观经济政策——宏观经济调控的左右手

■ 能力目标

通过完成本项任务,应该能够:

◆ 掌握两类基本宏观经济政策

◆ 掌握财政政策的基本内容、工具、影响

◆ 掌握货币政策的基本内容、工具、影响

◆ 掌握财政政策与货币政策的综合运用

◆ 会运用所学理论分析当前经济政策

■ 任务解析

13.1 宏观经济政策概述

13.2 需求管理(一):财政政策

13.3 需求管理(二):货币政策

■ 任务导入

2011 年 1 月 26 日国务院公布八条最新楼市调控政策,"新国八条"使得第三次调控最终浮出水面,其中房贷方面,二套房贷首付提至六成,限购令也推向了全国执行,可谓最严厉房地产调控政策。2011 年上海、重庆试点开征房产税。2011 年中央一号文件提出,今后 10 年水利投入 4 万亿元,2011 年 1 月 20 日,中国人民银行决定上调存款类金融机构人民币存款准备金率 0.5 个百分点,调整后,存款准备金率达到创历史新高的 19%。2011 年 2 月 9 日,中国人民银行决定上调金融机构一年期存贷款基准利率 0.25 个百分点,其他各档次存贷款基准利率相应调整……2011 年伊始,我国频繁推出各种宏观经济调控政策。看到这些回放的新闻,我相信你不禁会问,为什么要如此密集地出台各种宏观经济政策?出台这些宏观经济政策的依据何在?出台这些宏观经济政策的目标是什么?这些宏观经济政策的出台将对国家经济和普通百姓的生活带来什么样的影响?想知道这些问题的答案吗?请完成本任务吧。

你可以对照知识目标和能力目标,结合自我测试反复演练,有的放矢地依次完成各分项任务,直至完成本任务。

13.1 宏观经济政策概述

先行案例　2011年我国宏观经济政策及走向

2010年12月12日闭幕的中央经济工作会议提出:2011年宏观经济政策的基本取向要积极稳健、审慎灵活,重点是更加积极稳妥地处理好保持经济平稳较快发展、调整经济结构、管理通胀预期的关系,加快推进经济结构战略性调整,把稳定价格总水平放在更加突出的位置,切实增强经济发展的协调性、可持续性和内生动力。所谓"积极"是要继续发展经济,"稳健"是要控制通胀,二者分别对应两大政策:积极的财政政策和稳健的货币政策。一方面,面临严峻的就业问题,要保持一定的经济增长速度,所以要"积极"、"灵活";另一方面,现在我们面临的通胀压力很大,要防止经济过热,所以要"稳健"、"审慎"。

资料来源:专家解读2011年宏观经济政策及走向. 新华网

想一想:什么是宏观经济政策?

　　宏观经济政策是指国家或政府为了增进社会经济福利而制定的解决经济问题的指导原则和措施,它是政府为了达到一定目的而对经济活动有意识的干预。本节介绍宏观经济政策目标和宏观经济政策工具。

13.1.1　宏观经济政策目标

　　政府诸多宏观经济管理职能并非与生俱来。在很长一段时间内,政府的职能只是维护社会稳定与国家安全,并在此基础上实现收支平衡。那时,政府更像一个"守夜人"。由于市场经济本身固有许多缺陷,在经济运行的进程中时常出现市场失灵,包括微观与宏观两方面,特别是在产业革命以后,市场波动更是频繁不断,以1923年起的世界范围的经济大萧条最为剧烈,其最显著的特征是大批银行与企业纷纷破产,失业率居高不下,而且持续时间长。高失业率引起了社会乃至世界的动荡,市场机制对此似乎已无能为力了。接着,美国开始了著名的罗斯福新政。罗斯福总统决定大量增加政府开支,旨在消灭社会头号公敌——失业。从此,市场经济国家拉开了国家干预的序幕。

　　这一段历史给予我们一些启示:首先,公众不喜欢经济波动,维持经济稳定将有助于增进社会福利;其次,一项积极的稳定政策对维持经济良好运行来说是必要的。可以这样认为,宏观调控虽不能消除波动,但能防止大萧条再次出现。第二次世界大战以后,各国经济运行状况也证实了这一点,但同时也显示了稳定政策决非简单易行,主要原因在于难以保持失业率与通货膨胀都处于低位,两者有时会产生冲突。与失业一样,公众也不喜欢通货膨胀。至此,我们可以给出宏观经济政策的主要目标——充分就业且物价稳定。

1. 充分就业

充分就业是指包括劳动在内的一切生产要素都以愿意接受的价格参与生产活动的状态。充分就业是宏观经济政策的一个重要目标,因为失业意味着经济资源的闲置和浪费,从而使经济总体产出下降,社会总福利遭受损失。正如本书任务 11 中讲到的,失业的成本是巨大的,无论对个人还是对整个经济体。因此,降低失业率、实现充分就业往往是西方国家宏观经济政策的首要目标。充分就业不是指就业率为 100%,消除了周期性失业,只有摩擦性失业和结构性失业的状态就可认为是充分就业的状态。

2. 物价稳定

物价稳定是指物价总体水平的稳定,一般用物价指数来衡量一般价格水平的变化。由于通货膨胀对经济有不良影响,为了控制通货膨胀对经济的冲击,西方国家把价格稳定作为宏观经济政策的另一目标。物价稳定不是指每种商品的价格固定不变,而是指物价指数的相对稳定。物价稳定并不是通货膨胀率为零,而是允许保持一个相对较低、稳定的通货膨胀率。一般来讲,如果通货膨胀率保持在 3% 以下,并且变动较小,能够被预期,则其成本相对较小,并且被认为可在一定程度上促进经济增长。

3. 经济增长

经济增长指一个国家或地区生产的物质产品和服务在一定时期内的持续增加,它意味着经济规模和生产能力的扩大,可以反映一个国家或地区经济实力的增长。现在我国主要是用国内生产总值、国民生产总值等指标来测量经济增长总量。为了消除价格变动的影响,反映实际的经济增长量,应该使用不变价格计算。度量经济增长除了测算经济增长总量和总量增长率之外,还应计算人均经济增长量,如按人均的国内生产总值或国民生产总值及其增长率。拉动国民经济增长有三大要素,分别是投资、出口和消费。经济增长通常会增加社会福利,但不是增长率越高越好。这是因为经济增长一方面受到各种经济资源条件的限制,不可能无限地增长;另一方面,经济增长也要付出代价,如造成资源过度消耗、环境污染以及物价上涨等问题。

4. 国际收支平衡

国际收支平衡是指,一国在一年内的国际收支不存在顺差也不存在逆差。但以国际收支平衡为目标,并不是以追求国际收支的绝对平衡为目标。现实经济中,各国政府都尽力使本国外汇储备有所增加,适度增加外汇储备可以看作改善国际收支状况的基本标志,同时顺差也表示一国产品在国际市场上具有一定的竞争力,有利于增强本国的经济实力。国际收支平衡目标,可以说是所有目标中最弱的一个目标,因为各国政府往往为了经济增长目标、充分就业目标和物价稳定目标而放弃国际收支平衡。但如果国际收支失衡累积到一定程度,也会给经济造成一定的压力。如果逆差过大会导致资金外流,导致经济"失血",进而引起本币贬值、产出和就业水平下降等;相反如果顺差过大,同样对经济造成一定的压力,如本币升值压力、国内通货膨胀的压力等。

以上四大目标之间的关系为,既相互促进又相互矛盾。例如,充分就业目标与经济增长目标之间是相互促进的,经济保持适当的增长率将会创造更多的就业机会,就业水平的提高也有利于产出的增长。但是在物价稳定目标和充分就业、经济增长目标之间,往往存在相互矛盾的情况。例如,政府为了刺激经济增长,扩大就业,一般要实施扩张的财政政策和货币政策,这会导致总需求的过快增长和货币供给的过量增长,最终引起物价上涨。为了物价稳定抑制通货膨胀,政府会采取紧缩的财政政策和货币政策,这会引起货币供给的减少和总需求的下降,最终引起产出的减少、就业水平下降和经济增长放缓。国内均衡与国际收支平衡之间也存在着相互交替关系。例如,为了促进经济增长和充分就业,各国政府都力争扩大本国产品的出口,这会使国际收支出现顺差。

因此,在制定宏观经济政策时,必须对经济政策目标进行价值判断,权衡轻重缓急和利弊得失,确定目标的实现顺序,同时使各个目标能有最佳的匹配组合,使所选择的目标体系成为一个和谐的有机整体。

 【案例小品13-1】 这一年(2010年):与CPI赛跑很辛苦 物价已经过五关

2010年的物价上涨轻松掀翻了很多人的预期。CPI从年初的1.5%连续闯关,呈现出"利落"的走势破三、破四、破五,一路仰冲至11月的5.1%。在网民自发评选的年度汉字中,"涨"字呼声最高。众网友一边投票,一边长叹"神马都在涨"。"涨"字背后有游资热"炒"作祟,有普通百姓海"囤"应对,有政府出"拳"破解。

伴随着通货膨胀的"敲门"声,"豆你玩"、"蒜你狠"、"姜你军"、"苹什么"、"糖高宗"、"油你去"、"煤超疯"等网络热词迅速蹿红,紧随其后,土豆、鸡蛋、白酒、方便面、大米、棉花、羽绒服也纷纷加入涨价大军。

揶揄戏谑之后,更多的是被逼迫出来的生存智慧,在腰包飞快瘪下去的同时,普通民众不得不与CPI展开一场"民间赛跑"。于是,催生了囤货抗涨的"海囤族"和节省开支的"抠抠族"。更有对抗CPI的终极秘笈"八戒":戒驾、戒烟、戒酒、戒零食、戒逛街、戒在外吃饭、戒娱乐……换城消费、"赴港打酱油"也成为一种购物"新体验"。

在此背景下,中央果断出手,祭出稳物价"国十六条","通胀狙击战"全面打响。从中央到地方纷纷采取措施平抑物价,时隔多年再提"菜篮子"市长负责制,力度之大前所罕见。调控立竿见影,尤其是前期游资介入"炒作"的部分品种,价格回落幅度相当明显。

2011年中央经济工作会议提出将"稳定价格总水平放在更加突出的位置",这也意味着控物价已经成为调控的首要任务。本次会议更是明确提出,价格调控监管工作将"全面加强",具体措施以经济和法律手段为主,辅之以必要的行政手段。

虽然不大能弄明白流动性、准备金、负利率、CPI,但可以肯定的是,无论什么原因造成的价格上涨,网民还是有话要说,有言要建。

网言网语:"现在既跑不赢刘翔,也跑不赢CPI。"

百姓感受:"今年觉得特别难,不知道是真的难还是周围有这样的气氛,反正我始终都觉得心理压力挺大的。"

各方声音:"面粉、鸡蛋都涨价,我们再不涨就只能赔钱。"

【案例小品13-2】 2011年我国经济政策目标

2011年国民经济和社会发展的主要预期目标是:国内生产总值增长8%左右;经济结构进一步优化;居民消费价格总水平涨幅控制在4%左右;城镇新增就业900万人以上,城镇登记失业率控制在4.6%以内;国际收支状况继续改善。总的考虑是,为转变经济发展方式创造良好环境,引导各方面把工作着力点放在加快经济结构调整、提高发展质量和效益上,放在增加就业、改善民生、促进社会和谐上。

资料来源:2011年温家宝政府工作报告

13.1.2 宏观经济政策工具

宏观经济政策工具是用来达到宏观经济政策目标的手段。当代西方经济学认为,政府对宏观经济的管理既应包括对总需求的管理,也应包括对总供给的管理。因此,实现宏观经济政策目标的工具可分为需求管理和供给管理两个方面。

1. 需求管理

需求管理是通过调节总需求来达到一定政策目标的宏观经济政策工具,主要包括财政政策和货币政策。需求管理最先由凯恩斯提出,凯恩斯主义者认为,经济中不存在生产和就业向完全就业方向发展的强大的自动机制,这与新古典主义经济学所谓的萨伊定律相悖,后者认为价格和利息率的自动调整会趋向于创造完全就业。凯恩斯主义者认为,总需求是决定物价和产出的关键,因此,宏观经济政策应该对总需求进行调节。在有效需求不足的情况下,也就是总需求小于总供给时,政府应采取扩张性的财政政策或货币政策,刺激总需求的增长,进而提高产出和就业水平;当有效需求过度增长的情况下,即总需求大于总供给时,政府可采取紧缩性的财政和货币政策,抑制总需求,以实现物价稳定目标。

2. 供给管理

供给学派是20世纪70年代在美国兴起的一个经济学流派。该学派强调从总供给方面管理经济。该学派认为,生产的增长决定于劳动力和资本等生产要素的供给和有效利用。个人和企业提供生产要素和从事经营活动是为了谋取报酬,对报酬的刺激能够影响人们的经济行为。影响供给的因素有劳动力、工资、价格和经济潜力,因此,供给管理政策工具具体包括:控制工资和物价的收入政策、指数化政策、人力政策和经济增长政策。

(1)收入政策。收入政策是指通过限制工资收入增长率从而限制物价上涨率的政策。之所以对收入进行管理,是因为通货膨胀是由于工资上升造成的成本上升引起的。收入政策的目的就是制止通货膨胀。它有以下三种形式:一是,工资—价格指导线,根据生产率和其他因素的变动,规定工资和物价上涨的限度,其中主要是规定工资的增长率。企业和工会都要根据这一指导线来确定工资增长率,企业也必须据此确定产品的价格变动幅度。二是,工资—物价的管制,政府采取法律和行政手段禁止在一定时期内提高工资与物价,这些措施一般是在特殊时期采用的,在严重通货膨胀时也被采用。三是,税收政策,即以税收来控制工资的增长率。

(2)指数化政策。指数化政策是指根据通货膨胀率来调整各种收入的名义价值,以使收入的实际价值保持不变。主要有工资指数化、税收指数化等。

(3)人力政策。又称为就业政策,是一种旨在改善劳动力市场结构,以减少失业的政策。主要有:一是,人力资本投资,由政府向劳动者投资,以提高劳动者的素质和技能,适应劳动力市场的需要。二是,完善劳动力市场,政府应该不断完善和增加各类就业中介机构,为劳动的供求双方提供迅速、准确而完全的信息,促进就业水平的提高,进而促进经济增长。三是,改善劳动力供求结构。劳动资源供求在地区间、产业间存在失衡现象,政府有责任为劳动力在地区间、行业间的流动提供有利条件,这样就可以有效降低摩擦性、结构性失业的水平,提高充分就业水平,促进经济效率提高。

(4)经济增长政策。主要有:一是增加劳动力的数量和质量。增加劳动力数量的方法包括提高人口出生率、鼓励移民入境等;提高劳动者素质的方法有增加人力资本投资。二是资本积累。资本积累的主要来源是储蓄,可以通过减少税收、提高利率等途径来鼓励人们储蓄。三是技术进步。技术进步在现代经济增长中起着越来越重要的作用。因此,促进技术进步成为各国经济政策的重点。四是经济结构调整。经济增长的一个持久动力是合理的经济结构,如果某个部门或产业占据过多的资源或过少的资源,必将导致资源配置失效,而使经济失去增长的动力。

虽然在学术界,各学派经济学家都极力宣扬自己的理论,而否定对立的理论,但在各国政府制定经济政策时,往往既包含需求管理又包含供给管理。因此,可以认为为了实现宏观经济目标,需要把需求管理和供给管理结合起来运用,这样才能达到最佳效果。

13.2　需求管理(一):财政政策

先行案例　2011年财政政策

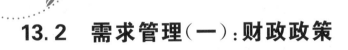

2011年我国继续实施积极的财政政策。保持适当的财政赤字和国债规模。今年拟安排财政赤字9 000亿元,其中中央财政赤字7 000亿元,继续代地方发债2 000亿元并纳入地方预算,赤字规模比上年预算减少1 500亿元,赤字率下降到2%左右。要着力优化财政支出结构,增加"三农"、欠发达地区、民生、社会事业、结构调整、科技创新等重点支出;压缩一般性支出,严格控制党政机关办公

13.2.1 财政政策的内容与运用

1. 财政政策的内容

财政政策一般是指政府通过改变财政收入和支出来影响社会总需求,以便最终影响就业和国民收入的政策。西方宏观财政政策的理论依据是凯恩斯主义的有效需求不足理论。凯恩斯认为,国民收入水平和就业水平取决于社会总需求与总供给的均衡,在"边际消费倾向递减"、"资本边际效率递减"及"流动偏好"规律的作用下社会总需求总是不足的。在总供给既定的情况下,不充分的有效需求所决定的国民收入水平,不能使资源充分利用,从而导致生产下降和失业增加。为此,政府需要对经济进行宏观调控,刺激社会总需求,进而增加国民收入和提高就业水平。社会总需求膨胀时,政府可通过宏观调控抑制社会总需求,以减少国民收入和降低就业水平。

一般而言,一国政府的财政政策包括财政支出和财政收入两大方面。

(1) 财政支出。财政支出(public finance expenditure)也称公共财政支出,是指在市场经济条件下,政府为提供公共产品和服务,满足社会共同需要而进行的财政资金的支付。财政支出的构成如下。

财政支出
- 政府净支出
  - 消费性支出:公务员工薪支付、政府机构购买的商品和服务等
  - 公共投资性支出:政府对公共设施和国有企业的投资等
- 国债利息支付
- 转移支付:社会保障(失业、养老、医疗保障等)和社会福利(贫困救济和补助等)支出

其中,政府净支出是政府自身的花费,包括消费性支出和投资性支出两部分,显然这二者分别影响社会的消费能力和投资能力。例如,我国政府为了应对2008年美国金融危机,从2008年11月到2010年底,一直实施积极的财政政策,其中增加公共投资是近两年积极财政政策的"重头戏"。从2008年四季度到2010年底,中央政府增加公共投资1.18万亿元,带动引导社会投资4万亿元,为应对国际金融危机的冲击、稳定经济做出了重要贡献。

转移支出是社会成员之间的收入再分配,起着社会稳定器的作用,因为低收入者所得到的失业、养老、医疗保险金和其他补助,相对于其所交的税收来说较多,高收入者所得则较少。在西方发达国家,财政总支出一般要占GDP的1/3到1/2,如美国在1/3左右,德国、法国在1/2左右,其中社会福利和保障等转移支付要占财政支出的一半以上,是第一大财政开支,由此可见西方国家财政具有强大的调控能力。

【案例小品13-3】 国务院十项措施扩大内需 2010年底前投资4万亿

新华网北京2008年11月9日电 国务院总理温家宝5日主持召开国务院常务会议,研究部署进一步扩大内需促进经济平稳较快增长的措施。

会议认为,近两个月来,世界经济金融危机日趋严峻,为抵御国际经济环境对我国的不利影响,必须采取灵活、审慎的宏观经济政策,以应对复杂多变的形势。当前要实行积极的财政政策和适度宽松的货币政策,出台更加有力的扩大国内需求措施,加快民生工程、基础设施、生态环境建设和灾后重建,提高城乡居民特别是低收入群体的收入水平,促进经济平稳较快增长。会议确定了当前进一步扩大内需、促进经济增长的十项措施。

一是加快建设保障性安居工程。加大对廉租住房建设支持力度,加快棚户区改造,实施游牧民定居工程,扩大农村危房改造试点。

二是加快农村基础设施建设。加大农村沼气、饮水安全工程和农村公路建设力度,完善农村电网,加快南水北调等重大水利工程建设和病险水库除险加固,加强大型灌区节水改造。加大扶贫开发力度。

三是加快铁路、公路和机场等重大基础设施建设。重点建设一批客运专线、煤运通道项目和西部干线铁路,完善高速公路网,安排中西部干线机场和支线机场建设,加快城市电网改造。

四是加快医疗卫生、文化教育事业发展。加强基层医疗卫生服务体系建设,加快中西部农村初中校舍改造,推进中西部地区特殊教育学校和乡镇综合文化站建设。

五是加强生态环境建设。加快城镇污水、垃圾处理设施建设和重点流域水污染防治,加强重点防护林和天然林资源保护工程建设,支持重点节能减排工程建设。

六是加快自主创新和结构调整。支持高技术产业化建设和产业技术进步,支持服务业发展。

七是加快地震灾区灾后重建各项工作。

八是提高城乡居民收入。提高明年粮食最低收购价格,提高农资综合直补、良种补贴、农机具补贴等标准,增加农民收入。提高低收入群体等社保对象待遇水平,增加城市和农村低保补助,继续提高企业退休人员基本养老金水平和优抚对象生活补助标准。

九是在全国所有地区、所有行业全面实施增值税转型改革,鼓励企业技术改造,减轻企业负担1 200亿元。

十是加大金融对经济增长的支持力度。取消对商业银行的信贷规模限制,合理扩大信贷规模,加大对重点工程、"三农"、中小企业和技术改造、兼并重组的信贷支持,有针对性地培育和巩固消费信贷增长点。

初步匡算,实施上述工程建设,到2010年底约需投资4万亿元。为加快建设进度,会议决定,今年四季度先增加安排中央投资1 000亿元,明年灾后重建基金提前安排200亿元,带动地方和社会投资,总规模达到4 000亿元。

资料来源:国务院十项措施扩大内需 2010年底前投资4万亿.腾讯网

（2）财政收入。财政收入是指政府为履行其职能、实施公共政策和提供公共物品与服务需要而抽取的一切资金的总和。财政收入表现为政府部门在一定时期内（一般为一个财政年度）所取得的货币收入。财政收入的构成如下。

财政收入
{
税收
{
直接税：个人所得税、财产税、遗产税、企业所得税、社会保险税等
间接税：销售税（增值税、营业税）、关税等
}
收费、国有企业上缴利润
公债
}

① 税收。财政收入的绝大部分来自税收，在西方发达国家税收几乎等于财政收入，收费和国有企业上缴的利润很少。直接税是纳税人自身负担的税收，间接税则是纳税人并不是最终负担者而是将之转移到第三者身上，如增值税实际上是由消费者负担。在西方发达国家，一般直接税要占税收的70%左右，间接税占30%左右。由于直接税一般实行累进税率，间接税含在产品和服务价格之中，其高低影响消费，因此这种税收结构一方面有利于缩小社会成员间的收入分配差距；另一方面有利于鼓励消费。我国目前的税收结构则相反，直接税只占30%左右，间接税则占70%左右。随着人们收入水平的提高和税收制度改革的深化，我国直接税的比重也必将逐步提高。

税收政策的具体内容，通常包括提高或降低税率、扩大或缩小税基（改变征税范围、起征点、累进税档次）、减免税等方面。供给学派认为，减税不仅不会引起预算赤字的增大，反而会使预算赤字缩小甚至完全消除。其理论基础就是所谓的拉弗曲线，如图13-1所示。

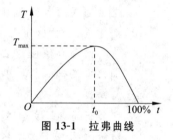

图 13-1　拉弗曲线

在图13-1中，横轴代表边际税率，纵轴代表税收总额。显然，当税率为零时，政府的税收总额为零。当税率为100%时，政府的税收总额也为零。供给学派认为，当税率水平比较低时，随着税率的上升，国民收入中越来越大的比例成为税收，税收总额也会随之增加。但是，当税率比较高时，随着税率的上升，人们的工作积极性、储蓄的积极性以及厂商投资的动力都会下降，于是会引起经济活动水平的下降。结果，虽然税率上升，但是税收总额会因为税收基数的减少而下降。这意味着，存在着某一个能够使政府税收总额最大的税率水平，即图13-1的 t_0。供给学派认为减税可以使政府税收增加，是以假定原来的税率水平过高、处于 t_0 右边为前提的。

【案例小品13-4】　拉弗曲线理论的提出与发展

20世纪30年代的世界经济大危机使凯恩斯主义得以流行，其需求管理政策被西方不少国家长期奉为"国策"。但是，"玫瑰色的繁荣期"过去后，到20世纪70年代，服用凯恩斯主义药方的国家却纷纷得了相同的后遗症："滞胀"，即经济停滞与通货膨胀并存。如何医治"滞胀"这个恶疾，便成为现代西方经济学家研究的重点。这时，南卡罗来纳商学院教授阿瑟·拉弗提出了"拉弗曲线"理论。拉弗曲线并不是严肃的经济学家精心研究的结果，而是拉弗1974年为了说服当时福特总统的白宫助理切尼，使其明白只有通过减税才能让美国摆脱

"滞胀"的困境，即兴在华盛顿一家餐馆的餐巾纸上画的一条抛物线，这就是著名的"拉弗曲线"，也被戏称为"餐桌曲线"。这个理论得到同来赴宴的《华尔街日报》副主编、综合经济分析公司总经理贾德·万尼斯基极大的赞赏，他利用记者身份在报纸上大肆宣传，很快"减税主张"便博得社会各界的认同，最终被里根政府所采纳，从此其影响遍及欧美大陆。

"拉弗曲线"理论在美国里根政府时期特别流行，"供给学派"也由此在经济学界名噪一时，这又有一个故事：1980年1月，里根刚竞选上总统，其竞选班子特别安排了一些经济学家来为里根上课，让他学习一些治理国家必备的经济学知识。第一位给他上课的就是拉弗。拉弗正好利用这个机会好好地向里根推销了一通他的关于税收的"拉弗曲线"理论。当拉弗说到"税率高于某一值时，人们就不愿意工作"时，里根兴奋地站起来说："对，就是这样。第二次世界大战期间，我正在'大钱币'公司当电影演员，当时的战时收入附加税曾高达90%。我们只要拍四部电影就达到了这一税率范围。如果我们再拍第五部，那么第五部电影赚来的钱将有90%给国家交税了，我们几乎赚不到钱。于是，拍完了四部电影后我们就不工作了，到国外旅游去。"正因为里根本人的经历与"供给学派"提供给他的理论如此契合，所以，他一主政，就大力推行减税政策，从而也使得一开始并没有引起人们注意的"拉弗曲线"理论登上了经济学主流的大雅之堂。

资料来源：百度百科

② 公债。当政府税收不足以弥补政府支出时，就会发行公债。公债是政府对公众的债务，或公众对政府的债权。它是政府运用信用形式筹集财政资金的特殊形式，包括中央政府的债务和地方政府的债务。其中，中央政府的债务称为国债。政府借债一般有短期债、中期债和长期债三种形式。短期债期限一般在1年以内，主要进入短期资金市场（货币市场）；中期债期限一般在1年以上5年以内；长期债期限一般在5年以上。通常，短期债的利息率较低，中长期债的利息率因其期限长、风险大而较高，它是西方国家资本市场上最主要的交易品种之一。

【案例小品13-5】 2010年我国财政收支情况

2010年，全国财政预算执行情况良好，财政收入较快增长，各项重点支出得到较好保障。

1. 全国财政收入情况

1～12月累计，全国财政收入83 080亿元，比上年增加14 562亿元，增长21.3%。其中：中央本级收入42 470亿元，比上年增加6 554亿元，增长18.3%；地方本级收入40 610亿元，比上年增加8 008亿元，增长24.6%。财政收入中的税收收入73 202亿元，增长23%；非税收入9 878亿元，增长9.8%。

全国财政收入主要项目情况如下。

（1）国内增值税 21 092 亿元，比上年增加 2 611 亿元，增长 14.1%。主要是受工业生产增长较快和工业品出厂价格上涨等因素的带动。

（2）国内消费税 6 072 亿元，比上年增加 1 310 亿元，增长 27.5%。增长较快，主要是 2009 年成品油税费改革和提高烟产品消费税税率，2010 年前几个月有翘尾增收因素，以及汽车销量大幅增长带动消费税增加。

（3）营业税 11 158 亿元，比上年增加 2 144 亿元，增长 23.8%。主要是固定资产投资平稳较快增长等因素带动相关行业营业税增长。

（4）企业所得税 12 843 亿元，比上年增加 1 306 亿元，增长 11.3%。主要是受企业利润恢复性增长等因素的影响。

（5）个人所得税 4 837 亿元，比上年增加 888 亿元，增长 22.5%。主要是受居民收入增加以及加强征管等因素的影响。

（6）进口货物增值税、消费税 10 487 亿元，比上年增加 2 758 亿元，增长 35.7%；关税 2 027 亿元，比上年增加 544 亿元，增长 36.6%。增幅高，主要受 2009 年一般贸易进口基数较低（下降 6.7%），2010 年一般贸易进口快速恢复（增长 43.7%）的影响。

（7）出口退税 7 327 亿元，比上年多退 841 亿元，增长 13%，账务上相应冲减财政收入。

（8）车辆购置税 1 792 亿元，比上年增加 628 亿元，增长 54%。增幅高，主要是受全年汽车销量大幅增长 32.4%，以及对 1.6 升及以下小排量乘用车由减按 5% 调至减按 7.5% 征收车辆购置税的影响。

（9）非税收入 9 878 亿元，比上年增加 881 亿元，增长 9.8%。主要是按有关规定，将部分原实行预算外专户管理的行政事业性收费纳入预算管理。

2. 全国财政支出情况

1～12 月累计，全国财政支出 89 575 亿元，比上年增加 13 275 亿元，增长 17.4%。分中央、地方看，中央财政支出 48 323 亿元，其中，中央本级支出 15 973 亿元，比上年增加 717 亿元，增长 4.7%；对地方税收返还和转移支付 32 350 亿元，比上年增加 3 786 亿元，增长 13.3%。地方财政用地方本级收入以及中央税收返还和转移支付资金安排的地方本级支出 73 602 亿元，比上年增加 12 558 亿元，增长 20.6%。

2010 年，全国财政支出结构得到进一步优化，重点支持了教育、医疗卫生、社会保障和就业、住房保障、文化等民生方面的支出，加大了对"三农"的投入力度。主要支出项目情况如下：教育支出 12 450 亿元，比上年增加 2 012 亿元，增长 19.3%；医疗卫生支出 4 745 亿元，比上年增加 751 亿元，增长 18.8%；社会保障和就业支出 9 081 亿元，比上年增加 1 475 亿元，增长 19.4%；住房保障支出 2 358 亿元，比上年增加 553 亿元，增长 30.7%；农林水事务支出 8 052 亿元，比上年增加 1 331 亿元，增长 19.8%；交通运输支出 5 488 亿元，比上年增加 840 亿元，增长 18.1%；环境保护支出 2 426 亿元，比上年增加 492 亿元，增长 25.4%；城乡社区事务支出 5 980 亿元，比上年增加 1 046 亿元，增长 21.2%；资源勘探电力信息等事务支出3 497亿元,比上年增加617亿元,增长21.4%;公共安全支出5 486亿元,比上年增加742亿元,增长15.6%;科学技术支出3 227亿元,比上年增加482亿元,增长17.6%;一般公共服务支出9 353亿元,比上年增加1 191亿元,增长14.6%;国债付息支出1 845亿元,比上年增加354亿元,增长23.7%。

资料来源:中华人民共和国财政部

2. 财政政策的运用

政府在运用财政政策干预经济生活时,应根据不同时期的经济发展特征,分别采取不同的财政政策,应"逆经济风向行事"。当经济处于萧条时期时,应采用扩张性财政政策;当经济处于膨胀时期时,应采用紧缩性财政政策。

(1)扩张性财政政策。经济萧条时期,总需求小于总供给,即需求不足,经济中存在失业。这时,政府应采取扩张性财政政策来刺激总需求,以实现充分就业。西方经济学家认为,当失业率连续三个月超过一定界限或国内生产总值持续几个月下降时,就应使用扩张性财政政策。扩张性财政政策主要包括增加政府购买、增加政府转移支付、降低税率等。政府通过增加购买支出可以刺激私人投资;通过增加转移支付可以增加个人消费能力,以此刺激社会总需求;政府也可以通过降低税率,减少个人所得税和公司所得税,增加个人的可支配收入,刺激个人消费与企业投资,从而扩大总需求。增加政府购买的形式最初主要是增加政府公共工程支出,近几年又出现了政府就业计划。政府就业计划一般由地方政府发起,但雇用失业工人的期限较短,一般为一年左右。因而有批评者认为,它对经济的稳定作用较弱。

(2)紧缩性财政政策。经济膨胀时期,总需求大于总供给,即需求过度,经济中存在通货膨胀。这时,政府应采取紧缩性财政政策来控制总需求,抑制通货膨胀。通常,在一般价格水平上升幅度超过一定限度时必须采用紧缩性财政政策。紧缩性财政政策包括降低政府购买水平、减少政府转移支付、提高税率、发行公债等。

政府通过减少购买支出可以抑制社会总需求,减缓膨胀的压力;通过减少转移支付可以减少总需求;政府也可以通过提高税率,发行公债增加政府税收,减少个人的可支配收入,减少企业的投资,从而控制总需求。

【案例小品13-6】 宽严并举沪渝房产税试点开征

飞了许久的房产税试点传言终于尘埃落定。在国务院2011年1月26日召开会议公布楼市调控最新"国八条"之后,1月27日晚间,上海、重庆也分别公布了两地的房产税试点方案细则。

整体基调而言,重庆的方案要比上海的严厉许多。重庆房产税方案中,征税的税率最高可达1.2%,而上海征税税率最高只是暂定为0.6%,只是在应税住房每平方米市场交易价格低于本市上年度新建商品住房平均销售价格2倍(含2倍)的,税率才暂减为0.4%。

资料来源:宽严并举-沪渝房产税试点开征 . http://tj. focus. cn/news/2011-02-09/1186713. html

13.2.2 内在稳定器

财政政策的内在稳定器又称自动稳定器。是指某些财政政策由于其本身的特点,具有自动调节经济,使经济稳定的机制。其主要内容包括所得税、政府转移支付和农产品的支持价格。

1. 所得税

所得税包括个人所得税和公司所得税。所得税一般有起征点规定、抵扣规定与累进税率规定。在经济萧条时期,人们收入减少,税收自动减少,抑制了消费与投资的下降,从而减缓了经济下降的程度;而在通货膨胀时期,人们收入增加,税收自动上升,抑制了消费与投资的过快增长,从而减缓了经济膨胀的程度。

2. 政府转移支付

政府转移支付包括政府发放的失业救济金和其他社会福利开支。失业救济金和福利开支都有一定的发放标准,发放的多少取决于失业人数的多少和他们收入水平的高低。在经济萧条时期,失业人数增加,个人收入减少,领取失业救济金和需要政府救济的人数增多,失业救济金和各项福利支出自动增加,这有助于增加社会总需求,抑制经济衰退;相反,在经济扩张和通货膨胀时期,失业人数减少,个人收入增加,领取失业救济金和需要政府救济的人数减少,失业救济金和各项福利支出自动减少,这有助于减少社会总需求,抑制经济的过度扩张。

3. 农产品的支持价格

西方国家对农产品一般多采取支持价格,将农产品价格维持在某一水平上。在经济萧条时期,农产品价格下跌,政府通过增加收购农产品,提高价格,增加农场主的收入;在经济膨胀时期,农产品价格上升,政府通过抛售农产品,稳定农产品价格,阻止通货膨胀的发生。因此农产品的支持价格也有自动稳定功能。

这种内在稳定器自动地发生作用,调节经济,无须政府作出任何决策,但是,这种内在稳定器调节经济的作用是十分有限的。它只能减轻萧条或通货膨胀的程度,并不能改变萧条或通货膨胀的总趋势;只能对财政政策起到自动配合的作用,并不能代替财政政策。因此,尽管某些财政政策具有内在稳定器的作用,但仍需要政府有意识地运用财政政策来调节经济。

13.2.3 挤出效应

为进一步认识财政政策的作用,我们要对财政政策实施过程中所产生的"挤出效应"作一分析。所谓挤出效应(crowding-out effect),是指政府支出增加所引起的私人消费或投资的减少。在一个充分就业的经济中,政府增加支出,会造成物价上涨,从而导致利率上升,投资减少。随着投资的减少,人们的消费也会随之而减少。如果出现这种情况,我们说是由于政府支出的增加挤占了私人投资和消费,挤出效应也就产生了。

在一个非充分就业的经济中,如果政府推行扩张性的财政政策,同样也会对私人投资产生挤出效应,尽管这不像在充分就业条件下所形成的完全挤出。政府支出的增加一般总会使总需求水平提高,产出水平也会相应提高,从而使货币需求大于货币供给,造成利率上升和投资下降的情况。

政府支出挤占私人支出的程度主要取决于以下几方面的因素。

（1）支出乘数的大小。乘数越大，政府支出所引起的产出增加越多，这时利率的上升对投资的影响也越大。所以说，挤出效应大小与乘数大小成正比。

（2）货币需求对产出水平的敏感程度。货币需求越敏感，政府支出增加所引起的产出水平的提高，对利率上升的压力就越大，挤出效应也就越大。

（3）货币需求对利率变动的敏感度。敏感度越高，政府支出增加引起货币需求增加所导致的利率上升幅度就越大，对私人投资的挤占也就越多。

（4）投资需求对利率变动的敏感度。这一敏感度表现为投资的利率系数，这一系数越大，利率变动对投资水平的影响就越大，所导致的挤出效应也就越大。

在以上四个因素中，由于第一和第二个因素的变动相对比较稳定，因此挤出效应的大小主要取决于货币需求和投资需求对利率的敏感程度。在一个市场机制不很健全的国度中，由于利率的敏感度不高，挤出效应不会很大，因此财政政策的效果会相对比较明显。

13.3 需求管理（二）：货币政策

 先行案例 2011年货币政策

　　2011年我国将继续实施稳健的货币政策：保持合理的社会融资规模，广义货币增长目标为16%。健全宏观审慎政策框架，综合运用价格和数量工具，提高货币政策有效性。提高直接融资比重，发挥好股票、债券、产业基金等融资工具的作用，更好地满足多样化投融资需求。着力优化信贷结构，引导商业银行加大重点领域和薄弱环节的信贷支持，严格控制对"两高"行业和产能过剩行业贷款。进一步完善人民币汇率形成机制。密切监控跨境资本流动，防范"热钱"流入。加强储备资产的投资和风险管理，提高投资收益。

　　资料来源：2011年温家宝政府工作报告

　　想一想：什么是货币政策，货币政策工具主要包括哪些？

13.3.1 货币政策的内容和传导机制

货币政策又称为金融政策，指中央银行通过控制货币供应量来调节利息率，然后通过利息率的升降来增加或者减少投资，以达到一定经济目标的经济政策。当然，这主要是凯恩斯主义者的观点。他们认为，货币政策和财政政策一样，也是为调节国民收入以达到稳定物价、充分就业的目标，实现经济稳定增长。两者的不同之处在于，财政政策直接影响总需求的规模，这种直接作用是没有任何中间变量的，而货币政策还要通过利息率的变动来对总需求发生影响，因而是间接地发挥作用。

货币政策一般分为扩张性和紧缩性两种类型。扩张性货币政策是通过增加货币供给来带动总需求的增长。货币供给增加时,利息率会降低,取得信贷更为容易,因此经济萧条时多采用扩张性货币政策。紧缩性货币政策是通过削减货币供给的增长来降低总需求水平,在这种情况下,取得信贷比较困难,利息率也随之提高,因此通货膨胀严重时,宜多采用紧缩性货币政策。

货币政策的机制就是指货币政策发生作用的过程,亦称为货币的传导机制。其作用过程如下:中央银行通过公开市场业务、再贴现率、存款准备率和其他政策工具等调节商业银行的准备金,从而调节社会的货币供应量和利息率,最终影响国民收入、通货膨胀率、失业率和国际收支平衡。

13.3.2　货币政策工具

货币政策工具,主要包括公开市场业务、再贴现率政策以及存款准备金率政策。

1. 公开市场业务

公开市场业务是中央银行在金融市场上公开买卖政府债券以控制货币供给和利息率的政府行为。买进或卖出有价证券是为了调节货币供给量。买进有价证券实际上就是发行货币,从而增加货币供应量;卖出有价证券实际上就是回笼货币,从而减少货币供应量。公开市场业务是灵活而有效地调节货币量,进而影响利息率的工具,因此,它称为最重要的货币政策工具。

2. 再贴现率政策

贴现率(discount rate)又称再贴现率,是商业银行向中央银行借款时的利率。当商行资金不够时,便以其拥有的商业票据为抵押,向央行申请再贴现,所以贴现率实际上是央行对商行抵押贷款的利率。在我国,由于商行拥有的商业票据不多,又有国家信用担保,中国人民银行可直接对各商业银行进行无抵押品的再贷款,此时的利率称为再贷款利率。当央行需要实行松的货币政策时,便降低贴现率,这不仅可以鼓励商行来申请贴现,从而增加准备金和基础货币量,还可以引导商业银行也相应降低对社会贷款的利率。反之,提高贴现率,货币供给量将收缩,利率将提高。由于贴现率的变动会引起整个银行系统存贷款及货币供给量的调整,冲击力较大,所以一般是隔几个月或几个季度才调整一次,而且每次调整幅度较小,通常是 0.25 或 0.5 个百分点。

3. 存款准备金率

存款准备金率是商业银行吸收的存款中用作准备金的比率,准备金包括库存现金和在中央银行的存款。中央银行可以通过变更法定准备金率来影响货币供给量和利息率。中央银行降低准备金率会使商业银行产生超额准备金,增加贷款,通过银行创造货币的机制增加货币供给量,降低利息率。相反,中央银行提高准备金率就会使商业银行原有的准备金低于法定要求,商业银行收回贷款,通过银行创造货币的机制减少货币供给量,提高利息率。

上述货币政策工具常常需要配合使用。例如,当中央银行在公开市场业务中出售政府债券使市场利率上升后,再贴现率须相应提高,以防止商业银行增加贴现,于是商业银行向它的顾客的贷款利率也将提高,以免产生亏损。相反,当中央银行认为需要扩大信用时,在公开市场操作中买进债券同时,也可同时降低再贴现率。

货币政策除了以上三种主要工具,还有一些其他工具,道义劝告就是其中之一。所谓道义劝告,是指中央银行运用自己在金融体系中的特殊地位和威望,通过对银行及其他金融机构的劝告,影响其贷款和投资方向,以达到控制信用的目的。例如,在衰退时期,鼓励银行扩大贷款;在通货膨胀时期,劝阻银行不要任意扩大信用,也往往收到一定效果。但由于道义劝告没有可靠的法律地位,因而并不是强有力的控制措施。

13.3.3　货币政策的运用

在不同的经济形势下,中央银行要运用不同的货币政策来调节经济。

在经济萧条时期,总需求小于总供给,为了刺激总需求,就要运用扩张性的货币政策。其中包括在公开市场上买进有价证券,降低再贴现率并放松贴现条件、降低准备率,等等。这些政策可以增加货币供给量,降低利息率,刺激总需求。

在繁荣时期,总需求大于总供给,为了抑制总需求,就要运用紧缩性货币政策。其中包括在公开市场上卖出有价证券、提高再贴现率并严格贴现条件、提高准备金率等。这些政策可以减少货币供给量,提高利息率,抑制总需求。

13.3.4　财政政策与货币政策的配合

在现实经济中,各国政府往往将财政政策与货币政策结合起来使用,以便更好地实现宏观经济政策目标。财政政策和货币政策结合起来,大致可以产生四种组合:扩张性的财政政策和扩张性的货币政策、紧缩性的财政政策或紧缩性的货币政策、扩张性的财政政策和紧缩性的货币政策以及紧缩性的财政政策和扩张性的货币政策。

1. 扩张性的财政政策和扩张性的货币政策组合

这种政策组合往往在经济严重衰退或萧条时采用,对经济具有强有力的刺激作用,有助于经济的复苏。扩张性的财政政策使总需求增加,扩张性的货币政策可防止由于总需求增加而引起的利率提高,可进一步增加总需求。但是,这种组合不可长期使用,因为存在引起通货膨胀的风险。

2. 紧缩性的财政政策和紧缩性的货币政策组合

这种政策组合在经济出现严重通货膨胀时使用。一方面,紧缩性的财政政策使总需求下降,可降低物价;另一方面,紧缩性的货币政策减少了货币供给、提高了利率,抑制了投资和消费,会进一步降低总需求和物价水平。但是,由于时滞效应的存在,政府如果不能及时结束"双紧"的政策组合,会使经济进入衰退周期。

3. 扩张性的财政政策和紧缩性的货币政策组合

这种政策组合适合于经济衰退但又不严重的情况。由于货币政策在经济衰退时的作用不明显,因此,可采用扩张性的财政政策,同时为了防止物价的上涨,采用紧缩性的货币政策。但这种组合往往会引起利率的提高,对总需求的影响不确定。

4. 紧缩性的财政政策和扩张性的货币政策组合

当经济出现轻微通货膨胀时,一方面可通过紧缩性的财政政策抑制总需求和物价的上涨;另一方面,可采用扩张性的货币政策,增加货币供给和降低利率,刺激投资和消费,防止经济过度紧缩而衰退。

财政政策或货币政策组合的政策效果,有些是可以确定的,有些是不确定的。政府需要根据具体的情况和经济目标,选择合适的政策组合。

任务拓展

宏观经济学奠基人——凯恩斯

约翰·梅纳德·凯恩斯(John Maynard Keynes,1883—1946),现代西方经济学最有影响的经济学家之一。英国经济学家,因开创了所谓经济学的"凯恩斯革命"而称著于世。1883 年,也就是马克思逝世的那一年的 6 月 5 日,生于英格兰的剑桥,14 岁以奖学金入伊顿公学(Eton College)主修数学,曾获托姆林奖金(Tomline Prize)。毕业后,以数学及古典文学奖学金入学剑桥大学国王学院。1905 年毕业,获剑桥文学硕士学位。之后又滞留剑桥一年,从师马歇尔和庇古攻读经济学,以准备英国文官考试。1906 年以第二名成绩通过文官考试,入选印度事务部。任职期间,为其第一部经济著作《印度通货与金融》(Indian Currency and Finance,1931)做了大量研究准备工作。1908 年辞去印度事务部职务,回剑桥任经济学讲师至1915 年。其间 1909 年以一篇概率论论文入选剑桥大学国王学院院士,另以一篇关于指数的论文获亚当·斯密奖。概率论论文后稍经补充,于 1921 年以《概率论》(A Treatise on Probability)为书名出版。第一次世界大战爆发不久,即应征入英国财政部,主管外汇管制、美国贷款等对外财务工作。1919 年初作为英国财政部首席代表出席巴黎和会。同年 6 月,因对赔偿委员会有关德国战败赔偿及其疆界方面的建议愤然不平,辞去和会代表职务,复归剑桥大学任教。不久表明其对德国赔偿问题所持看法的《和平的经济后果》(The Economic consequences,1919)一书出版,引起欧洲、英国及美国各界人士的大争论,使其一时成为欧洲经济复兴问题的核心人物。1921—1938 年任"全国互助人寿保险公司"(National Mutual Life Insurance Company)董事长期间,其对股东的年度报告一直为金融界人士必读而且是抢先收听的新闻。1940 年出任财政部顾问,参与战时各项财政金融问题的决策,并在他的倡议下,英国政府开始编制国民收入统计,使国家经济政策拟定有了必要的工具。1944 年 7 月率英国政府代表团出席布雷顿森林会议,并成为国际货币基金组织和国际复兴与开发银行(世界银行)的英国理事,在 1946 年 3 月召开的这两个组织的第一次会议上,当选为世界银行第一任总裁。返回英国不久,因心脏病突发于 1946 年 4 月 21 日在索塞克斯(Sussex)家中逝世。因其深厚学术造诣,曾长期担任《经济学杂志》主编和英国皇家经济学会会长,1929 年被选为英国科学院院士,1942 年晋封为勋爵,1946 年剑桥大学授予其科学博士学位。

凯恩斯原是一个自由贸易论主义者,直至 20 年代末仍信奉传统的自由贸易理论,认为保护主义对于国内的经济繁荣与就业增长一无可取。甚至 1929 年同瑞典经济学家俄林就德国赔款问题论战时,还坚持国际收支差额会通过国内外物价水平的变动,自动恢复平衡。1936 年其代表作《就业、利息和货币通论》(The General Theory of Employment, Interest and Money,简称《通论》)出版时,凯恩斯一反过去的立场,转而强调贸易差额对国民收入的影响,相信保护政策如能带来贸易顺差,必将有利于提高投资水平和扩大就业,最终导致经济繁荣。

除《通论》外，凯恩斯另外两部重要的经济理论著作是《论货币改革》(*A Tract on Monetary Reform*, 1923)和《货币论》(*A Treatise on Money*, 1930)。这两部著作是其研究货币理论的代表作，但均未能脱出古典货币数量论的窠臼。

自 我 测 试

一、名词解释

需求管理　供给管理　财政政策　货币政策　自动稳定器　挤出效应

二、选择题

1. 政府把个人所得税率从 20% 降到 15%，这是（　　　）。
   - A. 内在稳定器的作用
   - B. 一项财政收入政策
   - C. 一项财政支出政策
   - D. 一项公共政策

2. 当经济中存在失业时，应该采取的财政政策工具是（　　　）。
   - A. 增加政府支出
   - B. 提高个人所得税
   - C. 提高公司所得税
   - D. 增加货币发行量

3. 当经济中存在通货膨胀时，应该采取的财政政策工具是（　　　）。
   - A. 增加政府支出和减少税收
   - B. 减少政府支出和减少税收
   - C. 减少政府支出和增加税收
   - D. 增加政府支出和增加税收

4. 属于扩张性财政政策工具的是（　　　）。
   - A. 减少政府支出和减少税收
   - B. 减少政府支出和增加税收
   - C. 增加政府支出和减少税收
   - D. 增加政府支出和增加税收

5. 属于内在稳定器的项目是（　　　）。
   - A. 总需求
   - B. 公债
   - C. 税收
   - D. 政府公共工程支出

6. 下列因素中不是经济中内在稳定器的是（　　　）。
   - A. 政府投资
   - B. 个人所得税
   - C. 社会保障金和失业保险
   - D. 农产品支持价格

7. 要实施扩张性财政政策，可采取的措施有（　　　）。
   - A. 提高税率
   - B. 减少政府购买
   - C. 增加财政转移支付
   - D. 降低再贴现率

8. 财政政策挤出效应存在的最重要原因就是政府支出增加引起（　　　）。
   - A. 利率上升
   - B. 利率下降
   - C. 利率为零
   - D. 利率为负数

9. 赤字增加的时期是（　　　）。
   - A. 经济衰退时期
   - B. 经济繁荣时期
   - C. 高通货膨胀时期
   - D. 低失业率时期

10. 实施货币政策的机构是（　　　）。

　　A. 财政部　　　　　　B. 中央银行　　　　　C. 商业银行　　　　　D. 中央政府

11. 中央银行最常用的政策工具是（　　　）。

　　A. 法定存款准备金率　　　　　　　　B. 公开市场业务

　　C. 再贴现率　　　　　　　　　　　　D. 道义劝告

12. 公开市场业务是指（　　　）。

　　A. 商业银行的信贷活动　　　　　　　B. 中央银行增减对商业银行的贷款

　　C. 中央银行买卖政府债券的活动　　　D. 中央银行增减货币发行量

13. 紧缩性货币政策的运用会导致（　　　）。

　　A. 减少货币供给量，降低利率

　　B. 增加货币供给量，提高利率

　　C. 减少货币供给量，提高利率

　　D. 增加货币供给量，降低利率

14. 中央银行提高再贴现率会导致货币供给量的（　　　）。

　　A. 增加和利率提高　　　　　　　　　B. 减少和利率提高

　　C. 增加和利率降低　　　　　　　　　D. 减少和利率降低

15. 要实施扩张性货币政策，中央银行可采取的措施有（　　　）。

　　A. 卖出国债　　　　　　　　　　　　B. 提高准备金率

　　C. 降低再贴现率　　　　　　　　　　D. 减少货币供应

三、简答题

1. 简述宏观经济政策的目标。

2. 财政政策工具主要有哪些？

3. 哪些财政政策具有自动稳定器的功能？它们为何能缓和经济波动？

4. 货币政策工具主要有哪些？

5. 如何配合使用财政政策或货币政策？

四、讨论题

1. 论述宏观经济政策的配合使用及其必要性。

2. 凯恩斯主义的政策主张与货币主义的政策主张有何异同？对我国经济政策有什么指导意义。

案 例 分 析

美国、日本房地产泡沫危机之鉴

　　过于倚重房地产的经济必然崩盘是一条无法豁免的魔咒吗？引用经济学家——中国人民大学教授黄卫平的观点：“在这个世界上，凡是靠房地产拉动的国家，结果没有不崩盘的，世界老大美国靠房地产拉动经济结局是崩盘；世界老二日本靠房地产拉动经济结局也是崩盘;世界经济早已把中国的房地产列为崩盘之列。在世界上,大概只有德国逃过这一劫。总之,这个地球上凡是靠房地产拉动经济的国家结局都是崩盘,尤其当房地产和金融紧密结合成为一种金融衍生工具时,不崩盘那简直就不是经济。"而历史上曾经出现过的四次房地产泡沫,正是这一观点最真实的写照。这里以美、日为例。

20世纪20年代中期,佛罗里达州出现了前所未有的房地产泡沫。在1923—1926年间,佛罗里达的地价出现了惊人的升幅。房价以每年超过一倍左右的幅度疯狂增长。1925年时,仅有7.5万人口的迈阿密市居然出现了2 000多家地产公司,2.5万名地产经纪人。当时,地价每上升10%,炒家的利润几乎就会翻一倍。但在1926年,佛罗里达房地产泡沫迅速破碎,许多破产的企业家、银行家或自杀或发疯,有的则沦为乞丐。紧接着,这场泡沫又激化了美国的经济危机,从而引发了华尔街股市的崩溃,最终导致20世纪30年代的世界经济大危机。随后从1946年到70年代末,美国的住宅价值与GDP比例一直稳定在90%左右(住房总价值与一个国家的GDP的比例可以说明房地产泡沫的程度)。随着80年代和90年代利率逐渐下降,这一比例上升到100%~110%左右。从2000年的互联网泡沫开始,这一比例开始超过120%以上。2005年,美国的房地产泡沫达到了历史最高点,为美国GDP的172%左右。2008年,美国房地产市场泡沫的破灭成为这场始于美国、席卷全球的金融风暴之导火索之一。

20世纪80年代后期,日本中央银行采取了非常宽松的金融政策,鼓励资金流入房地产及股票市场,致使房地产价格暴涨。1985年9月,美国、联邦德国、日本、法国、英国五国财长签订了"广场协议",同意美元贬值。美元贬值后,大量国际资本进入日本的房地产业,更加刺激了房价的上涨。从1986年到1989年,日本的房价整整涨了两倍。受房价骤涨的诱惑,许多日本人纷纷拿出积蓄炒股票和房地产。到1989年,国土面积仅相当于美国加利福尼亚州的日本,其地价市值总额竟相当于整个美国地价总额的4倍。当年日本的GDP为3万亿美元左右,而当年的全国住宅价值为6.47万亿美元。也就是说日本房地产最疯狂的时候住宅价值为GDP的200%以上。到1990年,仅东京都的地价就相当于美国全国的总地价。一般工薪阶层即使花费毕生储蓄也无力在大城市买下一套住宅,能买得起住宅的只有亿万富翁和极少数大公司的高管。1991年后,随着国际资本获利后撤离,房地产价格随即暴跌。到1993年,日本房地产业全面崩溃,遗留下来的坏账高达6 000亿美元。此次日本房地产泡沫是历史上影响时间最长的一次。受此影响,日本迎来历史上最为漫长的经济衰退期,陷入了长达15年的经济萧条和低迷,至今也未能彻底走出阴影。这次房地产泡沫也常被称为"二战后日本的又一次战败"。

问题:想一想房地产泡沫与国家的宏观经济政策有何关系?房地产泡沫是如何产生的?我国目前的房地产泡沫情况如何?美国和日本的房地产危机对我国有何警示作用?我们的政府应该如何行动,才能避免房地产的崩溃?

技 能 实 训

实训项目: 2010年1月~2011年2月,我国8次上调存款准备金率,3次提高银行存贷款利率。请判断2010年我国经济发展状态,同时对政府采取的宏观经济政策的效果进行评论

实训目标：通过实训，使学生深入领会宏观经济政策的内容及其运用。

实训组织：通过互联网等途径，查阅相关资料，对我国 2010 年的宏观经济运行态势及采取的经济政策进行评论。学生每 6 人分为一组，每一组形成一份分析报告。

实训提示：教师提出活动前准备及注意事项，同时随队指导。

实训成果：各组汇报，教师讲评。

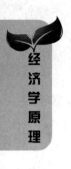

经济学原理

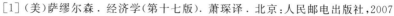

[1] (美)萨缪尔森. 经济学(第十七版). 萧琛译. 北京:人民邮电出版社,2007

[2] 高鸿业. 西方经济学(第四版). 北京:中国人民大学出版社,2007

[3] 厉以宁. 西方经济学. 北京:高等教育出版,2006

[4] 李汉君,芮柏苓. 西方经济学. 北京:经济管理出版社,2008

[5] 张淑云. 西方经济学教程(第二版). 北京:化学工业出版社,2008

[6] 刘凤良. 西方经济学. 北京:中国人民大学出版社,2005

[7] 吴汉洪. 经济学基础(第三版). 北京:中国人民大学出版社,2009

[8] 张元鹏. 微观经济学教程. 北京:中国发展出版社,2005

[9] 徐长生. 宏观经济学. 北京:首都经济贸易大学出版社,2007

[10] 侯荣华. 西方经济学. 北京:中央广播电视大学出版社,2005

[11] 陆芳. 经济学原理. 北京:北京大学出版社,2005

[12] 吴志清. 经济学基础. 北京:机械工业出版社,2007

[13] 李国政. 经济学基础. 北京:机械工业出版社,2009

[14] 陈玉清. 经济学基础. 北京:中国人民大学出版社,2009

[15] 董义才,杨军. 经济学基础. 北京:北京师范大学出版社,2007

[16] 王健,修长柏. 西方经济学. 北京:中国农业大学出版社,2004

[17] 丁鸿. 经济学基础. 北京:中国农业出版社,2005

[18] 韦曙林. 经济学原理. 北京:中国人民大学出版社,2009

[19] 崔卫国,刘学虎. 小故事大经济. 北京:经济日报出版社,2008

[20] 吴冰. 经济学基础教程(第2版). 北京大学出版社,2006

[21] 北京大学光华管理学院. 经济学与稀缺性. http://www.gsm.pku.edu.cn/jingpin/microeconmics/lesson/lesson.asp#,2006,12